V&R Academic

Analysen und Dokumente

Band 50

Wissenschaftliche Reihe des Bundesbeauftragten für
die Unterlagen des Staatssicherheitsdienstes der ehemaligen
Deutschen Demokratischen Republik (BStU)

Vandenhoeck & Ruprecht

Dem Volk auf der Spur ...

Staatliche Berichterstattung über Bevölkerungsstimmungen im Kommunismus. Deutschland – Osteuropa – China

Herausgegeben von
Daniela Münkel/Henrik Bispinck

Vandenhoeck & Ruprecht

Umschlagabbildung:
Von der Staatssicherheit heimlich aufgenommene Straßenszene in der Rosenstraße, Berlin
Quelle: BStU, MfS, HA II, Fo, Nr. 999, Bild 4

Mit 6 Abbildungen und 15 Tabellen

Bibliografische Information der Deutschen Nationalbibliothek

Die Deutsche Nationalbibliothek verzeichnet diese Publikation in der Deutschen Nationalbibliografie; detaillierte bibliografische Daten sind im Internet über http://dnb.d-nb.de abrufbar.

ISSN 2198-1108
ISBN 978-3-525-35127-7

Weitere Ausgaben und Online-Angebote sind erhältlich unter: www.v-r.de

Druck und Bindung: Hubert & Co GmbH & Co. BuchPartner, Robert-Bosch-Breite 6, D-37079 Göttingen

Gedruckt auf alterungsbeständigem Papier.

Inhalt

Vorwort

Die Beiträge des vorliegenden Bandes gehen auf die wissenschaftliche Konferenz »Dem Volk auf der Spur ... Staatliche Berichterstattung über Bevölkerungsstimmungen im 20. Jahrhundert. Deutschland, Osteuropa, China« zurück, die am 13. und 14. Mai 2014 in der Evangelischen Bildungsstätte auf Schwanenwerder, Berlin, stattfand. Die Idee zu der Tagung ist im Zusammenhang mit dem Forschungs- und Editionsprojekt »Die DDR im Blick der Stasi. Die geheimen Berichte an die SED-Führung« der Forschungsabteilung des BStU entstanden. Seit 2009 werden die das Inland betreffenden Berichte, die das Ministerium für Staatssicherheit zur Information der Staats- und Parteiführung der DDR erstellt hat, darunter zahlreiche Stimmungsberichte, vollständig herausgegeben und einer ersten Auswertung unterzogen.

Die Autoren haben ihre Beiträge für die Drucklegung teils intensiv überarbeitet und erweitert, wofür ihnen herzlich gedankt sei. Neben diesen ist auch den übrigen Teilnehmern der Konferenz, namentlich Prof. Dr. Peter Longerich, der einen Vortrag zur Lage- und Stimmungsberichterstattung in der NS-Zeit beisteuerte, sowie Prof. Dr. Klaus-Dietmar Henke, Dr. Helge Heidemeyer und Dr. Douglas Selvage für die Moderation der einzelnen Sektionen herzlich zu danken. Ein weiterer Dank geht an Dr. Roger Engelmann und Dr. Bernd Florath für inhaltliche und konzeptionelle Anregungen im Vorfeld. Die Evangelische Akademie zu Berlin ermöglichte es uns dankenswerterweise, die Tagung in der angenehmen Atmosphäre ihrer Bildungsstätte auf der Insel Schwanenwerder – fernab vom großstädtischen Trubel – abhalten zu können. Für den reibungslosen organisatorischen Ablauf sowie für die Betreuung vor Ort sei Doris Gorsler und Blerta Rexhaj ganz herzlich gedankt.

Die gründliche und zuverlässige Betreuung des Buchmanuskripts besorgten in bewährter Weise Beate Albrecht, Thomas Heyden und Dr. Ralf Trinks vom Publikationsreferat des BStU. Ihnen gilt ebenso unser Dank wie Dr. Bernd Florath, Mieszko Jackowiak, Matěj Kotalík, Dr. Ann-Kathrin Reichardt und Dr. Elke Stadelmann-Wenz, die bei Fragen der Übersetzung und Transkribierung halfen.

Berlin, im Oktober 2017

Daniela Münkel und Henrik Bispinck

Daniela Münkel/Henrik Bispinck

Stimmungsberichterstattung in und über kommunistische Diktaturen. Eine Einführung

Was denkt das Volk? Wie tickt die eigene Bevölkerung? Welche Meinungen, Haltungen und Ansichten herrschen in einer Gesellschaft vor – über politische Entscheidungen, die wirtschaftliche Entwicklung, soziale Fragen und Alltagsprobleme? Fragen wie diese beschäftigen Politiker seit jeher. Denn jenseits ihrer eigenen politischen Überzeugungen richten sie ihr Handeln auch nach den Bedürfnissen und Wünschen der Regierten aus – und sei es um des eigenen Machterhalts willen. In modernen, pluralistischen Demokratien steht den Regierenden ein reiches Arsenal an Instrumenten zur Verfügung, wollen sie etwas über das Denken der Bevölkerung erfahren: Dieses spiegelt sich – wenn auch möglicherweise verzerrt – in den Medien, äußert sich in konkretem Handeln wie Demonstrationen oder anderen Protestformen, findet seinen Niederschlag in Wahlergebnissen, vor allem aber lässt es sich über Meinungsumfragen ermitteln. Zahlreiche demoskopische Institute führen zu einer unüberschaubaren Menge von Themen regelmäßig repräsentative Erhebungen durch – im Auftrag von Medien, Unternehmen, öffentlichen Einrichtungen und nicht zuletzt von Regierungen und politischen Parteien.[1]

Wie sieht es aber in Diktaturen aus, in denen die Medien der Zensur unterliegen, offener politischer Protest sanktioniert wird und unabhängige Meinungsforschungsinstitute nicht existieren? Zwar sind die Regierenden in solchen Systemen für den eigenen Machterhalt nicht auf die Zustimmung der Bevölkerung in Form von freien Wahlen angewiesen. Doch ein Mindestmaß von Akzeptanz der eigenen Politik durch die Bevölkerung ist auch in Diktaturen zur Legitimation der Herrschenden unerlässlich, wollen diese ihren Machtanspruch nicht allein mit roher Gewalt aufrechterhalten. Daher sind auch in diktatorischen Regi-

1 Zur Geschichte der politischen Demoskopie in Deutschland vgl. zuletzt den knappen Überblick von Anja Kruke: Fragen über Fragen. Zur Geschichte der politischen Umfrage. In: Aus Politik und Zeitgeschichte 64 (2014) B 43–45, S. 11–17.

men die Regierenden an der Bevölkerungsstimmung höchst interessiert – nicht nur zur Ausrichtung und Einschätzung ihrer Politik, sondern vor allem, um Unruhen und Missstimmungen möglichst früh aufzuspüren und potenzielle Proteste, Demonstrationen und sonstige öffentliche Unmutsäußerungen schon im Vorfeld unterbinden zu können. Zur Erhebung solcher Stimmungen standen auch ihnen unterschiedliche Möglichkeiten zur Verfügung. So nutzten sie etwa ebenfalls das Instrument der Meinungsumfragen, die jedoch staatlich gelenkt waren und deren Ergebnisse nicht veröffentlicht wurden, staatlich bzw. von der herrschenden Partei gelenkte Massenorganisationen lieferten Berichte zur Stimmung aus den eigenen Reihen, vor allem aber griffen die Machthaber auf geheimpolizeiliche Stimmungsberichterstattung zurück, die im Zentrum des vorliegenden Bandes steht.

Öffentlichkeit in der Diktatur

Hier schließt sich unmittelbar die Frage nach der Funktion und nach den Bedingungen an, unter denen diese spezifische Form der Stimmungsermittlung zustande kam. In demokratischen Staaten existiert eine plurale Öffentlichkeit mit diversen autonomen Teilöffentlichkeiten, in denen sich kontroverse Meinungen und Stimmungen im öffentlichen Raum auf unterschiedliche Weise jederzeit artikulieren können. Im Gegensatz dazu findet man in diktatorischen Regimen – obwohl auch hier unterschiedliche Teilöffentlichkeiten existierten – eine alles überwölbende gelenkte, verordnete und reglementierte Öffentlichkeit. Dieser fundamentale Unterschied macht eine Übertragung der zahlreichen, grundlegenden theoretischen Überlegungen zur Struktur *der Öffentlichkeit*, die sich in der Regel auf demokratisch verfasste Staaten beziehen und mit zivilgesellschaftlichen Konzeptionen verknüpft sind,[2] zur Beschreibung der Öffentlichkeit in Diktaturen kaum möglich.[3] Es bedarf mithin einer gesonderten Betrachtungsweise, wobei Differenzierungen vorgenommen werden müssen: So spielten während der NS-Zeit andere Faktoren bei der Konstituierung von Öf-

2 Es würde an dieser Stelle zu weit führen, die mittlerweile umfassende Forschungsliteratur zum Thema »Öffentlichkeit« wiederzugeben. Stellvertretend seien hier nur genannt: Jürgen Habermas: Strukturwandel der Öffentlichkeit. Frankfurt/M. 1991 (ND); Jürgen Gerhards, Friedhelm Neidhardt: Strukturen und Funktionen moderner Öffentlichkeit. Fragestellungen und Ansätze. In: Stefan Müller-Doohm, Klaus Neumann-Braun (Hg.): Öffentlichkeit, Kultur, Massenkommunikation. Oldenburg 1991, S. 31–89; Jürgen Gerhards: Öffentlichkeit. In: Ottfried Jarren, Ulrich Sacrinelli, Ulrich Saxer (Hg.): Politische Kommunikation in der demokratischen Gesellschaft. Opladen 1998, S. 268–274.

3 Darüber herrscht mittlerweile Konsens in der historischen Forschung. Vgl. beispielhaft für die DDR Simone Barck, Martina Langermann, Jörg Requate: Kommunikative Strukturen, Medien und Öffentlichkeiten in der DDR. In: Berliner Debatte Initial 6 (1995), S. 25–38, hier 25.

fentlichkeit eine Rolle als beispielsweise in der DDR.[4] Im Folgenden werden wir uns dem Fokus des Bandes entsprechend auf die kommunistischen Diktaturen mit einem Schwerpunkt auf die DDR konzentrieren. Obwohl es auch hier graduelle Unterschiede gab bzw. gibt, lassen sich doch zahlreiche Gemeinsamkeiten ausmachen.[5]

Mittlerweile herrscht Konsens darüber, dass in der DDR und anderen Staaten des ehemaligen Ostblocks neben der von Partei und Staatsapparat kontrollierten und gelenkten Öffentlichkeit weitere Teil- und Gegenöffentlichkeiten existierten.[6] Diese waren teilweise staatlich toleriert und kontrolliert wie in den Bereichen Kunst, Wissenschaft, Literatur und Theater.[7] Dabei muss jedoch zeitlich differenziert werden: Die Spielräume waren in »Tauwetterphasen« wie beispielsweise während der Entstalinisierungphase 1956 oder nach dem Mauerbau größer als zu anderen Zeiten. Andere Formen staatlich kanalisierter Teilöffentlichkeiten waren z. B. das Eingabewesen, Leserbriefe oder Hörerversammlungen.[8] Demgegenüber fungierten als eine Art nichtstaatlich beeinflusste Ersatzöffentlichkeit Kneipengespräche, der Austausch in der Warteschlange, (politische) Witze, Gerüchte, das Anbringen von Parolen oder weitverbreiteter Klatsch über

4 Zum NS-Regime vgl. u. a. Götz Aly (Hg.): Historische Demoskopie. In: Ders. (Hg.): Volkes Stimme. Skepsis und Führervertrauen im Nationalsozialismus. Frankfurt/M. 2006, S. 9–21. Einen Vergleich zwischen NS-Diktatur und DDR hat Adelheid von Saldern vorgenommen: Öffentlichkeiten in Diktaturen. Zu Herrschaftspraktiken im Deutschland des 20. Jahrhunderts. In: Günther Heydemann, Heinrich Oberreuter (Hg.): Diktaturen in Deutschland. Strukturen, Institutionen und Verhaltensweisen im Vergleich. Bonn 2003, S. 442–475.

5 Vgl. u. a. Gábor T. Rittersporn, Malte Rolf, Jan C. Behrends (Hg.): Sphären von Öffentlichkeit in Gesellschaften sowjetischen Typs. Frankfurt/M. 2003; darin Dies: Von Schichten, Räumen und Sphären: Gibt es eine sowjetische Ordnung von Öffentlichkeiten?, S. 389–420; Christian Domnitz: Hinwendung nach Europa. Öffentlichkeitswandel im Staatssozialismus 1975–1989. Bochum 2015, insbes. S. 21–29.

6 Vgl. dazu u. a. Martin Sabrow (Hg.): Skandal und Diktatur. Formen öffentlicher Empörung im NS-Staat und in der DDR. Göttingen 2004; Stefan Wolle: Die heile Welt der Diktatur. Alltag und Herrschaft in der DDR 1971–1989. 2. Aufl., Bonn 1999, S. 135–162. Für die Sowjetunion Margareta Mommsen: Strukturwandel der Öffentlichkeit im Sowjetsystem. Zur Dialektik von Glasnost und Perestroika. In: Aus Politik und Zeitgeschichte 39 (1989) B 12, S. 10–19, hier 10–12; Karl E. Loewenstein: Re-emergence of Public Opinion in the Soviet Union. Khrushchev and Responses to the Secret Speech. In: Terry Cox (Hg.): Challenging Communism in Eastern Europe. 1956 and its Legacy. New York 2008, S. 141–157.

7 Vgl. u. a. Stefan Wolle: Lanzelot und der Drache. Skandal und Öffentlichkeit in der geschlossenen Gesellschaft der DDR am Beispiel der Ausbürgerung des Liedermachers Wolf Biermann im November 1976. In: Sabrow: Skandal (Anm. 6), S. 212–230, hier 220. Siehe auch die Beiträge von Joachim Walther, Andrew Wisely und Jennifer L. Good in: Hans Jörg Schmidt, Petra Tallafuss: Totalitarismus und Literatur. Deutsche Literatur im 20. Jahrhundert – Literarische Öffentlichkeit im Spannungsfeld totalitärer Meinungsbildung. Göttingen 2007.

8 Hierzu Ina Merkel (Hg.): »Wir sind doch nicht die Meckerecke der Nation!« Briefe an das Fernsehen der DDR. Köln 1998, stark erw. Neuausg., Berlin 2000; Felix Mühlberg: Bürger, Bitten und Behörden. Geschichte der Eingabe in der DDR. Berlin 2004.

Prominente.[9] Darüber hinaus gab es staatlich bekämpfte Formen von Gegenöffentlichkeiten, die sich, mit Ausnahme der Kirchen, ständig neu in unterschiedlichen Ausdrucksformen konstituieren konnten. Hier seien Oppositionsgruppen, Samisdat oder Jugendproteste exemplarisch genannt. Zu erwähnen ist zudem jener Bereich, den Adelheid von Saldern als »geschlossene Öffentlichkeiten« bezeichnet hat. Unter diesem paradox anmutenden Begriff versteht sie Partei- und Gewerkschaftsversammlungen auf unterschiedlichen Hierarchiestufen, Betriebsversammlungen und berufsbezogene Fachöffentlichkeiten. In diesen (Teil-)Öffentlichkeiten sei nicht nur »Legitimität prozessual hergestellt« worden, sondern diese hätten auch andere Formen von Öffentlichkeiten gesteuert und geprägt.[10] Zudem, so wäre zu ergänzen, konnte bei diesen Zusammenkünften – gerade weil sie hinter verschlossenen Türen stattfanden – offener diskutiert werden als anderswo und die dort ausgetragenen Kontroversen konnten auch über diese geschlossenen Räume hinaus wirksam werden, da sich die daran Beteiligten selbstverständlich auch in anderen Kontexten bewegten. Welche Bedeutung diesen »geschlossenen Öffentlichkeiten« vonseiten der Machthaber beigemessen wurde, zeigt nicht zuletzt das umfangreiche Berichtswesen aus SED, Blockparteien und Massenorganisationen wie FDJ und FDGB. Nicht kontrollierbar und trotz aller Versuche nie zu verhindern war – und dies gilt vor allem für die DDR – der Konsum der sogenannten Westmedien, die es den DDR-Bürgern ermöglichten, andere Meinungen jenseits der staatlich vorgegebenen zu rezipieren.[11]

Was jedoch trotz dieser unterschiedlichen Formen von diversen Teil- und Gegenöffentlichkeiten fehlte, war das Kennzeichen jeder modernen, demokratischen Öffentlichkeit: der öffentliche Diskurs über differierende Meinungen.[12] Dieser konnte wenn überhaupt nur in den kleinen, begrenzten Räumen der Gegenöffentlichkeit und im Privaten stattfinden. Dies und die in allen hier in den Blick genommenen Staaten vorhandene Diskrepanz zwischen öffentlicher und privater Meinung durch die Unterdrückung einer pluralen, diskursiven öffentlichen Sphäre erschwerte es den Machthabern, die für ihre Herrschaftssicherung so wichtige »wirkliche Volksmeinung« zu ermitteln. Wie bedrohlich es werden konnte, diese nicht zu kennen oder nicht wahrnehmen zu wollen, haben die Phasen gezeigt, in denen sich Teile der Bevölkerung den öffentlichen Raum und die Öffentlichkeit zeitweise zurückerobern konnten, wie 1953, 1956, 1976 und Ende der 1980er-Jahre. So war eine zentrale Aufgabe der Stimmungsbe-

9 Vgl. Wolle: Lanzelot und der Drache (Anm. 7), S. 223 f.; Ders.: DDR 1971–1989 (Anm. 6), S. 154 f.

10 Vgl. von Saldern: Öffentlichkeit in Diktaturen (Anm. 4), S. 456–458, Zitat 456.

11 Vgl. dazu jüngst Franziska Kuschel: Schwarzhörer, Schwarzseher und heimliche Leser. Die DDR und die Westmedien. Göttingen 2016.

12 Vgl. Ralph Jessen: Staatssicherheit, SED und Öffentlichkeit. In: Jens Gieseke (Hg.): Staatssicherheit und Gesellschaft. Studien zum Herrschaftsalltag in der DDR. Göttingen 2007, S. 157–166, hier 162.

richterstattung durch die Geheimpolizei, die fehlende plurale Öffentlichkeit zu kompensieren,[13] um so den realen Stimmungen und Meinungen möglichst nahezukommen. Dazu musste das Regime unerkannt in die vielen privaten und halböffentlichen Räume eindringen, was ihm allerdings nur mithilfe geheimpolizeilicher Mittel wie inoffiziellen Mitarbeitern oder Abhörmaßnahmen gelingen konnte. Wieweit diese erfolgreich waren und inwiefern es gelang, den Herrschenden ein realitätsnahes und facettenreiches Meinungsbild zu übermitteln, darauf geben die Beiträge dieses Bandes differenzierte Antworten.

Stand der Forschung

Wichtiger Bezugspunkt der wissenschaftlichen Auseinandersetzung mit der Bevölkerungsstimmung in kommunistischen Diktaturen waren und sind stets die entsprechenden Forschungen zur NS-Zeit, in der diese Fragen bereits viel früher diskutiert wurden.[14] Pionierstudien wurden in den 1970er-Jahren von Marlis Steinert und Ian Kershaw vorgelegt. Während sich Steinert auf die Entwicklung der Bevölkerungsstimmung während der Kriegsjahre konzentrierte,[15] legte Kershaw den Fokus auf das Bild, das die Deutschen sich von Hitler machten.[16] Beide Arbeiten stützen sich wesentlich auf interne Berichte zu Meinungen und Haltungen in der Bevölkerung unterschiedlicher staatlicher und parteilicher Provenienz. Mit der vollständigen Publikation der innenpolitischen Lageberichte des Sicherheitsdienstes (SD) des Reichsführers SS im Jahr 1984 erfuhr die

13 Vgl. dazu u. a. Sabrow: Skandal (Anm. 6), S. 21; Jens Gieseke: Bevölkerungsstimmungen in der geschlossenen Gesellschaft. MfS-Berichte an die DDR-Führung in den 1960er und 1970er Jahren. In: Zeithistorische Forschungen 5 (2008), S. 236–257, hier 257.

14 Da ein ursprünglich vorgesehener eigenständiger Beitrag zur geheimpolizeilichen Stimmungsberichterstattung in der NS-Zeit leider nicht realisiert werden konnte, werden Forschungsstand und Methodendiskussion an dieser Stelle knapp skizziert. Für einen ausführlichen Forschungsbericht und differenzierte quellenkritische Überlegungen vgl. Peter Longerich: »Davon haben wir nichts gewusst!« Die Deutschen und die Judenverfolgung 1933–1945. München 2006, S. 10–53. Erste Ansätze zu einem systematischen Vergleich geheimpolizeilicher Stimmungsberichte bei Rainer Eckert: Geheimdienstakten als historische Quelle. Ein Vergleich zwischen den Stimmungsberichten des Sicherheitsdienstes der SS und des Ministeriums für Staatssicherheit der DDR. In: Bernd Florath, Armin Mitter, Stefan Wolle (Hg.): Die Ohnmacht der Allmächtigen. Geheimdienste und politische Polizei in der modernen Gesellschaft. Berlin 1992, S. 263–296.

15 Marlis Steinert: Hitlers Krieg und die Deutschen. Stimmung und Haltung der deutschen Bevölkerung im Zweiten Weltkrieg. Düsseldorf, Wien 1970.

16 Ian Kershaw: Der Hitler-Mythos. Volksmeinung und Propaganda im Dritten Reich. Stuttgart 1980. Diese Arbeit war ursprünglich das Nebenprodukt einer auf ähnlicher Quellengrundlage basierenden Regionalstudie zu Bayern, die wenige Jahre später veröffentlicht wurde (Popular Opinion and Political Dissent in the Third Reich: Bavaria, 1933–1945. Oxford 1983); im Jahr 1999 erschien eine erweiterte Neuausgabe.

wissenschaftliche Auseinandersetzung zu diesem Thema einen Schub.[17] In der Folgezeit sind weitere Quellen erschlossen und herausgegeben worden[18] sowie zahlreiche Studien zu diesem Themenkomplex erschienen, die sich nun auf eine breitere Quellenbasis stützen konnten. Ein Schwerpunkt lag dabei auf der Frage nach dem Wissen und der Haltung der deutschen Bevölkerung um die bzw. zur Judenverfolgung.[19] Grundlage dieser Untersuchungen sind neben geheimpolizeilichen Stimmungsberichten auch solche von mittleren Verwaltungsinstanzen, der Justiz, von Exil-Organisationen (insbesondere die Deutschlandberichte der SoPaDe)[20] sowie in unterschiedlichem Umfang Memoiren, Tagebücher, (Feldpost-)Briefe und Zeitungen.[21] Die zunehmend breitere Quellenbasis löste indes nicht die prinzipiellen Interpretationsprobleme von Stimmungsberichten, weshalb quellenkritische Fragen bis heute kontrovers diskutiert werden. Der Aussagewert von geheimpolizeilichen Stimmungsberichten wird dabei sehr unterschiedlich eingeschätzt. So bescheinigt etwa Bernward Dörner diesen schon deshalb einen hohen Informationswert, weil die NS-Führung zur Steuerung der eigenen Propaganda zuverlässige Aussagen zu den Stimmungslagen in der Bevölkerung benötigt habe.[22] Ian Kershaw hat hingegen darauf hingewiesen, dass in Stimmungsberichten vermittelte zustimmende Aussagen zu Hitler und seiner Politik zum einen Ausdruck eines Konformitätsdrucks innerhalb der Bevölkerung, zum anderen aber auch »der Furcht der Berichterstatter, ihre Vorgesetzten zu verärgern« geschuldet sein können. Daher seien regimefreundliche Äußerungen generell schwieriger zu interpretieren als regimekritische – was aber nicht dazu verleiten dürfe, letztere überzubewerten.[23] Peter Longerich wiederum betont vor allem den Konstruktcharakter der Berichte. Diese hätten nicht den Zweck gehabt, »ein möglichst objektives Bild der ›tatsächlichen‹ Einstellung der Bevölkerung zu bestimmten Problemen zu erhalten«, sondern seien vielmehr »in erster Linie integraler Bestandteil der Bemühungen des Regimes [gewesen],

17 Heinz Boberach (Hg.): Meldungen aus dem Reich. Die geheimen Lageberichte des Sicherheitsdienstes der SS 1938–1945, 17 Bde. Herrsching 1984.

18 Stellvertretend genannt seien hier: Otto Dov Kulka, Eberhard Jäckel (Hg.): Die Juden in den geheimen NS-Stimmungsberichten 1933–1945. Düsseldorf 2004.

19 Vgl. z. B. David Bankier: Die öffentliche Meinung im Hitler-Staat. Die »Endlösung« und die Deutschen. Eine Berichtigung. Berlin 1995; Robert Gellately: Hingeschaut und weggesehen. Hitler und sein Volk. Stuttgart, München 2002; Frank Bajohr, Dieter Pohl: Der Holocaust als offenes Geheimnis. Die Deutschen, die NS-Führung und die Alliierten. München 2006.

20 Auch diese liegen in edierter Form vor: Deutschland-Berichte der Sozialdemokratischen Partei Deutschlands (Sopade) 1934–1940. Hg. v. Klaus Behnken, 7 Bde. Salzhausen, Frankfurt/M. 1980.

21 Letztere hat insbesondere Robert Gellately in seine Untersuchung einbezogen. Vgl. Gellately: Hingeschaut und weggesehen (Anm. 19).

22 Vgl. Bernward Dörner: Die Deutschen und der Holocaust. Was niemand wissen wollte, aber jeder wissen konnte. Berlin 2007.

23 Kershaw: Hitler Mythos (1999) (Anm. 16), S. 19.

die nationalsozialistisch dominierte ›Öffentlichkeit‹ nach seinen Vorstellungen aus[zu]richten«.[24] Götz Aly schließlich hat die auf den genannten Quellentypen basierenden Untersuchungen zur Bevölkerungsstimmung im Dritten Reich einer Generalkritik unterzogen: Es werde darin »nach einem fragwürdigen Rezept verfahren: Man nehme die Berichte des Sicherheitsdienstes (›Meldungen aus dem Reich‹), vermenge sie sorgsam mit Mutmaßungen über die Volksstimmung, die sich etwa in Goebbels' Tagebüchern und in amtlichen Quellen finden, und füge der so gewonnenen Masse nach Belieben Ingredienzen aus Feldpostbriefen und privaten Tagebüchern hinzu«. Mit dieser Methode, so Aly, lasse sich »fast alles und folglich nichts« beweisen.[25] Ganz ähnliche methodische Probleme wie die hier knapp skizzierten ergeben sich, wie die Beiträge dieses Bandes zeigen, auch bei der Interpretation von Stimmungsberichten aus anderen Epochen und Ländern.

Untersuchungen zur Bevölkerungsstimmung in kommunistischen Diktaturen wurden erst mit der Öffnung der Archive nach 1990 in größerem Stil möglich.[26] Stimmungsberichte gehörten in vielen postkommunistischen Staaten zu den ersten geheimpolizeilichen Quellen, die systematisch veröffentlicht wurden. So war die erste Publikation von MfS-Quellen überhaupt eine Zusammenstellung von Stimmungs- und Lageberichten aus dem Revolutionsjahr 1989.[27] In der Sowjetunion wurden geheimpolizeiliche Stimmungsberichte aus den 1920er- und 1930er-Jahren, die bereits in den 1960er-Jahren kurzzeitig zugänglich waren, im Zuge von »Glasnost« im Jahr 1989 publiziert,[28] seit 2001 erfolgt eine systematische Herausgabe durch das Zentrale Archiv des Föderalen Sicher-

24 Vgl. Longerich: »Davon haben wir nichts gewusst!« (Anm. 14), S. 45.

25 Aly: Historische Demoskopie (Anm. 4), S. 13. Aly wertet stattdessen andere, indirekte Indikatoren für die Zustimmung zum NS-Regime aus, wie die Häufigkeit von nationalsozialistisch konnotierten Vornamen wie Adolf, Horst und Hermann bei Neugeborenen, die Verwendung der Floskel »Für Führer und Vaterland« in Todesanzeigen für gefallene Soldaten oder die Entwicklung der Sparquote (vgl. die Beiträge von Oliver Lorenz, Oliver Schmitt und Sandra Westenberger bzw. Philipp Kratz in: Aly: Volkes Stimme (Anm. 4)). Was die Entwicklung der Zustimmung zu Hitler zwischen 1933 und 1945 angeht, kommt er auf diesem Weg indes zu ähnlichen Ergebnissen wie die von ihm kritisierten Historiker.

26 Zu früheren Ansätzen vgl. den exzellenten und anregenden Forschungsbericht von Jan Plamper: Beyond Binaries. Popular Opinion in Stalinism. In: Paul Corner (Hg.): Popular Opinion in Totalitarian Regimes. Fascism, Nazism, Communism. Oxford, New York 2009, S. 64–80, hier 64–66.

27 Armin Mitter, Stefan Wolle (Hg.): Ich liebe euch doch alle! Befehle und Lageberichte des MfS Januar – November 1989. Berlin 1990. Zur Stimmungsberichterstattung in der Endphase der DDR vgl. auch Jochen Hecht: Stimmungsberichte des Staatssicherheitsdienstes aus den Jahren 1988/89. In: Heiner Timmermann (Hg.): Die DDR zwischen Mauerbau und Mauerfall. Münster 2003, S. 232–245.

28 Viktor Danilov, Nikolaj Ivnickij (Red.): Dokumenty svidetel'stvujut. 1927–1929; 1929–1932. Iz istorii derevni nakanune i v chode kollektivizacii 1927–1932 [Dokumente als Zeugen. 1927–29; 1929–32. Aus der Geschichte des Dorfes am Vorabend und im Verlauf der Kollektivierung 1927–32]. Moskau 1989.

heitsdienstes der Russischen Föderation.[29] In Polen werden die entsprechenden Quellen des polnischen Sicherheitsdienstes (SB) und seiner Vorläuferorganisationen bereits seit 1993 nach und nach veröffentlicht.[30]

Für die nach 1989 aufblühende Geschichtsschreibung zur DDR wurden die geheimpolizeilichen Stimmungsberichte intensiv genutzt. Bereits 1993 legten Armin Mitter und Stefan Wolle eine auf das Verhältnis von Herrschaft und Gesellschaft in verschiedenen krisenhaften Phasen fokussierende Darstellung zur DDR-Geschichte vor, die ganz wesentlich auf der Auswertung von MfS-Stimmungsberichten beruhte.[31] Daneben wurden zur Erforschung der Bevölkerungsstimmung in der DDR auch Stimmungsberichte anderer Provenienz herangezogen: von der SED, den Blockparteien sowie den Massenorganisationen wie FDJ und FDGB. Auf dieser Basis sind zunächst überwiegend kleinere, auf konkrete Ereignisse oder gesellschaftliche und Berufsgruppen fokussierte Untersuchungen entstanden: Etwa zum Volksaufstand vom 17. Juni im Blick der Basis der Ost-CDU,[32] zur Stimmung unter den Lehrern im letzten Jahr der DDR[33] oder zur Stimmung im Nachkriegsberlin aus der Perspektive von KPD bzw. SED.[34] Darüber hinaus liegt eine erste monografische Studie vor, die sich am Beispiel des Bezirks Erfurt dezidiert mit der Bevölkerungsstimmung in der DDR befasst.[35] Gemeinsam ist diesen Untersuchungen, die ansonsten interessante Er-

29 »Soveršenno sekretno«. Lubjanka Stalinu o položenii v strane (1922–1934 gg.) [»Streng geheim« – Die Lubjanka an Stalin über die Situation im Land 1922 bis 1934]. Hg. v. Andrej Sacharov. Moskva 2001 ff. Siehe dazu auch den Beitrag von Wladislaw Hedeler in diesem Band.

30 Bernadetta Gronek, Irena Marczak (Hg.): Biuletyny Informacyjne Ministerstwa Bezpieczeństwa Publicznego, t. 1: 1947. Warszawa 1993 und die Folgebände. Zudem liegen Auswahleditionen zu bestimmten Themen vor, etwa zur Stimmungsberichterstattung im Anschluss an die Niederschlagung des »Prager Frühlings«. Vgl. Łukasz Kamiński, Grzegorz Majchrzak (Hg.): Operacja »Podhale«. Służba Bezpieczeństwa wobec wydarzeń w Czechosłowacji 1968–1970. Warszawa 2008. Siehe dazu auch den Beitrag von Łukasz Kamiński in diesem Band.

31 Vgl. Armin Mitter, Stefan Wolle: Untergang auf Raten. Unbekannte Kapitel der DDR-Geschichte. München 1993. Intensiv verwendet wurden die Stimmungsberichte auch in der erweiterten Neuausgabe des Standardwerks von Dietrich Staritz: Geschichte der DDR. Erw. Neuausg., Frankfurt/M. 1996.

32 Vgl. Udo Wengst: Der Aufstand am 17. Juni 1953 in der DDR. Aus den Stimmungsberichten der Kreis- und Bezirksverbände der Ost-CDU im Juni und Juli 1953. In: Vierteljahrshefte für Zeitgeschichte 41 (1993) 2, S. 277–321.

33 Ulrich Wiegmann: Die Lehrerschaft der DDR aus der Perspektive des MfS. Zu »Stimmungen und Meinungen« von Lehrerinnen und Lehrern im Zeitraum vom IX. Pädagogischen Kongress bis zum Mauerfall. In: Sonja Häder, Christian Ritzi, Uwe Sandfuchs (Hg.): Schule und Jugend im Umbruch. Analysen und Reflexionen von Wandlungsprozessen zwischen DDR und Bundesrepublik. Hohengehren 2001, S. 71–82.

34 Vgl. Kay Kufeke: »Man sagt, dass wir der NSDAP gleichkämen und eine Russen-Partei sind.« Stimmungs- und Informationsberichte von KPD und SED aus Berlin (1945–1949). In: Zeitschrift für Geschichtswissenschaft 56 (2008) 11, S. 910–934.

35 Vgl. Mark Allinson: Politics and popular opinion in East Germany 1945–68. Manchester, New York 2000. Die Arbeit fußt überwiegend auf Stimmungsberichten aus SED-Provenienz.

gebnisse zutage gefördert haben, dass quellenkritische Überlegungen und eine grundsätzliche theoretisch-methodische Reflexion zum Aussagewert von Stimmungsberichten sowie zur Frage, ob eine »öffentliche Meinung« im heutigen Sinne in (kommunistischen) Diktaturen überhaupt existieren konnte, eher unterbelichtet blieben.

Eine Ausnahme stellt in diesem Zusammenhang ein bereits 1997 publizierter Artikel von Uta Stolle dar, die Stimmungsberichte der MfS-Bezirksverwaltung Rostock aus dem Jahr 1989 analysiert hat. Dabei hat sie aufgezeigt, dass in den Berichten »negative«, also kritische Aussagen stets als Minderheitspositionen dargestellt und von »positiven«, also affirmativen Aussagen einer – angeblichen – Mehrheit gleichsam »eingerahmt« wurden, ein Verfahren, das sie als »soziales Klassentheater« charakterisiert.[36] Jenseits dieses viel zitierten Aufsatzes setzte eine intensive methodisch-quellenkritische Auseinandersetzung mit der geheimpolizeilichen Stimmungsberichterstattung in der DDR erst Ende der 2000er-Jahre ein, als mit der systematischen Publikation der Berichte der Zentralen Auswertungs- und Informationsgruppe (ZAIG) des MfS an die Staats- und Parteiführung der DDR begonnen wurde, die auch zahlreiche Stimmungsberichte enthalten.[37] Inzwischen herrscht weitgehend Konsens darüber, dass die MfS-Stimmungsberichte – ebenso wie die aus der NS-Zeit – nicht als unverzerrter Spiegel einer wie auch immer gearteten Bevölkerungsstimmung zu betrachten sind, sondern »geprägt [sind] von der geheimpolizeilichen Sicht« einerseits und dem Bestreben der MfS-Mitarbeiter, »ihre besondere ›Parteiergebenheit‹ und politisch-ideologische Festigkeit unter Beweis [zu] stellen«, andererseits.[38] Die Grenzen der Berichterstattung lagen, so Jens Gieseke im Anschluss an Uta Stolle, »in den legitimatorischen Axiomen der monopolitischen Parteiherrschaft«, weshalb die Stimmungsberichte »negative und kritische Stellungnahmen, Stimmungen etc. ausschließlich als minoritäre Positionen darstellen« konnten.[39] Dabei ist indes deutlich geworden, dass hier zeitlich differenziert werden muss. In den 1960er- und 1970er-Jahren waren die MfS-Stimmungs-

36 Vgl. Uta Stolle: Traumhafte Quellen. Vom Nutzen der Stasi-Akten für die Geschichtsschreibung. In: Deutschland Archiv 30 (1997) 1/2, S. 155–170.

37 Vgl. Die DDR im Blick der Stasi. Die geheimen Berichte an die SED-Führung, hg. v. Daniela Münkel. Göttingen 2009 ff. sowie www.ddr-im-blick.de. Die bisher publizierten Jahrgänge (1953, 1956, 1961, 1965, 1976, 1977, 1981, 1988) enthalten in der Einleitung auf den jeweiligen Jahrgang bezogene eingehende quellenkritische Überlegungen. Einen ersten Problemaufriss legte Jens Gieseke vor: Vgl. Annäherungen und Fragen an die »Meldungen aus der Republik«. In: Ders. (Hg.): Staatssicherheit und Gesellschaft. Studien zum Herrschaftsalltag in der DDR. Göttingen 2007, S. 79–98.

38 Vgl. Daniela Münkel: Vorwort. In: Die DDR im Blick der Stasi 1956. Die geheimen Berichte an die SED-Führung, bearb. v. Henrik Bispinck. Göttingen 2016, S. 7–11, hier 7.

39 Gieseke: Annäherungen und Fragen (Anm. 37), S. 96 f. Gieseke bezieht sich in seinem Aufsatz ausdrücklich auf »die Phase nach der Entstalinisierungskrise ab circa 1957«. Ebenda, S. 81.

berichte stark vom skizzierten »sozialen Klassentheater« geprägt, vermögen bei entsprechend vorsichtiger Interpretation jedoch trotzdem erhellende Einblicke in die Stimmungslagen der DDR-Bevölkerung zu geben.[40] Demgegenüber konnte gezeigt werden, dass die Berichte aus der Zeit vor dem Mauerbau Aussagen aus der Bevölkerung viel unmittelbarer und kritische Äußerungen wesentlich ungeschminkter wiedergeben und letztere eben nicht zwangsläufig als Minderheitspositionen kennzeichnen.[41] Untersuchungen zur Berichterstattung auf lokaler und regionaler Ebene haben zudem deutlich gemacht, dass hier dichter am konkreten Geschehen berichtet wurde und die Informationen weniger stark von floskelhaften Beschwörungen einer mehrheitlich »positiven« Einstellung zur SED-Politik geprägt waren als diejenigen der Zentralebene.[42] Als erhellend hat sich zudem jüngst der Ansatz erwiesen, Befunde der MfS-Stimmungsberichte mit den Ergebnissen interner DDR-Meinungsumfragen und von Stellvertreterbefragungen westdeutscher Meinungsforschungsinstitute zu kombinieren.[43]

Die in russischen Archiven in enormer Fülle überlieferten Stimmungsberichte (*svodki*) sind insbesondere von der US-amerikanischen Geschichtsschreibung zur Sowjetunion intensiv ausgewertet worden. Dabei lag der Schwerpunkt auf der Frühphase des Stalinismus. Zu nennen sind hier vor allem die wegweisenden Studien von Sarah Davies und Sheila Fitzpatrick.[44] Diese förderten ein ungleich breiteres und facettenreicheres Spektrum unterschiedlicher Meinungen und Haltungen in der sowjetischen Bevölkerung zutage als bisherige Untersuchungen. Kontrovers diskutiert wurde im Anschluss an die Veröffentlichungen – ähnlich wie mit Bezug auf die MfS-Berichte – die Frage, wie der Aussagewert der *svodki* einzuschätzen ist und ob diese nicht »mehr über die Geheimpolizei und ihre Interessen (an erster Stelle die politische Stabilität des Sowjetregimes)

40 Vgl. Gieseke: Bevölkerungsstimmungen (Anm. 13).

41 Vgl. Roger Engelmann: Einleitung 1953. In: Die DDR im Blick der Stasi 1953. Die geheimen Berichte an die SED-Führung, bearb. v. Roger Engelmann. Göttingen 2013, S. 12–68, hier 55–59; Henrik Bispinck: »Was ist denn nun überhaupt mit Stalin los?« Der XX. Parteitag der KPdSU und die Stimmung der Bevölkerung in der DDR. In: Jahrbuch für historische Kommunismusforschung 2016, S. 253–266.

42 Vgl. beispielhaft Daniela Münkel: Staatssicherheit in der Region. Die geheimen Berichte der MfS-Kreisdienststelle Halberstadt an die SED. In: Deutschland Archiv 43 (2010) 1, S. 31–38; Dies.; Roger Engelmann: Der 17. Juni und die anhaltende Instabilität. Der Bezirk Karl-Marx-Stadt im Spiegel der Berichte der Staatssicherheit an die SED-Führung im Jahr 1953. In: Clemens Heitmann (Hg.): Der 17. Juni 1953 in Sachsen. Ursachen, Ereignis, Wirkung und Rezeption. Berlin 2013, S. 82–105.

43 Vgl. Jens Gieseke: East German Popular Opinion. Problems of Reconstruction. In: Klaus Bachmann; Ders. (Hg.): The Silent Majority in Communist and Post-Communist States. Opinion Polling in Eastern and South-Eastern Europe. Frankfurt/M., New York 2016, S. 59–77.

44 Sarah Davies: Popular Opinion in Stalin's Russia. Terror, Propaganda and Dissent, 1933–1941. Cambridge 1997; Sheila Fitzpatrick: Everyday Stalinism. Ordinary Life in Extraordinary Times: Soviet Russia in the 1930s. New York 1999, insbes. S. 164–189.

aussagen als über die Meinungen, über die sie zu berichten vorgeben«.[45] Ganz ähnlich hat sich schon früh Lutz Niethammer über den Wert der MfS-Quellen geäußert: »Was bisher aus den geöffneten Akten publiziert wurde, belegte eher die beschränkte Sicht der politischen und geheimdienstlichen Führungen, als daß es die Augen für die Gesellschaft geöffnet hätte.«[46] Überhaupt sind die Parallelen in der methodischen Diskussion zum Aussagewert von Stimmungsberichten unterschiedlicher kommunistischer Staaten unübersehbar: Sheila Fitzpatrick hat mit Blick auf die *svodki* der 1920er- und 1930er-Jahre festgestellt, dass diese sich auf »negative« Äußerungen konzentrieren, woraus jedoch nicht geschlossen werden dürfe, dass es zustimmende Haltungen zum Regime in dieser Zeit nicht gegeben habe. Des Weiteren stellt sie infrage, ob sich unterschiedliche »Meinungen« und »Haltungen« tatsächlich so klar bestimmten sozialen Schichten und Gruppen zuordnen lassen, wie dies die Stimmungsberichte suggerieren.[47] Mit Bezug auf die Stimmungsberichte des polnischen Staatssicherheitsdienstes spricht Marcin Kula von einem »kodierten Stil«, den es zu entschlüsseln gelte und weist auf die Widersprüchlichkeit mancher Informationen hin, die eine Interpretation erschwere.[48] Zu beachten seien ferner die Eigeninteressen der Mitarbeiter der Geheimpolizei, die Auswirkungen auf den Inhalt der von ihnen verfassten Berichte haben konnten. Prinzipiell warnt Kula vor generalisierenden Interpretationen, zumal das geringe »intellektuelle Niveau« der Berichterstatter es diesen häufig nicht erlaubt habe, ein »umfassendes Bild« von der Bevölkerungsstimmung zu zeichnen – ähnlich wie dies Roger Engelmann für die MfS-Stimmungsberichte der frühen 1950er-Jahre konstatiert hat, denen er daher eine »unbeholfene Authentizität« bescheinigt.[49] Ein jüngst publizierter Sammelband zu Meinungsumfragen in kommunistischen und postkommunistischen Staaten zeigt darüber hinaus, dass sich bei der Nutzung dieser Quellen für heutige sozial- und mentalitätsgeschichtliche Fragestellungen ganz ähnliche methodische Probleme stellen wie bei der Interpretation geheimpolizeilicher Stimmungsberichte.[50]

45 So Jochen Hellbeck: Fashioning the Stalinist Soul: The Diary of Stephan Podlubnyi (1931–1939). In: Jahrbücher für Geschichte Osteuropas 44 (1996) 3, S. 344–373 hier 344, Fn. 2 (»Consequently, these reports are more telling about the security police and its interests [the political stability of the Soviet regime in the first place] than about ›real‹ popular beliefs.«)

46 Vgl. Lutz Niethammer: Erfahrungen und Strukturen. Prolegomena zu einer Geschichte der Gesellschaft der DDR. In: Hartmut Kaelble, Jürgen Kocka, Hartmut Zwahr (Hg.): Sozialgeschichte der DDR. Stuttgart 1994, S. 95–115, hier 96.

47 Vgl. Sheila Fitzpatrick: Popular Opinion in Russia Under Pre-war Stalinism. In: Corner: Popular Opinion (Anm. 26), S. 17–32, hier 19 f.

48 Hierzu und zum Folgenden Marcin Kula: Poland. The Silence of Those Deprived of Voice. In: Corner: Popular Opinion (Anm. 26), S. 149–167, hier 154–156.

49 Vgl. Engelmann: Einleitung 1953 (Anm. 41), S. 55 f., Zitat 68.

50 Vgl. Bachmann; Gieseke: Silent Majority (Anm. 43), insbes. die Einleitung. In: ebenda, S. 7–19, hier 10–15.

Fragestellungen und Ansätze

Die Diskussion um den Aussagewert geheimpolizeilicher Stimmungsberichterstattung und die Interpretation des zur Verfügung stehenden Materials steht mithin noch am Anfang. Die Beiträge des vorliegenden Bandes nähern sich diesen Quellen auf ganz unterschiedlichem Wege. Das Spektrum reicht von diachron angelegten Untersuchungen, die Entwicklungen und Konjunkturen in der Bevölkerungsstimmung im zeitlichen Verlauf zu analysieren vermögen, über die Fokussierung auf ein ausgewähltes Jahr, das eine Art Tiefenbohrung ermöglicht, bis hin zur Konzentration auf ein bestimmtes Themenfeld, anhand dessen sich die Wechselwirkungen zwischen Stimmungsberichterstattung und Regierungshandeln beobachten lassen. Hinzu kommen eine Mikrostudie, ein geografisch-diachroner Vergleich sowie ein Überblick über die für ein Land zur Verfügung stehenden Quellenbestände und ihre Interpretationsmöglichkeiten. Gleichsam komplementär stehen drei Beiträge, die sich mit der Stimmungsberichterstattung »von außen«, in diesem Fall mit solcher aus der Bundesrepublik über die DDR, befassen.

Trotz dieser unterschiedlichen Herangehensweisen werden ganz ähnliche Fragen an das jeweilige Material gestellt. Im Zentrum stehen dabei natürlich stets der Aussagewert der Stimmungsberichte und das Bild von »der Stimmung« in der jeweiligen Gesellschaft und ihrer Entwicklung, das mithilfe dieser Quellen gezeichnet werden kann. Es lassen sich darüber hinaus aber noch weitere Fragen an die Quellen stellen, die einerseits für die Quellenkritik unerlässlich, andererseits aber auch für sich genommen von Interesse sind.

Erstens wird nach dem Entstehungskontext und der Genese der Stimmungsberichte gefragt. Was war der Anlass für die Aufnahme einer geregelten Stimmungsberichterstattung, wer entschied darüber und welche Ziele wurden damit verfolgt? Auf welchem Ausgangsmaterial fußten die Berichte, wie wurde dieses erhoben und nach welchen Kriterien wurden die Berichte zusammengestellt? Welche Vorgaben gab es vonseiten der Regierung bzw. der jeweils herrschenden Partei für die Erstellung der Stimmungsberichte und wie änderten diese sich im zeitlichen Verlauf? Gerade Letzteres ist für eine Analyse der Stimmungsberichterstattung zentral, da an der Oberfläche ablesbare Veränderungen in der Bevölkerungsstimmung sowohl Indiz für einen tatsächlichen Stimmungswandel sein können als auch das Resultat veränderter Vorgaben zur Erhebung und Zusammenstellung.

Zweitens geht es um die Adressaten. Wer erhielt die Stimmungsberichte, wie groß waren die Verteiler? Wie änderte sich die Zusammensetzung des Adressatenkreises? Wurden die Verteiler allein nach sachlichen Kriterien organisiert oder bestimmte Adressaten aus politischen Gründen bevorzugt? Wer entschied über den Verteiler? Wie streng war die Geheimhaltung? Wurden bestimmte Informationen manchen Adressaten bewusst vorenthalten und andere wiederum gezielt mit Informationen versorgt? Diese Fragen sind vor dem Hintergrund von Interesse, dass die Stimmungsberichterstattung jenseits ihrer offiziellen, ostentativen Funktion, die Regierenden über die Stimmung im Land zu informieren, auch gezielt als machtpolitisches Instrument eingesetzt werden konnte – und wurde. Denn auch die Berichterstatter sowie die Institutionen, in denen sie tätig waren, hatten selbstverständlich ihre eigenen Interessen. Daher ist die Informationspolitik auch für die Bestimmung des grundsätzlichen Verhältnisses von Geheimpolizei und jeweiliger Staatspartei von Bedeutung.

Daran anknüpfend sind *drittens* Fragen nach der Rezeption der Berichte zu stellen. Wie wurden die Stimmungsberichte von den Adressaten rezipiert? Wurden sie in den höchsten Parteigremien diskutiert? Finden sich thematische Schwerpunkte, die sich der Berichterstattung entnehmen lassen, in den Protokollen von Politbürositzungen wieder? Lassen sich Indizien für einen Einfluss der Stimmungsberichterstattung auf politische Entscheidungsprozesse ausmachen? In diesem Zusammenhang sind auch etwaige Rückkopplungseffekte politischer Entscheidungen auf die Bevölkerungsstimmung zu berücksichtigen.

Aufbau des Bandes

Der Band gliedert sich in drei Kapitel und einen Exkurs. Das erste Kapitel widmet sich der Stimmungsberichterstattung der DDR-Staatssicherheit in verschiedenen Zeitphasen und auf unterschiedlichen Hierarchieebenen. Grundlage der Ausführungen dieses Kapitels sind die geheimen Berichte, die die Zentrale Auswertungs- und Informationsgruppe[51] des Ministeriums für Staatssicherheit (MfS) von Juni 1953 bis Ende 1989 für die engere Staats- und Parteiführung der DDR bzw. SED verfasst hat.[52] Diese Berichte waren nicht primär allgemeine Stimmungs- und Lageberichte, sondern greifen ein breites Spektrum von Themen auf, die in den Augen der Stasi für die Existenz der DDR von sicherheitspolitischer Relevanz waren. Die Ausführungen dieses ersten Kapitels beziehen sich der Konzeption des Bandes folgend jedoch ausschließlich auf die Stimmungsberichte im Rahmen der allgemeinen Berichterstattung des MfS.

In einem einleitenden Überblicksaufsatz schlägt *Daniela Münkel* den Bogen von den 1950er- bis zum Ende der 1980er-Jahre. Hier geht es um eine Verortung der Stimmungsberichterstattung im Rahmen der Gesamtberichterstattung der ZAIG, um Brüche und Kontinuitäten sowie um Quellenwert, Authentizität und Aussagekraft. Des Weiteren werden Themensetzungen, Themenkonjunkturen

51 Zur organisatorischen Entwicklung der MfS-Berichterstattung vgl. Roger Engelmann, Frank Joestel: Die Zentrale Auswertungs- und Informationsgruppe (BStU, MfS-Handbuch). Berlin 2009.

52 Vgl. Die DDR im Blick der Stasi (Anm. 37).

und »Dauerbrenner« der Stimmungsberichterstattung dargelegt und analysiert. Schließlich wird erörtert, ob und wie das MfS die Stimmungsberichterstattung nutzte, um eigene sicherheitspolitische Akzente zu setzen. Auch Fragen des Adressatenkreises der Berichte sowie zu deren Rezeption durch die politische Führung der DDR werden diskutiert. Resümierend kommt *Münkel* zu dem Schluss, dass die MfS-Berichterstattung streckenweise weit über die Kompensation einer fehlenden pluralen Öffentlichkeit hinausging und so für die Herrschenden von zentraler Bedeutung sein konnte. Dies mache heute den besonderen Wert dieser Quelle für eine Herrschafts-, Gesellschafts- und Alltagsgeschichte der DDR aus.

Die folgenden zwei Beiträge widmen sich jeweils einem Jahr der MfS-Stimmungsberichterstattung und ermöglichen so Tiefenbohrungen. *Henrik Bispinck* befasst sich in seinen Ausführungen mit dem Krisenjahr des Sozialismus 1956. Die Berichterstattung dieses Jahres ist durch den XX. Parteitag der KPdSU, die Abrechnung mit dem Stalinismus und deren Folgen sowie die Aufstände in Ungarn und Polen bestimmt. Letzteres vor allem mit Blick auf die Auswirkungen auf die innenpolitische Situation in der DDR. Für das Jahr 1956 liegt zudem eine sehr umfangreiche und dichte Stimmungsberichterstattung vor, weshalb es eine große Relevanz für das hier zur Diskussion stehende Thema hat. *Bispinck* analysiert die Stimmungsberichterstattung des MfS und ordnet die darin gesammelten und wiedergegebenen Meinungsäußerungen aus verschiedenen Bevölkerungsgruppen in den innenpolitischen Kontext der DDR ein. Er kommt zu dem Ergebnis, dass die Berichte des Jahres 1956 bei allen quellenkritischen Vorbehalten eine aussagekräftige Quelle zur Ermittlung der Bevölkerungsstimmung sind.

Etwas ambivalenter in dieser Hinsicht ist der Befund von *Bernd Florath*, dessen Beitrag sich mit dem Jahr 1965 beschäftigt – dem Jahr, in dem die nach dem Mauerbau begonnenen Wirtschaftsreformen und die zaghafte Öffnung des geistigen und kulturellen Lebens in der DDR ein jähes Ende fanden. Im Jahr 1965 war die reine Stimmungsberichterstattung selten. Die Berichte dieses Jahres, vor allem auf Fakten basierend, haben einen eher »nüchternen« Charakter. *Florath* legt die inhaltlichen Schwerpunkte, den Adressatenkreis und die Rezeption der Berichte dar und fragt nach den Gründen der Themensetzung durch das MfS. Warum tauchen, anders als in anderen Jahren, wichtige Ereignisse des Jahres gar nicht oder nur am Rande auf? Die Antwort auf diese Frage ist vielschichtig und lässt sich nicht mit letzter Sicherheit klären. Der Aufsatz analysiert die in der MfS-Berichterstattung gesetzten Themenschwerpunkte als Indikator für die Funktion der Geheimpolizei im Herrschaftssystem der DDR, wobei er verschiedene Interpretationsangebote macht.

Der letzte Beitrag dieses Kapitels verlässt die zentrale Ebene und befasst sich mit der Stimmungsberichterstattung des MfS auf Kreisebene seit 1969 – hier am Beispiel von Halberstadt. Nach Vorstellung ihrer organisatorischen und quantitativen Entwicklung widmet sich *Roger Engelmann* ausführlich dem breiten Themenspektrum der lokalen Stimmungsberichterstattung. Er konstatiert, dass sich die Berichte über Stimmungen auf Kreisebene im Hinblick auf Themen, Machart und Organisation zwar nicht grundsätzlich von denen der Berliner Zentrale unterschieden, jedoch insgesamt in dichterer Abfolge verfasst wurden und von größerer Bedeutung für die Unterrichtung der lokalen SED-Führung waren. Außerdem bescheinigt er den lokalen Stimmungsberichten über den gesamten Untersuchungszeitraum einen höheren Grad an Authentizität.

Das zweite Kapitel *Unterm Roten Stern: Bevölkerungsstimmungen im Kommunismus* greift sowohl räumlich als auch zeitlich weiter aus und nimmt die Stimmungsberichterstattung verschiedener kommunistischer Staaten in den Blick. *Wladislaw Hedeler* befasst sich mit der Informationsabteilung des sowjetischen Inlandsgeheimdienstes in den 1920er- und frühen 1930er-Jahren. Er skizziert dabei zum einen die wechselvolle Geschichte der Abteilung selbst, die von häufigen Umstrukturierungen und hoher personeller Fluktuation gekennzeichnet war. Zum anderen analysiert er die Berichterstattung mit Schwerpunkt auf die Stimmung auf dem Land in der Phase der Zwangskollektivierung ab 1928. Die Berichte spiegeln das Chaos, die Unruhe und den weitverbreiteten Widerstand gegen diese Politik und stehen damit im Gegensatz zur durch die zeitgenössische Sowjetpresse verbreiteten Propaganda. Ferner beleuchtet *Hedeler* die Wechselwirkungen zwischen der Berichterstattung und dem politischen Kurs Stalins, die zeigen, dass die Berichte von der KPdSU-Spitze tatsächlich rezipiert wurden und Auswirkungen auf politische Entscheidungen haben konnten.

Tomáš Vilímek und *Petr Dvořáček* beschäftigen sich mit der Berichterstattung des tschechoslowakischen Staatssicherheitsdienstes zwischen der Niederschlagung des Prager Frühlings im Jahr 1968 und den frühen 1980er-Jahren. Das geheimpolizeiliche Berichtswesen der ČSSR war in dieser Zeit zahlreichen Änderungen und Umstrukturierungen unterworfen, da es vonseiten des zuständigen Innenministeriums immer wieder als unzulänglich kritisiert wurde: Die Berichte seien zu umfangreich, zu additiv und zu wenig analytisch, wurde wiederholt bemängelt. Obwohl diese strukturellen Mängel nie ganz behoben wurden, stellen die Informationen der tschechoslowakischen Staatssicherheit für den Historiker eine sehr wertvolle Quelle dar, wie *Vilímek* und *Dvořáček* betonen. Anhand verschiedener Beispiele wie der Berichterstattung zu den Jahrestagen der Niederschlagung des Prager Frühlings, zu den Parlamentswahlen sowie zu Parteitagen der Kommunistischen Partei der Tschechoslowakei (KPČ) zeigen die Autoren Konjunkturen der Bevölkerungsstimmung sowie oppositionellen und widerständigen Verhaltens auf.

Einen Überblick über die verschiedenen Quellengruppen zur Berichterstattung über die Bevölkerungsstimmung des polnischen Sicherheitsdienstes bietet der Beitrag von *Łukasz Kamiński*. Hierzu zählen in unterschiedlichen Zeitabständen erstellte periodische Berichte sowie Sonderberichte zu den Einstellungen bestimmter gesellschaftlicher Gruppen oder von Einzelpersonen, die insbesondere in Zeiten innenpolitischer Krisen wie dem Entstalinisierungsjahr 1956 oder während des Kriegsrechts von 1981 bis 1983 in großer Zahl erstellt wurden. Hinzu kommen die Ergebnisse von Meinungsumfragen, die von Offizieren des SB durchgeführt wurden. Trotz methodischer Probleme wie ihrem Massencharakter und ihrem vom Freund-Feind-Denken geprägten Inhalt sind diese Quellen von hohem Wert für den Historiker. So machen die Berichte etwa deutlich, dass die polnische Bevölkerung auch in Zeiten harter Repression nie aufhörte, kritische Ansichten zur aktuellen Politik offen zu äußern. Darüber hinaus lässt sich zeigen, dass die Polnische Vereinigte Arbeiterpartei (PVAP), die kommunistische Partei der Volksrepublik, die Stimmungsberichte in politischen Entscheidungsprozessen durchaus berücksichtigte.

Über den europäischen Tellerrand hinaus blickt *Martin K. Dimitrov*, der die Stimmungsberichterstattung der kommunistischen Staaten Bulgarien und China miteinander vergleicht. Der mit politikwissenschaftlichen Methoden operierende Aufsatz fragt nach den Möglichkeiten diktatorischer Herrschaft, latente Unzufriedenheit zu erkennen und einzudämmen, bevor sie in offenen Unmut oder gar Protest umschlägt, ein Regierungsprinzip, das er als »antizipatorische Staatsführung« kennzeichnet und das eine Begrenzung des offenen Terrors gegenüber der eigenen Bevölkerung voraussetzt. Der bulgarischen kommunistischen Regierung hätten, so die Argumentation *Dimitrovs*, in den 1980er-Jahren Instrumente zur Erfassung latenter Unzufriedenheit zur Verfügung gestanden, weshalb die Ereignisse vom Herbst 1989 für die dortige KP-Führung nicht überraschend gewesen seien. Doch hätten der Partei die Mittel gefehlt, den politischen Umsturz durch wirtschaftliche Reformen oder selektive Repression zu verhindern. In China sei die kommunistische Führung dagegen von den Ereignissen auf dem Tian'anmen-Platz im Sommer 1989 völlig überrascht worden, da sie noch nicht zur »antizipatorischen Staatsführung« übergegangen sei. Dies hatte zur Folge, dass die Proteste gewaltsam niedergeschlagen wurden.

Das dritte Kapitel wendet die Blickrichtung und fragt danach, wie die Stimmungen der DDR-Bevölkerung in der Bundesrepublik ermittelt, eingeschätzt und interpretiert wurden. Dies geschieht exemplarisch am Beispiel der DDR-Stimmungsberichterstattung des Bundesnachrichtendienstes (BND), des Bundesamtes für Verfassungsschutz (BfV) sowie der sogenannten Stellvertreterbefragungen des Meinungsforschungsinstitutes Infratest.

Ronny Heidenreich analysiert die Berichte über die »Psychologische Lage in der SBZ«, die der BND von 1956 bis 1969 anfertigte. Neben der organisatorischen Entwicklung des Berichtswesens des BND beschreibt *Heidenreich* Aufbau und Themen der Stimmungsberichte sowie die Autoren und die Quellen, aus denen die verarbeiteten Informationen stammten. Daran anschließend wird erörtert, wer diese Berichte zur Kenntnis bekam und wie sie von den Empfängern rezipiert wurden. *Heidenreich* kommt dabei zu dem ernüchternden Schluss, dass die Berichte des BND über die DDR keine verlässliche Quelle für die dortigen

Stimmungslagen waren bzw. sind. Vielmehr gäben diese Lageberichte in erster Linie Aufschluss über Einstellungen und Weltbilder ihrer Verfasser.

Nicht nur der BND, sondern auch das Bundesamt für Verfassungsschutz hat sich in regelmäßig erstellten Berichten mit der Lage in der DDR und den Stimmungen der dortigen Bevölkerung befasst. *Elke Stadelmann-Wenz* geht am Beispiel zweier markanter Ereignisse, dem Volksaufstand vom 17. Juni 1953 und dem Mauerbau vom 13. August 1961, der Frage nach, wie der bundesdeutsche Verfassungsschutz die DDR-Bevölkerung, ihre Verhaltensweisen und Stimmungslagen wahrgenommen und in den Berichten dargestellt hat. Am Schluss ihrer detaillierten Untersuchung steht – ähnlich wie beim BND – eine eher magere Bilanz: Zwar wurden Einstellungen und Meinungen der DDR-Bevölkerung thematisiert, eine Analyse blieb man aber schuldig, so *Stadelmann-Wenz*. Die DDR-Bürger wurden in den Berichten des Verfassungsschutzamtes vor allem als Objekte des diktatorischen SED-Regimes wahrgenommen und nicht als eigenständige Akteure.

Eine andere Art der Informationsbeschaffung über Stimmungen und Einstellungen der Bevölkerung jenseits des Eisernen Vorhanges hat der letzte Aufsatz des dritten Kapitels zum Gegenstand. *Jens Gieseke* setzt sich mit den vertraulichen Berichten auseinander, die Infratest im Auftrag des Bundesministeriums für gesamtdeutsche Fragen bzw. innerdeutsche Beziehungen in der Zeit von 1968 bis 1989 über »Einstellungen und Verhaltensweisen der Bevölkerung in der DDR« erarbeitete. Dazu entwickelte das Meinungsforschungsinstitut ein System von Stellvertreterbefragungen: Bundesbürger, die von Besuchsreisen in der DDR zurückkehrten, wurden über die Ansichten der DDR-Bürger befragt, mit denen sie zusammengetroffen waren. *Gieseke* legt den Entstehungskontext dieser Informationserhebung und deren Befunde dar. Auch hier stellt sich anschließend das Problem der Rezeption dieser Informationen durch die Bundesregierung. Die Frage nach dem Wert dieser Berichtsserie als historiografische Quelle beantwortet *Gieseke* positiv. Zum einen böte sie eine makroanalytische Perspektive auf die gesamtgesellschaftlichen Kräfteverhältnisse in der DDR und ihre zeitgenössische Wahrnehmung, zum anderen handele es sich um Langzeitserien, an denen sich Veränderungen im zeitlichen Verlauf gut nachvollziehen ließen.

Aus kommunikationswissenschaftlicher Perspektive schließlich unterzieht Rudolf Stöber die Stimmungsberichterstattung im Deutschen Reich zwischen Kaiserzeit und Weimarer Republik einer historischen Längsschnittanalyse, verbunden mit einem Ausblick auf die NS-Zeit. Mithilfe einer qualitativ-quantitativen Inhaltsanalyse arbeitet er Zusammenhänge zwischen der Bevölkerungsstimmung und wirtschaftlichen Indikatoren heraus. Dabei vermag er, Korrelationen zwischen der Bevölkerungsstimmung einerseits sowie dem Wirtschaftswachstum, der Arbeitslosenquote und der Reallohnentwicklung andererseits aufzuzeigen. Auch mit Blick auf die Korrelation von Wahlergebnissen für radikale Parteien und die Entwicklung der Bevölkerungsstimmung ergeben sich interessante Befunde. Bei allen methodischen und quellenkritischen Vorbehalten, die Stöber reflektiert, macht auch dieser Beitrag die Chancen einer differenzierten Auswertung von Stimmungsberichten deutlich.

Kapitel 1
Unsicherheitsfaktor Volk:
Die Berichterstattung über Bevölkerungsstimmungen in der DDR

Daniela Münkel

Das Volk fest im Blick!? Die Berichterstattung des MfS über die Stimmung in der DDR-Bevölkerung von den 1950er- bis zu den 1980er-Jahren

Wenige Monate nach der Auflösung der Staatssicherheit im Jahr 1990 führte eine Journalistin ein Gespräch mit einem höheren Mitarbeiter der »Zentralen Auswertungs- und Informationsgruppe des MfS« (ZAIG) über dessen frühere Tätigkeit:

> Wir verfassten für die SED-Führung Berichte über die Lage im Land. Durch diese Arbeit hatte ich durchaus einen repräsentativen Einblick, wie die Stimmung in der Bevölkerung war. Wir haben gesammelt, verdichtet, analysiert und [...] in regelmäßiger Form, und zwar jede Woche, mehrere Berichte an unseren Verteilerkreis weitergegeben und wir haben die Erkenntnisse nach bestem Wissen und Gewissen zusammengestellt. [...] Wichtig ist dabei, dass die Informationen wirklich aus der Basis gekommen sind. [...] Die sogenannten Zuarbeiten kamen aus der gesamten Republik. Unsere Abteilung versuchte daraus ein Stimmungsbild zu machen.[1]

Diese Charakterisierung der Arbeit der ZAIG erscheint weitgehend zutreffend – lässt jedoch wesentliche Aspekte, die für die Berichterstattung des Ministeriums für Staatssicherheit (MfS) an die Partei- und Staatsführung konstitutiv waren, unberücksichtigt: Über was wurde wie berichtet? Welche Stereotypen und Feindbilder wurden in den Berichten reproduziert bzw. konstruiert? Wer bekam die Berichte? Wie wurden sie rezipiert? Aus welchen Quellen speisten sie sich? Welche Brüche und Kontinuitäten gab es in fast 40 Jahren MfS-Berichterstattung?

Die folgenden Ausführungen können die geheimen Berichte, die das MfS von Juni 1953 bis Ende Dezember 1989 für die engere Partei- und Staatsführung gefertigt hat, aufgrund der quantitativen Masse nur exemplarisch auswer-

1 Die Informationstrecke war eine Einbahnstraße. In: Christina Wilkening (Hg.): Staat im Staate. Auskünfte ehemaliger Stasi-Mitarbeiter. Berlin 1990, S. 23–32, hier 24.

ten.[2] Vorab sei aber noch näher charakterisiert, was im Folgenden unter Stimmungsberichterstattung subsumiert wird.

Stimmungsberichte im Rahmen der MfS-Berichterstattung

Am Beginn der regelmäßigen Berichterstattung des MfS stand der Aufstand vom 17. Juni 1953 und das Bestreben der engeren Partei- und Staatsführung, über die wirkliche Stimmung im Land immer aktuell und umfassend informiert zu sein. So waren es zunächst überwiegend Stimmungsberichte, die das MfS verfasste. Mit der zunehmenden Professionalisierung der Berichterstattung im Laufe der nächsten Dekade und durch eine Intervention Walter Ulbrichts im Jahr 1957, der sich über die Stimmungsberichterstattung des MfS beschwerte und diese bezichtigte, die »Hetze des Feindes legal«[3] zu verbreiten, differenzierte sich das Berichtswesen aus.[4] Nun, so scheint es, traten die Stimmungsberichte zugunsten von Informationen über Einzelvorkommisse und spezifische Problemlagen in den Hintergrund. Seit 1972 wurde dann wieder eine eigenständige Reihe – die sogenannte O-Reihe – mit dem Titel »Reaktionen der Bevölkerung« etabliert, die jedoch im Regelfall nur MfS-intern verteilt wurde.

Obwohl es sich bei den MfS-Berichten, im Gegensatz zu den »Meldungen aus dem Reich« der NS-Zeit,[5] nicht um eine Serie von reinen Stimmungsberichten handelt, nimmt der ganze Komplex von Stimmungen der Bevölkerung oder von Bevölkerungsteilen einen breiteren Raum ein, als es die Zahl der explizit als »Stimmungsberichte« kategorisierten Dokumente vermuten lässt. Stimmungen, Reaktionen, Meinungen der DDR-Bevölkerung treten in den unterschiedlichsten Berichtsformen zutage. So sind zum Beispiel Berichte über die Versorgungslage, über Republikfluchten, Großereignisse oder einzelne Maßnahmen der SED immer auch Stimmungsberichte.

2 Weitere exemplarische Tiefenbohrungen nehmen die Aufsätze von Henrik Bispinck, Bernd Florath und Roger Engelmann in diesem Band vor. Die Berichte erscheinen in einer Komplettedition seit 2009. Vgl. Die DDR im Blick der Stasi. Die geheimen Berichte an die SED-Führung 1953 bis 1989, hg. v. Daniela Münkel. Göttingen 2009 ff.

3 Ulbricht auf der Sitzung des MfS-Kollegiums am 7.2.1956, abgedruckt in: Roger Engelmann, Silke Schumann: Der Ausbau des Überwachungsstaates. Der Konflikt Ulbricht – Wollweber und die Neuausrichtung des Staatssicherheitsdienstes der DDR 1957. In: Vierteljahrshefte für Zeitgeschichte 43 (1995) 2, S. 341–378, hier 357 f.

4 Zu Veränderungen von Aufbau und Struktur der »Zentralen Auswertungs- und Informationsgruppe« (ZAIG) im MfS sowie zur Entwicklung des Berichtswesens vgl. ausführlich Roger Engelmann, Frank Joestel: Die Zentrale Auswertungs- und Informationsgruppe (BStU, MfS-Handbuch). Berlin 2009.

5 Vgl. Meldungen aus dem Reich 1938–1945. Die geheimen Lageberichte des Sicherheitsdienstes der SS, hg. v. Heinz Boberach, Bd. 1–17. Herrsching 1984.

Aus diesem Grund ist es wenig zielführend, die explizit als Stimmungsberichte ausgewiesenen Berichte auszuzählen und auf dieser Grundlage allgemeingültige Aussagen zu treffen. Berichte über Stimmungen der DDR-Bevölkerung waren nicht nur der Anlass für die regelmäßige Berichterstattung des MfS, sie machten auch bis zum Ende der DDR einen wesentlichen Teil der Berichterstattung aus – in manchem Jahr weit über 50 Prozent. Derartige Informationen waren für die engere Partei- und Staatsführung besonders wichtig, weil das MfS im Gegensatz zu den anderen berichterstattenden Institutionen, die es in der DDR zuhauf gab, geheimdienstliche Methoden der Informationsbeschaffung hatte, wie inoffizielle Mitarbeiter, Abhörmaßnahmen oder die Postkontrolle, die es ermöglichten, tiefer in die Gedanken- und Meinungswelt der DDR-Bevölkerung einzudringen und so ein relativ authentisches Bild zu zeichnen. Dies wurde zusätzlich dadurch begünstigt, dass der Informationsfluss von unten nach oben verlief und somit die MfS-Zentrale in Berlin in die Lage versetzt wurde, Stimmungen, Reaktionen und Unzufriedenheiten der Bevölkerung bis ins letzte Dorf zu erfassen.[6]

Stimmungsberichte: Konjunkturen, Einbrüche, Themen

Die bisherige Forschung scheint sich einig, die Stimmungsberichterstattung sei nach 1957 zurückgegangen und sehr »vorsichtig« geworden. Dies habe sich im Prinzip bis zum Ende der DDR nicht mehr wesentlich geändert.[7]

Die Berichte der ersten Jahre vermitteln den Eindruck einer hohen Authentizität. Dieser wird durch die Wiedergabe von Meinungsäußerungen fast ausschließlich in Form von wörtlichen Zitaten unterstrichen, die auch sehr drastische Äußerungen über das politische Führungspersonal einschlossen.[8] So wurde, um nur ein Beispiel zu nennen, ein Bauarbeiter kurz nach dem Juni-Aufstand 1953 mit den Worten zitiert, Grotewohl und Ulbricht sollten sich »die Brust waschen und fertig machen zum erschießen«.[9] Auch in den folgenden Jahren hielt das MfS derartige Kritik nicht zurück. Einen weiteren Höhepunkt erreichte die Kritik am politischen Führungspersonal der DDR 1956 im Zuge

6 Vgl. dazu u. a. den Beitrag von Roger Engelmann in diesem Band und Daniela Münkel: Staatssicherheit in der Region. Die geheimen Berichte der MfS-Kreisdienststelle Halberstadt an die SED. In: Deutschland Archiv 43 (2010) 1, S. 31–38.

7 Vgl. u. a. Jens Gieseke: Annäherungen und Fragen an die »Meldungen aus der Republik«. In: Ders. (Hg.): Staatssicherheit und Gesellschaft. Studien zum Herrschaftsalltag in der DDR. Göttingen 2007, S. 79–98, hier 82 f.

8 Vgl. dazu ausführlich Die DDR im Blick der Stasi 1953. Die geheimen Berichte an die SED-Führung, bearb. v. Roger Engelmann. Göttingen 2013, S. 23.

9 Auswertung der Stimmungsberichte aus der Bevölkerung zu den Faschistischen Provokationen v. 22.6.1953 [Meldung Nr. 22/53]. In: ebenda.

der Berichterstattung über den XX. Parteitag der KPdSU und die 3. Parteikonferenz der SED.[10] Eine eigene Serie von Berichten unter dem Titel »Hetze gegen den Genossen Walter Ulbricht« wurde verfasst, in denen die Empfänger schwarz auf weiß lesen konnten, was Teile der DDR-Bevölkerung über den 1. Sekretär des ZK der SED dachten – »nicht nur Hitler war Diktator, nicht nur Stalin, bei uns ist es jetzt Ulbricht«[11], hieß es unter anderem. Walter Ulbricht, der angesichts seiner ohnehin geschwächten Position keinerlei Interesse daran hatte, dass seine Politbürokollegen auch noch schriftlich über seinen fehlenden Rückhalt in der Bevölkerung informiert wurden, verbat sich für die Zukunft eine derartige Form der Berichterstattung. Danach sei die Stimmungsberichterstattung – so die in der Forschung vorherrschende Sichtweise – insgesamt rückläufig gewesen und die Kritik an hohen Parteifunktionären oder gar an Ulbricht bzw. Honecker nicht mehr in die Berichte eingeflossen.[12] Dass die Berichterstattung in toto seit 1957 zurückgeht, ist auf die Reorganisation des Informationswesens des MfS zurückzuführen. Berichte, die Stimmungen und Meinungen in unterschiedlichen Zusammenhängen zum Gegenstand haben und diese auch in wörtlicher Rede wiedergeben, spielen jedoch bis zum Ende der DDR eine zentrale Rolle. Insgesamt professionalisiert sich die Berichterstattung seit den 1960er-Jahren, das heißt, sie zeichnet sich durch ein höheres analytisches Niveau aus.

Berichte, die Stimmungen und Meinungen enthielten, machten sich einerseits an bestimmten Ereignissen fest, andererseits sind aber auch immer wiederkehrende Themen über den gesamten Berichtszeitraum zu finden. Für Unmut unter allen Bevölkerungsteilen der DDR sorgten von 1953 bis 1989 die Versorgungslage und die Preispolitik. Beide Themen waren ein Dauerbrenner der Stimmungsberichterstattung und eine Dauerbaustelle der sozialistischen Volkswirtschaft. Einzig die Produkte, an denen Mangel herrschte, änderten sich: Steht in den 1950er-Jahren noch der Mangel an wichtigsten Grundnahrungsmitteln im Mittelpunkt, sind es seit der zweiten Hälfte der 1970er-Jahre neben Wurst- und Fleischwaren sowie Butter vor allem Konsumgüter aller Art bis hin zu Untertrikotagen.

Ein weiteres Thema, dessen sich das MfS über die Jahrzehnte hinweg in der Stimmungsberichterstattung immer wieder annahm, war die Stimmung und Meinung der »Jugend« als zukünftige Trägerin der »sozialistischen Gesellschaftsordnung«. Hier stand vor allem die Angst vor »negativen« westlichen Einflüssen im Mittelpunkt: Mode, Musik, Medien oder politische Ideen.

10 Vgl. dazu ausführlich den Beitrag von Henrik Bispinck in diesem Band und Ders.: Einleitung 1956. In: Die DDR im Blick der Stasi 1956. Die geheimen Berichte an die SED-Führung, bearb. v. Henrik Bispinck. Göttingen 2016, S. 12–71, hier 23–27.

11 19. April 1956. Hetze gegen den Genossen Walter Ulbricht (2. Bericht) [Information Nr. M88/56]. In: Die DDR im Blick der Stasi 1956 (Anm. 10).

12 Vgl. u. a. Gieseke: Annäherungen (Anm. 7).

> Die Ursachen für die Überschreitungen, Club- und Bandenbildungen, für das Rowdytum vieler Jugendlicher sind fast ausnahmslos ideologischer Art, wenn dabei auch jugendlicher Übermut, Abenteuerreiz und andere mit den Übergangsjahren der Jugendlichen zusammenhängende Fragen eine Rolle spielen. Der zweifellos größte feindliche Einfluss geht dabei von Westberlin und den westlichen Rundfunkstationen, vor allem RIAS und ›Sender Luxemburg‹, aus. So ist zum Beispiel für fast alle Vorkommnisse auf diesem Gebiet typisch, dass sich die Jugendlichen die westliche Lebensweise zum Vorbild nehmen und ihr nacheifern, Rock 'n' Roll und andere ›heiße Sachen‹ hören und tanzen, Schundliteratur, besonders Kriminalschmöker, besorgen, lesen und austauschen, sich übertrieben westlich kleiden und sich auch meist auf diesen Grundlagen zu Clubs und Banden zusammenschließen,[13]

berichtete die Stasi im Januar 1960. 17 Jahre später hörte sich das ähnlich an – nun ging es aber auch um politische Inhalte im engeren Sinn:

> Zunächst rottete sich [...] eine größere Anzahl Jugendlicher auf der Balustrade der Fernsehturmumbauung zusammen. [...] Aus dieser Situation heraus wurden durch einzelne Täter Ausrufe mit negativ-feindlichem Inhalt getätigt [...]: ›Nieder mit der DDR‹, ›Honecker raus – Biermann rein‹, ›Nieder mit der Mauer‹. Nach den bisherigen Untersuchungsergebnissen handelte es sich bei den Initiatoren um unter Einfluss der ideologischen Diversion stehende Personen.[14]

Bedingt durch das Trauma des 17. Juni und die Angst der SED-Führung, dass sich die Arbeiterschaft, in deren Namen sie vorgab zu herrschen, erneut gegen sie wenden könnte, war die Stimmung in den Betrieben ein weiteres, ständig wiederkehrendes Thema. Hier standen vor allem Reaktionen auf Parteitagsbeschlüsse sowie die Wirtschafts- und Lohnpolitik im Mittelpunkt. Daneben gab es immer wieder Berichte zur Situation in einzelnen Gewerbezweigen oder Industriebetrieben, in denen Stimmungen wiedergegeben werden.

Ansonsten waren die Berichte, die Stimmungen und Meinungen zum Gegenstand hatten, in der Regel ein Spiegelbild der Problemlagen des jeweiligen Jahres: 1953 waren es die Nachwirkungen des 17. Juni und der Neue Kurs, 1956 der XX. Parteitag und die Abrechnung mit dem Stalinismus, 1960 die Lage auf dem Lande, die Durchsetzung der Vollkollektivierung und die Ursachen für das Anwachsen der Fluchtbewegung. Letzteres setzte sich dann bis zum Mauerbau 1961 fort. Die Berichte der zweiten Jahreshälfte 1961 wurden dann

13 MfS/ZAIG, Bericht 40/60 vom 26.1.1960 über Rowdytum, Bandenbildung und andere Erscheinungen und Einflüsse westlicher Unkultur unter den Jugendlichen in der DDR; BStU, MfS, ZAIG, Nr. 252, Bl. 1–27, hier 4.

14 10. Oktober 1977. Information Nr. 623/77 über rowdyhafte Ausschreitungen von Jugendlichen und Jungerwachsenen in den Abendstunden des 7.10.1977 in der Hauptstadt der DDR. In: Die DDR im Blick der Stasi 1977. Die geheimen Berichte an die SED-Führung, bearb. v. Henrik Bispinck. Göttingen 2012, S. 242.

dominiert von den Reaktionen der DDR-Bevölkerung auf den Mauerbau.[15] Seit Beginn der 1970er-Jahre ging es dann wieder verstärkt um Fragen der deutsch-deutschen Beziehungen sowie der bundesdeutschen Innenpolitik.[16] 1972 waren die Reaktionen der DDR-Bevölkerung auf die Bundestagswahlen oder die Person Willy Brandts,[17] 1974 der Rücktritt Willy Brandts vom Amt des Bundeskanzlers und die Affäre um den »DDR-Kundschafter« Günter Guillaume Gegenstand von Stimmungsberichten.[18] Ab 1975/76 spielten die Unterschrift der DDR-Regierung unter die KSZE-Schlussakte und die daraus resultierenden Hoffnungen der DDR-Bürger auf Freizügigkeit eine wichtige Rolle.[19] Das Thema setzte sich in den 1980er-Jahren durch die Berichterstattung über die Ausreisebewegung fort. 1976 ist auch das Jahr, in dem sich nach der Ausbürgerung Wolf Biermanns Berichte über die Stimmung unter Künstlern und Intellektuellen zu häufen begannen.[20]

Insgesamt verdichteten sich die Stimmungsberichte im Laufe der 1980er-Jahre signifikant – besonders in der zweiten Hälfte. Bestimmend sind nun Berichte über die sich formierende Oppositionsbewegung, die zunächst nur die Stimmungslage eines kleinen Teils der DDR-Bevölkerung widerspiegelte,[21] bis sie im Laufe des Jahres 1989 zur Stimmung einer großen »Sammlungsbewegung«[22] – wie es im MfS-Jargon hieß – wurde. In den 1980er-Jahren spielen

15 Vgl. dazu Die DDR im Blick der Stasi 1961. Die geheimen Berichte an die SED-Führung, bearb. von Daniela Münkel. Göttingen 2011.

16 Vgl. dazu auch Jens Gieseke: Bevölkerungsstimmungen in der geschlossenen Gesellschaft. MfS-Berichte an die SED-Führung in den 1960er- und 1970er-Jahren. In: Zeithistorische Forschungen 5 (2008) 2, S. 236–257, hier 249 f.

17 Vgl. MfS/ZAIG, Information 1100/72 vom 5.12.1972. Die Reaktionen der Bevölkerung der DDR zur Politik der Brandt/Scheel-Regierung im Zusammenhang mit dem Ergebnis der Bundestagswahl vom 19.11.1972; BStU, MfS, ZAIG, Nr. 2095, Bl. 1–14.

18 Vgl. u. a. MfS/ZAIG, Information vom 13.5.1974. Erste Hinweise zur Reaktion der Bevölkerung der DDR zum Rücktritt Willy Brandts; BStU, MfS, ZAIG, Nr. 4128, Bl. 1–20; MfS/ZAIG, Information vom 14.5.1974. Zur Entwicklung der Krise der Koalition und zum Verfall der Autorität Brandts; BStU, MfS, ZAIG, Nr. 5023, Bl. 1–16.

19 Vgl. Die DDR im Blick der Stasi 1976. Die geheimen Berichte an die SED-Führung, hg. v. Siegfried Suckut. Göttingen 2009.

20 Vgl. ebenda. Diese setzten sich im Folgejahr fort. Vgl. Die DDR im Blick der Stasi 1977 (Anm. 14).

21 Vgl. u. a. die Berichte von 1988 in: Die DDR im Blick der Stasi 1988. Die geheimen Berichte an die SED-Führung, bearb. v. Frank Joestel. Göttingen 2010 sowie Jens Gieseke: »Seit langem angestaute Unzufriedenheit breitester Bevölkerungskreise« – Das Volk in den Stimmungsberichten des Staatssicherheitsdienstes. In: Klaus Dietmar Henke (Hg.): Revolution und Vereinigung. Als in Deutschland die Realität die Phantasie überholte. München 2009, S. 130–148.

22 30. Oktober 1989. Information Nr. 485/89 über das Wirken antisozialistischer Sammlungsbewegungen und damit im Zusammenhang stehende beachtenswerte Probleme. In: Daniela Münkel (Hg.): Herbst '89 im Blick der Stasi. Die geheimen Berichte an die SED-Führung. 3. Aufl., Berlin 2017, S. 99–123.

außen- und deutschlandpolitische Themen weiterhin eine wichtige Rolle. Die Stimmungen zur Wahl Gorbatschows 1985,[23] der Besuch Honeckers in der Bundesrepublik[24] im gleichen Jahr oder das SPD/SED-Papier von 1987 sind Themen von Berichten, die sich mit Meinungen und Stimmungen befassen.[25]

1965 ist der einzige, von uns für die Edition bereits intensiv bearbeitete Jahrgang, in dem Stimmungsberichte kaum eine Rolle spielen. Es gibt sie hier vor allem aus dem Bereich der Jugendpolitik. Themen, die die »Bevölkerung« bewegt haben dürften – wie das 11. Plenum oder Probleme der Wirtschaft – spiegeln sich nicht in der Stimmungsberichterstattung an die politische Führung. Die Gründe dafür sind nicht eindeutig zu klären. Die Dominanz von ökonomischen und wirtschaftstheoretischen Fragen in diesem Jahr, die nicht in die Kernkompetenz des MfS fielen, könnte eine mögliche Ursache dafür sein.[26]

Selbst unmittelbar nach der Ulbricht-Schelte von 1957 gab das MfS – wenn auch quantitativ wesentlich weniger und inhaltlich vorsichtiger als 1956 – kritische Stimmen über Ulbricht wieder: »Gen. Ulbricht wird es genauso gehen wie Molotow.«[27] Kritik an der Politik der SED, an Ministern, an hohen Partei- und Staatsfunktionären findet sich weiterhin in fast jedem Berichtsjahr. Mit der Wiedergabe einer direkten Kritik an Ulbricht oder Honecker hält sich das MfS in den folgenden Dekaden aber tatsächlich stark zurück. Seit Mitte der 1980er-Jahre taucht diese zunächst in den zumeist MfS-intern gebliebenen O-Berichten wieder unverblümter auf, beispielsweise in einem Bericht vom Februar 1985 über eine Rede Honeckers vor 1. Sekretären der SED-Kreisleitungen. So sei die »Rede des Gen. Honecker [...] Schönfärberei, da bestehende Probleme der

23 Vgl. MfS/ZAIG, Bericht O/139. Hinweise zur Reaktion der Bevölkerung der DDR zum Ableben des Generalsekretärs des ZK der KPdSU, Genossen Tchernenko, und zur Wahl des Genossen Gorbatschow in diese Funktion vom 15. März 1985; BStU, MfS, ZAIG, Nr. 4190, Bl. 2–5.

24 Vgl. u. a. MfS/ZAIG, Bericht O/189 vom 30. Juli 1987. Hinweise zu ersten Reaktionen der Bevölkerung der DDR im Zusammenhang mit dem angekündigten Besuch des Generalsekretärs des ZK der SED und Vorsitzenden des Staatsrates der DDR, Gen. Erich Honecker, in der BRD; BStU, MfS, ZAIG, Nr. 4229, Bl. 2–5.

25 Vgl. MfS/ZAIG, Bericht O/191 vom 24. September 1987. Hinweise über beachtenswerte Aspekte aus der Reaktion der Bevölkerung auf das von der SED und der SPD gemeinsam erarbeitete Dokument »Der Streit der Ideologien und die gemeinsame Sicherheit«; BStU, MfS, ZAIG, Nr. 4230, Bl. 2–9.

26 Vgl. Bernd Florath: Einleitung 1965. In: Die DDR im Blick der Stasi 1965. Die geheimen Berichte an die SED-Führung, bearb. v. Bernd Florath. Göttingen 2014, S. 12 f. sowie den Beitrag von Bernd Florath in diesem Band.

27 MfS/ZAIG, Information 100/57 vom 6.7.1957. Reaktionen der Bevölkerung der DDR auf den Beschluss des ZK der KPdSU über die parteifeindliche Gruppe Malenkow, Kaganowitsch und Molotow und auf die Erklärung des Politbüros des ZK der SED zur gleichen Sache (1. Bericht); BStU, MfS, ZAIG, Nr. 58, Bl. 1–4.

Volkswirtschaft [...], die Preisentwicklung und die Auswirkungen der Witterungsbedingungen« nicht angesprochen worden seien.[28]

Endgültig gibt das MfS die Zurückhaltung bei der Wiedergabe von Kritik am ersten Mann im Staate bei seinen für die Partei- und Staatsführung bestimmten Berichten dann 1989 auf.[29] Erst Honeckers Nachfolger Egon Krenz musste wieder in drastischen und klaren Worten lesen, was die Bevölkerung von ihm hielt: So heißt es in einem Bericht vom 21. Oktober 1989, dass der Rücktritt von Honecker »als zu spät erfolgt bewertet« wird und die »Wahl des Gen. Krenz als Generalsekretär« im »beachtlichem Umfang« auf »Ablehnung« stoße.[30]

MfS und SED: Verbesserungsvorschläge, Rezeption und Adressaten

Stimmungsberichte wurden vom MfS auch als Aufhänger genutzt, um auf Mängel aufmerksam zu machen, die eigene Überlegenheit bei der Identifizierung von Problemfeldern hervorzuheben sowie Verbesserungsmöglichkeiten aufzuzeigen. Dadurch konnte die Geheimpolizei einerseits ihren Auftrag erfüllen, die politische Führung über neuralgische Stimmungslagen im Land und vor allem über Unzufriedenheiten umfassend zu informieren. Andererseits profilierte sie sich als allgemeines Kontrollorgan, das Versäumnisse und Mängel anderer Organe aufdeckte und, wenn möglich, kompensierte.

Vorschläge bzw. Empfehlungen, welche dazu geeignet schienen, die Stimmung unter der Bevölkerung zu verbessern und damit die Akzeptanz des DDR-Regimes zu erhöhen, lassen sich in Stimmungsberichten aus allen Jahren zu diversen Themen finden. Schon zu Beginn der Berichterstattung macht das MfS solche Vorschläge, die es aus der Analyse von Stimmungen ableitete. Am 20. Juni 1953 mussten die Empfänger lesen, dass es zur Beruhigung der Lage dringend erforderlich sei, »die Agitationsarbeit in den Betrieben und Häusern mit den Werktätigen« zu verstärken.[31]

Ein Feld, auf dem das MfS durchgängig Vorschläge zur Verbesserung machte, war die Versorgungslage als neuralgischer Punkt für die Stimmung der Bevöl-

28 MfS/ZAIG, Bericht O/137 vom 18. Februar 1985. Hinweise über Reaktionen der Bevölkerung der DDR auf die Beratung des Sekretariats des ZK der SED mit den 1. Sekretären der Kreisleitungen; BStU, MfS, ZAIG, Nr. 4188, Bl. 2–9, hier 5.

29 Vgl. Daniela Münkel: Die DDR im Blick der Stasi 1989. In: Aus Politik und Zeitgeschichte (2009) 21–22, S. 26–32.

30 MfS/ZAIG, Bericht 0/230 vom 21. Oktober 1989. Hinweise und Reaktionen der Bevölkerung auf die 9. Tagung des ZK der SED am 18.10.1989; BStU, MfS, ZAIG, Nr. 4261, Bl. 2–10.

31 Stimmungsbericht über die Ereignisse am 17.6. und 18.6.1953 [Meldung Nr. 14/53] v. 20.6.1953. In: Die DDR im Blick der Stasi 1953 (Anm. 8).

kerung und damit im höchsten Maße ein sicherheitspolitisch relevantes Thema. Hier stehen vor allem Fragen der Preis-, Verteilungs-, Produktions- und Steuerungspolitik im Mittelpunkt. Die Vorschläge des MfS reichten von Preissenkungen für Margarine im Jahr 1953[32] bis zu Forderungen einer stärkeren Durchsetzung des »Leistungsprinzips« in der sozialistischen Wirtschaft im Jahr 1989.[33]

In manchen Fällen nahm das MfS die »schlechte« Stimmung der Bevölkerung zum Anlass für eine Generalabrechnung mit der Arbeit von lokalen Institutionen und ihrem Führungspersonal, von einzelnen Ministern und anderen zentralen Einrichtungen der DDR. So wurden zum Beispiel in der ersten Hälfte des Jahres 1960 Berichte über die unzulänglichen Verhältnisse in sämtlichen Bezirken verfasst und dringender Veränderungsbedarf konstatiert.[34] Die mangelhafte Arbeit im Gesundheitswesen kam in diesen Zusammenhängen genauso ins Visier wie 1965 beispielsweise die »Verfehlungen« des früheren Ministers für Handel und Versorgung, Curt-Heinz Merkel.[35]

An diesem Punkt stellt sich die Frage nach den Empfängern und der Rezeption der Stimmungsberichte. Mit wenigen Ausnahmen, so zeitweise im Jahr 1956 und im Herbst 1989, als die Verteiler zumeist das gesamte Politbüro, die ZK-Sekretäre und dazu noch einige Fachminister umfassten,[36] ist der externe Empfängerkreis der Berichte relativ klein. In der Mehrzahl der Fälle gingen sie an Ulbricht bzw. Honecker und in der Frühphase auch an den KGB. Darüber hinaus richtete sich die Verteilung nach thematischen Schwerpunkten. Gerade bei Berichten, in denen negative Stimmungen wiedergegeben werden, kam es vor, dass Mielke im letzten Moment aus taktischen Gründen die externe Verteilung stoppte und den SED-Generalsekretär lieber mündlich über die Inhalte informierte. Die in der eigenen Berichtsreihe O seit 1972 gefertigten Stimmungsberichte hatten in der Regel nur einen internen Verteiler. Dass aber dennoch einige von diesen Berichten zumindest Erich Honecker zur Kenntnis gegeben wurden, lässt sich in wenigen Fällen nachweisen. Häufiger aber flossen Erkenntnisse aus den O-Berichten in die extern verteilte Berichterstattung ein. Dies gilt unter anderem für den ersten Bericht über Reaktionen auf die Ausbürgerung Wolf Biermanns im Jahr 1976 genauso wie für einen Bericht über die Inhaftie-

32 Information Nr. 1035 v. 8.8.1953. In: ebenda.

33 Vgl. u. a. MfS/ZAIG, Bericht O/224 vom 13. September 1989. Hinweise auf die Reaktion der Bevölkerung im Zusammenhang mit der ständigen Ausreise von Bürgern aus der DDR bzw. dem ungesetzlichen Verlassen der DDR; BStU, MfS, ZAIG, Nr. 4256 Bl. 18–25.

34 Vgl. u. a. MfS/ZAIG, Information Nr. 435/60 vom 4. Juni 1960 über einige Mängel und Missstände im Zusammenhang mit der Durchsetzung der politischen, ökonomischen und kulturellen Aufgaben im Bezirk Rostock; BStU, MfS, ZAIG, Nr. 311, Bl. 73–87.

35 Einzelinformation Nr. 314/65 über das Verhalten des ehemaligen Ministers für Handel und Versorgung, Genossen Curt-Heinz Merkel v. 6.4.1965. In: Die DDR im Blick der Stasi 1965 (Anm. 26). Merkel amtierte von 1959 bis 1963 als Minister.

36 Vgl. Bispinck: Einleitung 1956. In: Die DDR im Blick der Stasi 1956 (Anm. 10), S. 47 und Münkel (Hg.): Einleitung. In: Herbst '89 im Blick der Stasi (Anm. 22), S. 10.

rung eines Ausreisewilligen im gleichen Jahr.[37] Manchmal, wie zum Beispiel im Jahr 1988, wurden Kurzfassungen dieser Berichte für die externe Verteilung erstellt.[38]

Der eingangs zitierte ehemalige Mitarbeiter der ZAIG behauptete, dass sie niemals eine Reaktion von den Empfängern bekommen hätten und die »Informationsstrecke« eine »Einbahnstraße« gewesen sei.[39] Dass diese Einschätzung unzutreffend ist, lässt sich in einzelnen Fällen, die sich in jedem Jahrgang finden lassen, belegen. Um nur einige Beispiele zu nennen: Im Jahr 1965 wurde von einer ZAIG-Information nach der Intervention von ZK-Sekretär Erich Honecker eine neue Version gefertigt.[40] Im gleichen Jahr sind mehrfach Kommentare und Richtigstellungen von Erich Apel, dem Vorsitzenden der Staatlichen Plankommission, an diversen Berichten überliefert. Im Jahr 1976 kommentierte SED-Chef Honecker zu einem Bericht über die geplante Reise von Familie Havemann nach Polen, dass, soweit ihm bekannt, die DDR mit Polen einen »Pass + Visafreien Verkehr« habe.[41] Im Jahr 1981 sind sogar drei Antwortschreiben von Empfängern auf zwei Berichte überliefert.[42]

Dennoch ist die Frage der Rezeption schwierig zu beantworten. Erste Ergebnisse lassen sich aber bereits aufzeigen. In einigen wenigen Fällen lässt sich nachweisen, dass Berichte über Stimmungen und Reaktionen der Bevölkerung bzw. von einzelnen Gruppen eigens als Vorbereitung für Ministerratssitzungen oder Bezirksdelegiertenkonferenzen gefertigt wurden. Durch den Abgleich mit den Tagesordnungen der Politbürositzungen kann die direkte Rezeption einer geringen Zahl von Berichten nachgewiesen werden. So waren es im Krisenjahr 1961 fünfzehn Berichte, 1976 einer, 1988 vier und 1989 ebenfalls einer.[43] Darüber hinaus lassen sich zwischen den Themen der Politbürositzungen und der Rezeption der Berichte indirekte Zusammenhänge feststellen. So wurden in den Berichten Themen aufgegriffen und vertieft, die in den Politbürositzungen bereits verhandelt worden waren, sowie Reaktionen der Bevölkerung auf Parteibeschlüsse erörtert.

In einigen Fällen sind Rücklaufexemplare überliefert, auf denen die Empfänger die Aussagen der Berichte kommentieren, kritisieren oder auch zustimmende Bemerkungen machten. Auch die persönliche Unterrichtung über Berichte der

37 Vgl. Suckut: Einleitung 1976. In: Die DDR im Blick der Stasi 1976 (Anm. 19), S. 18.

38 Vgl. Joestel: Einleitung 1988. In: Die DDR im Blick der Stasi 1988 (Anm. 21), S. 28.

39 Vgl. Wilkening: Staat im Staate (Anm. 1), S. 25.

40 Vgl. Florath: Einleitung 1965. In: Die DDR im Blick der Stasi 1965 (Anm. 26), S. 55.

41 Vgl. Information 576/76 v. 16.8.1976. In. Die DDR im Blick der Stasi 1976 (Anm. 19).

42 Vgl. Die DDR im Blick der Stasi 1981. Die geheimen Berichte an die SED-Führung, bearb. v. Matthias Braun u. Bernd Florath. Göttingen 2015, S. 35.

43 Vgl. Münkel: Einleitung 1961. In: Die DDR im Blick der Stasi 1961 (Anm. 15), S. 46 f.; Suckut: Einleitung 1976. In: Die DDR im Blick der Stasi 1976 (Anm. 19), S. 24; Joestel: Einleitung 1988. In: Die DDR im Blick der Stasi 1988 (Anm. 21), S. 49; Münkel: Die DDR im Blick der Stasi 1989. In: Aus Politik und Zeitgeschichte (2009) 21–22, S. 28.

ZAIG von Ulbricht bzw. Honecker durch den Minister für Staatssicherheit in den bekannten Vieraugengesprächen ist nachweisbar. Dies sind zahlreiche Indizien, die aber eines deutlich machen: Die Berichte über die Stimmung im Lande wurden von dem engeren politischen Führungszirkel durchaus zur Kenntnis genommen. Demzufolge hätte er auch relativ gut über die negativen Auswirkungen seiner Politik und den fehlenden Rückhalt in der Bevölkerung informiert sein können.

Ideologische Überformungen: Stereotype und Feindbilder

Wenn der »Wert« von Stimmungsberichten aus Diktaturen als historischer Quelle diskutiert wird, steht häufig die Frage nach der ideologischen Überformung solcher Berichte, nach der Reproduktion von ideologisch begründeten Stereotypen und Feindbildern bei der Darstellung und Wiedergabe von Bevölkerungsstimmungen bzw. -meinungen im Fokus.

Eine Vergewisserung über solche Fragen ist darüber hinaus aber wichtig, um die Berichte dechiffrieren und richtig interpretieren zu können. So kommt eine Untersuchung von Meinungsberichten aus der Sowjetunion der Vorkriegsjahre von Sheila Fitzpatrick zu dem eindeutigen Ergebnis, dass dort Stimmungen und Meinungen immer im Kontext von sozialen Klassen sowie geografischen und ethnischen Gruppen wiedergegeben wurden und somit Erkenntnisse über eine differenzierte Bevölkerungsmeinung schwierig zu ermitteln sind.[44] Auf dieser Grundlage wurde der Gegensatz – Proletarier gleich positive Meinungen zur Regierung und ihrer Politik contra Bourgeois gleich negative Meinungen – konstruiert.

Wie äußerten sich in der MfS-Stimmungsberichterstattung Feindbilder und ideologische Stereotype, welche Brüche und Kontinuitäten lassen sich ausmachen?

Je nach der gerade aktuellen Linie der Partei und den Strategien des MfS gab es Schwankungen und Konjunkturen, worauf noch einzugehen sein wird, eine Konstante ist jedoch von 1953 bis 1989 zu finden: Wenn es in der DDR Kritik gab oder Unzufriedenheit herrschte, waren es laut MfS sehr häufig die »Westmedien« vom RIAS bis zur ARD, die diese Stimmungen und Meinungen bestärkt oder gar hervorgebracht hatten. Auf diese Weise wird die zentrale Rolle, die Rundfunk und Fernsehen der Bundesrepublik als Informationsressource für die DDR-Bevölkerung hatten, zwar benannt, aber in das Freund-Feind-Denken vom MfS und SED eingebettet. Die Systemkonkurrenz mit der Bundesre-

44 Vgl. dazu ausführlich Sheila Fitzpatrick: Popular Opinion in Russia under pre-war Stalinism. In: Paul Corner (Hg.): Popular Opinion in Totalitarian Regimes. Fascism, Nazism, Communism. Oxford 2009, S. 17–32, hier 17 u. 20.

publik und die innenpolitischen Auswirkungen der Existenz des »Westens« sind – in verschiedenen Ausprägungen – eine weitere Konstante in der Stimmungsberichterstattung des MfS. Werden von den 1950er- bis zu den 1970er-Jahren die Aktivitäten von den sogenannten »Feindzentralen«, unter anderem den Ostbüros der Parteien und des Gesamtdeutschen Ministeriums, »gegen« die DDR genannt, so wird in den 1980er-Jahren die Einmischung »politischer Führungskräfte der BRD«[45] negativ herausgestellt. Entsprechend der seit 1957 entwickelten Doktrin von der »politisch-ideologischen Diversion« verwundert es kaum, dass bei politisch abweichenden Meinungen zur ideologischen Selbstvergewisserung des MfS immer die Einflussnahme des Westens nachdrücklich ins Feld geführt wird. Dies gilt vor allem in Phasen, die für die DDR-Regierung schwierig waren, wie zum Beispiel 1953, 1960/61 oder seit 1976. In der Zeit der neuen Deutschland- und Ostpolitik seit Beginn der 1970er-Jahre wird dann zeitweise der Westen als Feindbild in der Berichterstattung zurückgestellt.

Überwiegen die Kontinuitäten in Bezug auf die Identifizierung westlicher Einwirkung in der Stimmungsberichterstattung des MfS, wechseln demgegenüber die Muster bei der Zuordnung von Meinungsbildern. Diese sind immer auch ein Spiegel der jeweiligen politischen Linie der SED. Die Berichte des MfS, die sich mit Meinungen und Stimmungen befassen, beginnen häufig mit dem Hinweis auf positive Meinungen zur Politik oder den Maßnahmen der SED. So hieß es zum Beispiel im April 1961 in einem Bericht über »negative Erscheinungen unter der Jugend«: »Es ist […] erforderlich, einleitend darauf hinzuweisen, dass die überwiegende Mehrzahl aller Jugendlichen eine fortschrittliche Haltung einnimmt und die Politik von Partei und Regierung unterstützt.«[46]

Nach wenigen Zeilen über diese positiven Stimmen, folgen dann seitenweise negative Äußerungen. Die Zuordnung von negativen Stimmen zu sozialen Gruppen, die in die jeweilige Feindbildsystematik des Regimes passte, wurde zwar bedient, kann aber in vielen Fällen aufgrund gruppenübergreifender Unzufriedenheiten nicht durchgehalten werden. Im Gegenteil: Es wird unabhängig von schematischen Zuordnungen konkret benannt, wessen Meinung hier wiedergegeben wird. In den 1950er-Jahren wurden wörtliche Zitate häufig sogar mit genauer Berufsangabe präsentiert.[47] Diese Praxis nimmt zwar insgesamt ab, ist aber bis 1989 immer wieder zu finden. In manchen Fällen nutzte das MfS den Hinweis, dass »Arbeiter«, SED-Mitglieder und »progressive Kräfte« mit der

45 28. Januar 1988, Information Nr. 54/88 über die aktuelle Situation im Zusammenhang mit der Realisierung strafprozessualer Maßnahmen gegen feindlich-negative Kräfte. In: Die DDR im Blick der Stasi 1988 (Anm. 21).

46 27. April 1961, Bericht 200/61 über die Lage unter der Jugend und die Tätigkeit des Gegners. In: Die DDR im Blick der Stasi 1961 (Anm. 15).

47 Vgl. u. a. Engelmann: Einleitung 1953. In: Die DDR im Blick der Stasi 1953 (Anm. 8), S. 23 f.

Versorgungslage oder einzelnen Maßnahmen der Partei unzufrieden seien,[48] um die besondere Dringlichkeit von Veränderungen zu unterstreichen.

Da sich das MfS zu Beginn der Berichterstattung über die Bevölkerungsstimmung vor das Problem gestellt sah, dass es gerade die Arbeiter waren, die sich gegen die SED richteten, verzichtete es zu diesem Zeitpunkt zunächst auf eine Verallgemeinerung oder Gewichtung der unterschiedlichen Äußerungen. Sobald sich die Lage wieder einigermaßen stabilisiert hatte, fiel das MfS wieder in stereotype Sichtweisen zurück. Es wurde jetzt wieder von »faschistischen Provokateuren« gesprochen, oder »großbäuerliche Elemente« wurden in Gegensatz zu den »fortschrittlichen [...] Kräfte[n]« gesetzt.[49] Bis in die 1960er-Jahre hinein tauchen als »Träger negativer Auffassungen« »ehemalige SPD-Mitglieder«, Personen »kleinbürgerlicher Herkunft oder faschistischer Vergangenheit« sowie »unmoralische Elemente«[50] auf. Auf dem Land werden sogenannte »Großbauern« häufig mit einer NSDAP-Mitgliedschaft in Verbindung gebracht, um diese Personengruppe doppelt zu diskreditieren.[51] Im Zuge der sich langsam formierenden breiteren Opposition in der DDR seit den 1980er-Jahren werden in der Stimmungsberichterstattung den »progressiven Bürgern« (Arbeiter, Angestellte, Intelligenz) »Feinde der sozialistischen Gesellschaftsordnung«,[52] »politisch-labile und negativ feindliche Elemente«, die in einem »OV« (Operativen Vorgang) bearbeitet werden, entgegengestellt. Zu Beginn der 1980er-Jahre wurde, angesichts der oppositionellen Bewegung in Polen, zeitweise die Rhetorik des Kalten Kriegs reaktiviert und von »konterrevolutionären Kräften« gesprochen.[53] In den letzten Wochen vor dem Mauerfall findet man derartige Zuschreibungen immer seltener, heißt es nun, dass die »Sammlungsbewegungen [...] ausnahmslos alle wesentlichen Bereiche der Gesellschaft« durchdringen.[54]

48 Zur Zuordnung von Stereotypen in den 1970er- und 1980er-Jahren vgl. auch Gieseke: Bevölkerungsstimmungen (Anm. 16).

49 Vgl. Engelmann: Einleitung 1953. In: Die DDR im Blick der Stasi 1953 (Anm. 8), S. 38.

50 MfS/ZAIG, Information Nr. 628/60 vom 16. September 1960 über Erscheinungsformen und Auswirkungen des opportunistisch-passiven Verhaltens verantwortlicher Organe und der feindlichen Hetz- und Wühltätigkeit im Bezirk Dresden; BStU, MfS, ZAIG, Nr. 297, Bl. 1–16.

51 Vgl. u. a. 4. Juli 1961, Einzel-Information Nr. 351/61 über Auflösungserscheinungen in LPG. In: Die DDR im Blick der Stasi 1961 (Anm. 15).

52 Vgl. u. a. MfS/ZAIG, Bericht O/113 vom 10. Januar 1983. Hinweise über Reaktionen der Bevölkerung der DDR auf die jüngsten Abrüstungsvorschläge der UdSSR und der Staaten des Warschauer Vertrages; BStU, MfS, ZAIG, Nr. 4168, Bl. 2–5.

53 Vgl. u. a. 18. November 1981, Information Nr. 590/81 über die bisher durchgeführten Herbstsynoden evangelischer Landeskirchen in der DDR 1981. In: Die DDR im Blick der Stasi 1981 (Anm. 42).

54 30. Oktober 1989. Information Nr. 485/89 über das Wirken antisozialistischer Sammlungsbewegungen und damit im Zusammenhang stehende beachtenswerte Probleme. In: Münkel (Hg.): Herbst '89 im Blick der Stasi (Anm. 22), S. 99–123, hier 99.

Schlussbemerkungen

Es bleibt ein ambivalentes Bild: Einerseits versuchte die Stasi in ihrer Stimmungsberichterstattung, die ideologisch und politisch von der SED vorgegebenen Feindbildstereotype zu bedienen, andererseits versuchte sie dem Auftrag gerecht zu werden, ein möglichst ungeschminktes Bild von der Stimmungslage in der DDR zu zeichnen. Häufig wird dieses Dilemma dadurch gelöst, dass nach einem formelhaften Prolog, in dem die grundsätzliche Zustimmung der Mehrheit der Bevölkerung konstatiert wird, über abweichende Meinungen und Stimmungen in bestimmten sozialen Gruppen oder der Gesamtbevölkerung berichtet wird. Seit der zweiten Hälfte der 1970er-Jahre verzichtete das MfS auf manchen Feldern, wie den Stimmungen zur Versorgungslage, dann gänzlich auf irgendwelche formelhaften Beschönigungen und beginnt die Berichte gleich mit der Feststellung, dass »unter allen Schichten der Bevölkerung« Unzufriedenheit herrsche.[55]

Trotz der ideologisch überformten Anteile in der Berichterstattung des MfS über Stimmungen in der Bevölkerung, lassen sich diese in der Regel dechiffrieren und erlauben es, ein differenziertes Bild der Bevölkerungsstimmungen und Meinungen in der DDR von 1953 bis 1989 zu zeichnen und sich Anstöße für tiefergehende Forschungen zu holen. Die Art der MfS-Berichterstattung – trotz mancher Brüche – und vor allem durch die geheimdienstlichen Möglichkeiten der Informationsbeschaffung ging zuweilen weit über die Kompensation einer fehlenden pluralen Öffentlichkeit hinaus und konnte damit – besonders in »Krisenzeiten« des Regimes – von zentraler Bedeutung für die Herrschenden werden. Heute macht dies den herausragenden Wert der ZAIG-Berichte für eine Herrschafts-, Gesellschafts- und Alltagsgeschichte der DDR aus.

55 Vgl. u. a. Bispinck: Einleitung 1977. In: Die DDR im Blick der Stasi 1977 (Anm. 14), S. 46, Anm. 132.

Henrik Bispinck

Die Berichterstattung des MfS zur Bevölkerungsstimmung in der DDR im Jahr 1956. Quellenkritik und Analyse

I. Einleitung

Von kaum einem Jahr der DDR-Geschichte ist eine so umfangreiche und zugleich dichte Stimmungsberichterstattung durch das MfS überliefert wie vom Jahr 1956. Sie ist stark geprägt vom XX. Parteitag der KPdSU und seinen Folgen. Die Enthüllungen Chruschtschows über die Verbrechen Stalins und die Abrechnung mit dem Personenkult erschütterten den gesamten kommunistischen Machtbereich. Die stärksten Auswirkungen zeigten sich in Polen und Ungarn, wo es im Verlauf des Jahres 1956 zu Massenprotesten und Aufständen kam, die blutig niedergeschlagen wurden. Diese Ereignisse spiegeln sich in den Stimmungsberichten des MfS ebenso wie die Auswirkungen des Parteitags auf die DDR. Hier wurde der abrupte Kurswechsel Moskaus einerseits mit Verunsicherung, vor allem unter SED-Mitgliedern, andererseits in weiten Teilen der Gesellschaft mit Erleichterung und der Hoffnung auf eine Liberalisierung aufgenommen. In kaum einer Phase der DDR-Geschichte konnte so – relativ – offen und frei diskutiert werden, was eine genauere Betrachtung der Stimmungsberichterstattung besonders interessant macht.[1]

Etwa 130 der insgesamt über 500 in diesem Jahr von der Abteilung Information der MfS-Zentrale für die SED-Führung erstellten Informationen sind als genuine Stimmungsberichte zu kennzeichnen.[2] Hinzu kommen ausführliche Abschnitte zur Stimmung in der Bevölkerung in den zweiwöchentlich herausgegebenen »Informationsdiensten zur Beurteilung der Situation in der DDR« sowie in den von Ende Oktober bis Anfang Dezember herausgegebenen Lage-

1 Dies galt selbstverständlich auch für die Sowjetunion. Für eine hellsichtige Analyse zur öffentlichen Meinung im Jahr 1956 vgl. Karl E. Loewenstein: Re-emergence of Public Opinion in the Soviet Union: Khrushchev and Responses to the Secret Speech. In: Terry Cox (Hg.): Challenging Communism in Eastern Europe. 1956 and its Legacy. New York 2008, S. 141–157.

2 Vgl. Henrik Bispinck: Einleitung 1956. In: Die DDR im Blick der Stasi 1956. Die geheimen Berichte an die SED-Führung, bearb. v. Henrik Bispinck. Göttingen 2016, S. 12–71, hier 43.

berichten.[3] Die eigentlichen Stimmungsberichte lassen sich in drei Kategorien einteilen: Erstens solche, die anlässlich bestimmter Ereignisse erhoben wurden, etwa zu Parteitagen und -konferenzen der SED, zu Feiertagen wie dem 1. Mai, zu politischen Beschlüssen wie der Gründung der Nationalen Volksarmee (NVA) oder auch zu aufsehenerregenden schweren Unfällen. Zum Zweiten wurden Stimmungsberichte zu bestimmten Themen in loser Folge und in der Regel ohne konkreten Anlass wiederkehrend erhoben, etwa zu Lohn- und Prämienfragen oder zur Versorgungslage. Zum Dritten wurde ab und zu die Stimmung bestimmter Gesellschafts- und Berufsgruppen oder innerhalb von Institutionen und Organisationen erhoben, etwa die Stimmung im Ministerium für Auswärtige Angelegenheiten, die Stimmung unter den Studenten oder unter den Ärzten.

Der vorliegende Aufsatz konzentriert sich auf die erste Kategorie und untersucht die Stimmungsberichterstattung des Jahres 1956 anhand dreier Themenkomplexe: erstens die Gründung der NVA im Januar, zweitens der XX. Parteitag der KPdSU und seine Rezeption durch die SED-Führung sowie drittens die Ereignisse in Polen und Ungarn von Sommer bis Herbst des Jahres. Dabei geht es zum einen darum, die Stimmung in der DDR zu diesen Themen anhand der MfS-Berichte nachzuzeichnen, zum anderen soll der Aussagewert dieser Berichte – auch mithilfe vergleichender Blicke auf andere Quellen – kritisch hinterfragt werden. Der eigentlichen Untersuchung sind daher ausführliche Überlegungen zur Quellenkritik unter Rückgriff auf die bisherige Forschung vorangestellt.

Quellenkritische Bemerkungen zur Stimmungsberichterstattung des MfS

Die Stimmungsberichterstattung des MfS war nicht die einzige ihrer Art in der DDR. Derartige Berichte wurden auch von der SED, den Blockparteien und den Massenorganisationen in kaum erfassbarer Zahl produziert. Sie entstanden auf allen Hierarchieebenen des SED-Staates und wurden von unten nach oben, von der Orts- über die Kreis- und Bezirksebene bis zur Zentrale ausgewertet, zusammengefasst und weitergeleitet. Stefan Wolle spricht in diesem Zusammenhang treffend von einer »Berichtspyramide [...], an deren Spitze das Politbüro

3 Vgl. zur Problematik der Abgrenzung der Stimmungsberichterstattung von der übrigen Berichterstattung des MfS den Beitrag von Daniela Münkel in diesem Band: »Obwohl es sich bei den MfS-Berichten [...] nicht um eine Serie von reinen Stimmungsberichten handelt, nimmt der ganze Komplex von Stimmungen der Bevölkerung oder von Bevölkerungsteilen einen breiteren Raum ein, als es die Zahl der explizit als ›Stimmungsberichte‹ kategorisierten Dokumente vermuten lässt.« (S. 30).

des ZK der SED stand«.[4] Das Besondere an der Berichterstattung des MfS bestand erstens darin, dass die Geheimpolizei im Gegensatz zu den anderen Institutionen auf mit konspirativen Methoden ermittelte Informationen zurückgreifen konnte, und zweitens in der hohen Geheimhaltungsstufe der MfS-Berichte, die es potenziell erlaubte, für die SED-Herrschaft problematischere Aussagen an die Parteispitze weiterzuleiten.[5] Ob das tatsächlich bedeutete, dass die Abteilung Information des MfS ungeschminkter über Problemlagen und Missstimmungen berichtete als andere Institutionen, bleibt zu untersuchen.

Die Genese der MfS-Stimmungsberichte ist schwer exakt zu bestimmen. Prinzipiell griff die Abteilung Information auf Material verschiedener Hauptabteilungen sowie der Bezirksverwaltungen des MfS zurück. Für die Stimmungsberichte wurden neben durch IM ermittelte Auskünfte auch Erkenntnisse aus der Postkontrolle (Abteilung M) verwertet.[6] In den Bezirksverwaltungen des MfS wurden analog zur Abteilung Information Informationsgruppen gebildet, die ihrerseits täglich an die Zentrale zu berichten hatten.[7] Diese schickte im Vorfeld wichtiger Ereignisse und vor politisch bedeutsamen Daten Fernschreiben an alle Bezirksverwaltungen, mit der Aufforderung, Stimmungen und Meinungen dazu zu sammeln.[8]

Der Quellenwert der MfS-Stimmungsberichte ist bereits vielfach kritisch diskutiert worden. Im Hinblick auf ihren Aussagewert als Berichtsquelle herrscht weitgehend Konsens darüber, dass sie nicht als unverzerrter Spiegel einer wie

4 Vgl. Stefan Wolle: »Lage stabil, vereinzelte Vorkommnisse«. Die Stimmung der DDR-Bevölkerung nach dem Volksaufstand am 17. Juni 1953 und nach dem Mauerbau am 13. August 1961. In: Torsten Diedrich, Ilko-Sascha Kowalczuk (Hg.): Staatsgründung auf Raten? Auswirkungen des Volksaufstandes 1953 und des Mauerbaus 1961 auf Staat, Militär und Gesellschaft der DDR. Berlin 2005, S. 225–252, hier 228. Zum Berichtswesen außerhalb des MfS vgl. auch Hedwig Richter: Die Effizienz bürokratischer Normalität. Das ostdeutsche Berichtswesen in Verwaltung, Parteien und Wirtschaft. In: Anita Krätzner (Hg.): Hinter vorgehaltener Hand. Studien zur historischen Denunziationsforschung. Berlin 2015, S. 127–135. Richter fasst hier allerdings sehr heterogene Quellen – von einzelnen »denunziatorischen Mitteilungen« bis hin zu Jahresberichten übergeordneter Behörden und Organisationen – zusammen, sodass der Begriff »Berichtswesen« bei ihr verschwimmt.

5 Vgl. dazu den Beitrag von Daniela Münkel in diesem Band.

6 Zur Arbeitsweise der Abteilung Information in den 1950er-Jahren vgl. Roger Engelmann, Frank Joestel: Die Zentrale Auswertungs- und Informationsgruppe (BStU, MfS-Handbuch). Berlin 2009, S. 18–24. Zum Beitrag der Postkontrolle für die Stimmungsberichterstattung vgl. Hanna Labrenz-Weiß: Abteilung M (BStU, MfS-Handbuch). Berlin 2005, S. 4 f., 12 f., 16 f.

7 Diese Berichte gingen zusätzlich an den jeweiligen 1. Sekretär der SED-Bezirksleitung sowie an den jeweiligen Chef der Bezirksbehörde der Volkspolizei. Vgl. Engelmann; Joestel: ZAIG (Anm. 6), S. 21. Auf Kreisebene gab es erst seit den 1960er-Jahren eine Berichterstattung an die jeweilige SED-Kreisleitung, wohl aber wurde schon vor dieser Zeit an die übergeordnete Bezirksverwaltung des MfS berichtet. Vgl. den Beitrag von Roger Engelmann in diesem Band.

8 Geht hervor aus den entsprechenden Einträgen im Postausgangsbuch; BStU, MfS, ZAIG, Nr. 8439, Bl. 65 f. bzw. 70. Zur Genese der Stimmungsberichte vgl. auch Bispinck: Einleitung 1956 (Anm. 2), S. 52–54.

auch immer gearteten Bevölkerungsstimmung zu betrachten sind, sondern »geprägt [sind] von der geheimpolizeilichen Sicht« einerseits und dem Bestreben der MfS-Mitarbeiter, »ihre besondere ›Parteiergebenheit‹ und politisch-ideologische Festigkeit unter Beweis [zu] stellen«, andererseits.[9] Hier bestand ein latenter Widerspruch: Denn die geheimpolizeiliche Sicht bedeutete, dass einerseits über Missstimmungen in der Bevölkerung möglichst präzise zu berichten war, wobei jede kritische Äußerung rasch als Ausdruck einer »feindlichen Haltung« interpretiert wurde. Der Druck zur politisch-ideologischen Konformität konnte die MfS-Mitarbeiter, die zu über 90 Prozent Mitglied der SED waren,[10] andererseits aber gerade daran hindern, »über politische Stimmungen und Missstände völlig ungeschminkt zu informieren«.[11] Vor diesem Hintergrund lagen die Grenzen der Berichterstattung, folgt man Jens Gieseke, »in den legitimatorischen Axiomen der monopolitischen Parteiherrschaft«, was für die Stimmungsberichte bedeutet habe, dass sie »negative und kritische Stellungnahmen, Stimmungen etc. ausschließlich als minoritäre Positionen darstellen« konnten.[12] Uta Stolle hat dies schon früh in einem viel zitierten Aufsatz postuliert, am Beispiel von Berichten der Bezirksverwaltung Rostock aus dem Jahr 1989 analysiert und dabei den Begriff vom »sozialen Klassentheater« geprägt.[13] Als solches bezeichnet sie Techniken wie die des »Einrahmens«: Ein klassischer Stimmungsbericht beginne »mit einer Mehrheit der Bevölkerung, die den Maßnahmen der Partei- und Staatsführung zustimmt, dann folgt eine Minderheit, die kritisiert«, wobei die Zustimmung lediglich als »positive[r] Rahmen für die dokumentierte vehemente Ablehnung« gedient habe.[14] Auf diese Weise hätten die Berichterstatter versucht, »die tatsächliche politische Orientierung der Bevölkerung einzupassen in den Rahmen des gesetzmäßig notwendigen Sieges des sozialistischen Lagers«. So plausibel diese Analyse ist, so problematisch wäre es, die Schlussfolgerung Stolles, in den Berichten behauptete zustimmende Äußerungen zur SED-Politik seien als »Tatsache oder gar Tendenzaussage unbrauchbar«, zu verallgemeinern. Dies birgt die Gefahr eines Zirkelschlusses, der auch Stolle nicht ganz entkommt, wenn sie mit Blick auf einen Bericht aus dem Jahr 1989, der den Unmut der Bevölkerung über die ökonomische Lage und die mangelnde Reisefreiheit widerspiegelt, schreibt, hier würden »realitätshaltige Wirklichkeiten montiert zu

9 Vgl. Daniela Münkel: Vorwort. In: DDR im Blick der Stasi 1956 (Anm. 2), S. 7–11, hier 7.

10 Vgl. Silke Schumann: Parteierziehung in der Geheimpolizei. Zur Rolle der SED im MfS der fünfziger Jahre. Berlin 1997, S. 52.

11 Münkel: Vorwort 1956 (Anm. 2), S. 7.

12 Jens Gieseke: Annäherungen und Fragen an die »Meldungen aus der Republik«. In: Ders. (Hg.): Staatssicherheit und Gesellschaft. Studien zum Herrschaftsalltag in der DDR. Göttingen 2007, S. 79–98, hier 96 f. Gieseke bezieht sich in seinem Aufsatz allerdings ausdrücklich auf »die Phase nach der Entstalinisierungskrise ab circa 1957«. Ebenda, S. 81.

13 Vgl. Uta Stolle: Traumhafte Quellen. Vom Nutzen der Stasi-Akten für die Geschichtsschreibung. In: Deutschland Archiv 30 (1997) 1/2, S. 209–221.

14 Hierzu und zum Folgenden ebenda, S. 211.

einem zutreffenden Bild von der Proteststimmung in der Bevölkerung«.[15] Von der dieser Aussage innewohnenden Tautologie einmal abgesehen: Bedeutet »realitätshaltig« und »zutreffend« hier nicht lediglich eine Bestätigung der Erwartungshaltung der Autorin? Außerdem verleitet ein solches Vorgehen dazu, sich generell nur die negativen Äußerungen herauszupicken, und positive Aussagen pauschal entweder als die von Stolle skizzierte notwendige »Einrahmung« oder aber als nichtssagende Wiedergabe von SED-Propaganda abzuqualifizieren.[16] Tatsächlich müssen sowohl Passagen über kritische als auch solche über affirmative Stellungnahmen hinterfragt werden.

Um diesem methodischen Problem, das im Kern darauf hinausläuft, dass sich »jeder aus den Akten heraussuchen [kann], was ihm zur Stützung seiner Thesen brauchbar scheint«,[17] zumindest teilweise zu entgehen, hilft ein Blick auf die Stimmungsberichte als Handlungsüberrest. Die Berichte wurden jeweils in einer spezifischen historischen Situation mit einem bestimmten Ziel für einen oder mehrere Adressaten erstellt. Ziel konnte – jenseits des offiziell postulierten Zwecks, möglichst realitätsnah zu berichten – etwa sein, bestimmte Problemlagen besonders herauszustellen, andere zu beschönigen, weil sie in den eigenen Verantwortungsbereich fielen, konkurrierende Verantwortungsträger zu diskreditieren, von eigenem Fehlverhalten abzulenken, die Adressaten in ihrer Erwartungshaltung zu bestätigen, die eigene politisch-ideologische Festigkeit zu demonstrieren usw.[18] Für die Interpretation der Stimmungsberichte ist daher die spezifische historisch-politische Situation, das Verhältnis von SED und MfS sowie die Rolle führender Exponenten von Partei und Geheimpolizei zum Untersuchungszeitpunkt zu berücksichtigen. Darüber hinaus müssen sowohl der Einfluss äußerer Ereignisse als auch potenzielle Änderungen der Richtlinien für die Berichterstattung beachtet werden. Eine Zunahme von kritischen Äußerungen über Walter Ulbricht im Verlauf eines bestimmten Zeitraums, um ein Beispiel zu nehmen, kann sowohl eine tatsächliche Verschlechterung der Stimmung gegenüber dem SED-Generalsekretär bedeuten, als auch eine auf Geheiß von oben gestiegene Aufmerksamkeit der Berichterstatter gegenüber solchen Äußerungen,

15 Stolle: Traumhafte Quellen (Anm. 13), S. 214.

16 Davor warnt auch Mark Allinson mit Bezug auf Stimmungsberichte aus SED-Provenienz: »[I]t's tempting to ignore positive statements and concentrate entirely on the negative. This in itself may produce a distorted picture.« Mark Allinson: Politics and popular opinion in East Germany 1945–1968. Manchester, New York 2000, S. 9.

17 So Wolle: »Lage stabil, vereinzelte Vorkommnisse« (Anm. 4), S. 229. Ähnlich Götz Aly mit Blick auf die NS-Stimmungsberichte: »Beweisen kann man damit fast alles und folglich nichts.« Vgl. Götz Aly: Historische Demoskopie. In: Ders. (Hg.): Volkes Stimme. Skepsis und Führervertrauen im Nationalsozialismus. Frankfurt/M. 2006, S. 9–21, hier 13. Das Problem stellt sich allerdings nicht nur bei Stimmungsberichten, sondern auch bei anderen Massenquellen wie etwa Feldpostbriefen oder Zeitungsartikeln.

18 Zu den Dilemmata, die sich aus mitunter konkurrierenden Absichten für die Berichterstatter ergeben konnten, vgl. Wolle: »Lage stabil, vereinzelte Vorkommnisse« (Anm. 4), S. 228 f.

oder aber eine gezielte Zusammenstellung entsprechender Zitate durch die Abteilung Information.

Als zusätzliches Korrektiv kann ein Blick auf Stimmungsberichte anderer Institutionen und Organisationen dienen; hier werden dazu die Berichte der Abteilung Leitende Organe der Partei und der Massenorganisationen der SED sowie Forschungsergebnisse zur Berichterstattung auf regionaler Ebene herangezogen.[19] Auch andere Indikatoren für die Bevölkerungsstimmung wie Wandlosungen, Parolen und die Verteilung von Flugblättern werden vergleichend einbezogen.

Zu den MfS-Stimmungsberichten des Jahres 1956

Die Stimmungsberichterstattung des Jahres 1956 fällt in eine Phase des Ausbaus und der Professionalisierung der Abteilung Information.[20] Dies schlägt sich nicht nur in ihrer vergleichsweise hohen Zahl nieder, sondern auch in ihrer sprachlichen Gestaltung sowie ihrem analytischen Gehalt. Im Hinblick darauf stehen sie zwischen den dilettantischen, von Rechtschreibfehlern strotzenden und überwiegend Einzeläußerungen aneinanderreihenden Berichten der Entstehungszeit[21] und den stärker aggregierten, analytischeren und sprachlich geglätteten der 1970er- und 1980er-Jahre, die kaum noch Einzelmeinungen enthalten. Die 1956er Berichte sind besser strukturiert und von höherem sprachlichen Niveau als die des Jahres 1953, doch enthalten sie noch häufig Einzeläußerungen und Zitate, die konkreten, mitunter namentlich genannten Sprechern zugeordnet sind. Auch sehr negative Äußerungen werden ungeschminkt wiedergegeben. Es spricht kaum etwas dagegen, dass die zitierten Aussagen in dieser oder ähnlicher Form auch tatsächlich gefallen sind. Schwieriger einzuschätzen ist die Gewichtung dieser Aussagen, da nicht klar ist, nach welchen Kriterien die Einzelaussagen ausgewählt und zusammengestellt wurden. Ihr Wert liegt aber darin, »Äußerungen aus der episodischen Öffentlichkeit zu erfassen – am Arbeitsplatz, unter Nachbarn, in der Warteschlange beim Einkauf«,[22] die es ermöglichen, »die in der Bevölkerung kursierende[n] Argumente und Sichtweisen detailliert zu

19 Die Berichte des Sektors Parteiinformation dieser Abteilung sind u. a. überliefert in: SAPMO-BArch, DY 30/IV 2/5/282. Für die Zurverfügungstellung dieser Informationen danke ich meinem Kollegen Ilko-Sascha Kowalczuk.

20 Vgl. Engelmann; Joestel: ZAIG (Anm. 6), S. 22.

21 Vgl. Roger Engelmann: Einleitung 1953. In: Die DDR im Blick der Stasi 1953. Die geheimen Berichte an die SED-Führung, bearb. v. Roger Engelmann. Göttingen 2013, S. 55 f., der in diesem Zusammenhang treffend von »unbeholfene[r] Authentizität« (S. 68) spricht. Vgl. auch Gieseke: Annäherungen (Anm. 12), S. 81.

22 Vgl. Jens Gieseke: Bevölkerungsstimmungen in der geschlossenen Gesellschaft. MfS-Berichte an die DDR-Führung in den 1960er- und 1970er-Jahren. In: Zeithistorische Forschungen 5 (2008) 2, S. 236–257, hier 249.

besichtigen«.[23] Sie vermögen daher das Spektrum an Meinungen aufzuzeigen, das zu einem bestimmten Zeitpunkt in der DDR-Bevölkerung vorhanden war.

II. Die Berichterstattung

Die Stimmung zur Gründung der Nationalen Volksarmee

Dass die Gründung einer eigenen Armee von der Bevölkerung nicht mit Begeisterung aufgenommen werden würde, war der SED-Führung bewusst. Die Parole »Nie wieder Krieg« war nach dem Ende des Zweiten Weltkriegs im Osten Deutschlands nicht weniger populär als im Westen.[24] Mit dem Aufbau eigener bewaffneter Streitkräfte ab 1952 hatte die SED-Führung daher unter der verschleiernden Bezeichnung »Kasernierte Volkspolizei« begonnen.[25] Der schrittweise Aufbau der Bundeswehr in Westdeutschland ab Sommer 1955 bot schließlich den Anlass, diese Tarnung aufzugeben und offiziell eine eigene Armee zu schaffen. Doch sollte dies nicht als einsamer Beschluss der SED-Führung, sondern als Vollzug des Volkswillens erscheinen. Daher wurden seit dem 15. Januar 1956 in zahlreichen Betrieben der DDR Mitarbeiterversammlungen inszeniert, in denen Entschließungen zur Schaffung einer Armee verabschiedet und an die Volkskammer geschickt wurden. Am 17. Januar berichtete die DDR-Presse darüber,[26] nur einen Tag später fasste die Volkskammer den entsprechenden Beschluss.[27]

Die erwartete kritische Stimmung in der Bevölkerung war Anlass für das MfS, Stimmen zur Gründung der Armee zu sammeln. Bis Ende Januar 1956 wurde im Schnitt alle zwei Tage ein Bericht erstellt, danach nahm die Frequenz ab; der letzte von insgesamt 13 Berichten zu diesem Thema datiert vom 27. März. Bereits die erwähnten Betriebsversammlungen ließ das MfS systematisch beobachten. Schon hier zeigt sich, dass die von der Presse suggerierte breite Zustimmung nicht den Tatsachen entsprach. Der erste Bericht listet exempla-

23 Gieseke: Annäherungen (Anm. 12), S. 97.

24 Zur Stimmung in der Bundesrepublik vgl. Michael Werner: Die »Ohne-mich«-Bewegung. Die bundesdeutsche Friedensbewegung im deutsch-deutschen Kalten Krieg (1949–1955). Münster 2006.

25 Vgl. Torsten Diedrich, Rüdiger Wenzke: Die getarnte Armee. Geschichte der Kasernierten Volkspolizei der DDR 1952 bis 1956. Berlin 2001.

26 Vgl. z. B. Werktätige verlangen in vielen Versammlungen: Schutz unserem friedlichen Aufbau. Zahlreiche Forderungen nach Bildung einer Volksarmee. In: ND v. 17.1.1956, S. 1. Für den Schutz der Heimat. 100 000 demonstrierten in Berlin – Ruf nach der Volksarmee. In: Neue Zeit v. 17.1.1956, S. 1; Werktätige fordern Volksarmee. Hunderte Resolutionen bei der Volkskammer eingegangen. In: Berliner Zeitung v. 18.1.1956, S. 1.

27 Zur »Gründung« der NVA vgl. auch Diedrich; Wenzke: Die getarnte Armee (Anm. 25), S. 683–688.

risch zwölf Betriebe auf, in denen keine Mehrheit für die Resolution zustande kam. In zahlreichen weiteren Betrieben enthielt sich die große Mehrheit, oder die Arbeiter verließen die Versammlungen vorzeitig.[28]

Die folgenden Berichte zeichnen eine Entwicklung von anfänglich intensiven Diskussionen mit überwiegend »negativer« Tendenz hin zu wachsender Zustimmung bei insgesamt abnehmendem Interesse für das Thema.[29] Die angesprochene Technik des »Einrahmens« negativer Einzelfälle durch positive Gesamteinschätzungen wird nur in abgeschwächter Form angewandt; häufig wird schon in den einleitenden Absätzen auf die überwiegend ablehnende Haltung in bestimmten Bevölkerungsgruppen, etwa bei Jugendlichen und Frauen, eingegangen.[30] Diejenigen, die sich positiv zur Gründung der NVA äußern, folgen weitgehend der Argumentation der SED, wonach »die Schaffung einer Volksarmee zur Verteidigung unserer Errungenschaften und zur Erhaltung unserer Souveränität notwendig ist, besonders aber in Hinblick auf die Militarisierung in Westdeutschland«.[31] Hinzu kommt ein weiteres, nicht auf die SED-Propaganda zurückzuführendes Argument, das insbesondere von älteren Männern angeführt wurde, die sich erhofften, »dass unsere Jugendlichen bei der Nationalen Volksarmee endlich einmal richtig erzogen werden«.[32]

Weit ausführlicher und differenzierter befassen sich die Berichte mit den Argumenten *gegen* die Schaffung der Volksarmee. Hier reichte das Arsenal von pazifistischen über deutschlandpolitische bis hin zu wirtschaftlichen Begründungen. Die pazifistischen Argumente, häufig in der Formulierung »Ich nehme kein Gewehr in die Hand«, stammten überwiegend von jungen Männern, denen der Wehrdienst potenziell noch bevorstand, von ehemaligen Soldaten der Wehrmacht sowie von Frauen, deren Ehemänner im Zweiten Weltkrieg gefallen waren und die sich um ihre Söhne sorgten.[33] Weit verbreitet war außerdem die Angst vor einem Bruderkrieg zwischen den beiden deutschen Staaten.[34] Auch

28 Erste Stellungnahmen zur Bildung einer Nationalen Volksarmee [Information Nr. M10/56] v. 18.1.1956. In: DDR im Blick der Stasi 1956 (Anm. 2), Online-Datenbank, abrufbar unter www.ddr-im-blick.de (hieraus auch alle im Folgenden zitierten MfS-Informationen).

29 Ausführlicher dazu mit zahlreichen Beispielen vgl. Bispinck: Einleitung 1956 (Anm. 2), S. 28–31.

30 Siehe z. B. Stellungnahme zur Nationalen Volksarmee (2. Bericht) [Information Nr. M14/56] v. 20.1.1956; Stellungnahme zur Nationalen Volksarmee (3. Bericht) [Information Nr. M15/56] v. 21.1.1956.

31 Information Nr. M10/56 v. 18.1.1956. Ähnlich in: Nationale Volksarmee (4. Bericht) [Information Nr. M17/56] v. 23.1.1956; Nationale Volksarmee (5. Bericht) [Information Nr. M21/56] v. 24.1.1956.

32 Information Nr. M15/56 v. 21.1.1956. Ähnlich in: Information Nr. M10/56 v. 18.1.1956.

33 Information Nr. M10/56 v. 18.1.1956. Siehe auch Information Nr. M14/56 v. 20.1.1956; Information Nr. M17/56 v. 23.1.1956.

34 Siehe z. B. Information Nr. M17/56 v. 23.1.1956; Information Nr. M10/56 v. 18.1.1956; Information Nr. M14/56 v. 20.1.1956; Stellungnahme der Angehörigen der bewaffneten Einheiten

wirtschaftliche Argumente wurden angeführt, vor allem auf dem Land. Der Aufbau der Armee gefährde aufgrund der zu erwartenden Kosten den Lebensstandard.[35]

Einen großen Raum nehmen Äußerungen ein, die auf die Widersprüche des Beschlusses zur SED-Rhetorik aufmerksam machen. So rücke die Gründung der NVA die offiziell angestrebte Wiedervereinigung in weite Ferne und führe die Friedenspropaganda der Einheitspartei ad absurdum: »Wir sprechen immer vom Frieden, dabei rüsten wir schon wieder zum Krieg.«[36] Auch schenkte kaum jemand der Behauptung Glauben, die Volkskammer habe mit ihrem Beschluss auf Forderungen aus der Bevölkerung reagiert.[37] Hier wurde häufig angeführt, dass der designierte Verteidigungsminister Willi Stoph bereits bei der Sitzung am 18. Januar in Generalsuniform erschienen war.[38] Die Uniformen der NVA, die in Farbe und Schnitt an die der Wehrmacht angelehnt waren, während die der Kasernierten Volkspolizei (KVP) sich am sowjetischen Vorbild orientiert hatten,[39] gaben ebenfalls Anlass zu Diskussionen. Diese Form der Traditionsbildung wurde als Widerspruch zur sonst vehement postulierten Abgrenzung von der »faschistischen« Vergangenheit betrachtet.

Interessant ist die ambivalente Haltung der Jugendlichen zur Frage der Wehrpflicht, die das von der Volkskammer beschlossene Gesetz offenließ.[40] Während viele Jugendliche ankündigten, die DDR verlassen zu wollen, wenn die Wehrpflicht eingeführt werde,[41] äußerten andere, nicht freiwillig zur Volksarmee zu

zur Nationalen Volksarmee (2. Bericht) [Information Nr. M20/56] v. 24.1.1956; Nationale Volksarmee (7. Bericht für die Zeit vom 24. bis 27.1.1956) [Information Nr. M26/56] v. 27.1.1956.

35 Siehe Information Nr. M14/56 v. 20.1.1956; Information Nr. M10/56 v. 18.1.1956; Information Nr. M26/56 v. 27.1.1956.

36 So ein Jugendleiter aus dem RAW »Einheit« Leipzig-Engelsdorf. Information M14/56 v. 20.1.1956. Siehe auch Information Nr. M15/56 v. 21.1.1956.

37 Vgl. z. B. Information Nr. M15/56 v. 21.1.1956; Information Nr. M17/56 v. 23.1.1956; Information Nr. M14/56 v. 20.1.1956.

38 In diesem Sinne äußerte sich u. a. ein Arbeiter aus Magdeburg. Information Nr. M26/56 v. 27.1.1956.

39 Vgl. Klaus-Peter Merta: Uniformierung als Mittel der Politik. In: Dieter Vorsteher (Hg.): Parteiauftrag: Ein neues Deutschland. Bilder, Rituale und Symbole der frühen DDR. Berlin 1996, S. 175–186.

40 Am 26.9.1955 wurde Art. 5 der Verfassung der DDR um einen Abs. 4 mit folgendem Wortlaut ergänzt: »Der Dienst zum Schutze des Vaterlandes und der Errungenschaften der Werktätigen ist eine ehrenvolle nationale Pflicht der Bürger der Deutschen Demokratischen Republik.« (Gesetz zur Ergänzung der Verfassung v. 26.9.1955. In: GBl. I 1955, S. 653) Eine verbindliche Einführung der Wehrpflicht war damit jedoch nicht verknüpft und das Gesetz zur Schaffung der NVA traf über die Wehrpflicht keine Aussage. Erst nach dem Mauerbau, im Januar 1962, wurde in der DDR die Wehrpflicht eingeführt.

41 Vgl. z. B. die Äußerung von SED-Mitgliedern in den Buna-Werken Merseburg: »Wenn die Wehrpflicht später doch eingeführt wird, fängt eine allgemeine Rennerei nach dem Westen an.« Information Nr. M14/56 v. 20.1.1956.

gehen, »sondern erst dann, wenn es Zwang wird«.[42] Unabhängig davon, ob sie die Schaffung der NVA grundsätzlich begrüßten, hielten viele die Einführung der Wehrpflicht für eine Frage der Gerechtigkeit. Sie mutmaßten, »dass auf freiwilliger Basis doch wieder nur Arbeiter- und Bauernsöhne« gingen, während die »Spießbürger« ihre Ausbildung beenden würden.[43] Auch wirkten hier offenbar noch die Erfahrungen mit den »Holzhammermethoden« bei der Werbung für die KVP nach, als junge Männer sich endlosen Diskussionen mit Agitatoren ausgesetzt sahen.[44] So äußerte ein Jugendlicher: »Dass die Armee für uns kommt, war gewiss, wir müssen unseren Staat schützen. Dass man aber freiwillig gehen soll, ist nicht schön, es sollte eingezogen werden wie im Westen. Jetzt wird das Gefrage wieder losgehen, willst du oder willst du nicht.«[45]

Die Berichte der Abteilung Information zeichnen ein insbesondere im Hinblick auf die Meinungen unterschiedlicher Bevölkerungsgruppen sehr differenziertes und plausibles Bild von der Bevölkerungsstimmung zur NVA-Gründung. Insbesondere die Wiedergabe von positiven Argumenten jenseits der SED-Propaganda sowie die nicht unbedingt erwartbare ambivalente Haltung Jugendlicher zur Frage der Wehrpflicht lässt das Gesamtbild realitätsnah wirken. Dass »negative« Argumente deutlich mehr Platz finden als »positive« bedeutet nicht zwangsläufig, dass jene überwogen, sondern lag in der Natur der Sache, galt doch ersteren beim MfS die höhere Aufmerksamkeit. Eine genaue Quantifizierung von zustimmenden und ablehnenden Haltungen lässt sich aus den Berichten nicht ableiten. Bemerkenswert ist aber, dass das MfS selbst unverblümt einräumte, dass zumindest unter Frauen und Jugendlichen die Ablehnung der Armeegründung deutlich überwog. Ein Blick auf Berichte zur NVA-Gründung aus SED-Provenienz zeigt ein sehr ähnliches Stimmungsbild und ein fast identisches Arsenal an Argumenten. Hier wird sogar zum Teil ganz auf eine »Einrahmung« verzichtet und es erfolgt eine stärkere Konzentration auf »negative« Argumente.[46]

42 Information Nr. M10/56 v. 18.1.1956. Siehe auch Information Nr. M17/56 v. 23.1.1956.

43 Information Nr. M21/56 v. 24.1.1956.

44 Vgl. Corey D. Ross: »Wird der Frieden nicht an der Werkbank verteidigt?« Die Soldatenwerbung in der DDR in den 50er und frühen 60er Jahren. In: Hans Ehlert, Matthias Rogg (Hg.): Militär, Staat und Gesellschaft in der DDR. Forschungsfelder, Ergebnisse, Perspektiven. Berlin 2004, S. 439–457, hier 441.

45 Nationale Volksarmee (8. Bericht für die Zeit vom 28. bis 31.1.1956) [Information Nr. M30/56] v. 31.1.1956.

46 So in der Information über die ersten Argumente zur Diskussion um die Bildung einer Volksarmee der Abt. Leitende Organe der Partei und der Massenorganisationen – Sektor Parteiinformation – des ZK der SED, 18.1.1956; SAPMO-BArch, IV, 2/5/282, Bl. 1 f. Siehe auch Information über Argumente zum Beschluss der Volkskammer über die Bildung einer Volksarmee, 20.1.1956; ebenda, Bl. 22–25. Gleiches gilt für die SED-Informationen zu diesem Thema auf Bezirksebene. Vgl. dazu am Beispiel Erfurt Allinson: Politics and popular opinion (Anm. 16) , S. 67 f.

Es finden sich keine Hinweise darauf, dass das MfS mit diesen Berichten jenseits der Unterrichtung der Parteiführung über die tatsächliche Stimmung weitere Ziele verfolgte. Eine Relativierung »negativer« Argumente findet nur insofern statt, als diese häufig als von »Feindpropaganda«, also von den Westmedien beeinflusst gekennzeichnet sind.[47] Für eine realitätsnahe Berichterstattung spricht auch die Tatsache, dass das MfS etwa aus der Erkenntnis, dass insbesondere Jugendliche die Gründung der NVA ablehnten, ganz konkrete Konsequenzen zog: Transportpolizei und Grenzpolizei, die zu dieser Zeit dem MfS unterstanden, kontrollierten in den Wochen nach dem Volkskammerbeschluss die Züge in Richtung Berlin sowie die Kontrollpunkte an der Ostberliner Grenze besonders streng und nahmen zahlreiche Jugendliche fest, die des Versuchs der Republikflucht verdächtigt wurden.[48]

Die Stimmung zum XX. Parteitag der KPdSU

Zum XX. Parteitag der KPdSU wurden sechs Stimmungsberichte erstellt, davon zwei vor und die übrigen nach der Veröffentlichung von Walter Ulbrichts Stellungnahme im *Neuen Deutschland (ND)*, derzufolge Stalin nicht mehr »zu den Klassikern des Marxismus« zu rechnen sei.[49] Hinzu kommen zwölf Stimmungsberichte zur 3. Parteikonferenz der SED im März 1956, auf der der XX. Parteitag ausgewertet wurde, sowie weitere Berichte, in denen es um den Parteitag und seine Konsequenzen für die DDR geht.[50]

Die Berichte zum XX. Parteitag – der erste datiert vom 23. Februar 1956 – sind alle nach einem ähnlichen Schema aufgebaut. Auf eine allgemeine Einschätzung folgen spezifische Analysen zu einzelnen Unterthemen, im dritten Teil wird nach Berufsgruppen sowie nach Mitgliedern der SED und bisweilen anderer Parteien differenziert. Das Prinzip der »Einrahmung« ist hier noch schwächer ausgeprägt als bei den Berichten zur Gründung der NVA. In den ersten beiden Informationen heißt es zwar, dass die »Mehrzahl der Diskussionen [...] im positiven Sinne geführt werden«, doch bezieht sich dies ausdrücklich nur auf die auf dem Parteitag behandelten wirtschaftlichen und sozialen Fragen,

47 Zur Untermauerung dieser These gab das MfS parallel zu den Stimmungsberichten solche über »Feindpropaganda« heraus. Siehe z. B. Feindpropaganda zur Schaffung der Nationalen Volksarmee [Information Nr. M11/56] v. 19.1.1956.

48 Hierüber wiederum wurden im Zeitraum vom 20.1. bis 7.2.1956 in rascher Folge kurze Berichte erstellt. Vgl. Bispinck: Einleitung 1956 (Anm. 2), S. 29 f.

49 Walter Ulbricht: »Über den XX. Parteitag der Kommunistischen Partei der Sowjetunion«. In: ND (Berliner Ausgabe) v. 4.3.1956, S. 3 f.

50 Ausführlich dazu vgl. Henrik Bispinck: »Was ist denn nun überhaupt mit Stalin los?« Der XX. Parteitag der KPdSU und die Stimmung der Bevölkerung in der DDR. In: Jahrbuch für Historische Kommunismusforschung 2016, S. 253–266.

während mit Bezug auf die politischen Probleme von »große[n] Unklarheiten« und von »vereinzelt [...] direkte[n] feindliche[n] Argumenten« die Rede ist.[51] Nach der Veröffentlichung von Ulbrichts Stellungnahme wird dann auf jegliche Rahmung verzichtet: Der erste Bericht steigt mit der unverblümten Feststellung ein: »Übereinstimmend wird berichtet, dass in *allen* Bevölkerungsschichten starke Diskussionen über die Erklärung Walter Ulbrichts geführt werden. Sie beschränken sich jedoch ausnahmslos auf die *Frage ›Stalin‹*. Zum übergroßen Teil kommen in den Diskussionen Unklarheiten und Nichtverstehen zum Ausdruck.«[52]

In diesem und den drei folgenden Stimmungsberichten, die sich ausschließlich mit Ulbrichts Stellungnahme befassen, werden Angehörige unterschiedlichster Gesellschafts- und Berufsgruppen zitiert, ohne dass gravierende Unterschiede festzustellen wären. Unabhängig davon, ob sie der Kritik an Stalin zustimmten oder nicht, ist den Äußerungen eines gemeinsam: Sie zeugen sämtlich davon, dass die Menschen sich bewusst waren, dass die von Ulbricht eher beiläufig formulierte Abkehr von Stalin einen tiefen Einschnitt bedeutete, der erhebliche Konsequenzen auch für die DDR haben müsste. Symptomatisch dafür ist die Aussage, zur Kritik an Stalin sei »eine tiefgründige Erklärung« vonnöten.[53] Im Wesentlichen kann zwischen drei Reaktionsmustern unterschieden werden:

Eine häufige Reaktion ist Verunsicherung, in den Berichten zumeist als »Unklarheiten« etikettiert. Arbeiter wollten wissen, ob jetzt die ganze Lehre von Stalin hinfällig sei und ob es überhaupt noch Sinn habe, am Parteilehrjahr teilzunehmen.[54] Gefragt wurde auch, ob die Bücher Stalins eingezogen würden und ob Stalin-Portraits abgenommen werden müssten. Besonders groß war die Verunsicherung bei Genossen, da diese die Linie ihrer Partei nach außen zu vertreten hatten. Hier machte sich Ratlosigkeit breit: »Wenn Stalin nicht mehr zu den Klassikern gehört, muss er doch in seinen Werken entscheidende Fehler gemacht haben. Ich sehe jetzt nicht mehr klar, wie ich hier argumentieren soll.«[55]

Eine zweite, hauptsächlich von älteren Arbeitern getragene Strömung hielt die Kritik an Stalin für unberechtigt oder zumindest überzogen. Vielfach wurde

51 Die Stimmung zum XX. Parteitag der KPdSU [Information Nr. M41/56] v. 23.2.1956. Nur geringfügig positiver formuliert in: Die Stimmung zum XX. Parteitag der KPdSU (2. Bericht für die Zeit vom 23.2. bis 28.2.1956) [Information Nr. M43/56] v. 28.2.1956.

52 Stimmung zur Veröffentlichung des Genossen Walter Ulbricht über den XX. Parteitag (1. Bericht) [Information Nr. M49/56] v. 6.3.1956 (Hervorhebungen im Original).

53 Information Nr. M49/56 v. 6.3.1956. Ähnlich eine Delegierte auf einer SED-Bezirkskonferenz in Magdeburg: »Wenn schon etwas angesprochen wird, dann richtig. Wir möchten endlich eine Begründung der Kritik auf dem XX. Parteitag.« Neue Argumente zum XX. Parteitag der KPdSU (5. Bericht) [Information Nr. M54/56] v. 14.3.1956.

54 Stimmung zur Veröffentlichung des Genossen Walter Ulbricht über den XX. Parteitag der KPdSU (2. Bericht) [Information Nr. M51/56] v. 8.3.1956.

55 Information Nr. M49/56 v. 6.3.1956.

geäußert, dass Stalin nicht die Alleinschuld für die Fehler treffe, die in der Sowjetunion gemacht wurden, sondern auch die Mitglieder des ZK der KPdSU Verantwortung dafür trügen; den kritisierten Personenkult habe Stalin selbst gar nicht gewollt, er sei vielmehr das Produkt vieler kleiner Parteifunktionäre gewesen.[56] Auch würden gegenüber den Fehlern Stalins dessen Verdienste um die Entwicklung der Sowjetunion und insbesondere im »Großen Vaterländischen Krieg« zu wenig herausgestellt.[57]

Die dominierende und im zeitlichen Verlauf zunehmende aus den Berichten hervorgehende Haltung war aber die Zustimmung zur Kritik an Stalin, der Unmut darüber, dass man sich nicht schon viel früher von ihm distanziert habe sowie Forderungen nach Konsequenzen für die DDR. Die Menschen trauten sich nun auszusprechen, was sie schon lange dachten. Wiederholt wurde darauf hingewiesen, dass es auch in der DDR Personenkult gebe und sich das Prinzip der Kollektivität wieder durchsetzen müsse.[58] Auch mit Bezug auf bestimmte Politikfelder wurden Konsequenzen erwartet. Der XX. Parteitag habe ergeben, so ein Bauer aus Sachsen, dass »der Weg der Sowjetunion und auch der DDR nicht richtig ist«, daher müssten jetzt auch die Produktionsgenossenschaften und die Planwirtschaft insgesamt abgeschafft werden.[59] Von der 3. Parteikonferenz der SED wurde »genau so eine offene Aussprache und Kritik erwartet« wie auf dem XX. Parteitag der KPdSU.[60] An konkreten Maßnahmen wurden neben sozialen Erleichterungen wie Preissenkungen, Arbeitszeitverkürzung und Rentenerhöhung Zugeständnisse an die SPD sowie eine Auseinandersetzung mit der »bürokratischen Arbeitsweise des *Staatsapparates*« erwartet.[61] Von Ulbricht wurde eine gründliche Selbstkritik verlangt, oft verbunden mit der teils als Prognose, teils als Forderung formulierten Konsequenz, dass er nach dem Ende der Konferenz nicht mehr als Erster Sekretär des ZK der SED fungieren werde.[62]

Im Laufe des Frühjahrs konzentrierte sich die Kritik immer stärker auf Ulbricht. Kritisiert wurde sein Opportunismus, mit dem er vom glühenden Anhänger Stalins zu dessen Kritiker mutiert sei,[63] auch wurden Parallelen zwischen ihm und dem verstorbenen sowjetischen Diktator gezogen: Wiederholt wurde

56 Information Nr. M49/56 v. 6.3.1956.

57 Information Nr. M41/56 v. 23.2.1956; Information Nr. M49/56 v. 6.3.1956.

58 Information Nr. M49/56 v. 6.3.1956; Information Nr. M54/56 v. 14.3.1956.

59 Stimmung zum XX. Parteitag der KPdSU (6. Bericht) [Information Nr. M65/56] v. 23.3.1956.

60 III. Parteikonferenz der SED (2. Bericht) [Information Nr. M67/56] v. 24.3.1956; ähnlich in: III. Parteikonferenz der SED (3. Bericht) [Information Nr. M68/56] v. 25.3.1956.

61 Information Nr. M68/56 v. 25.3.1956. Hervorhebung im Original.

62 Information Nr. M51/56 v. 8.3.1956; Hetze gegen den Genossen Walter Ulbricht (1. Bericht) [Information Nr. M63/56] v. 23.3.1956; Information Nr. M67/56 v. 24.3.1956.

63 Siehe z. B. Information Nr. M49/56 v. 6.3.1956; Hetze gegen den Genossen Walter Ulbricht (2. Bericht) [Information Nr. M88/56] v. 19.4.1956.

er, auch von SED-Mitgliedern, als »Stalin der DDR«[64] oder sogar als »noch schlimmerer Diktator [...] als der Genosse Stalin«[65] bezeichnet. Die Abteilung Information stellte vor diesem Hintergrund eine eigene Serie zusammen, die sich vom 23. März bis zum 27. Juni in sechs Berichten ausschließlich mit »Hetze gegen den Genossen Walter Ulbricht« befasste. Ganz offen wurden hier Forderungen nach der Ablösung Ulbrichts zusammengestellt, bis hin zur kurz vor dem dritten Jahrestag des Volkaufstands formulierten latenten Drohung, dass die Regierung »auf dem besten Wege [sei], einen zweiten 17. Juni herbeizuführen«, wenn sie so weiter mache wie bisher.[66] Auf eine Einrahmung oder sonstwie geartete Relativierung der Aussagen wurde hier gänzlich verzichtet; nicht einmal der sonst unvermeidliche Verweis auf die »Beeinflussung durch Feindpropaganda« taucht in diesen Berichten auf.

Auffällig ist die Konzentration auf die Person Ulbrichts. Nur selten werden Präsident Wilhelm Pieck oder Ministerpräsident Otto Grotewohl in die Kritik am Personenkult einbezogen, während sie in vielen Fällen als positive Gegenfiguren angeführt werden. So wurde ein Arbeiter mit den Worten zitiert: »Weiß die Regierung, wie unbeliebt Ulbricht ist? Ich sage nein. Sie sollten Grotewohl sprechen lassen und der Erfolg wäre ganz groß.«[67] Spätestens nach Lektüre dieses Berichts wusste das ganze Politbüro es.

Auf der Berichtsebene zeigen die Quellen eine Bevölkerung, die quer durch alle Schichten die herausragende Bedeutung des XX. Parteitags klar erkennt, der Abkehr von Stalin weit überwiegend zustimmt, Konsequenzen für die DDR erwartet und entsprechende Forderungen stellt. Interessant ist zudem, dass aus der ideologischen Kehrtwende auch Konsequenzen für die praktische Politik abgeleitet werden. Sichtbar wird auch die Fokussierung der Kritik und der zunehmenden Wut auf Walter Ulbricht. Ist dies nun ein Befund, der durch die Brille des MfS verzerrt oder zumindest einseitig ist? Ein Blick auf Untersuchungen zur Stimmung in der DDR-Bevölkerung, die sich auf Berichte aus SED-Provenienz stützen, zeigt ein fast identisches Bild: eine Dreiteilung der Stimmung mit Blick auf den XX. Parteitag der KPdSU (Verunsicherung vor allem in SED-Kreisen, Ablehnung der Kritik an Stalin bei einigen Altkommunisten sowie im Verlauf des Frühjahrs wachsende Zustimmung zur Entstalinisierung und Forderungen

64 Hetze gegen den Genossen Walter Ulbricht und andere (3. Bericht) [Information Nr. M90/56] v. 25.4.1956.

65 Information Nr. M63/56 v. 23.3.1956.

66 Hetze gegen den Genossen Walter Ulbricht [5. Bericht] [Information Nr. M125/56] v. 8.6.1956.

67 Ebenda. Ähnlich in: Information Nr. M88/56 v. 19.4.1956: »[E]s wäre besser gewesen, diese Ausführungen über den 2. Fünfjahrplan wären von Otto Grotewohl gemacht worden, denn Walter Ulbricht würde viel reden, aber wenig danach handeln.«

nach Konsequenzen für die DDR) sowie eine zunehmende Konzentration der Kritik auf Ulbricht.[68]

Auf der Ebene der Quellen als Handlungsüberrest wäre danach zu fragen, ob das MfS ein Interesse daran hatte, die Rezeption des XX. Parteitags durch die DDR-Bevölkerung in der Weise darzustellen wie es dies tat und dabei vor allem Ulbricht in ein schlechtes Licht zu rücken. Verteiler sind für die Stimmungsberichte bis Juni 1956 nicht überliefert, aber Untersuchungen legen nahe, dass sie an einen ähnlich breiten Adressatenkreis gingen wie die der zweiten Jahreshälfte: Dies schloss neben der Leitungsebene des MfS sämtliche Mitglieder und Kandidaten des SED-Politbüros sowie die ZK-Sekretäre ein.[69] Davon, dass die Bevölkerung mehrheitlich Konsequenzen aus der Entstalinisierung für die DDR erwartete und den Rücktritt Ulbrichts forderte, erfuhr also ein Großteil der SED-Führungsspitze, darunter auch Kritiker an Ulbrichts hinhaltendem Taktieren wie Karl Schirdewan.[70] Die Berichte lieferten in der instabilen Situation des Jahres 1956 mithin potenziell Munition für Gegner des Ersten Sekretärs. Vor dem Hintergrund des späteren Konflikts zwischen Ulbricht und dem Minister für Staatssicherheit Ernst Wollweber legt dies den Schluss nahe, Letzterer könne seine Mitarbeiter angewiesen haben, die Berichte mit einer Schlagseite gegen Ulbricht zusammenzustellen. Ein genauerer Blick lässt dies jedoch höchst unwahrscheinlich erscheinen. Denn erstens gab es im Frühjahr 1956 »noch keine grundsätzlichen Differenzen« zwischen Ulbricht und Wollweber[71] und zweitens änderte sich an der Berichtspraxis zunächst nichts, als Wollweber Ende Mai aus gesundheitlichen Gründen für mehrere Monate ausfiel und sein erster Stellvertreter, der Ulbricht treu ergebene Erich Mielke, das Ruder übernahm: Die letzten beiden Berichte zur »Hetze gegen den Genossen Walter Ulbricht« kamen im Juni heraus,[72] ein weiterer sehr Ulbricht-kritischer Bericht Ende Juli.[73]

68 Vgl. Allinson: Politics and popular opinion (Anm. 16), S. 69 f. Zur Konzentration der Kritik auf Ulbricht auch in den Informationsberichten der SED vgl. Johanna Granville: Ulbricht in October 1956: Survival of the *Spitzbart* during Destalinization. In: Journal of Contemporary History 41 (2006) 3, S. 477–502, hier 478.

69 Vgl. Bispinck: Einleitung 1956 (Anm. 2), S. 46–50.

70 Vgl. Karl Schirdewan: Aufstand gegen Ulbricht. Im Kampf um politische Kurskorrektur, gegen stalinistische, dogmatische Politik. Berlin 1994.

71 So Roger Engelmann, Silke Schumann: Kurs auf die entwickelte Diktatur. Walter Ulbricht, die Entmachtung Ernst Wollwebers und die Neuausrichtung des Staatssicherheitsdienstes 1956/57 (BF informiert; 1/1995). Berlin 1995, S. 6.

72 Information Nr. M125/56 v. 8.6.1956; Information Nr. 35/56 – Betrifft: Hetze gegen den Genossen Walter Ulbricht [6. Bericht] v. 27.6.1956.

73 Information Nr. 90/56 – Betrifft: Bericht über die Diskussionen in Versammlungen zur Verurteilung des Personenkults v. 25.7.1956. Hier ist im Übrigen ein großer Verteiler dokumentiert.

Die Stimmung zu den Ereignissen in Polen und Ungarn

Ab Sommer 1956 verschärfte sich die Situation in den »Bruderstaaten« Polen und Ungarn: Ende Juni protestierten Arbeiter in Posen gegen Versorgungsmängel und geringe Löhne; die Demonstrationen mündeten in mehrtägige Unruhen, die von der polnischen Armee blutig niedergeschlagen wurden. Im Oktober 1956 wurde in Polen gegen den ausdrücklichen Willen Moskaus der reformorientierte Władysław Gomułka an die Spitze der kommunistischen Partei gewählt; ein sowjetisch-polnischer Zusammenstoß konnte aber vermieden werden.[74] In Ungarn hingegen kam es zur Eskalation: Ein Volksaufstand, der das gesamte Land erfasste, wurde im November durch das Eingreifen sowjetischer Truppen blutig niedergeschlagen.[75]

Auch diese Ereignisse wurden von der Bevölkerung der DDR rezipiert. Entsprechende Stimmungsberichte fertigte das MfS an, wenn auch nicht in dem Umfang und in der dichten Abfolge wie in der ersten Jahreshälfte. In den drei Stimmungsberichten zum Posener Arbeiteraufstand ist die Technik des »Einrahmens« stärker ausgeprägt als in denen zur NVA-Gründung und zum XX. Parteitag. Alle beginnen mit der Feststellung, dass die Diskussionen über diese Ereignisse in allen Schichten der Bevölkerung überwiegend »positiven Charakter« trügen. Dies wird mit Beispielen untermauert, die klingen, als wären sie direkt dem *Neuen Deutschland* entnommen.[76] Typisch ist das angeführte Zitat eines LPG-Vorsitzenden: »Die von den Imperialisten gekauften Agenten versuchen mit aller Macht, das Weltfriedenslager zu unterwühlen und zu schwächen.«[77] Im weiteren Verlauf werden jedoch zahlreiche »negative« Aussagen von Angehörigen unterschiedlichster Bevölkerungsgruppen aufgeführt. Hier ist auffällig, dass sie stärker als bisher durch den Hinweis darauf relativiert werden, dass »sich darin eine Beeinflussung durch die Propaganda des Gegners« zeige.[78] Besonders hellhörig wurde das MfS, wenn Parallelen zur DDR gezogen wurden. Arbeiter erklärten den Posener Aufstand mit der schlechten Versorgungslage in Polen und fügten hinzu, dass auch in der DDR die Mangelsituation »Anlass zu

74 Vgl. zur Entwicklung in Polen im Jahr 1956 Mark Kramer: Soviet-Polish Relations and the Crises of 1956. Brinkmanship and Intra-Bloc Politics. In: Roger Engelmann, Thomas Großbölting, Hermann Wentker (Hg.): Kommunismus in der Krise. Die Entstalinisierung 1956 und die Folgen. Göttingen 2008, S. 61–126.

75 Vgl. dazu László Varga: Der Fall Ungarn. Revolution, Intervention, Kádárismus. In: Engelmann; Großbölting; Wentker: Kommunismus in der Krise (Anm. 74), S. 127–136.

76 Ähnlich die Einschätzung von Stefan Wolle: Das MfS und die Arbeiterproteste im Herbst 1956 in der DDR. In: Aus Politik und Zeitgeschichte 41 (1991) B 5, S. 42–51, hier 45.

77 Information Nr. 45/56 – Betrifft: Stimmung zu den Provokationen in Poznan v. 30.6.1956.

78 Information Nr. 66/56 – Betrifft: Stimmung und Feindpropaganda zu den Provokationionen in Poznan (3. Bericht) v. 10.7.1956.

einem neuen 17. Juni werden« könne.[79] Zusammenfassend heißt es, es seien »aus allen Bezirken« Stellungnahmen bekannt geworden, in denen »davon gesprochen wird, dass es bei uns auch nochmal so kommt, wenn die Versorgung nicht besser wird«.[80] Angeführt werden aber auch solche Äußerungen, die sich nicht in das Freund-Feind-Schema einordnen ließen, weder auf östliche noch auf westliche Medien zurückgingen, sondern vielmehr Gerüchten oder dem Wunschdenken bestimmter Bevölkerungsgruppen entsprangen: So wurde vermutet, dass die Oder-Neiße-Grenze abgeschafft und die Grenzen wieder »so verlegt [würden], wie sie im Jahre 1937 waren«.[81]

Die Stimmungsberichte aus SED-Provenienz zeichnen im Ganzen ein ähnliches Bild. Eine Kennzeichnung der »positiven« Äußerungen als Mehrheitsmeinung erfolgt hier jedoch nicht. Weit stärker als in den MfS-Berichten werden hier zudem Aussagen angeführt, die die Ursachen für den Aufstand in der schlechten Versorgungslage in Polen sehen, oft verbunden mit abwertenden Aussagen über die allgemeine Rückständigkeit im Nachbarland. Typisch ist folgende Aussage: »Die Polaken sind ein armes Volk, sie haben nichts Richtiges auf dem Wanst, und wenn sich in den 11 Jahren unter den Kommunisten nicht viel verändert hat, dann kracht es einmal.«[82] Auch Gerüchte über eine Revision der Oder-Neiße-Grenze haben hier deutlich mehr Raum.[83]

Zum Volksaufstand in Ungarn sowie zum »Polnischen Oktober« erstellte das MfS nur wenige genuine Stimmungsberichte. Stattdessen wurden von Ende Oktober bis Anfang Dezember zum Teil mehrfach täglich Lageberichte herausgegeben, in denen auch die Bevölkerungsstimmung zu diesen Ereignissen Berücksichtigung fand.[84] Außerdem konzentrierte sich das MfS auf konkrete Ereignisse und Aktionen, statt auf die allgemeine Stimmung in der Bevölkerung. So liegen Berichte vor über Schweigeminuten an Schulen und Universitäten, über Forderungen der Studenten, etwa nach der Abschaffung des obligatorischen Russischunterrichts und des gesellschaftswissenschaftlichen Grundstudiums sowie nach der Schaffung eines eigenen Studentenverbandes.[85] Auch kurzfristige

79 Information Nr. 45/56 v. 30.6.1956.

80 Information Nr. 49/56 – Betrifft: Stimmung zu den Provokationen in Poznan (2. Bericht) v. 3.7.1956.

81 Information Nr. 49/56 v. 3.7.1956.

82 ZK der SED, Abt. Leitende Organe der Partei und der Massenorganisationen, Informationsbericht 10/56 v. 5.7.1956; SAPMO-BArch, IV, 2/5/282, Bl. 169–176, hier 173–176, Zitat 174. Für den Bezirk Erfurt vgl. Allinson: Politics and popular opinion (Anm. 16), S. 71.

83 ZK der SED, Abt. Leitende Organe der Partei und der Massenorganisationen, Informationsbericht v. 20.7.1956; SAPMO-BArch, IV, 2/5/282, Bl. 192–205, hier 196–198.

84 Vgl. dazu Bispinck: Einleitung 1956 (Anm. 2), S. 43 f.

85 Siehe z. B. Information Nr. 326/56 – Betrifft: Durchgeführte »Schweigeminuten« aus Anlass der Niederschlagung der Konterrevolution in Ungarn v. 10.11.1956; Information Nr. 285/56 – Betrifft: Lage an den Universitäten und Hochschulen der DDR (Zusammen-

Arbeitsniederlegungen und Streiks in den Betrieben, die oft mit Bezug auf den Volksaufstand in Ungarn initiiert wurden, finden Erwähnung.[86]

Die frühen Stimmungsberichte bis Ende Oktober sind von Verwirrung und Unsicherheit gekennzeichnet: Viele DDR-Bürger konnten sich kein klares Bild von dem machen, was in Ungarn und in Polen vor sich ging, und beschwerten sich über die mangelnde Information durch Rundfunk und Presse in der DDR. Kein Wunder, dass sich die Berichterstatter gleichzeitig darüber beklagten, dass die »bekannt gewordenen Argumente [...] meistens die westliche Propaganda« widerspiegelten.[87] Ebenfalls als Folge der mangelnden Information schossen wilde Spekulationen ins Kraut, etwa über Manöver sowjetischer Truppen in der DDR und in Polen oder, ähnlich wie im Zusammenhang mit dem Posener Aufstand, über eine Revision der Oder-Neiße-Grenze: »Jetzt haben sich die Russen und die Polen in den Haaren, dadurch werden wir wieder in den Besitz der Ostgebiete kommen.«[88] Parallel dazu wurden mögliche Auswirkungen auf die DDR diskutiert. Dies reichte von allgemeinen Äußerungen, nach denen »sich die Ereignisse in Polen auch auf die DDR übertragen könnten« bis hin zu konkreten Drohungen gegen Funktionäre, etwa gegen einen Kampfgruppenkommandanten: »Beschau Dir die Verhältnisse in Polen, wenn es bei uns so weit ist, hängst Du auch.«[89] Einzelne SED-Mitglieder kritisierten vor diesem Hintergrund den Entstalinisierungskurs, mit dem man »die gegnerischen Kräfte ermuntert« habe.[90] Diese sich abzeichnende Spaltung in der Diskussion findet sich auch in der SED-Berichterstattung.[91]

Nach dem Einmarsch der sowjetischen Truppen in Ungarn und dem Beginn der Niederschlagung des Aufstands schien sich diese Spaltung zu verschärfen, wobei die Berichterstattung des MfS hier widersprüchlich ist. In einem Bericht vom 7. November heißt es, dass die Diskussionen über »die Zerschlagung der Konterrevolution [...] fast ausschließlich positiven Charakter« trügen und die »negativen Diskussionen« demgegenüber »sehr gering« seien.[92] Eine derartig eindeutige Verteilung von »positiven« und »negativen« Stimmen taucht in den an-

fassung) v. 28.10.1956; Information Nr. 360/56 – Betrifft: Gruppenbildung an der Humboldt-Universität Berlin v. 26.11.1956.

86 Siehe z. B. Information Nr. 292/56 – Betrifft: Lage in der DDR v. 30.10.1956. Ausführlich vgl. Armin Mitter, Stefan Wolle: Untergang auf Raten. Unbekannte Kapitel der DDR-Geschichte. München 1993, S. 249–260.

87 Information Nr. 271/56 – Betrifft: Stimmung zu den Ereignissen in Polen v. 24.10.1956; Anlage 3 (Stimmung zu den Ereignissen in Polen und Ungarn) zur Information Nr. 279/56 v. 26.10.1956.

88 Information Nr. 271/56 v. 24.10.1956.

89 Ebenda.

90 Anlage 3 zur Information Nr. 279/56 v. 26.10.1956.

91 Vgl. Allinson: Politics and popular opinion (Anm. 16), S. 71 f.

92 Anlage 2 (Stimmung zu den Ereignissen in Ungarn) zur Information Nr. 313/56 v. 7.11.1956.

deren Stimmungsberichten des Jahres 1956 nicht auf. Eine Woche später hatte sich dieses Verhältnis dem MfS zufolge abgeschwächt: Zwar überwögen die positiven Diskussionen weiterhin, doch hätten die »negativen Stimmen« zugenommen.[93] Anfang Dezember hingegen heißt es, in den Diskussionen zu den Ereignissen in Ungarn setzten sich »im Gegensatz zu den ersten Tagen die positiven Meinungen« durch.[94] Ähnliche Widersprüche finden sich auch in den Informationsberichten der SED. So ist am 14. November einerseits von einer ständigen Zunahme der Solidaritätsbewegung mit der von den Sowjets installierten Regierung unter János Kádár in Ungarn die Rede, andererseits wird mit Bezug auf die Vorgänge in Ungarn über »starke Unklarheiten unter allen Teilen der Bevölkerung« und »starke antisowjetische Stimmungen« berichtet.[95] Tatsächlich scheint, das geht sowohl aus den MfS- als auch aus den SED-Berichten hervor, die Stimmung gespalten gewesen zu sein.

Die Berichte zitieren unter anderem Arbeiter, die das Eingreifen der Sowjetarmee in Ungarn begrüßen, wobei nicht selten auf die Lynchjustiz an Angehörigen des ungarischen Staatssicherheitsdienstes Bezug genommen wird.[96] Die drastischen Fotos von den Ermordeten im *Neuen Deutschland*[97] und die Propaganda vom »faschistischen Putsch« scheinen ihre Wirkung nicht überall verfehlt zu haben. Davon zeugen auch differenzierte Aussagen, wie die eines Gaststättenbesuchers, der dem MfS zufolge zu denen gehörte, »die früher am meisten gegen Staat und Partei gehetzt haben«: »Mit vielem bin ich nicht einverstanden, aber die Dinge auf dem Weg zu lösen wie in Ungarn, nun, das geht zu weit. Wenn ich auch kein Kommunist bin, aber schon lange kein Faschist.«[98]

Auf der anderen Seite wurde das Eingreifen der Sowjets in Ungarn vielfach harsch kritisiert und die neu eingesetzte Kádár-Regierung als nicht legitimiert bezeichnet. Verbunden war dies oft mit der Forderung, auch aus der DDR sollten die »Russen« abziehen.[99] Berichtet wird in diesem Zusammenhang auch über

93 Anlage (Stimmungen der Bevölkerung zu den Ereignissen in Ungarn und Ägypten) zur Information Nr. 332/56 v. 14.11.1956.

94 Information Nr. 378/56 – Betrifft: Stimmung der Bevölkerung zu den Ereignissen in Ungarn v. 8.12.1956.

95 ZK der SED, Abt. Leitende Organe der Partei und der Massenorganisationen, 16. Informationsbericht v. 14.11.1956; SAPMO-BArch, IV, 2/5/282, Bl. 364–375, hier 364 f.

96 Etwa in der Aussage eines Arbeiters im VEB Metallguss Leipzig: »Ich war bisher der Meinung, dass die Unruhen von den Arbeitern ausgehen, als ich die Bilder in den Zeitungen sah, wurde ich anderer Meinung [sic!]. Solche Gräueltaten können nur Faschisten nach dem Muster eines Hitler durchführen. Es war höchste Zeit, dass die Russen eingegriffen haben.« Anlage zur Information Nr. 332/56 v. 14.11.1956.

97 Vgl. So wütete der faschistische Terror in Ungarn. In: ND v. 6.11.1956, S. 3. Zu den Hintergründen vgl. Paul Lendvai: Der Ungarn-Aufstand 1956. Eine Revolution und ihre Folgen. Gütersloh 2006, S. 79, 119 f.; Mitter; Wolle: Untergang auf Raten (Anm. 86), S. 248.

98 Anlage zur Information Nr. 332/56 v. 14.11.1956.

99 So in Information Nr. 378/56 v. 8.12.1956.

Austritte aus der Gesellschaft für Deutsch-sowjetische Freundschaft.[100] Davon ausgehend kam es vielerorts zu Appellen in der Form »Macht es den Ungarn nach!« sowie Forderungen nach der Ablösung von Walter Ulbricht und Ankündigungen eines »neuen 17. Juni«.[101] Aussagen wie diese finden sich auch in den SED-Informationsberichten[102] sowie in den akribischen Auflistungen von Losungen und Parolen durch das MfS.[103]

Die sich anbahnenden Unruhen bekämpfte die SED-Führung mit Zuckerbrot und Peitsche: Einerseits wurden an Brennpunkten die Kampfgruppen mobilisiert, andererseits wurden soziale Erleichterungen angekündigt: Am 16. November 1956 beschloss die Volkskammer eine umfängliche Rentenerhöhung,[104] wenige Tage später initiierte das ZK der SED die Einrichtung von Arbeiterkomitees als zusätzliche Gremien der betrieblichen Mitbestimmung.[105] Die Stimmungsberichte spiegeln indes wider, dass die Intention dieser Maßnahmen von der Bevölkerung durchschaut wurde. So äußerte ein NDPD-Mitglied: »Denkt Ihr denn, die hätten bei uns die Renten erhöht, wenn nicht der Krach in Ungarn gewesen wäre.«[106] Die Bildung der Arbeiterkomitees wurde in manchen Betrie-

100 Z. B. in der Anlage zur Information Nr. 332/56 v. 14.11.1956.

101 Siehe z. B. Information Nr. 274/56 – Betrifft: Situation in der DDR v. 25.10.1956; Information Nr. 284/56 – Betrifft: Lage in der DDR v. 29.10.1956; Information Nr. 301/56 – Betrifft: Lage in der DDR v. 3.11.1956; Information Nr. 321/56 – Betrifft: Schwerpunkte feindlicher Tätigkeit in der Industrie im Zusammenhang mit den Veröffentlichungen der Westsender über angebliche Streiks in Magdeburg sowie der Ereignisse in Polen und in Ungarn v. 7.11.1956; Information Nr. 347/56 – Betrifft: Stimmung zur Neufestsetzung der Arbeitsnormen (9. Bericht) v. 19.11.1956.

102 Siehe z. B. ZK der SED, Abt. Leitende Organe der Partei und der Massenorganisationen, Bericht v. 20.11.1956; SAPMO-BArch, IV, 2/5/282, Bl. 376–399; 18. Informationsbericht über die Stimmung der Bevölkerung zu den politischen Ereignisse in den letzten Wochen und der Lage in der DDR v. 22.11.1956; ebenda, Bl. 400–406; 20. Informationsbericht über die Stimmung der Bevölkerung zu den politischen Ereignissen in den letzten Wochen v. 23.11.1956; ebenda, Bl. 416–422. Vgl. auch Granville: Ulbricht in October 1956 (Anm. 68), S. 478 f.

103 Siehe Feindtätigkeit im Gebiet der DDR vom 1. bis 31. Oktober 1956 [Information Nr. M134/56] v. 30.11.1956; Information Nr. 382/56 – Betrifft: Feindtätigkeit im Gebiet der DDR im Monat November 1956 v. 15.12.1956.

104 Die Vollrenten für Arbeiter und Angestellte sowie die für Bauern, Handwerker, selbstständig Erwerbstätige, Unternehmer und Freiberufler stiegen um 30 DM monatlich. Vgl. Gesetz über die Erhöhung der Renten und der Sozialfürsorgeunterstützung v. 16.11.1956. In: GBl. I 1956, S. 1279 f.

105 Beschluss der 29. Tagung des Zentralkomitees der SED. Grundlage für den Meinungsaustausch über die Rechte der Arbeiter in den Betrieben. Das ZK der SED schlägt vor, die Frage der Rechte der Arbeiter in den Betrieben zu beraten. In: ND v. 20.11.1956, S. 1. Zu den Arbeiterkomitees vgl. auch Christoph Kleßmann: Arbeiter im »Arbeiterstaat« DDR. Deutsche Traditionen, sowjetisches Modell, westdeutsches Magnetfeld (1945 bis 1971). Berlin 2007, S. 404–409.

106 Information Nr. 378/56 v. 8.12.1956. Ähnlich ebenda: »Wäre in Ungarn nicht solch eine Situation entstanden, hätte man bei uns auch noch nicht daran gedacht, den Diskussionen

ben als Ausdruck der »Schwäche der Regierung« oder als »Angstmanöver« betrachtet, da »man im Zusammenhang mit den Ereignissen in Polen und Ungarn dem Druck der Bevölkerung« nachgebe.[107]

Als Berichtsquelle sind die MfS-Stimmungsberichte vom Herbst 1956 weniger aussagekräftig – sowohl als die der ersten Jahreshälfte als auch als die der SED, die ein bunteres und differenzierteres Meinungsspektrum abbilden. Vor dem Hintergrund der Unruhen an den Universitäten, der Streiks und Proteste in den Betrieben, von Berichten über Auflösungserscheinungen in den LPG sowie der vom MfS registrierten Zunahme von regierungskritischen Losungen und Parolen[108] wirkt die Feststellung eines Überwiegens »positiver« Diskussionen und Argumente wenig realistisch. Allerdings stellt sich die Frage, warum das MfS ausgerechnet die wenigen von ihm in diesem Zeitraum erstellten Stimmungsberichte schönfärben sollte, wenn die gleichzeitig von ihm mindestens täglich an fast identische Verteiler herausgegebenen Lageberichte eine ganz andere Sprache sprachen.[109] Das MfS konzentrierte sich in dieser Phase ganz offensichtlich auf letztere, was für sich genommen schon ein Indiz dafür ist, dass sich die Situation geändert hatte: Die allgemein kritische Stimmung begann umzuschlagen in konkrete, sichtbare Aktionen – oder um die Begrifflichkeit Martin K. Dimitrovs aufzugreifen: Aus latenter Unzufriedenheit wurde offene Unzufriedenheit.[110] Der Fokus des MfS lag daher darauf, solche Aktivitäten zu unterbinden oder einzudämmen, ein »Monitoring« der allgemeinen Stimmungslage war vor diesem Hintergrund weniger wichtig, schon gar nicht mithilfe konspirativer Methoden, lag doch die Stimmung der Bevölkerung durch die sichtbaren Aktionen offen auf der Hand.

Angesichts ihres Umfangs, ihrer hohen Frequenz und ihrer inhaltlichen Redundanz ist es fraglich, ob die Adressaten im Politbüro und im ZK sämtliche Lageberichte gründlich studiert haben. Hier spielte aus Sicht des MfS vielmehr eine Rolle, sich nicht noch einmal dem Vorwurf auszusetzen, über eine problematische Stimmung und Lage im Innern nicht ausreichend informiert zu haben, wie nach dem 17. Juni 1953. Für die MfS-internen Adressaten war es dagegen tatsächlich von Bedeutung, wo genau kritische Meinungen geäußert, zu Streiks aufgerufen, vermehrt »Hetzlosungen« angebracht und Flugblätter verteilt wurden, um darauf gezielt reagieren zu können.

mit den Renten und Prämien ein Ende zu bereiten.«

107 Information Nr. 388/56 – Betrifft: Meinungen zur Bildung von Arbeiterkomitees (2. Bericht) v. 19.12.1956.

108 Siehe Feindtätigkeit im Gebiet der DDR vom 1. bis 31. Oktober 1956 [Information Nr. M134/56] v. 30.11.1956; Information Nr. 382/56 – Betrifft: Feindtätigkeit im Gebiet der DDR im Monat November 1956 v. 15.12.1956.

109 Sowohl die Stimmungs- als auch die Lageberichte dieser Phase gingen an alle Politbüro-Mitglieder, alle ZK-Sekretäre sowie die Führungsspitze des MfS.

110 Vgl. dazu den Beitrag von Martin K. Dimitrov in diesem Band.

III. Fazit

Die Stimmungsberichte der Abteilung Information zeichnen ein Bild, demzufolge durch alle Schichten der Bevölkerung hinweg sowohl der XX. Parteitag, als auch die aus ihm resultierenden Entwicklungen in Ungarn und Polen breit und differenziert rezipiert wurden. Es entsteht der Gesamteindruck, dass der Entstalinisierungsprozess in der Sowjetunion mehrheitlich positiv betrachtet wurde, während gegenüber der eigenen Regierung die kritischen Stimmen überwogen. Zudem wird deutlich, dass den DDR-Medien wenig vertraut wurde und die DDR-Bürger sich zu großen Teilen aus westlichen Medien informierten, insbesondere was die Entwicklung in Ostmitteleuropa betraf. Eine Rahmung im Sinne des »sozialistischen Klassentheaters«, wonach »negative« Stimmen stets nur als Minderheit gekennzeichnet werden durften, ist nur in wenigen Berichten und auch dort nur in abgeschwächter Form zu beobachten. Eine Relativierung »negativer« Diskussionen und Argumente erfolgt nur insofern, als dass diese häufig als von »Feindpropaganda«, also von den Westmedien, beeinflusst gekennzeichnet wurden. Dies war einerseits eine bewusste Setzung – die Berichterstatter wurden explizit angewiesen, solche Zuschreibungen vorzunehmen[111] –, andererseits entsprach es in vielen Fällen wohl auch den Tatsachen, da viele DDR-Bürger der eigenen Presse misstrauten und sich daher über die Westmedien informierten. Auch die Auflistung von »positiven« Argumenten in den Stimmungsberichten, die sich häufig wie Phrasen aus der SED-Presse lesen, sollten nicht vorschnell als reines »window-dressing« abgetan werden. Denn selbstverständlich gab es auch in instabilen Phasen der DDR-Geschichte Menschen, die sich im Sinne der SED-Linie äußerten, sei es, dass sie von der Politik der Staatspartei überzeugt waren, sei es, dass sie der Propaganda aufsaßen oder sei es, dass sie es im (halb-)öffentlichen Raum nicht wagten, eine SED-kritische Haltung offen auszusprechen.

Punktuelle Vergleiche mit Stimmungsberichten aus SED-Provenienz zeigen sowohl auf regionaler als auch auf zentraler Ebene große Übereinstimmungen. Dass Arsenal der angeführten Argumente ist weitgehend deckungsgleich, die Gewichtung »negativer«, »positiver« und auf »Unklarheiten« basierender Stimmen unterscheidet sich nur marginal. Der deutlichste Unterschied besteht darin, dass die SED-Berichte – naturgemäß – einen Schwerpunkt auf die Wiedergabe von Meinungsäußerungen in Parteiversammlungen auf lokaler, regionaler und Betriebsebene legen, wenngleich sie sich keinesfalls darauf beschränken. Übereinstimmungen zeigen sich ebenfalls, wenn man auf andere Ausdrucksformen

111 Am Ende der Information Nr. M11/56 über Feindpropaganda zur Schaffung der Nationalen Volksarmee v. 19.1.1956 heißt es: »Vorstehende Hinweise auf die Feindpropaganda sind bei Analysierung der Stimmung der Bevölkerung zu beachten. Bei Auftreten derartiger Argumente ist dies in den Informationsberichten gleich als Feindargument zu kennzeichnen.«

von Stimmungen blickt: Auf Losungen, Parolen und selbstgefertigte Flugblätter sowie, zumindest für die zweite Jahreshälfte, auf Protestaktionen wie Arbeitsniederlegungen und ihre Androhung in Betrieben, Schweigeminuten und Versammlungen an den Universitäten sowie Austritte aus LPGen auf dem Land. Dies alles legt den Schluss nahe, dass die Berichte des MfS das Spektrum der Meinungen und Haltungen in der DDR-Bevölkerung im Jahr 1956 relativ zuverlässig spiegeln. Es zeigt aber auch, dass sie alles andere als exklusiv sind. Eine Analyse der SED-Berichte würde ein weitgehend identisches Bild ergeben. Konspirative Methoden waren in den 1950er-Jahren ganz offensichtlich noch nicht notwendig, um sich einen Eindruck von der Bevölkerungsstimmung zu verschaffen.[112] Dies macht einmal mehr deutlich, dass hinsichtlich des Quellenwerts der MfS-Stimmungsberichte zeitlich zu differenzieren ist.

Schwierig zu beantworten bleibt die Frage der Gewichtung. Die Stimmungsberichte – egal welcher Provenienz – kompilieren größtenteils Einzelaussagen und zwar naturgemäß überwiegend solche, die in der einen oder anderen Weise auffällig sind. Indifferente Äußerungen oder solche zu (sicherheits-)politisch nicht relevanten Themen werden kaum registriert. Zum Ausmaß von Diskussionen zu bestimmten Themen treffen die Berichte nur relative Aussagen dahingehend, ob diese zu- oder abgenommen haben. Ein weiteres Problem besteht darin, dass auch das MfS die Stimmung nur an im (halb-)öffentlichen Raum getätigten Äußerungen ablesen konnte. Was die Menschen jenseits ihrer Äußerungen »wirklich dachten«, blieb dem MfS ebenso verborgen wie dem heutigen Historiker. Dies ist übrigens ein methodisches Problem, das bereits auf der untersten Ebene der Berichtspyramide, dem IM-Bericht, reflektiert wurde. So beendete ein Oberschüler einen Bericht über den Unterricht seiner Lehrerin mit dem Satz: »In ihre innerste politische Anschauung konnte ich noch nicht eindringen.«[113] Dieses Problem sollte jedoch nicht dazu führen, in erkenntnistheoretische Resignation zu verfallen. Der Aufsatz hat gezeigt, dass mit den Berichten der Abteilung Information des MfS für das Jahr 1956 eine – trotz mehrfacher Filterung – sehr aussagekräftige Quellenbasis vorliegt, die bei allen quellenkritischen Vorbehalten einen wesentlichen Beitrag dazu liefern kann, jenes diffuse Gebilde zu rekonstruieren, das gemeinhin als »Bevölkerungsstimmung« bezeichnet wird.

112 Als »Gegengewicht zur allgemeinen schönfäberischen Tendenz der nicht-konspirativen Berichtssysteme der DDR«, wie Roger Engelmann in einer frühen Einschätzung vermutete, war die MfS-Stimmungsberichterstattung in dieser Zeit offenbar noch nicht zwingend notwendig. Vgl. Roger Engelmann: Zum Quellenwert der Unterlagen des Ministeriums für Staatssicherheit. In: Klaus-Dietmar Henke, Ders. (Hg.): Aktenlage. Die Bedeutung der Unterlagen des Staatssicherheitsdienstes für die Zeitgeschichtsforschung. Berlin 1995, S. 23–39, hier 39.

113 Bericht von IM »Wilke«, Schüler an der Goethe-Oberschule Schwerin, v. 25.2.1952; BStU, MfS, AP 71/54, Bl. 19. Vgl. dazu ausführlich Henrik Bispinck: Dissens, Widerstand und Repression. Die Schweriner Goethe-Oberschule im Spiegel von IM-Berichten der fünfziger Jahre. In: Gieseke: Staatssicherheit und Gesellschaft (Anm. 12), S. 275–294, hier 287 f.

Bernd Florath

Das Jahr 1965 in synchroner Perspektive

> The people are like a sea. Beneath their surface run great tides. It is easy to be mistaken about the people, because the currents that move in them are not always visible. Then one day a tyrant awakes upon his island of rule and finds that the dikes of privilege have been destroyed, and that the tidal wave is sweeping over him.[1]
>
> Luis Taruc

Periodisch gruselte sich die SED-Führung vor den unsichtbaren Fluten, die ihr Volk tief unter der Oberfläche bewegten. Das geheimnisvolle Volk zu entschlüsseln, ihm gleichermaßen aufs Maul zu schauen, um vor jeder Überraschung gefeit zu sein, war eine der wesentlichen Aufgaben der Informationen, die das Ministerium für Staatssicherheit seit dem 17. Juni 1953 sammelte und an seine Herren Auftraggeber übermittelte. Doch zugleich waren die Erwartungen, die diese Informationen erfüllen sollten, sehr verschieden, um nicht zu sagen, gegensätzlich. Die Kluft, die sich aus dem Selbstbild der SED-Führung, Avantgarde eines historisch notwendigen Fortschrittsprozesses zu sein, der den Interessen der Arbeitenden zum Durchbruch verhelfe, und den realen Stimmungen insbesondere in jenen Teilen der Bevölkerung, für deren Interessen sie angetreten zu sein meinte, auftat, war schlicht nicht vermittelbar. Die Ausgangslage führte zweifellos zu einem Paradoxon: Je realitätsnäher die Berichte, desto weniger erschienen sie den Erwartungen der Empfänger zu entsprechen, man könnte fast die mathematische Aussage treffen, dass die Glaubwürdigkeit der Berichte umgekehrt proportional zu deren Validität war. Wenn sich Walter Ulbricht daher die weitere Lieferung von Berichten verbat, die doch nur die feindliche Propaganda wiedergäben, erwies er sich als treuer Schüler des Hegels – obgleich nur in dessen apokryphen Lehrsätzen: Wenn die Tatsachen mit der Theorie in Widerspruch geraten, so sei dies »umso schlimmer für die Tatsachen«, soll der Philosoph böszüngiger Überlieferung zufolge geäußert haben.[2]

1 Luis Taruc: Born of the People. Bombay 1953, S. 41.

2 Es sei zur Rettung Hegels gegen Ulbricht nur am Rande vermerkt, dass Hegels Einwände gegen die scheinbare Widerlegung seiner Kritik an einer anderen Theorie (und nicht am in Rede stehenden empirischen Befund) bei Weitem intelligenter und nachhaltiger waren, als das ihm

Die offensichtliche Verunsicherung aus diesem Spannungsverhältnis traf das MfS wohl weniger als andere Lieferanten von Berichten, doch immerhin hat es den Anschein, als sei im Zuge der Verwissenschaftlichung von Planung und Leitung der Volkswirtschaft zumindest im Jahre 1965 ein signifikant zurückhaltenderer Umgang mit der Wiedergabe von Stimmungen und Meinungen aus der Bevölkerung durch das MfS festzustellen.

In der Reihe der bislang veröffentlichten ZAIG-Informationen[3] fallen die der Jahre 1964/65 als geradezu spartanisch auf. Nicht nur ihre Zahl, auch der weitgehende Verzicht auf Stimmungsberichte sowie die Konzentration auf die Fakten, die der hergestellten Information zugrunde lagen, verleiht diesen einen eher nüchternen Charakter.

Die Informationen konzentrieren sich auf einzelne Bereiche der DDR-Wirklichkeit. Die DDR im Blick der Stasi im Jahr 1965 zeigte auch nicht die ganze DDR, nicht einmal das gesamte Spektrum der vom MfS überwachten Lebensbereiche. Und auch der Teil, den die ZAIG-Informationen berühren, ist durch die sehr spezifische Optik des MfS verzerrt. So sehr das durch die Spezifik des Zugangs einer Geheimpolizei begründet sein mag, lassen die Informationen Fragen über die behandelten Ereignisse im Offenen, zu denen die Berichte des Jahrganges allein nicht der hinreichend erklärende Schlüssel sind.

Zunächst ist auf bestimmte Kontinuitäten hinzuweisen, thematische Kontinuitäten, die indes nicht mit denen des Tenors zusammenfallen. Auf den 1960 kumulierenden Druck zur Kollektivierung der Landwirtschaft folgte nicht nur die Abwanderung von Bauern in die Bundesrepublik. Hier und da starb auch in die Landwirtschaftlichen Produktionsgenossenschaften (LPG) einzubringendes Vieh, brannten Scheunen. Der Verdacht politischer Sabotage hinter jedem Scheunenbrand ist indes auch 1965 noch ablesbar. Durch diese Ausgangsvermutung ist zu erklären, dass kindlichen Leichtsinns brennende Folgen intensive Ermittlungen der politischen Polizei nach sich zogen, wo wahrscheinlich die Untersuchung der örtlichen Feuerwehr und Polizei hingereicht hätte.[4] Bis hierhin

zugeschriebene Bonmot suggeriert. Vgl. Thomas Sören Hoffmann: Georg Friedrich Wilhelm Hegel. Eine Propädeutik. Wiesbaden 2004, S. 141–143.

3 Vgl. Die DDR im Blick der Stasi. Die geheimen Berichte an die SED-Führung, hg. von Daniela Münkel. Göttingen. Erschienen sind bislang die Bände 1953 (bearb. v. Roger Engelmann, 2013), 1956 (bearb. v. Henrik Bispinck, 2016), 1961 (bearb. v. Daniela Münkel, 2011), 1965 (bearb. v. Bernd Florath, 2014), 1976 (hg. v. Siegfried Suckut, 2009), 1977 (bearb. v. Henrik Bispinck, 2012), 1981 (bearb. v. Matthias Braun und Bernd Florath, 2015), 1988 (bearb. v. Frank Joestel, 2010).

4 Vgl. Einzelinformation Nr.46/65 über einen Brand in der LPG Typ I in Neuendorf, Kreis Worbis, Bezirk Erfurt vom 19.1.1965; Einzelinformation Nr. 342/65 über Viehverendungen im Rinderstallkombinat der LPG Typ III Friesack, [Kreis] Nauen, [Bezirk] Potsdam, am 9. April 1965 vom 12.4.1965; Einzelinformation Nr. 737/65 über Brände in den Bezirken Halle, Dresden und Erfurt am 8. August 1965 vom 9.8.1965; 3. Bericht Nr. 903/65 über die Aktion »Oktobersturm« (Berichtszeitraum bis 17. Oktober 1965, 24.00 Uhr) vom 17.10.1965.

folgte das MfS eingeübten Mustern des Vorgehens. Dass über diese Fälle noch immer bis ins Politbüro berichtet wurde, folgte ebenfalls dem alten Muster. Die Inhalte der Brandberichterstattung hingegen waren sachbezogen und nüchtern, schlossen perhorreszierte Sabotageakte und politische Hintergründe explizit aus, selbst wo es sich bei den Beschuldigten nicht um sozialistische Lichtgestalten nach dem Muster der sozialistischen Menschengemeinschaft der Sonntagsbeilagen des *Neuen Deutschlands (ND)* handelte. Auch bei Katastrophen anderer Art, deren Nachrichtenwert aufgrund ihrer Randständigkeit auf der Ebene von Geheimdienstberichten an die oberste Partei- und Staatsführung fragwürdig erscheint, wird deutlich, dass es vor allem darum ging, politische Sabotageakte als Ursache auszuschließen.

Diese Reihung von Negativinformationen, das heißt von Benachrichtigungen darüber, dass etwas nicht der Fall ist, das von politischer Bedeutung wäre, macht nur Sinn, wenn die Empfänger der Nachricht selbst hinter jeder brennenden Scheune, hinter jeder Havarie in der volkeigenen Industrie, jedem Zugunglück das Werk sabotierender Spiogenten vermuteten und keiner anderen Institution glaubhafte Aufklärung abnahmen als dem eigenen Geheimdienst. Allerdings verliert sich der sedative Aspekt der MfS-Berichterstattung in dem Maße, wie der als Ursache von Havarien mehr und mehr systematische Verschleiß der Grundmittel in Industrie und Verkehr deutlich wird, was letztendlich nur ein anderer Ausdruck fragwürdiger Investitionspolitik war. Therapeutisch vermochten diese Informationen indes nicht zu wirken, insofern sie Dilemmata aufzeigten, die sich zwischen den selbstgesetzten wirtschafts- und sozialpolitischen Zielsetzungen des Systems und dessen Fähigkeit zur Realisierung entfalteten und denen auch die Berichterstatter eher ohnmächtig gegenüberstanden.

Da blieben Produktionsstrecken über Jahre so lange aufrechterhalten, bis die Baufälligkeit der sie beherbergenden Hallen das Überleben der Beschäftigten akut gefährdete. Die Sorge um das gesundheitliche Wohl der Arbeiter und Arbeiterinnen der sozialistischen Betriebe, die sich in vielfältigen Arbeits- und Gesundheitsschutzregeln legislativ niederschlug, erwies sich als ohnmächtig gegen Kompetenzwirrwarr, Ressourcenmangel und die Priorität der Planerfüllung selbst unter widrigen Arbeitsbedingungen. Engagierte Mediziner, die hier agierten, wurden so zwangsläufig zu Querulanten. Und über das marode Verkehrs-

Anhang: Politisch-operative Vorkommnisse aus den an das Manövergebiet angrenzenden Bezirken – Vorkommnisse, die im Interesse der Sicherung des Manövers Beachtung finden müssen; Einzelinformation Nr. 962/65 über Brandlegungen durch Kinderhand in Objekten der Volkswirtschaft im Zeitraum vom 1. Januar 1965 bis zum 25. Oktober 1965 vom 29.10.1965; Einzelinformation Nr. 1094/65 über einen Scheunenbrand im VEG Kombinat Hohenerxleben, [Kreis] Staßfurt, [Bezirk] Magdeburg, am 6. Dezember 1965 vom 8.12.1965; Einzelinformation Nr. 1118/65 über einen Brand in der Gemeinde Oberlichtenau, Kreis Kamenz, Bezirk Dresden vom 14.12.1965. Alle in: Die DDR im Blick der Stasi 1965. Die geheimen Berichte an die SED-Führung, bearb. v. Bernd Florath. Göttingen 2014.

netz versprühen die Stasi-Informationen allenfalls den Blues des sich mit den Gegebenheiten Abfindenden, womit sich das Sicherheitsorgan ungewollt einmal als erstaunlich volksnah zeigt – nur erspart es sich freilich den populär giftigen Fingerzeig auf die Verantwortlichen »da oben«.

Was die ZAIG-Informationen des Jahres 1965 – offenbar abweichend zu anderen Jahren – weniger anbieten, sind allgemeine Informationen über politische Stimmungen und Meinungen der Bevölkerung. Das genaue Ausmaß dieser Lücke in der Stimmungsberichterstattung wird mit der Edition der anschließenden Jahrgänge präziser zu vermessen sein. 1965 jedenfalls bleiben die Wiedergaben von Meinungsäußerungen auf die jeweils konkreten Vorgänge beschränkt, über die berichtet wird. Die hinterfragten Ereignisse waren gravierend und in ihrem Charakter und ihrer Wirkung auch für das MfS bzw. für die SED schwer zu präjudizieren, sodass ein tatsächliches Interesse an den Reaktionen des Publikums unterstellt werden kann.

Im April 1965 fand eine Sitzung des Bundestages in Westberlin statt, was von der SED als Verletzung des Sonderstatus des westlichen Teils der Stadt angesehen wurde. Während der Bundestag die vitalen Bindungen der Stadt an die Bundesrepublik demonstrieren wollte, beharrte die DDR-Regierung darauf, dass sie kein Bundesland war, der Bundestag mithin außerhalb seines Staatsterritoriums tage. Freilich stand die ostdeutsche Anmaßung, der Halbstadt einen »besonderen politischen Status« zuzurechnen, auf ebenso schwachen Füßen, wie der westdeutsche Versuch, sie unter der Hand zu vereinnahmen. Immerhin hatte die SED – solange sie die Rechte der Alliierten nicht antastete – die Möglichkeit, physisch den Zugang zu Westberlin zu blockieren oder schikanösen Bedingungen zu unterwerfen. Der Unmut Ostberlins reagierte sich ab mit stundenlangen Sperrungen der Transitstraßen, vorgeblich, um Bundestagsabgeordneten und -mitarbeitern den Zugang zum Tagungsort zu versperren. Das als gemeinsames Manöver mit der »Gruppe der sowjetischen Streitkräfte in Deutschland« (GSSD) getarnte Unternehmen wurde durch Tiefflüge von Militärjets über der Westberliner Innenstadt ergänzt, die deren Einwohner durch unglaublichen Lärm in Angst und Schrecken versetzten. Nun wollte die Staatssicherheit sogar durch Quellen in Westberlin wissen, wie die dortige Bevölkerung die Quasi-Blockade der Stadt und die lärmenden Überflüge aufgenommen hatte: Wahrscheinlich erhofften sie sich eine Reaktion wie sie der Cartoonist der *Berliner Zeitung*, Erich Schmitt, zwei Westber-

„Wo kommen die denn her?“ – „Na die fliegen kreuz und quer über die DDR. Und wir liegen nun mal mitten drin.“ Zeichnung: Schmitt linern in den Mund legte: »›Wo kommen die denn her?‹ — ›Na die fliegen kreuz und quer über die DDR. Und wir liegen nun mal mitten drin.‹«[5]

Die in der Information wiedergegebenen Stimmen Westberliner entsprachen eher dem vom MfS erhofften Echo, das – wenn schon nicht durchweg positiv – zumindest Gleichgültigkeit spiegelte und die Verantwortung für die Vorgänge dem Bundestag zurechnete. Doch Mielke war sich dieses Bildes so unsicher, dass er sie zurückhielt und drei Tage nach ihrer Abfassung seine Stellvertreter »bis heute 11 Uhr« befragte, »ob so wie in der Information dargestellt, eingeschätzt werden kann, dass das Stimmungsbild der westdeutschen/Westberliner Bevölkerung und der Bevölkerung der DDR dieser Darlegung entspricht, damit entschieden werden kann, ob diese Information weiter gegeben werden soll«.[6] Bemerkenswert ist aber nicht allein dieser Vorgang der internen Abstimmung, sondern auch die überlieferten Reaktionen. Da ein solcher Meinungsaustausch über die Validität einer ZAIG-Information und den Umgang mit ihr äußerst selten überliefert ist, soll er hier etwas eingehender beleuchtet werden.

Nach einigen Informationen (301/65, 309/65, 320/65, 327/65 und 333/65)[7], die vor allem Ablauf und bemerkenswerte Einzelereignisse während der kleinen Blockade aufreihten, in denen sich die Zentrale Auswertungs- und Informationsgruppe (ZAIG) aber nur zurückhaltend über Stimmen und Reaktionen aus Westberlin äußert, wurde am 9. April 1965 eine längere Information verfasst, die sich dem Echo der Maßnahmen unter den Westberlinern widmete. Mielke entschied – inwieweit dies ein eher außergewöhnliches Verfahren war, lässt sich nur aufgrund der Tatsache vermuten, dass über eine ähnliche Vorgehensweise in anderen Fällen zumindest keine Überlieferung vorhanden ist –, die Information vor dem Versand intern von seinen Stellvertretern begutachten zu lassen, um schließlich, nach Eingang dieser Stellungnahmen, die Information nicht zu versenden. Da es sich nur um eine von insgesamt sieben Informationen (5.–10. April 1965) zu diesem Komplex handelte, wird das unter den Empfängern auch nicht als Fehlstelle aufgefallen sein.

Die überlieferten beiden Stellungnahmen umreißen sowohl das über die Einschätzungen der Information hinausgehende Wissen wie auch die Grenzen des Einschätzungsvermögens an der MfS-Spitze: Während Markus Wolf den gesamten Bericht mit herben Formulierungen verwirft und dabei vor allem methodische Argumente ins Feld führt, moniert Fritz Schröder zwei – allerdings bedeutungsvolle – Details. Wolf bemängelt mangelnde Objektivität ebenso wie die Sinnhaftigkeit der Information, mithin sowohl deren Quellenbasis als auch

5 Karikatur von Erich Schmitt. In: Berliner Zeitung v. 9.4.1965, http://zefys.staatsbibliothek-berlin.de/ddr-presse/ergebnisanzeige/?purl=SNP26120215-19650409-0-2-353-0 (Abruf: Juli 2016).

6 Mielke an die Stellvertreter, 12.4.1965; BStU, MfS, ZAIG, Nr. 31078, Bl. 42 f., zugl. in: Die DDR im Blick der Stasi 1965 (Anm. 4), S. 160, S. 75 (Faksimile).

7 Vgl. ebenda.

ihren Nachrichtenwert für die Empfänger. Für »eine wirkliche Analyse«, das heißt die gründlich Auswertung dessen, was Informanten aus der Bundesrepublik und Westberlin berichten würden, sei »es noch zu früh«. Die Information, die selbst eher auf zufällig aufgegriffenen Einzelstimmen oder Presseveröffentlichungen beruhte, »dürfte aber aus Presse, Parteiinformationen und eigenen Wahrnehmungen den leitenden Genossen bekannt sein«. Abgesehen davon, dass Wolf selbstverständlich davon ausgeht, dass die Empfänger der ZAIG-Informationen (selbst wenn ihm im Einzelnen nicht unbedingt bekannt gewesen sein dürfte, welche das waren) jeden Tag nicht nur die Presse (was die Westpresse einschloss) zur Kenntnis nahmen, sondern auch über eine Vielzahl anderer Berichtsstränge über das Geschehen unterrichtet wurden, monierte er einige Details als falsch. Gleichzeitig betonte er, dass Wichtiges »nicht oder nur am Rande erwähnt« sei.[8] Leider ist sein Exemplar, auf dem er diese Passagen gekennzeichnet hat, nicht überliefert.

Anders als Wolf gab Schröder zwar keine Gesamteinschätzung ab, dafür sind seine Detailkritiken erhalten. Eine betrifft die (handels-)politisch bedeutsame Motivation für Bedenken westlicher Geschäftsleute angesichts unsicherer Verkehrsverbindungen, die die Information nur unzureichend wiedergab. Die andere Kritik moniert, dass die Information auch Vertreter der DDR-Staatsgewalt in den Geruch der Zögerlichkeit oder gar Ängstlichkeit angesichts sich verschärfender Spannung bringe. Empfindlichkeit gegen den Lärm von Militärjets billigt er eher bei der medizinischen Intelligenz als bei ABVern, Angst gesteht er allenfalls politisch unerfahrenen Studenten und Wissenschaftlern zu.[9]

Ein anderes Papier aus der ZAIG belegt, dass einige der in der verworfenen Information wiedergegebenen Aussagen keineswegs Resultat ihrer mangelnden Kenntnis der Gegebenheiten waren. Am 13. April 1965, zwei Tage nach Abschluss der Blockade, verfasste die ZAIG einen internen »Bericht zur Auswertung Aktion ›Karo‹« (so der Codename der Störaktionen), in dem viele der zuvor in den Informationen getroffenen Aussagen zusammengefasst sind. Der Bericht umfasst neun paginierte Seiten sowie zehn formgleiche Seiten, bei denen die Paginierung durch die Verfasser offen gelassen wurde.[10] Von dem Bericht wurden acht Exemplare gefertigt, von denen bis auf das Ablageexemplar alle an Alfred Scholz, den Leiter des Einsatzstabes der Aktion,[11] gingen. In dem Papier wurden im Spiegel westlicher Einschätzungen die Intentionen der DDR deutlicher

8 Ebenda.

9 Vgl. ebenda, S. 161–167.

10 BStU, MfS, ZAIG, Nr. 31078, Bl. 3–11 u. 12–21.

11 Vgl. Protokoll der Dienstbesprechung bei Mielke am 3.4.1965 und Vermerk über die Dienstbesprechung mit den Leitern einiger operativer Abteilungen und den Chefs der Bezirksverwaltungen am 5.4.1965; BStU, MfS, SdM, Nr. 1974, Bl. 113 f. u. 115–120; Schreiben Mielkes an die Leiter der Diensteinheiten (hier der ZIG), 3.4.1965; BStU, MfS, ZAIG, Nr. 31078, Bl. 71.

beschrieben als in den ZAIG-Einzelinformationen, was in einem Selbstverständigungspapier, das nicht an jene Adressaten geht, deren Intentionen es wiedergibt, nicht überrascht. In den Einzelinformationen 301, 309, 320, 327 und 333 überwiegen Mitteilungen über die mit der Aktion »Karo« beabsichtigte Zurückweisung von Bundestagsabgeordneten und -mitarbeitern, den Betrieb an den betroffenen Grenzübergangsstellen und die Folgen der Verkehrsbehinderungen durch die Militärmanöver, die Vorwand und Mittel der Blockade bildeten. Unter der Zwischenüberschrift »Zur Reaktion von Bürgern Westdeutschlands, Westberlins und der DDR« greift dieser Bericht Passagen der nicht versandten ZAIG-Information Nr. 335 wieder auf, allerdings mit essenziellen Änderungen. Hinter einer zurückhaltend in Klammern eingefügten reservatio mentalis – »Die nachstehende Zusammenfassung kann nicht den Anspruch erheben, einen umfassenden Überblick oder Querschnitt über die Reaktion der Bevölkerung zu geben« – folgen Aussagen, die jene der verworfenen Information geradezu konterkarieren. Heißt es in der Information über westdeutsche und Westberliner Stimmen »wurde diese Sitzung größtenteils als Provokation verurteilt, wobei teilweise aber auch gleichzeitig gegen die Maßnahmen der DDR Stellung genommen wurde«,[12] so relativiert der Bericht, dass die Reaktion »sehr unterschiedlich« gewesen sei. »Die Ablehnung der provokatorischen Sitzung« des Bundestages in Westberlin »erfolgte aus den verschiedenartigsten Motiven, besonders aus der Befürchtung, daß sich durch die Bonner Provokation nur Schwierigkeiten für die westdeutsche und Westberliner Bevölkerung [...] ergeben könnten«.[13] Von dem »positive(n) Teil der Westberliner Bevölkerung«, der sich der Einzelinformation 335 zufolge »gegen die provokatorische Bundestagssitzung« gerichtet habe und »die sich daraus ergebenden Maßnahmen der DDR« anerkenne,[14] ist im Bericht der ZAIG keine Rede mehr. Vielmehr konstatiert dieser: »Ein großer Teil der Westberliner Bevölkerung verhielt sich zu der Bonner Provokation gleichgültig, diskutierte aber negativ über die Maßnahmen der DDR, besonders das Überfliegen Westberlins durch Düsenflugzeuge, ohne den Zusammenhang zu kennen.«[15]

Im Unterschied zu diesen anders akzentuierten Beschreibungen der Stimmung von Westberlinern, geht der Bericht vom 13.4. nicht in dem Maße auf die Meinungen der Ostberliner ein wie die Information 335.

Der Bericht schließt mit einer internen Kritik ab, in der Tempo und Qualität der eingehenden Informationen bemängelt wurden, sie beschränkten sich zum Teil auf den Stand des Vortages, für bestimmte Bereiche (7. US-Armee, Führungsstäbe der Bundeswehr) waren sie »nicht ausreichend«, für andere (britische

12 Einzelinformation 335/65. In: Die DDR im Blick der Stasi 1965 (Anm. 4), S. 160.
13 Bericht zur Auswertung Aktion »Karo«, 13.4.1965. In: ebenda, Bl. 18.
14 Einzelinformation 335/65. In: ebenda, S. 161.
15 Bericht zur Auswertung Aktion »Karo«. In: ebenda, Bl. 18.

und französische Streitkräfte) fehlten sie gänzlich. Bemängelt wurde, dass obwohl die Terminierung der Bundestagssitzung in Westberlin bereits längere Zeit bekannt war, »in der Vorbereitungszeit nur vereinzelt Informationen zu diesem Problem eingeholt« worden waren.[16]

> Völlig unzureichend waren die Informationen über die Stimmung unter der westdeutschen und Westberliner Bevölkerung. Größtenteils handelte es sich dabei um die Wiedergabe einzelner Meinungsäußerungen. Ein repräsentativer Querschnitt fehlte. Die Informationstätigkeit über die Situation auf den Verbindungswegen, in den Stauräumen und über das Verhalten der Reisenden im West-West-Verkehr wurde durch die zuständigen HA [Hauptabteilungen] bzw. BV [Bezirksverwaltungen] völlig vernachlässigt.[17]

Wenn der interne Bericht am Ende die Aussage der verworfenen Information über die Stimmung im Westen anders akzentuiert, so lagen dieser Änderung offenbar keine neuen oder anderen Informationen zugrunde, sondern einerseits die Neuinterpretation desselben Ausgangsmaterials, andererseits ein anderes Kalkül über die Erwartungen eines anderen Adressaten.

Im Kontext einer weiteren Serie von Informationen sind ebenfalls einige Akten überliefert, die einen gewissen Einblick in die Entstehungslogik der Berichte erlauben. Zum Manöver »Oktobersturm«, das vom 16. bis 22. Oktober 1965 das »operative Zusammenwirken« der vier Warschauer-Pakt-Armeen Polens, der Sowjetunion, der ČSSR und der DDR im Thüringer Raum testete, verfasste der das Manöver begleitende Einsatzstab des MfS nach dessen Beendigung einen Bericht über »Ergebnisse und Mängel im Informations- und Meldewesen und sich daraus ergebende Schlußfolgerungen«.[18] Ihm ist zu entnehmen, dass die »Gruppe Information beim Einsatzstab« aus drei Mitarbeitern der ZAIG bestand, was als nicht hinreichend kritisiert wird. Diese Gruppe (Major Rudi Taube, Major Krusch und Oberleutnant Gebhardt) instruierte die Berichterstatter in der Hauptabteilung I und den Bezirksverwaltungen Erfurt, Gera und Suhl. Meldungen erhielten sie darüber hinaus auch aus anderen Diensteinheiten, wie der HV A, den HA II, VII, XIX und XX. Allerdings erfolgte die Berichterstattung »von unten nach oben noch zu schleppend«, die Qualität der Informationen wurde als nicht hinreichend bezeichnet und es wurde empfohlen, »bei künftigen Einsätzen von vornherein konkrete Festlegungen für eine differenzierte Informierung nach außen und innen« zu treffen. Die letztgenannte Empfehlung scheint auf die Tatsache anzuspielen, dass Beater als Leiter des Einsatzstabes des MfS erst am 18. Oktober telefonisch von Irmler, dem Leiter der ZAIG, die Weisung Mielkes darüber erhielt, dass die Informationen über das

16 Ebenda, Bl. 23.
17 Ebenda, Bl. 24 f.
18 BStU, MfS, ZAIG, Nr. 31074, Bl. 15–18.

Manöver »entsprechend den jeweiligen Empfängern differenzierter gestaltet werden« sollen.[19]

Diese Anweisung illustriert ein Problem, das auch jenseits dieser außerordentlichen Berichtsfolge über ein Militärmanöver für die ZAIG-Informationen von außerordentlicher Bedeutung ist. Sie hierarchisiert die weiterzugebenden Informationen abhängig vom Adressaten. Es heißt darin:

> z. B. soll Genosse Matwejew nur das bekommen, was seine Einheiten betrifft sowie wichtige Vorkommnisse in der NVA und den befreundeten Armeen, wo bestimmte Beziehungen vorhanden sind, die er wissen muß.
> Genosse Bräutigam soll nur das bekommen, soweit es sich um Probleme der Bevölkerung des Bezirkes handelt oder Fragen des Verhältnisses zwischen Bevölkerung und Armee beinhaltet.
> Die Vertreter der BV im Einsatzstab sollen auch nur die Hinweise erhalten, die sie für die Durchführung ihrer Aufgaben benötigen. Es darf nicht vorkommen, daß – analog wie im Fall Bräutigam – über die Leiter der BV den 1. Sekretären der BL Probleme bekannt werden, die sie nicht wissen müssen.
> […] Nach Möglichkeit sind keine Probleme aus der internen Arbeit des MfS in den Informationsberichten aufzunehmen.[20]

Aus dieser Anweisung entstand folgende Aufgliederung des Verteilers: Ulbricht, Honecker, Stoph und Hoffmann erhielten den vollständigen Bericht; Mielke und Beater ebenfalls, aber mit Anhängen; Auszüge gingen an Klippel und Schröder; für Matveev und Bräutigam wurden Extra-Anfertigungen hergestellt.

Der Bedeutung des Verteilers wird sich Mielke zweifelsohne bewusst gewesen sein. Nicht zufällig liefen die Berichte mit dem Verteilervorschlag der Zentralen Informationsgruppe (ZIG) resp. ZAIG über seinen Schreibtisch. Nicht zufällig finden sich hier getroffene Entscheidungen festgehalten in den entsprechenden Vermerken – zumeist dann, wenn der Minister dafür sorgte, dass die Informationen »nicht rausgegangen« sind. Das Prinzip änderte sich seit die ereignisbezogenen Einzelinformationen als vorherrschende Berichtsform den regelmäßigen, zum Teil mehrmals täglich ausgegebenen Informationsdienst mit seinem großen Verteiler faktisch ersetzt hatten.[21] Ulbrichts harsche Intervention gegen Wollwebers Versuch Anfang 1957, Berichterstattung durch Ministerstellvertreter an die Parteiführung hinter seinem Rücken zu unterbinden, hatte dem intriganten Mielke seinerzeit den Weg in den Ministersessel freigeschlagen. Faktisch hatte

19 Telefonische Durchsage für Genossen Beater vom 18.10.1965 – 12.00 Uhr (durchgegeben im Auftrage des Genossen Minister vom Genossen Irmler); ebenda, Bl. 23.

20 Ebenda.

21 Vgl. Sitzung des Kollegiums des MfS, 7.2.1957. In: Roger Engelmann, Silke Schumann: Der Ausbau des Überwachungsstaates. Der Konflikt Ulbricht – Wollweber und die Neuausrichtung des Staatssicherheitsdienstes der DDR 1957. In: Vierteljahrshefte für Zeitgeschichte 43 (1995) 2, S. 357.

Mielke indes – nachdem Wollweber abgelöst war – Ulbrichts Intervention, die die Macht des Chefs der Staatssicherheit dadurch einschränken sollte, dass dessen Stellvertreter sich auch unmittelbar an den Parteichef wenden konnten, wieder auf den Kopf gestellt, indem er sich die Entscheidung über die Adressaten der Informationen selbst vorbehielt. Dagegen setzt er den zweiten Aspekt der Ulbricht'schen Kritik an der MfS-Berichterstattung um: Die breit gestreuten Informationen, die bis in die Niederungen der Bezirke die Berichte über den gesammelten Unmut der Bevölkerung umverteilten, wurden eingestellt, die nunmehr erstellten Papiere gingen jeweils an handverlesene Empfänger.

Somit blieb es dem Minister überlassen, wen er worüber in Kenntnis setzte. Da die Informationen durchweg geheim eingestuft waren, sie mithin nicht – auch nicht unter so weit an der Spitze der Machthierarchie angesiedelten Funktionären – kommuniziert werden durften, blieben die auf diesem Wege verbreiteten Nachrichten weit mehr Steuerungs- und Differenzierungsmittel als tatsächlich Informationen, zu denen die Episteln erst hätten werden können, wenn sie von den Empfängern hätten kontextualisiert werden können. Genau das aber blieb unter dem Argument des Quellenschutzes und der Wahrung der Konspiration untersagt.

Nicht allein der Inhalt der Informationen, auch das Wissen darüber, wer in ihren Genuss gekommen war, blieb geheim. Insofern auch die Empfänger einer Information selbst nicht wussten, wem und wie vielen hochrangigen Funktionären außer ihnen eine Information zugekommen war, konnte deren Zweck auch nicht unbefangen bewertet werden. Die leider schlecht überlieferten Reaktionen von Informationsempfängern deuten in einzelnen Fällen jedoch an, dass gerade solche Funktionäre, deren Stellung vor allem von ihnen selbst als fragil angesehen wurde, präventiv agierten. So reagierte Erich Apel, der Vorsitzende der Staatlichen Plankommission – ohnehin eher selten von Mielke als Adressat vorgesehen –[22], empfindlich auf Ungenauigkeiten, die seinen Arbeitsbereich als nicht hinreichend »wachsam« erscheinen ließen.[23] Obwohl es sich um vergleichs-

22 Im Jahre 1965 erhielt der Erste Stellvertreter des Vorsitzenden des Ministerrates, Vorsitzende der Staatlichen Plankommission und Kandidat des Politbüros (mithin im Rang weit über Mielke rangierende Funktionär) eine einzige ZAIG-Information zugeschickt, obwohl es eine ganze Reihe für die wirtschaftliche Entwicklung relevante Meldungen gab, die u. a. an ZK-Sekretär Mittag (34 Informationen) oder an den Chef des Volkswirtschaftsrates, Neumann (14), rausgingen. Selbst der Stellvertreter Alfred Neumanns, Erich Markowitsch, wurde von Mielke häufiger informiert (4) als Apel. Vgl. Die DDR im Blick der Stasi 1965 (Anm. 4), S. 60–66.

23 In seinem Antwortbrief vom 6.1.1965 auf die Einzelinformation 1151/64 vom 30.12.1964 weist Apel Mielke gegenüber energisch die Behauptung zurück, ein niederländischer Ingenieur, der beim Versuch, eine DDR-Bürgerin in den Westen zu schleusen, verhaftet wurde, sei »im Auftrage der Staatlichen Plankommission und des Staatssekretariats für Forschung und Technik« an der Karl-Marx-Universität tätig gewesen. Apel fährt fort: »Meine persönliche Meinung ist die, dass man solche Behauptungen, wie in Deiner Information im letzten Absatz fixiert, doch vorher gründlich untersuchen sollte, um Irrtümer auszuschalten.« – BStU, MfS, ZAIG,

weise periphere Vorgänge handelte, klingen die Reaktionen Apels, als wollte er jede Eventualität, die seine Stellung in der Machthierarchie schwächen könnte, unmittelbar abwehren. Für den Fall, dass dieselbe Information an Konkurrenten ebenfalls gegeben worden wäre, hätte er darauf fußende Attacken so mit dem Verweis auf seine unmittelbare, klärende, resp. bereinigende Reaktion zurückweisen können.

Betrachtet man die Verteiler, so sind gerade jene Leerstellen bemerkenswert, die potenzielle, aufgrund ihrer Zuständigkeit relevante Empfänger von Informationen betreffen, denen die Informationen nicht zur Kenntnis gegeben wurden. Die Konzentration, mit der das MfS Informationen zu Konflikten unter oder mit Jugendlichen vor allem 1965 in jedem Falle Honecker (als zuständigem Politbüromitglied) weiterreicht, den an diesem Kernbereich seiner Reformpolitik sehr engagierten Ulbricht aber ausspart, den von ihm als Leiter der Jugendkommission eingesetzten Kurt Turba niemals mit diesen Informationen versorgt, kann nur als gezielte Informationspolitik angesehen werden, die von der Fronde des Apparats gegen Ulbrichts Kultur- und Jugendpolitik der Jahre 1963/64 auf dem 11. Plenum im Dezember 1965 mit aller Gewalt beendete wurde.[24]

In jedem Falle harrt die Informationspolitik, wie sie das MfS in den verschiedenen Phasen der DDR-Geschichte als eine aktive Politik mit Informationen innerhalb der internen fraktionellen Auseinandersetzungen der SED betrieb, der weiteren Analyse.

Für die Bedeutung der ZAIG-informationen sind auch jene gesplitteten »Einzelinformationen« genauer zu befragen, in denen verschiedenen Adressaten nicht nur jeweils entweder komplette oder gekürzte Texte geschickt wurden, sondern auch vollkommen verschiedene: So erhielt das DDR-Außenministerium Informationen über Grenzzwischenfälle, die im Unterschied zum Kenntnisstand des MfS nur die gegebenenfalls öffentlich zu verwendende Legende enthielten.[25] Ob Otto Winzer als Minister für Auswärtige Angelegenheiten über die tatsächlichen Sachverhalte auf anderem Wege in Kenntnis gesetzt wurde oder aber sich mit der (mitunter recht offenkundigen) Legende unter dem Motto zu bescheiden

Nr. 872, Bl. 27; vgl. Die DDR im Blick der Stasi 1964. Die geheimen Berichte an die SED-Führung, bearb. v. Bernd Florath. Göttingen 2017.

24 Vgl. zu den Hintergründen des 11. Plenums u. a. Günter Agde (Hg.): Kahlschlag: das 11. Plenum des ZK der SED 1965; Studien und Dokumente. 2., erw. Aufl., Berlin 2000; Monika Kaiser: Machtwechsel von Ulbricht zu Honecker. Funktionsmechanismen der SED-Diktatur in Konfliktsituationen 1962 bis 1972. Berlin 1997 (Zeithistorische Studien; 10).

25 Vgl. Informationen 771/64 und 771a/64. In: Die DDR im Blick der Stasi 1964 (Anm. 23). In diesem konkreten Falle ist der Überlieferung nicht zweifelsfrei zu entnehmen, ob die gekürzte Variante für Staatssekretär Hegen im Außenministerium überhaupt versandt wurde. Doch den Bemerkungen ist zu entnehmen, dass über zu verlautbarende Sprachregelungen in diesem Falle zwischen General Beater und dem Leiter der Agitationsabteilung des ZK, Rudi Singer, direkt beraten wurde. Vgl. die gekürzten Informationen wie z. B. 887a/64, 1027a/64, 828b/65.

hatte,[26] dass jeder nur das wissen müsse, was für seinen arbeitsteiligen Anteil an der Gesamtpolitik des Regimes essenziell war, ist ebenfalls erst in weiteren Untersuchungen zu klären. Aus den Akten des MfS allein jedenfalls lässt sich hierüber keine Klarheit gewinnen.

Matthias Braun hat in seiner Untersuchung der 1981er ZAIG-Berichte nachdrücklich darauf hingewiesen, dass einige der Informationen im zeitlichen Nachgang Mitteilungen auf die Tische des Politbüros brachten, die dort aus anderen Quellen bereits genauer und schneller angelangt waren.[27] Da nicht davon auszugehen ist, dass sich das MfS mit Lückenhaftigkeit und Verspätung im innerbürokratischen Wettbewerb auszeichnen wollte, scheint es nicht ausgeschlossen, dass einige Informationen der ZAIG weniger Einzelinformationen über Vorkommnisse waren, denn mehr oder minder abschließende Sprachregelungen darüber, wie über dieses Vorkommnis der zu verlautbarende Kenntnisstand wiederzugeben sei, damit er nicht mit anderen durch das MfS im Rahmen interner Instruktionen durchgesetzter Verlautbarungen in Konflikt lief.

Das betraf sicher vor allem solche Vorkommnisse, die jenseits alltäglicher Interpretationsmuster des ideologischen Common sense zu legendieren waren. Im Falle von Konflikten mit der sowjetischen Besatzungsmacht – über die jeweils detailliert unterrichtet wird – steht die Frage, ob sich politische Vorbehalte gegen den großen Bruderstaat daran entzündeten oder den konkreten Zusammenstoß gar begleiteten oder motivierten. Die Frage – ich will hier die einzelnen Fälle nicht näher analysieren – wird in den meisten Fällen verneint, es werden eher Äußerungen in den Mittelpunkt gestellt, die die deutsch-sowjetischen Reibungsflächen abwiegelnd einschätzten: »Unter der Bevölkerung wurden zum Vorkommnis bisher keine feindlichen gegen die Sowjetarmee gerichteten Diskussionen bekannt. Überwiegend wird die Meinung vertreten, dass die Handlungsweise des sowjetischen Soldaten nicht verallgemeinert werden kann und es sich dabei um ein sog. ›schwarzes Schaf‹ handelte.«[28]

Auffällig ist auch ein anderes Moment: die in bestimmten Bereichen vollkommene Abwesenheit von Berichten. Während Walter Ulbricht in seinem Sommerurlaub nur nach dem Himmel über der Insel Vilm zu schauen brauchte, um sich in besorgter Korrespondenz mit seinem Statthalter Honecker in Berlin darüber auszutauschen, wie von der Getreideernte des Jahres noch etwas zu retten wäre, schien das MfS in Lichtenberg nicht einmal Regenschirme zu kennen. Im *Neuen Deutschland* bringt es der Wetterbericht nicht nur am 1. August auf die erste Seite: »Ein Tag wie der andere: Regenernte! … seit mehr als 20 Jahren

26 Vgl. z. B. die Information 132/81, in der das MfS vorsätzlich eine Falschdarstellung eines Grenzzwischenfalles gibt. In: Die DDR im Blick der Stasi 1981. Die geheimen Berichte an die SED-Führung, bearb. v. Matthias Braun u. Bernd Florath. Göttingen 2015.

27 Matthias Braun, Bernd Florath: Einleitung 1981. In: ebenda, S. 22 f.

28 Einzelinformation Nr. 786/65 über Vorkommisse mit sowjetischen Armeeangehörigen im Bezirk Halle, 6. September 1965. In: Die DDR im Blick der Stasi 1965 (Anm. 4).

die größte Zahl der Regentage im Juli. … überall versuchen Bauern, Kombinefahrer und Traktoristen, der schwierigen Witterung Herr zu werden.« Das Zentralorgan zitiert auf der Titelseite den stellvertretenden DBD-Vorsitzenden Hans Rietz mit den Worten »Sitzungen helfen jetzt keinem. Das Getreide wächst nicht in Kreisbüros. Richtiger ist es, … in die Gemeinden zu gehen und an Ort und Stelle zu helfen, die Ernte zu organisieren.«

Nun will ich hier nicht bemängeln, dass das MfS sich den Forderungen des Tages nicht gestellt hätte. Die Einbringung der Getreideernte fiel mit Sicherheit nicht in deren Aufgabenbereich, obwohl das Politbüro am 10. August beschlossen hatte, »die Leitung der gesamten Arbeit zur Einbringung der Getreideernte zu verändern. Dies sowohl vom Standpunkt der öffentlichen Behandlung in Presse, Fernsehen und Rundfunk als auch der konkreten Hilfe für die Landwirtschaftliche Produktionsgenossenschaft (LPG) und das Volkseigene Gut (VEG) durch die entsprechenden Partei- und Staatsorgane.«[29]

Die Lage erwies sich als besorgniserregend. In einigen Orten war »wenig oder teilweise an manchen Tagen überhaupt kein Brot käuflich zu erwerben«.[30] Ulbricht, der die von Politbüro und ZK-Sekretariat eingeleiteten Maßnahmen in seiner Antwort für »Gut«[31] befand, forderte, »die Arbeit der VEAB [Volkseigenen Erfassungs- und Aufkaufbetriebe] in einigen Kreisen komplex zu kontrollieren, damit es bei den weiteren Erntearbeiten nicht noch mehr Differenzen gibt«.[32]

Ließe aber spätestens die Forderung nach »komplexer Kontrolle« die Anteilnahme des MfS annehmen, bleibt die Frage offen, wie eine auf der höchsten Ebene als derart brisant angesehene Situation sich in der Berichterstattung des MfS so vollkommen als Leerstelle erweist. Gab es hier keinerlei sicherheitsrelevante Probleme, keine Aktivitäten zweifelhafter Personen, keine Notwendigkeiten zu operativen Maßnahmen oder wenigstens doch operativer Kontrollen. Tutti paletti? Die sozialistische Menschengemeinschaft der Sonntagsbeilagen des *Neuen Deutschlands* rettete die Ernte und das MfS hatte nichts zu sichern? Es muss dies der Ausbruch des vollendeten Sozialismus, wenn nicht des Kommunismus gewesen sein. Oder waren die Aktivitäten des MfS zu diesem Zeitpunkt ausschließlich auf sicherheitsrelevante Probleme eingehegt, sodass sich Berichte von der Erntefront als nicht opportun erwiesen?

Es ist nicht möglich, aus den Informationen der ZAIG unmittelbar auf die Arbeit des MfS in toto zu schließen. Dennoch indizieren sie Schwerpunkte des Interesses und der Art und Weise, wie diese ver- und behandelt werden. Die Frage nach der Einbettung der Tätigkeit des MfS in das Gesamtkonzept des

29 Erich Honecker an Walter Ulbricht, 10.08.1965; BArch DY 30/3292, Bl. 141.
30 Ebenda, Anlage 1, Bl. 145.
31 Paraphe auf ebenda, Bl. 143.
32 Walter Ulbricht an Erich Honecker, 11.8.1965; ebenda, Bl. 152.

SED-Herrschaftsapparates impliziert nicht zuletzt die wechselseitige Kommunikation, in der die ZAIG-Informationen nur einen Baustein darstellen.

Dies lässt sich an einigen anderen auffälligen Befunden aus dem Jahrgang 1965 illustrieren. In einer kommunikationstechnischen Untersuchung der Informationen des Jahres 1965 ließen sich einige Besonderheiten benennen, die Sinn und Aufgabe der Einzelinformationen demonstrieren: Da finden sich Nachrichten, deren Zweck explizit die agitatorische Verwertung ist. Zumeist am Ende der Einzelinformation vermerkt, wird eine »pressemäßige Auswertung« gefordert, als notwendig oder nützlich erachtet. Die beschriebenen Vorgänge sind dann zumeist Illustrationen komplexerer politischer Probleme, die durch den Einzelfall genauer entschleiert werden könnten, vor allem wenn es darum geht, westliche Einflussnahme zu entlarven. Mitunter findet eine solche öffentliche Verwertung auch statt – ob durch das MfS in Eigenregie oder auf höhere Weisung mit Unterstützung des MfS, wäre im Einzelfall zu prüfen. In einigen Fällen lässt sich die unmittelbare Vorarbeit der MfS-Agitationsabteilung nachweisen, die telefonische Absprachen mit ZK-Dienststellen einschließt. Indes fehlt zumeist der direkte Rücklauf jener Adressaten der Berichte, die über eine solche Verwendung zu entscheiden hätten. Hiernach wäre explizit zu forschen. Immerhin fand sich ein eindeutiger Beleg für die dankbare öffentliche Verwendung eines Details aus der ZAIG-Information 301/65 durch Außenminister Otto Winzer. Mit offenbarem Vergnügen zitierte er die ihm auf diesem Wege zugänglich gewordene Äußerung Willy Brandts, als diesem im April 1965 der Transit durch die DDR nach Westberlin »verweigert wurde, da hub er zu einer ungeheuren Erklärung an, die aus den beiden inhaltsschweren Worten bestand: ›So so!‹«[33]

Es finden sich aber auch Informationen, deren Nachrichtenwert eher marginal wirkt: Wenn eine Einzelinformation der ZAIG nichts anderes beinhaltet als am Vortag bereits im *Neuen Deutschland* zu lesen war, wäre vielleicht die Frage zu stellen, mit welch leichtsinniger Verschwendung die Staatssicherheit mit der Zeit ihrer Vorgesetzten umging. Doch wenn unter dem Siegel der Geheimnisübermittlung ein Papier weitergeleitet wird, das seit Tagen in der westdeutschen Öffentlichkeit Gegenstand erbitterter Kontroversen war, stellt sich das Problem der Informationspolitik in der DDR noch unter einem anderen Blickwinkel dar, als dem der permanenten und intendierten Desinformation der Bevölkerung.

Wo das MfS 1965 über Stimmungen und Meinungen der Bevölkerung berichtet, beschränkt es sich zumeist auf die Felder, auf denen es einen spezifischen Zugang zu den Quellen hatte. In den regelmäßigen Berichten über den

33 Die »Vorwärtsstrategie« hat keine Chance. Westberlin gehört nicht zur Bundesrepublik. Vom Mittwochsgespräch des Deutschen Fernsehfunks mit Otto Winzer, Waldemar Verner, Dr. Manfred Gerlach, Günter Pötschke und Karl-Eduard von Schnitzler. In: ND v. 8.4.1965, http://zefys.staatsbibliothek-berlin.de/ddr-presse/ergebnisanzeige/?purl=SNP2532889X-19650408-0-4-159-0 (Abruf: Juli 2016). Vgl. Einzelinformation 301/65 vom 5.4.1965.

Verlauf des Passierscheinabkommens konnte es auf sein Netz von Mitarbeitern zurückgreifen, die als Angestellte der Deutschen Post in den Passierscheinbüros in Westberlin eingesetzt waren oder an den Übergängen der innerstädtischen Grenze. Freilich ersetzte der konkurrenzlose Zugang zu Primärinformationen nicht den professionellen Umgang mit Meinungsäußerungen. So kranken die Berichte durchweg an ihrem Pointillismus und am Filter derjenigen, die die Meinungen in Berichtsform gossen und sie den Erwartungen anpassten, die sie auf der Adressatenseite vermuteten. Diese Art der Stimmungsberichte scheinen entschieden mehr über die Vorstellungswelt der Stasi und ihren Vermutungen darüber, was das Politbüro hören will, auszusagen, als über die Meinungen derjenigen, über die berichtet wurde.

Unter diesen Berichten ist einer, der genauer Auskunft über seine Quellen gibt: die Analyse der Beweggründe zum Verlassen der DDR, die auf Aussagen sowohl von Rückkehrern als auch von abgefangenen Flüchtlingen beruht. Dieser Bericht, der in seinen Kernaussagen sehr deutlich Punkte benennt, die ihre Gültigkeit bis 1989 nie einbüßen sollten, führt näher an jene Formen verwissenschaftlichter Meinungsforschung, die im Zuge der Reformen des »Neuen ökonomischen Systems« (NÖS) etabliert wurden. Das auf Beschluss des ZK-Sekretariats vom 21. April 1964 gegründete Institut für Meinungsforschung beim ZK und die 1965 beschlossene (aber erst 1966 realisierte) Gründung des Zentralinstituts für Jugendforschung waren Schritte zur Professionalisierung der Meinungsforschung in der DDR.[34] Von diesen Einrichtungen erwartete sich insbesondere Walter Ulbricht valide Grundlagen für die Einschätzung der Bevölkerungsmeinung, Einsichten in deren gefährliche Tiefenströmungen.

> Die Einschätzung von Massenstimmungen in der DDR, der Arbeit und Wirksamkeit unserer propagandistischen und agitatorischen Arbeit wie der Wirkung der gegnerischen Propaganda erfolgt überwiegend auf Grund subjektiver Erfahrungen, Auffassungen und Meinungen, die zumeist keine Allgemeingültigkeit beanspruchen und kein wissenschaftlich-exaktes Bild ergeben können. [...] Um den Charakter dieses zentralen Systems sozialistischer Meinungsforschung als Hilfsmittel der Parteiführung von vornherein sicherzustellen und jeden gegen die Interessen der Partei gerichteten Missbrauch auszuschließen, ist dieses wichtige politische Instrument unmittelbar dem Politbüro zu unterstellen.«[35]

34 Zur institutionalisierten Meinungsforschung in der DDR vgl. Heinz Niemann: Hinterm Zaun. Politische Kultur und Meinungsforschung in der DDR. Die geheimen Berichte an das Politbüro der SED. Berlin 1995; zum Zentralinstitut für Jugendforschung Walter Friedrich, Peter Förster, Kurt Starke (Hg.): Das Zentralinstitut für Jugendforschung Leipzig 1966–1990. Geschichte, Methoden, Erkenntnisse. Berlin 1999.

35 Beschlußentwurf vom 27. Apr. 1963 zur Schaffung eines zentralen Systems wissenschaftlicher sozialistischer Meinungsforschung; BArch Berlin NY 4182/897.

Die Polemik gegen die Subjektivität bisheriger Ergründung der Volksseele richtete sich freilich zumindest vordergründig nicht gegen den Sicherheitsapparat. Das Zentralkomitee beschloss auf seinem 7. Plenum im Februar 1964 ausdrücklich »das Verbot der Durchführung sämtlicher Meinungsbefragungen und ihrer Veröffentlichungen«[36] jenseits der hierfür autorisierten Institute. Die neu gebildeten soziologischen Forschungseinrichtungen befanden sich in einer Situation, die, bezogen auf die Erwartungen ihrer Auftraggeber, an der gleichen Ambivalenz krankte, wie die ZAIG. Zwar wurden professionelle Analysen erwartet, diese sollten aber zugleich den Vorstellungen des eng begrenzten Empfängerkreises entsprechen.

Erschwerend kam für diese Institute hinzu, dass sie sich im Unterschied zur ZAIG durch fachwissenschaftliche Regeln zur Einhaltung eines Mindestmaßes an Solidität ihrer Studien verpflichtet sahen. Doch die Erhebung hinreichend dichter empirischer Daten, deren Analyse, auch das Studium dicker Bücher erschien der Führungsspitze allenfalls als Ausrede. Walter Friedrich, Direktor des Zentralinstituts für Jugendforschung, schildert die Groteske eines solchen Kulturkonfliktes:

> Im Frühjahr 1967 warf Walter Ulbricht anläßlich einer jugendpolitischen Beratung im kleinen Kreis die Frage auf, ob denn das Jugendforschungsinstitut bei einem speziellen Problem nichts zu sagen hätte. Ich versuchte ihm zu erklären, daß wir nach den wenigen Monaten der Institutsexistenz noch nicht über genügend aussagekräftige Forschungsergebnisse zu diesen Problemen verfügen könnten, worauf er konterte: ›Aber einen Kopf zum Denken habt ihr doch schon länger auf der Schulter, ja?‹ [...] Wie konnte man sich nur unterstehen, dem Generalsekretär und Staatsratsvorsitzenden mit solchen ›Ausreden‹ zu kommen?[37]

Von solcherart wissenschaftsförmigen Hemmungen wurde die ZAIG sicher nicht geplagt. Wenn sie sich bis in den Oktober 1965 in ihren Informationen – wenn schon nicht intersubjektiv überprüfbaren wissenschaftlichen Kriterien – einem vergleichsweise sachlichen Herangehen verschrieb, lag sie im Trend der Zeit, im Trend einer Parteilinie, die genau diese Versachlichung beförderte. Sie – und auch hier ist noch nicht hinreichend zu beantworten, ob es sich um ein Spezifikum der ZAIG oder einzelner Abteilungen und verantwortlicher Stasiobristen und -generäle handelte oder gar um die Linie des Ministeriums – hielt diesen Stil exakt so lange und so weit aufrecht, wie er in der SED-Führung galt.

36 Protokoll 18/65 der Sitzung des Politbüros, 4.5.1965, TOP 7; BArch Berlin DY 30 J IV 2/2/984, Bl. 4.

37 Walter Friedrich: Geschichte des Zentralinstituts für Jugendforschung. Anfänge der Jugendforschung in der DDR. In: Friedrich; Förster; Starke: Das Zentralinstitut für Jugendforschung (Anm. 34), S. 25 f.

Die Änderung des Arbeitsstils zeigt sich am deutlichsten in den Informationen zu Problemen unter Jugendlichen. Ohnehin befasste sich das MfS mit Jugendfragen allenfalls aus der Polizeiperspektive, das heißt in dem Moment, in dem über Vorkommnisse zu berichten war, die in irgendeiner Hinsicht von strafrechtlicher Relevanz waren.

Die bis zum Sommer 1965 eingehenden Berichte der ZAIG zeichnen sich, selbst wenn die Informationen handgreifliche Auseinandersetzungen beschreiben, durch eine mitunter trockene Sachlichkeit aus. Weder lassen sie eine Kneipenschlägerei zur konterrevolutionären Emeute auswachsen noch sparen sie an kritischen Bemerkungen über die erwachsenen Beteiligten. Da wird eine Meldung über zerschlagene Stühle, Gläser und »Aschebecher« mit dem süffisanten Hinweis auf die Relation zwischen der vom Lokalbetreiber gemeldeten Schadenshöhe und dem Schuldenstand seines Betriebes geerdet: »Vom Objektleiter wurden jedoch weitaus höhere Ersatzforderungen gestellt, wobei zu berücksichtigen ist, dass er gegenwärtig eine Minusdifferenz von 6 000 MDN auf der Gaststätte hat.« (Information 154/65)

Die an den ZK-Sekretär für Sicherheitsfragen, Erich Honecker, und FDJ-Chef Horst Schumann, aber nicht an den Leiter der Jugendkommission des Politbüros, Kurt Turba, gesendete Information vermerkt zwar, dass die angetrunkenen und lärmenden Jugendlichen die Dorfpolizisten mit »Cheriff« betitelten, unterließ indes die seinerzeit in solchen Zusammenhängen durchaus übliche Unterstellung, dass dies ein Beweis der US-amerikanischen ideologischen Verseuchung der jugendlichen Hirne sei. Anscheinend befand sich Erich Mielke zu diesem Zeitpunkt tatsächlich »zwischen Honecker und Ulbricht«.[38]

Honecker nämlich sammelte spätestens seit dem Frühjahr 1965 Material für eine Attacke auf Ulbrichts Politik des Jugendkommuniqués von 1963 und insbesondere dessen Autor und Leiter der Jugendkommission Kurt Turba.[39] Bis zum Oktober 1965 waren die Berichte der ZAIG hierfür nicht sehr hilfreich. Honecker bezog seinen Stoff aus anderen Quellen. Polizeiberichte, die teilweise über dieselben Ereignisse informierten wie das MfS, deuteten diese in der gewünschten Weise. Die Ermittlungen gegen Leipziger Beat-Gruppen, die diesen zumindest Steuerhinterziehungen nachweisen sollten, liefen nicht beim MfS, sondern bei der Leipziger Polizei. Sie waren präzise terminiert: »Die Akte ist befristet bis zum 15.10.65 exakt zu bearbeiten.« So ist es auf dem Deckel der Akte über den als »Manager« bezeichneten nebenberuflichen Organisator der Gigs der Butlers vermerkt. Der 15. Oktober folgte jener Sitzung des von Honecker geleiteten ZK-Sekretariats am 11., das zum Angriff auf die Jugend blies und Gammlern und anderen widerborstigen Youngstern des Landes androhte, dass sie »durch

38 So Harald Wessel: Der Kanne-Prozeß. Das 11. Plenum – Anfang vom Ende der DDR. Aus Harald Wessels Erinnerungen an den Herbst 1965 (VIII). In: Junge Welt v. 25./26.11.1995.

39 Vgl. Kaiser: Machtwechsel (Anm. 24), S. 167–192.

Gerichtsbeschluß entsprechend der Verordnung vom 24. August 1961 in Arbeitslager eingewiesen werden«.[40]

Doch selbst nach dieser, die Wende des 11. Plenums einläutenden Sekretariatssitzung, blieben die ZAIG-Informationen verglichen mit jenen der Polizei zurückhaltender und weit eher bemüht, Sachverhalte zu beschreiben als lediglich die ideologisch brauchbare Schublade der Schuldzuweisung zu finden. So nimmt es nicht Wunder, dass beispielsweise die berüchtigte Lesemappe,[41] aus der die ZK-Mitglieder während des 11. Plenums vertrauliche Informationen über die verwerflichen und feindlichen Attacken auf die Stabilität des SED-Staates nachlesen durften, nicht die MfS-Berichte, sondern jene mit Invektiven und Unterstellungen gespickten der Polizei und universitärer Berichterstatter enthielt.[42]

Immerhin lässt es die Überlieferungslage zu, über interne Differenzen im MfS in diesem Zusammenhang festzustellen, dass auch hier weitergehende, scharfmacherische Texte in Vorbereitung waren, die ihrerseits durch Ulbricht und die Agitationsabteilung des ZK zurückgepfiffen wurden.

Der Vergleich insbesondere jener Informationen, die dem Herrschaftszentrum gerade über ein und denselben Vorgang zugingen, ermöglicht so nicht nur die Evaluierung des Inhalts der ZAIG-Informationen, sondern auch der Funktion des MfS im Gesamtkonzert des Herrschaftssystems der SED. Sie stellen somit zumindest eine zentrale Quelle zum Verständnis der Arbeitsweise und Stellung des MfS dar.

40 Protokoll Nr. 78/65 der Sekretariatssitzung vom 11.10.1965; BArch Berlin DY 30/J IV 2/3A/1232.

41 Zum Inhalt der Lesemappe vgl. Agde: Kahlschlag (Anm. 24), S. 198 f.

42 So zu den studentischen Arbeitseinsätzen im Oktober 1964, über die in Einzelinformation 883/65 berichtet wurde, durch eine »Information über die Vorkommnisse im Ernteeinsatz durch Studenten der Humboldt-Universität im Bezirk Neubrandenburg«. Abgedruckt in: ebenda, S. 234–237; auch in: Ulrike Schuster: Die SED-Jugendkommuniqués von 1961 und 1963. Anmerkungen zur ostdeutschen Jugendpolitik vor und nach dem Mauerbau. In: Jahrbuch für zeitgeschichtliche Jugendforschung 1994/1995. Berlin 1995, S. 238.

Roger Engelmann

»Aus nahezu allen Kreisen der Bevölkerung liegen Meinungsäußerungen vor.« Zur Stimmungsberichterstattung des MfS auf Kreisebene

Eine regelmäßige Berichterstattung der MfS-Kreisdienststellen an den jeweiligen 1. Sekretär der SED-Kreisleitung setzte erst relativ spät ein. Während das Berichtswesen auf der zentralen und der Bezirksebene bereits 1953 eingerichtet und verbindlich geregelt wurde, gab es in den Kreisen eine Informationspflicht der Stasi-Dienststellen gegenüber den Parteileitungen erst ab Dezember 1960. Dabei scheint zunächst primär eine mündliche Information intendiert gewesen zu sein, denn der einschlägige Befehl Mielkes Nr. 584/60 enthielt ausdrücklich die Formulierung, dass »für die Einschätzung der politischen und wirtschaftlichen Lage besonders wichtige Informationen« schriftlich zu übermitteln waren.[1]

In den 1950er-Jahren hatten sich die sowjetischen Berater aus Gründen der Konspiration gegen allzu enge Informationsverbindungen der Staatssicherheit zu den unteren Parteileitungen gesperrt.[2] Sie hielten die Parteifunktionäre auf der unteren Ebene nicht für vertrauenswürdig genug. Es dürfte eine Nachwirkung dieser Vorbehalte gewesen sein, dass die Berichte an die 1. Sekretäre der Kreisleitungen »zur Vermeidung von Dekonspirierungen« formlos und ohne Kopf anzufertigen waren. Grundsätzlich sollten die herausgehenden Informationen keine »dekonspirierenden Angaben« enthalten und nicht auf wichtige, noch »in Bearbeitung« befindliche operative Komplexe verweisen.[3]

1 Befehl Nr. 584/60: Verbesserung der Informationsarbeit des Ministeriums für Staatssicherheit, 7.12.1960. In: Roger Engelmann, Frank Joestel (Bearb.): Grundsatzdokumente des MfS (BStU, MfS-Handbuch). Berlin 2004 S. 132–136, hier 135.

2 Vgl. Roger Engelmann: Diener zweier Herren. Das Verhältnis der Staatssicherheit zur SED und den sowjetischen Beratern 1950–1959. In: Siegfried Suckut, Walter Süß (Hg.): Staatspartei und Staatssicherheit. Berlin 1997, S. 51–72, hier 56–58 u. 69 f.

3 O. Kopf, o. Verf., Referat von Werner Irmler auf der Dienstkonferenz der Zentralen Informationsgruppe am 11.11.1960; BStU, MfS, ZAIG, Nr. 5639a, Bl. 144–184, hier 166 f.; vgl.

Zeugnisse dieser frühen Berichtstätigkeit auf Kreisebene sind allerdings dünn gesät. Im Verantwortungsbereich der Bezirksverwaltung Magdeburg zum Beispiel gibt es nur eine einzige Kreisdienststellenüberlieferung, die von Schönebeck, die derartige Berichte ab 1964 enthält – allerdings fehlen dort die Berichte der zweiten Hälfte der 1980er-Jahre. Im Kreis Halberstadt, den ich in diesem Beitrag beispielhaft betrachten werde, sind die Berichte nahezu vollständig für die Jahre von 1969 bis 1988 vorhanden. Bereits im Jahr 1969 hatten sie jedoch – entgegen der oben zitierten Bestimmung, die zu diesem Zeitpunkt formal noch gültig war – einen ganz normalen Kopf, der sie als Unterlagen des MfS auswies.

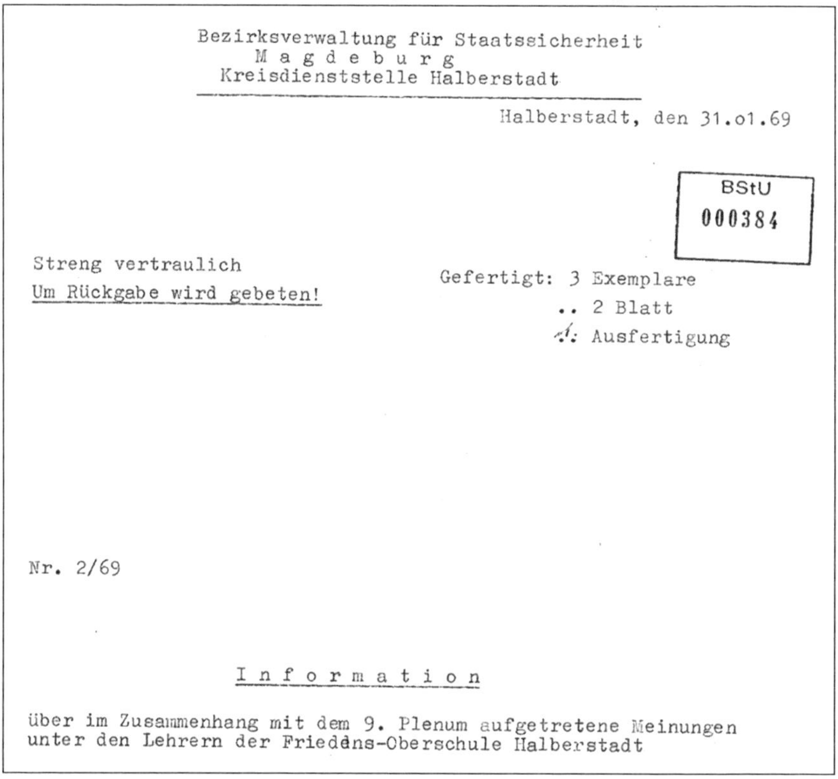

Bezirksverwaltung für Staatssicherheit
M a g d e b u r g
Kreisdienststelle Halberstadt

Halberstadt, den 31.01.69

BStU
000384

Streng vertraulich
Um Rückgabe wird gebeten!

Gefertigt: 3 Exemplare
.. 2 Blatt
1. Ausfertigung

Nr. 2/69

I n f o r m a t i o n

über im Zusammenhang mit dem 9. Plenum aufgetretene Meinungen unter den Lehrern der Friedens-Oberschule Halberstadt

Wie auf zentraler und Bezirksebene durften diese Berichte nicht beim Adressaten verbleiben, sondern mussten an die Staatssicherheit zurückgegeben werden, allerdings war der Geheimhaltungsgrad mit »Streng vertraulich« auf Kreisebene etwas niedriger.[4] Das dürfte allerdings kaum praktische Bedeutung gehabt ha-

auch Roger Engelmann, Frank Joestel: Die Zentrale Auswertungs- und Informationsgruppe (BStU, MfS-Handbuch). Berlin 2009, S. 28.

4 Vgl. auch Daniela Münkel: Staatssicherheit in der Region. Die geheimen Berichte der MfS-Kreisdienststelle Halberstadt an die SED. In: Deutschland Archiv 43 (2010) 1, S. 31–38, hier 33.

ben, zumal die für die »Parteiinformationen« des MfS geltenden Geheimhaltungsklassifikationen außerhalb der normalen Verschlusssachenregelungen bestanden und wesentlich strenger gehandhabt wurden. Die »Informationen« durften nur verschlossen von speziellen Kurieren transportiert werden und mussten dem Adressaten persönlich oder zumindest seinem Sekretariat ausgehändigt werden. Grundsätzlich waren nur die Adressaten selbst befugt, sie zu lesen.[5]

Im Unterschied zu den Berichten auf zentraler und Bezirksebene, die an einen größeren Personenkreis verteilt wurden, waren die »Informationen« der Hauptberichtsreihe auf Kreisebene in aller Regel nur für den 1. Sekretär der SED-Kreisleitung bestimmt. Ab Oktober 1987 gingen in Halberstadt die allgemeinen Lageberichte auch an die anderen Mitglieder der Kreiseinsatzleitung, also zusätzlich an den 2. SED-Kreissekretär, den Vorsitzenden des Rates des Kreises, den Leiter des Volkspolizeikreisamtes und den Leiter des Wehrkreiskommandos. Von Bedeutung ist zudem, dass eine Kopie dieser Berichte routinemäßig auch an die Auswertungs- und Kontrollgruppe (AKG) der Bezirksverwaltung ging und manchmal in deren Berichterstattung an den SED-Bezirkssekretär eingearbeitet wurde.

Außerdem gab es im Kreis Halberstadt neben dieser Berichtsserie noch eine regelmäßige schriftliche Kommunikation der MfS-Dienststelle jeweils mit dem Leiter des Volkspolizeikreisamtes (VPKA), dem Vorsitzenden des Rates des Kreises und dem Vorsitzenden des Kreiskomitees der Arbeiter-und-Bauern-Inspektion. Diese Meldungen waren laut Aktenführung der Kreisdienststelle (KD) auch als Informationstätigkeit gemäß Befehl Nr. 584/60 ausgewiesen, obwohl in dieser Bestimmung nur von einer Berichterstattung an die SED-Kreissekretäre die Rede war.[6] Die Mitteilungen an das VPKA sind in Halberstadt bereits ab 1966 nachweisbar, wobei auffällt, dass sie, vor allem in den ersten Jahren, nicht immer an den Dienststellenleiter, sondern häufig auch an den Leiter der Abteilung Kriminalpolizei, manchmal sogar an den Leiter des Kommissariats K I gingen.[7] Mit dieser für die verdeckten Ermittlungen der Kriminalpolizei zuständigen Dienststelle arbeitete die Staatssicherheit besonders eng zusammen.

Vereinzelt erhielten sogar Bürgermeister kleinerer Gemeinden sowie die Leiter von Betrieben und nachgeordneten staatlichen Stellen offizielle Mitteilungen der MfS-Kreisdienststelle.[8] Dabei handelte es sich durchweg um konkrete Hinweise der Staatssicherheit auf Probleme und Missstände, die in den Zustän-

5 Ebenda.

6 Vgl. Befehl Nr. 584/60 (Anm. 1), S. 135.

7 Vgl. Berichte der KD des MfS an das VPKA 1969–1973; BStU, MfS, BV Magdeburg, KD Halberstadt, Nr. 886, Bd. 2, Bl. 552–818.

8 Schreiben an die Bürgermeister von Pabstorf und Bühne v. 12.1.1971, an den Leiter des Gleitlagerwerks Osterwieck v. 13.1.1971, an den Direktor der VdgB Molkereigenossenschaft e.G. v. 25.3.1971, an den Direktor des VEB Fleischwarenwerk Halberstadt v. 12.6.1973 so-

digkeitsbereich der betreffenden Adressaten fielen. Informationen über Stimmungslagen spielten darin nur manchmal indirekt eine Rolle, etwa wenn die Berichtsanlässe zu Missstimmungen geführt hatten.

In den 1960er-Jahren galten die Kreisdienststellen im Informationswesen der Staatssicherheit als Schwachpunkt.[9] Auf einer zentralen Dienstbesprechung der »Informationslinie« des MfS in Berlin im August 1961 sagte der Vertreter der Bezirksverwaltung Karl-Marx-Stadt, wenn man untersuche, welche IM-Berichte den Informationen der Kreisdienststellen zugrunde lägen, »dann gebe das ein erschreckendes Bild«.[10] Im Jahre 1965 wurde dann ein ausgefeiltes und einheitliches Auswertungs- und Informationswesen im MfS eingeführt, das zu einem Qualitätssprung speziell bei der Arbeit der territorialen Diensteinheiten führte. Für die Kreisdienststellen wurde mindestens eine Auswerterstelle verbindlich vorgeschrieben, sehr bald entwickelten sich auch dort ganze Arbeitsbereiche, die für Information und Auswertung zuständig waren.[11]

Im Folgenden soll die Berichterstattung der Kreisdienststelle Halberstadt an den 1. Sekretär der SED-Kreisleitung genauer betrachtet werden. Sie ist – wie bereits erwähnt – erst ab 1969 überliefert, möglicherweise gab es sie aber schon früher.[12] Der erste Jahrgang lässt allerdings vermuten, dass sie bis dahin höchstens rudimentär gewesen sein kann. Im Unterschied zum Ministerium, wo sich die Zentrale Auswertungs- und Informationsgruppe (ZAIG) mit der Stimmungsberichterstattung gegenüber der Parteiführung zurückhielt, nachdem Walter Ulbricht sie im Februar 1957 als legale Verbreitung der »Hetze des Feindes« diskreditiert hatte,[13] spielten Stimmungsberichte aller Art bei der Information des Kreissekretärs eine erhebliche Rolle. Offensichtlich galten diese als politisch nicht so heikel, weil sie aufgrund ihres lokalen und regionalen Charakters keinen

wie an den Vorsitzenden des Rates für Land- und Nahrungsgüterwirtschaft v. 20.1.1971 u. 12.6.1973; ebenda, Bl. 859–873.

9 O. Kopf, o. Verf., o. D., höchstwahrscheinlich Vortragsmanuskript Werner Irmlers für die Dienstkonferenz der Informationsgruppen am 2.8.1961; BStU, MfS, ZAIG, Nr. 5639a, Bl. 40–67, hier 64.

10 Protokoll der Dienstkonferenz der Zentralen Informationsgruppe mit den Leitern der Informationsgruppen am 2.8.1961; ebenda, Bl. 68–79, hier 68.

11 Mielkes Befehl Nr. 299/65 über die Organisierung eines einheitlichen Systems der politisch-operativen Auswertungs- und Informationstätigkeit im Ministerium für Staatssicherheit, 24.7.1965. In: Engelmann; Joestel (Bearb.): Grundsatzdokumente (Anm. 1), S. 141–149, sowie Anlage 1 zum Befehl 299/65: Arbeitsrichtlinie über die politisch-operative Auswertungs- und Informationstätigkeit im Ministerium für Staatssicherheit, 24.7.1965; BStU, MfS, BdL/Dok., Nr. 3904.

12 Zur Berichterstattung der Jahre 1969 bis 1975 vgl. auch Münkel: Staatssicherheit in der Region (Anm. 4).

13 Vgl. Engelmann; Joestel: Die Zentrale Auswertungs- und Informationsgruppe (Anm. 3), S. 22 f. Zu Charakter und Adressaten der Stimmungsberichte auf der zentralen Ebene in der Honecker-Ära vgl. Die DDR im Blick der Stasi 1988. Die geheimen Berichte an die SED-Führung, bearb. v. Frank Joestel. Göttingen 2010, S. 16–18 u. 27 f.

Anspruch auf Allgemeingültigkeit beanspruchen konnten.[14] Auch hinsichtlich ihrer inhaltlichen Machart waren die Stimmungsberichte auf Kreisebene weniger schöngefärbt als diejenigen auf zentraler und Bezirksebene. Zwar findet man auch hier die Berichtstechnik des »Einrahmens« schlechter Nachrichten durch Aussagen, die mit Ideologie und Politik der SED in Einklang standen, wie sie von Uta Stolle für die Stimmungsberichterstattung der Bezirksverwaltung Rostock beschrieben worden sind.[15] Aber das Schema ist auf der Kreisebene nicht so dominant. Die Berichtschablonen des »sozialen Klassentheaters«,[16] in denen den Vertretern der »Arbeiterklasse« SED-Parolen in den Mund gelegt werden, sind in ihrer reinen Form vor allem im Zusammenhang mit Themen der »großen Politik«, weniger bei Alltagsthemen zu finden. Das mag unter anderen auch daran liegen, dass die Meinungsäußerungen der konkreten Vertreter der »Werktätigen« bei diesen Themen schlecht in ein solches Schema zu pressen waren. In den späten 1980er-Jahren fehlt in den Stimmungsberichten der Kreisdienststelle Halberstadt dann zumeist jegliche schön gefärbte Einrahmung.

Stimmungsberichte für den SED-Kreissekretär wurden regelmäßig ausgefertigt, während diese auf der zentralen Ebene seit den frühen 1970er-Jahren weitgehend in der Berichtsreihe »Hinweise zu Reaktionen der Bevölkerung« (Reihe O) konzentriert waren, welche praktisch nur MfS-intern verteilt wurde.[17] In Halberstadt schwankte der Anteil der Stimmungsberichte an der Gesamtberichterstattung stark zwischen 59 Prozent (1972) und 6 Prozent (1983). Eine klare Tendenz ist jedoch ebenso wenig erkennbar wie eine besondere Häufung in Jahren mit Krisengeschehen.

Neben den periodischen Lageberichten mit Stimmungsberichtsanteilen gab es reine anlassbezogene und allgemeine Stimmungsberichte. Berichte über Meinungsäußerungen zu einzelnen Personen wurden in der folgenden Statistik nur dann berücksichtigt, wenn aufgrund der Bedeutung der Person und des Kontextes ein Grad an Öffentlichkeit unterstellt werden kann, der es erlaubt, überhaupt von Bevölkerungsstimmung zu sprechen. Stimmungsberichte finden sich nicht nur hinter den gängigen Bezeichnungen »Stimmungen«, »Meinungen«

14 Vgl. Münkel: Staatssicherheit in der Region (Anm. 4), S. 34.

15 Uta Stolle: Traumhafte Quellen. Vom Nutzen der Stasi-Akten für die Geschichtsschreibung. In: Deutschland Archiv 30 (1997) 2, S. 209–221, hier 210 f. Im Wesentlichen ähnliche Befunde für den Bezirk Karl-Marx-Stadt bei Gunter Gerick: SED und MfS. Das Verhältnis der SED-Bezirksleitung Karl-Marx-Stadt und der Bezirksverwaltung für Staatssicherheit 1961 bis 1989. Berlin 2013, insbes. S. 183–186 u. 251–255.

16 Zum Begriff vgl. Stolle: Traumhafte Quellen (Anm. 15), S. 211 f.

17 Die Reihe O begann zaghaft 1972 und wurde 1974 institutionalisiert. Vgl. Siegfried Suckut: Einleitung 1976. In: Die DDR im Blick der Stasi 1976. Die geheimen Berichte an die SED-Führung, hg. v. Siegfried Suckut. Göttingen 2009, S. 16 f., sowie Jens Gieseke: Bevölkerungsstimmungen in der geschlossenen Gesellschaft. MfS-Berichte an die DDR-Führung in den 1960er- und 1970er-Jahren. In: Zeithistorische Forschungen/Studies in Contemporary History 5 (2008), S. 236–257, hier 247 f.

und »Reaktionen«, sondern auch unter der Rubrik »politisch-ideologische Situation« und manchmal, vor allem in den 1970er-Jahren, auch unter dem Stichwort »politisch-ideologische Diversion«, womit unterstellt wurde, dass die wiedergegebenen kritischen Stimmen auf westlichen Einfluss zurückzuführen seien.[18]

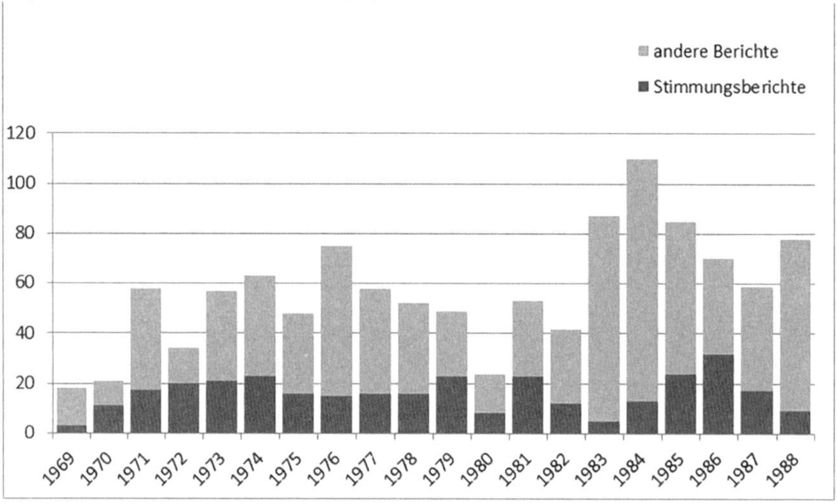

Entwicklung der Berichterstattung der Kreisdienststelle Halberstadt an den 1. Sekretär der SED-Kreisleitung 1969–1988[19]

In den 1970er-Jahren ist eine relativ konstante Entwicklung der Stimmungsberichterstattung zu verzeichnen – im Vergleich zur stärker schwankenden in den 1980er-Jahren. Das liegt vor allem daran, dass es ab 1971 eine monatliche Lageberichterstattung über das Grenzgebiet gab, die auch immer einen Abschnitt zur Stimmungslage enthielt. In den Jahren 1980 bis 1982 wurden diese Berichte, obwohl sie nach wie vor hätten monatlich erstattet werden sollen, nur noch unregelmäßig gefertigt. Das lag wahrscheinlich an der damaligen desolaten Situation in der Führungsetage der Kreisdienststelle, die geprägt war von Krankheit, Überforderung, Vernachlässigung von Dienstpflichten, Alkoholmissbrauch, sexuellen Verfehlungen im Dienst und Amtsmissbrauch. Anfang des Jahres 1983 wurde der Kreisdienststellenleiter, Selmar Lange, abgelöst und sein 1. Stellvertreter und »starker Mann« der Kreisdienststelle aus dem MfS entlassen und

18 Zum Begriff: Diversion, politisch-ideologische. In: Das MfS-Lexikon. Begriffe, Personen und Strukturen der Staatssicherheit der DDR. 3., aktualis. Aufl., Berlin 2016, S. 72.

19 Neben den reinen Stimmungsberichten werden auch diejenigen Lageberichte gezählt, die eine feste Rubrik zur Bevölkerungsstimmung enthalten. In den grauen Säulen sind ab 1983 auch die Rückläufe der Personenüberprüfungsersuchen der SED-Kreisleitung enthalten.

strafrechtlich verfolgt. Weitere Offiziere der Dienststelle wurden disziplinarisch belangt und versetzt.[20]

Neuer Chef wurde im Februar 1983 Otto Pump; er war zuvor Leiter der MfS-Dienststelle des Nachbarkreises Wernigerode gewesen, der ebenfalls zum Bezirk Magdeburg gehörte und auch in sonstiger Hinsicht Ähnlichkeiten mit dem Kreis Halberstadt aufwies – insbesondere im Hinblick auf die Problematik der langen Grenze zur Bundesrepublik. Pump führte die zuletzt extrem unregelmäßige und daher nur nominelle Monatsberichterstattung zur Lage im Grenzgebiet nicht weiter und scheint auch ansonsten zunächst kein großes Faible für die Stimmungsberichterstattung gehabt zu haben. In seinem ersten Dienstjahr in Halberstadt schickte er nur fünf Stimmungsberichte an den SED-Kreissekretär Gerhard Winckler. Offenbar legte Winckler aber Wert auf diese Art der Berichterstattung, denn deren Anteil stieg in den folgenden Jahren wieder deutlich an. In den Jahren 1985 und 1986 wurden erneut allgemeine monatliche Lageberichte, die aber nunmehr nicht auf das Grenzgebiet beschränkt waren, sondern den gesamten Landkreis betrafen, mit einer Rubrik »Stimmungsbild der Bevölkerung« gefertigt. Nach dem Wegfall dieser Monatsberichterstattung reduzierten sich in den Jahren 1987 und 1988 die Stimmungsberichte quantitativ wieder. Dafür verbesserten sie sich in qualitativer Hinsicht.

Wie schon angedeutet, liegt bei den Stimmungsberichten der Kreisdienststelle Halberstadt eine große Variationsbreite vor. Neben den erwähnten Lageberichtsreihen mit festen Rubriken zur Bevölkerungsstimmung gab es allgemeine Berichte zu Stimmungen in der Kreisbevölkerung, die weder wirklich periodisch noch erkennbar anlassbezogen waren. Diese Berichte handeln zumeist verschiedene, häufig auch deutsch-deutsche und internationale Themen ab. Dauerthema war hier jedoch die unzureichende Versorgung. Auch das Thema innerdeutscher Reiseverkehr spielt in diesen Berichten immer wieder eine Rolle.[21]

20 Entscheidungsvorlage der HA IX/5 v. 9.3.1983, mit Vermerk »Einverstanden Mielke«; BStU, MfS, GH 2/84, Bd. 4, Bl. 68–72.

21 Diese Berichte haben leicht variierte Überschriften, in denen von »Stimmungen«, »Meinungen« und »Reaktionen« der Bevölkerung des Kreises die Rede ist. In den Jahren 1979–1988: Informationen Nr. 17/79 (25.4.1979), Nr. 32/79 (5.7.1979), Nr. 36/81 (27.10.1981) Nr. 34/82 (23.9.1982); BStU, MfS, BV Magdeburg, KD Halberstadt, Nr. 785, Bl. 27–29, 163 f., 483–485, 530–533; Information Nr. 21/83 (6.4.1983); BStU, MfS, BV Magdeburg, KD Halberstadt, Nr. 854, Bl. 225–227; Informationen Nr. 13/84 (9.2.1984), Nr. 37/84 (4.4.1984), Nr. 58/84 (9.5.1984), Nr. 61/84 (17.5.1984), Nr. 87/84 (28.8.1984); BStU, MfS, BV Magdeburg, KD Halberstadt, Nr. 767, Bl. 114–116, 199–201, 205 f., 305–307, 385–388; Informationen Nr. 16/85 (13.3.1985), Nr. 53/85 (3.7.1985), Nr. 61/85 (21.8.1985), Nr. 72/85 (30.10.1985), Nr. 75/85 (21.11.1985), Nr. 76/85 (21.11.1985), Nr. 81/85 (27.11.1985), Nr. 82/85 (3.12.1985), Nr. 87/85 (30.12.1985); BStU, MfS, BV Magdeburg, KD Halberstadt, Nr. 855, Bl. 6–10, 17–24, 49–55, 60–63, 116–118, 146–148, 324–329; Informationen Nr. 7/86 (21.1.1986), Nr. 9/86 (28.1.1986), Nr. 12/86 (12.2.1986), Nr. 14/86 (26.2.1986), Nr. 16/86 (28.2.1986), Nr. 25/86 (15.4.1986), Nr. 57/86 (15.10.1986), Nr. 64/86 (4.12.1986); BStU, MfS, BV Magdeburg, KD Halberstadt, Nr. 856, Bl. 30–33, 60–62, 201–203, 244–246, 250–252, 266–269, 275–278,

Daneben gab es Stimmungsberichte aus Anlass besonderer Ereignisse: Wenn diese Berichtsanlässe politisch-ritueller Natur waren, sind die Stimmungsberichte in der Regel eher unergiebig, weil sie in hohem Maße die SED-Propagandaschablonen reproduzieren. Anlässe dieser Art waren Parteitage der SED und der KPdSU, ZK-Tagungen und Wahlen. Manchmal waren es Ereignisse von lediglich lokaler Tragweite, die den Anlass zu Stimmungsberichten gaben, etwa eine Zivilverteidigungsübung,[22] die Übergabe von Neubauwohnungen durch das Politbüro-Mitglied Inge Lange[23] oder auch ungeklärte lokale Todesfälle.[24] Auch markante politische Ereignisse führten zu Stimmungsberichten, etwa die Biermann-Affäre 1976,[25] der Besuch von Franz Josef Strauß in der DDR 1983,[26] die Abschaffung der Todesstrafe,[27] das SED-SPD-Papier[28] und der Honecker-Besuch in Bonn 1987[29] oder die Ereignisse um die Zionskirche

305–307; Informationen Nr. 2/87 (27.1.1987), Nr. 4/87 (4.2.1987), Nr. 28/87 (25.8.1987), Nr. 24/88 (12.4.1988), Nr. 28/88 (27.4.1988), Nr. 50/88 (13.7.1988), Nr. 54/88 (26.7.1988), Nr. 58/88 (31.8.1988), Nr. 71/88 (12.10.1988), Nr. 74/88 (26.10.1988); BStU, MfS, BV Magdeburg, KD Halberstadt, Nr. 771, Bl. 20–23, 26–29, 57–60, 74–77, 91–93, 158–162, 171–174, 375–378, 456–460, 468–472.

22 Information Nr. 35/81 über Reaktionen von Bürgen zu der am 12.9.1981 durchgeführten Übung von Formationen der Zivilverteidigung in der Stadt Halberstadt v. 27.10.1981; BStU, MfS, BV Magdeburg, KD Halberstadt, Nr. 785, Bl. 166–169.

23 Information Nr. 24/86 über Diskussionen im Zusammenhang mit dem Besuch der Genossin Inge Lange in Halberstadt v. 15.4.1986; BStU, MfS, BV Magdeburg, KD Halberstadt, Nr. 856, Bl. 205 f.

24 Z. B. Information Nr. 36/82 über Stimmungen und Meinungen der Bevölkerung zum unnatürlichen Todesfall der Schülerin R[...], C[...]; BStU, MfS, BV Magdeburg, KD Halberstadt, Nr. 785, Bl. 21 f.

25 Information Nr. 72/76 zu den Reaktionen der Bürger des Kreises Halberstadt zu Wolf Biermann v. 25.11.1976; BStU, MfS, BV Magdeburg, KD Halberstadt, Nr. 788, Bl. 33–35.

26 Information Nr. 46/83 über Stimmungen und Meinungen der Bevölkerung des Kreises Halberstadt zum Strauß-Besuch in der DDR v. 27.7.1983; BStU, MfS, BV Magdeburg, KD Halberstadt, Nr. 854, Bl. 148–150.

27 Information Nr. 24/87 über Reaktionen und Stimmungen zum Beschluss des Staatsrates der DDR über eine allgemeine Amnestie und über die Abschaffung der Todesstrafe in der DDR v. 20.7.1987; BStU, MfS, BV Magdeburg, KD Halberstadt, Nr. 771, Bl. 398 f.

28 Information Nr. 30/87 über Meinungsäußerungen zum Dokument »Der Streit der Ideologien ...« v. 2.9.1987; ebenda, Bl. 372 f.; Information Nr. 33/87 über Meinungsäußerungen zum Dokument »Der Streit der Ideologien ...« und zum BRD-Besuch des Genossen Honecker v. 4.9.1987; ebenda, Bl. 360–362.

29 Information Nr. 32/87 über Stimmungen und Meinungen zum BRD-Besuch des Genossen Honecker, 7.9.1987; ebenda, Bl. 363–365; Information Nr. 35/87 über Meinungen und Reaktionen der Bevölkerung, 8.9.1987; ebenda, Bl. 352–354; Information Nr. 37/87: Einschätzung zu Stimmungen und Reaktionen der Bevölkerung des Kreises Halberstadt v. 9.9.1987; ebenda, Bl. 346–349; Information Nr. 38/87 über Stimmungen, Meinungen und Reaktionen der Bevölkerung v. 11.9.1987; ebenda, Bl. 342; Information Nr. 39/87 über Stimmungen, Meinungen und Reaktionen der Bevölkerung des Kreises, 11.9.1987; ebenda, Bl. 339–341; Information Nr. 40/87 über Stimmungen, Meinungen und Reaktionen der Bevölkerung des Krei-

und die Rosa-Luxemburg-Demonstration zur Jahreswende 1987/88 in Berlin.[30] In den Jahren 1980 und 1981 waren die Solidarnośc-Streiks und die Ausrufung des Kriegsrechts in Polen Anlass zu einer sehr intensiven Stimmungsberichterstattung der KD an den Kreissekretär: Vier Berichte wurden noch vor der Ausrufung des Kriegsrechts gefertigt,[31] allein am Tag der Verkündung waren es drei und in den folgenden Tagen weitere sieben.[32] Dass selbst in dem an der Westgrenze gelegenen provinziellen Halberstadt eine solch überbordende Berichterstattung zu diesem Thema zu verzeichnen ist, unterstreicht dessen Bedeutung für die SED.

Eine eigene Kategorie von Stimmungsberichten befasste sich mit Versorgungs- und Preisfragen.[33] Auch das zeigt, welche Bedeutung diesen Themen im Hinblick auf die Bevölkerungsstimmung zugeschrieben wurden – was in diesem Fall wohl auch ihrer objektiven Bedeutung entsprach. Darüber hinaus gab

ses v. 15.9.1987; ebenda, Bl. 335–338. (Die letzten Informationen sind als allgemeine Berichte überschrieben, handeln aber ausschließlich von Stimmungen zum Honecker-Besuch.)

30 Information Nr. 4/88 zu Stimmungen und Reaktionen zu den Vorkommnissen in Berlin (Zionskirche usw.) v. 9.2.1988; ebenda, Bl. 225–227.

31 Information Nr. 12/80 über das derzeitige Stimmungsbild der Bürger des Kreises im Zusammenhang mit den Ereignissen in der Volksrepublik Polen v. 20.8.1980; BStU, MfS, BV Magdeburg, KD Halberstadt, Nr. 785, Bd. 2, Bl. 338–341; Information Nr. 15/80 über das derzeitige Stimmungsbild der Bürger des Kreises Halberstadt über die Ereignisse in der Volksrepublik Polen v. 1.9.1980; ebenda, Bl. 326–328; Information Nr. 16/80 über das derzeitige Stimmungsbild der Bürger des Kreises Halberstadt über die Ereignisse in der Volksrepublik Polen v. 9.9.1980; ebenda, Bl. 321–325; Information Nr. 4/81 über das Stimmungsbild unter der Bevölkerung zur Situation in der VR Polen und zum XXVI. Parteitag der KPdSU v. 13.3.1981; ebenda, Bd.1, Bl. 270–272.

32 Informationen Nr. 38/81, 39/81, 40/81, 41/81, 42/81, 43/81, 44/81, 45/81, 47/81, 51/81 über die politisch-operative Lage im Kreis Halberstadt nach dem Inkrafttreten der Maßnahmen der Regierung der VR Polen v. 13.–22.12.1981; ebenda, Bl. 119 f., 124–126 u. 129–152.

33 Informationen Nr. 1/79 und Nr. 3/79 über Stimmungen und Meinungen der Bevölkerung des Kreises zu den witterungsbedingten Auswirkungen in der Energieversorgung, der Versorgung und der Produktion v. 3.1.1979; ebenda, Bd. 2, Bl. 594–596 u. 599–601; Information Nr. 37/79 über Meinungsäußerungen und Reaktionen der Bürger des Kreises Halberstadt zur Preisregulierung in den sozialistischen Ländern v. 8.8.1979; ebenda, Bl. 465–468, Information Nr. 44/79 über Meinungsäußerungen über erfolgte Preisveränderungen bei Ersatz- und Zubehörteilen für Pkw v. 19.10.1979; ebenda, Bl. 412 f.; Information Nr. 4/82 über Stimmungen und Meinungen zur Versorgungslage v. 28.1.1982; ebenda, Bd. 1, Bl. 102 f.; Information Nr. 27/82 zur Stimmung der Bevölkerung zu Problemen der Versorgung v. 28.6.1982; ebenda, Bl. 46–48; Information Nr. 31/82 über Tendenzen im Stimmungsbild der Bevölkerung v. 3.9.1982; ebenda, Bl. 33–36; Information Nr. 35/82 über Stimmungen und Reaktionen der Bevölkerung des Kreises Halberstadt zu Versorgungsfragen v. 23.9.1982; ebenda, Bl. 25 f.; Information Nr. 72/83 über Stimmungen und Meinungen zu Versorgungsfragen v. 3.10.1983; BStU, MfS, BV Magdeburg, KD Halberstadt, Nr. 854, Bl. 57 f.; Information Nr. 34/84 über Diskussionen zu Materialengpässen im Zusammenhang mit der Wahlvorbereitung v. 21.3.1984; BStU, MfS, BV Magdeburg, KD Halberstadt, Nr. 676, Bl. 316–318; Information Nr. 15/87 über Versorgung und Entsorgung im grenznahen Raum und daraus resultierender Stimmungen v. 27.3.1987; BStU, MfS, BV Magdeburg, KD Halberstadt, Nr. 771, Bl. 421–424.

es Berichte über die Stimmung in bestimmten Betrieben oder Institutionen beziehungsweise in bestimmten Berufsgruppen[34] und solche, die sich auf einzelne Ortschaften oder Wohngebiete bezogen.[35]

Die Berichtsproduktion auf Kreisebene ist naturgemäß konkreter, detailreicher, in ihr spiegelt sich Alltagsleben anschaulicher als in der Berichterstattung auf zentraler und Bezirksebene. Ansonsten ist sie jedoch hinsichtlich Machart, Themen und Perspektiven recht ähnlich wie die Berichterstattung der Zentralen Auswertungs- und Informationsgruppe im MfS Berlin. Das betrifft auch die immanenten Schwächen der Stimmungsberichterstattung, die manchmal den Eindruck erwecken, die Mehrheit der Bevölkerung habe weitgehend regimekonforme Ansichten.

Typisch ist etwa die floskelhafte Formulierung in einer Information vom 13. April 1981 über »Stimmungen und Meinungen zum X. Parteitag«, in der es heißt: »Übereinstimmung besteht [...] unter breiten Kreisen der Bevölkerung in der Auffassung [...], dass der Rechenschaftsbericht des Gen. Honecker

34 Information Nr. 3/81 über Stimmungen und Meinungen im Volkstheater Halberstadt v. 18.1.1982; BStU, MfS, BV Magdeburg, KD Halberstadt, Nr. 785, Bd. 1, Bl. 273 f.; Information Nr. 50/81 über Stimmungen im Bww Halberstadt v. 22.12.1981; ebenda, Bl. 119 f.; Information Nr. 52/81 über Stimmungen und Meinungen privater Taxifahrer v. 23.12.1981; ebenda, Bl. 115 f.; Information Nr. 3/82 über Stimmungen und Meinungen im Volkstheater Halberstadt v. 18.1.1982; ebenda, Bl. 104 f.; Information Nr. 7/82 über Stimmungen und Meinungen im RAW Halberstadt v. 16.2.1982; ebenda, Bl. 97; Information Nr. 8/82 über Stimmungen und Meinungen zum Jugendweiheausschuss in Badersleben v. 16.2.1982; ebenda, Bl. 95 f.; Information Nr. 11/82 (falsche Nummerierung, korrekt wäre Nr. 9/82) über Stimmungen und Meinungen im VEB Maschinenbau und im RAW Halberstadt v. 23.2.1982; ebenda, Bl. 87 f.; Information Nr. 60/83 über Stimmungen, Meinungen und Reaktionen von Beschäftigten des RAW Halberstadt v. 9.9.1983; BStU, MfS, BV Magdeburg, KD Halberstadt, Nr. 854, Bl. 106 f.; Information Nr. 54/84 über Stimmungen und Meinungen im VEB Kraftverkehr Halberstadt v. 1.5.1984; BStU, MfS, BV Magdeburg, KD Halberstadt, Nr. 767, Bl. 214 f.; Information Nr. 60/84 über Stimmungen und Meinungen in der LPG (TP) Harsleben v. 17.5.1984; ebenda, Bl. 202 f.; Information Nr. 61/86 über Stimmungen und Reaktionen in Betrieben der Landwirtschaft v. 13.11.1986; BStU, MfS, BV Magdeburg, KD Halberstadt, Nr. 856, Bl. 34 f.; Information Nr. 14/87 über Stimmungen und Reaktionen im VEB Zementwerk Schwanebeck v. 26.3.1987; BStU, MfS, BV Magdeburg, KD Halberstadt, Nr. 771, Bl. 425 f.; Information Nr. 10/88 über Stimmungen unter Werktätigen des RAW Halberstadt zur Zahlung der Jahresendprämie v. 14.3.1988; ebenda, Bl. 211–213.

35 Information Nr. 35/79 über Meinungen aus dem WBA 28 der Stadt Halberstadt v. 16.7.1979; BStU, MfS, BV Magdeburg, KD Halberstadt, Nr. 785, Bd. 2, Bl. 471 f.; Information Nr. 37/81 über die politisch-operative Lage und Situation in der Grenzgemeinde Hessen v. 16.11.1981; ebenda, Bd. 1, Bl. 153–161; Information Nr. 11/84 über [die] Einwohnerversammlung in Dedeleben/Westerburg v. 2.2.1984; BStU, MfS, BV Magdeburg, KD Halberstadt, Nr. 767, Bl. 391–395; Information Nr. 19/86 über weitere Reaktionen der Bevölkerung zur Problematik »Waldhaus« Osterwieck v. 12.3.1986; BStU, MfS, BV Magdeburg, KD Halberstadt, Nr. 856, Bl. 233–235; Information Nr. 47/86 über Stimmungen, Meinungen und Reaktionen zum Baugeschehen in der Kreisstadt v. 3.7.1986; ebenda, Bl. 113–115.

eine klare und reale Einschätzung der nationalen und internationalen Lage darstellt.«[36]

Oder die Information von Dezember 1985, in verschiedenen Betrieben Halberstadts sei man der Meinung, die 11. Tagung des ZK der SED habe deutlich gemacht, »welche aktive positive Rolle unser Staat in der Weltpolitik spielt und welche innenpolitische Entwicklung wir genommen haben«. Von vielen Beschäftigten werde auch erkannt, »dass die noch bestehenden Probleme nur durch die Stärkung der ökonomischen Basis gelöst werden können«.[37] Ähnlich SED-konform wird auch die »Reaktion der Bevölkerung« auf die polnischen Ereignisse im Zusammenhang mit der Ausrufung des Kriegsrechtes im Dezember 1981 dargestellt, wobei hier möglicherweise auch real vorhandene antipolnische Affekte und Law-and-Order-Mentalität eine Rolle spielten.[38]

Für diese Tendenz, Versatzstücke der Parteiagitation als reale Stimmungslage auszugeben, könnte man die Auswerter des MfS verantwortlich machen, die die Welt natürlich durch ihre ideologische Brille betrachteten und wohl häufig davor zurückschreckten, eine Realität zu zeichnen, die zu weit von dem entfernt war, was sich die Partei wünschte. Das spielt zweifellos eine Rolle. Eine Betrachtung der den Stimmungsberichten zugrunde liegenden IM-Berichte zeigt jedoch, dass das Problem gleichsam noch tiefer lag, denn diese schönfärberische und parteinahe Tendenz findet sich in einem erstaunlichen Umfang bereits in diesem Primärmaterial. Das liegt daran, dass die inoffiziellen Mitarbeiter, denen regelmäßig Stimmungsberichte abverlangt wurden, in aller Regel auch in ihrer öffentlichen Rolle ausgesprochene Systemträger waren. Aus diesem Grund verfügten viele dieser IM über keinen guten Zugang zu den »kleinen Öffentlichkeiten«, in denen abweichende Meinungsäußerungen in der DDR gewöhnlich artikuliert wurden.[39]

Gegenüber überzeugten SED-Genossen und diensteifrigen Funktionären hielt man sich in der DDR mit freien Meinungsbekundungen zurück. Zudem spielten offensichtlich bereits bei der IM-Berichterstattung die gleichen politisch-ideologisch bedingten Wahrnehmungs- und Bewertungsdefizite und Kommunikationsschranken eine Rolle, die auch im hauptamtlichen Apparat wirksam waren.

Für diese Annahme spricht auch folgender Befund: Ab 1985 waren in den Berichten der Kreisdienststelle Halberstadt an den Kreissekretär immer Kategorie

36 Information Nr. 7/81: Stimmungen und Meinungen zum X. Parteitag v. 13.4.1981; BStU, MfS, BV Magdeburg, KD Halberstadt, Nr. 785, Bl. 260–262, hier 261.

37 Information Nr. 82/85 über Stimmungen, Meinungen und Reaktionen der Bevölkerung des Kreises Halberstadt v. 3.12.1985; BStU, MfS, BV Magdeburg, KD Halberstadt, Nr. 855, Bl. 17–20, hier 19.

38 Informationen v. 13.–22.12.1981 (Anm. 32).

39 Zur Bedeutung der »kleinen« oder Encounter-Öffentlichkeiten in der DDR vgl. Gieseke: Bevölkerungsstimmungen in der geschlossenen Gesellschaft (Anm. 17), S. 239–242.

und Decknamen der Quellen angegeben, auf denen die übermittelten Informationen basierten. Bei den Stimmungsberichten fällt auf, dass hier die eher seltenen IM-Kategorien HIM und FIM, also hauptamtliche IM und Führungs-IM, die sich durch besonders enge Bindungen an den hauptamtlichen Apparat der Staatssicherheit auszeichneten, und selbst der in der Abteilung Inneres beim Rat des Kreises tätige Offizier im besonderen Einsatz eine entscheidende Rolle spielten. So ist es nicht verwunderlich, dass – vor allem bei abstrakteren Themen – überwiegend die Meinungen aus SED-nahen Kreisen wiedergegeben wurden.

Trotz dieses Mechanismus gelangten zu allen Zeiten auch Aussagen in die Stimmungsberichterstattung, die zur offiziellen Sichtweise vollkommen gegenläufig waren. Das war vor allem häufig dann der Fall, wenn es sich um konkrete, für den Alltag der Menschen relevante Themen handelte, für die sich viele interessierten. Wenn dabei der Einfluss der westlichen Medien, also die sogenannte »politisch-ideologische Diversion«, thematisiert werden konnte, fiel es der Stasi offenbar leichter, über politisch abweichende Stimmungen zu berichten. So heißt es in einem Bericht über die Lage im Grenzgebiet im November 1972, als der Grundlagenvertrag zwischen der Bundesrepublik und der DDR paraphiert wurde:

> Es muss eingeschätzt werden, dass die Bürger mit großem Interesse die politischen Ereignisse verfolgen. Es ist jedoch immer wieder zu erkennen, dass die Bürger sich hier zum größten Teil am Westfernsehen orientieren. Wenn in der Zeitung oder im Fernsehen der DDR irgendwelche Probleme erörtert werden, dann spricht darüber keiner. Kommt es aber im Westfernsehen, so beginnen die Diskussionen. Dieses kann man täglich in Gaststätten oder Verkaufsstellen feststellen.[40]

Als besonders nachteilig schätzte das MfS ein, dass dabei auch die westlichen Bewertungen übernommen würden. So würden die deutsch-deutschen Vereinbarungen von den DDR-Bürgern hauptsächlich unter dem Gesichtspunkt der verbesserten innerdeutschen Reisemöglichkeiten betrachtet.[41]

Die Berichte zeigen, dass vor allem die ständigen wirtschaftlichen Erfolgsmeldungen in den DDR-Medien bei der Bevölkerung auf zunehmenden Widerwillen stießen. Typisch ist eine Äußerung aus dem VEB Gleitlagerwerk Osterwieck vom Januar 1987: »Zahlen über Planerfüllung den ganzen Tag im Radio

40 Information Nr. 32/72 zur politisch-ideologischen Situation im Grenzgebiet des Kreises Halberstadt im November 1972 v. 5.12.1972; BStU, MfS, BV Magdeburg, KD Halberstadt, Nr. 703, Bl. 10–14, hier 11 f.

41 Diese Tendenz wurde auch von der Berichterstattung auf zentraler Ebene wahrgenommen. Vgl. Gieseke: Bevölkerungsstimmungen in der geschlossenen Gesellschaft (Anm. 17), S. 249 f.

und abends im Fernsehen, am anderen Tag in der Zeitung, wer soll dies aushalten, außerdem ist jedem bekannt, dass die Zahlen nicht stimmen.«[42]

Fast durchgängig werden kritische bis sehr kritische Stimmen wiedergegeben, wenn es sich um Äußerungen zu Versorgungsfragen handelte. Die schlechte Versorgung war für die DDR-Bevölkerung ein Dauerärgernis und gleichzeitig als Thema – vor allem auf der unteren Ebene – relativ wenig tabuisiert. Darüber meckerten praktisch alle, auch die Angepassten und teilweise sogar die Systemträger. Geschimpft wurde auch über die Begleiterscheinungen der schlechten Versorgung, das Verkaufen von knappen Gütern unter dem Ladentisch sowie das System der Intershops und Delikat- bzw. Exquisit-Läden. Unmut entstand regelmäßig, wenn deutlich wurde, dass Funktionäre besondere Zugänge zu begehrten Gütern hatten. So entstanden »Diskussionen« über den Schulleiter und stellvertretenden Bürgermeister von Bühne, einem kleinen Ort in der Nähe der Grenze, weil er einen Pkw fuhr, den er angeblich über GENEX[43] bezogen hatte.[44]

Bereits in den 1970er-Jahren war die Versorgungslage negativer »Dauerbrenner« in der Stimmungsberichterstattung aus dem Kreis Halberstadt.[45] In den 1980er-Jahren wurde die Stimmung in dieser Hinsicht noch kritischer. Die Stimmungsberichte spiegeln zunehmend die Auffassung, dass sich die Situation merklich verschlimmere. Qualitätsgüter gingen ausschließlich in den Export. Wer nicht über Westmark verfüge, sei von hochwertigen Konsumgütern abgeschnitten. Selbst in anderen sozialistischen Ländern, wie der Tschechoslowakei und Ungarn, sei die Versorgung besser.

Es gab bei den Klagen über die Versorgungslage einige ausgesprochene Dauerthemen: Im Bereich der Nahrungsmittel war das vor allem der Mangel an Frischgemüse und Südfrüchten. Auch fehlende Fleisch- und Wurstwaren wurden regelmäßig beklagt. Wiederholt wird die Aussage wiedergegeben, diese würden aus dem normalen Handel verschwinden, um unter neuem

42 Information Nr. 2/87 über Stimmungen und Meinungen der Bevölkerung v. 27.1.1987; BStU, MfS, BV Magdeburg, KD Halberstadt, Nr. 771, Bl. 468–484, hier 470.

43 Die 1956 gegründete Versandhandelsfirma Genex GmbH vertrieb in der DDR nicht oder nur schwer erhältliche Waren gegen Devisen. Das Unternehmen war Eigentum der SED und agierte im Rahmen des Bereichs Kommerzielle Koordinierung (KoKo). Ab 1959 konnten Bundesbürger ihren Verwandten in der DDR über diesen Versandhandel begehrte Waren zukommen lassen. In den 1970er- und 1980er-Jahren hatte Genex auch Autos – überwiegend aus östlicher Produktion – im Angebot. Vgl. Matthias Judt: Der Bereich Kommerzielle Koordinierung. Das DDR-Wirtschaftsimperium des Alexander Schalck-Golodkowski – Mythos und Realität. Berlin 2013, S. 83–85.

44 Information Nr. 38/75 zur politisch-operativen Situation im Grenzgebiet des Kreises Halberstadt im Monat September 1975 v. 8.10.1975; BStU, MfS, BV Magdeburg, KD Halberstadt, Nr. 788, Bl. 355–360, hier 358.

45 Zu den Stimmungen bezüglich Versorgungsfragen in den 1970er-Jahren vgl. Münkel: Staatssicherheit in der Region (Anm. 4), S. 33–35.

Etikett und höherem Preis in den Delikat-Läden wieder aufzutauchen.[46] Regelmäßige Themen waren auch das schlechte Angebot an modischer Kleidung und Heimelektronik, die langen Wartezeiten beim Pkw-Kauf und die Engpässe bei den Kfz-, Moped- und Fahrradersatzteilen.[47] In den Berichten sind die kursierenden sarkastischen Sprüche zur Versorgungslage oftmals mehr oder weniger wörtlich notiert. Ende Dezember 1985 wurde in einem Bericht an den Kreissekretär beispielsweise folgendes Zitat weitergegeben: »In Halberstadt sind über dem Eingang der Geschäfte Hämmer aufgehängt. Damit können sich die Kunden ihre Wünsche aus dem Kopf schlagen.«[48]

In den 1980er-Jahren wird als Grund für die schlechte Versorgung zumeist der Export der in der DDR produzierten Qualitätsgüter in den Westen beklagt. So gab die Kreisdienststelle im November 1985 die Äußerung wieder, »der größte Teil wird exportiert, für unsere Bürger bleibt nur, was die BRD und die anderen Staaten nicht abnehmen«.[49] Um an Mangelware zu kommen, müsse man in der DDR Bekannte haben, die im Handel beschäftigt sind; »unter dem Ladentisch« sei schon zu einem geflügelten Wort geworden.[50]

Deutlich wird in den Stimmungsberichten auch, dass die mangelnden Konsummöglichkeiten die Leistungsbereitschaft der DDR-Werktätigen beeinträchtigten. Immer wieder werden Äußerungen wiedergegeben wie: »Warum soll man mehr arbeiten, wenn man für das Geld nichts Ordentliches kaufen kann?«[51] Beklagt wurde auch, dass viele Konsumwünsche nur mit Devisen befriedigt werden konnten, was zu Ungleichbehandlung und einer Parallelwirtschaft führe. Im März 1988 wird – offenbar aus SED-nahen Kreisen – die Forderung zitiert: »Die Bevorzugung von Bürgern, die über BRD-Währung verfügen, muss ver-

46 Vgl. z. B. die Information über die militärische und politisch-operative Lage im Kreis Halberstadt v. 26.11.1984; BStU, MfS, BV Magdeburg, KD Halberstadt, Nr. 767, Bl. 48–57, hier 56.

47 Vgl. ebenda. Außerdem die Information Nr. 54/85 über Stimmungen, Meinungen und Reaktionen der Bevölkerung des Kreises nach der 10. Tagung des ZK der SED v. 4.7.1985; BStU, MfS, BV Magdeburg, KD Halberstadt, Nr. 855, Bl. 143–145, hier 145.

48 Information Nr. [87]/85 über Stimmungen, Meinungen und Reaktionen der Bevölkerung des Kreises Halberstadt v. 30.12.1985; ebenda, Bl. 6–10, hier 9.

49 Information Nr. 78/85 über die militärische und politische Lage im Kreis Halberstadt v. 20.11.1985; ebenda, Bl. 31–44, hier 43.

50 Information Nr. 54 über Stimmungen, Meinungen und Reaktionen der Bevölkerung des Kreises nach der 10. Tagung des ZK der SED v. 4.7.1985; ebenda, Bl. 143–145, hier 145; Information Nr. 81/85 über Stimmungen und Meinungen der Bevölkerung des Kreises v. 27.11.1985; ebenda, Bl. 21–24, hier 22.

51 Information Nr. 19/88 über Leitungsfragen im VEB WBK Kombinatsbetrieb Halberstadt v. 5.4.1988; BStU, MfS, BV Magdeburg, KD Halberstadt, Nr. 771, Bl. 192–194, hier 194.

schwinden, damit Schwarzarbeiten in Betrieben und Feierabendarbeiten für BRD-Mark aufhören.«[52]

Am Ende der 1980er-Jahre wurde der Ton der wiedergegebenen Äußerungen deutlich schärfer und die Kritik vor allem grundsätzlicher. 1987/1988 bekam der Kreissekretär vom örtlichen MfS zunehmend resignative Äußerungen serviert. Aus dem VEB Maschinenbau, dem größten Industriebetrieb des Kreises, der große Dieselmotoren für den DDR-Schiffsbau fertigte, wurde im April 1988 folgende Aussage zitiert: »Unsere Wirtschaft bekommen wir einfach nicht in den Griff, das merken wir im eigenen Betrieb und beim täglichen Einkauf in den Geschäften. Die Versorgungslage wird von Jahr zu Jahr schlechter, wird eine Lücke geschlossen, wird eine andere aufgerissen.«[53]

Und aus dem kleineren, produktionstechnisch vergleichsweise gut aufgestellten VEB Landmaschinenbau wird folgende Äußerung wiedergegeben: »Weil wir [...] mit der technischen Entwicklung nicht Schritt gehalten haben, müssen wir verkaufen, was einigermaßen Devisen bringt. Selbstverständlich belastet dies den Binnenmarkt und keiner braucht sich zu wundern, dass die Menschen immer unzufriedener werden.«[54]

Vor allem ab 1988 kann man an den Stimmungsberichten der MfS-Kreisdienststelle Halberstadt ablesen, dass sich so etwas wie Endzeitstimmung breitmacht. Der Staatssicherheit entging nicht, dass hierbei der immer größer werdende Personenkreis eine Rolle spielte, der im Rahmen von »Reisen in dringenden Familienangelegenheiten« im Westen gewesen war. Im August 1988 berichtete die KD, mit dem Verweis auf »übervolle Läden und einem Superangebot an Konsumgütern in der BRD, was besonders durch die zunehmende Zahl reisender DDR-Bürger immer stärker hineingetragen« werde, verbinde sich die Feststellung, dass »der real existierende Sozialismus kein Aushängeschild für die Überlegenheit über den Kapitalismus« sei. »Ältere Werktätige« würden die Meinung vertreten, »dass es uns in den 60er Jahren schon einmal besser ging und wir den Anschluss immer mehr verlieren.«[55]

Zusammenfassend ist festzuhalten, dass die Berichterstattung der MfS-Kreisdienststelle an den Kreissekretär hinsichtlich Organisation, Machart und Themen starke Ähnlichkeiten mit den Berichten auf zentraler Ebene aufweist. Das ist wenig verwunderlich, denn sie fand auf der gleichen normativen Grund-

52 Information Nr. 15/88 über Stimmungen, Meinungen und Reaktionen aus Teilen der Bevölkerung des Kreises v. 29.3.1988; ebenda, Bl. 200–202, hier 202.

53 Information Nr. 28/88 über Stimmungen, Meinungen und Reaktionen der Bevölkerung des Kreises v. 27.4.1988; BStU, MfS, BV Magdeburg, KD Halberstadt, Nr. 771, Bl. 158–162, hier 161.

54 Ebenda, Bl. 160.

55 Information Nr. 58/88 über Stimmungen, Meinungen und Reaktionen der Bevölkerung des Kreises v. 31.8.1988; BStU, MfS, BV Magdeburg, KD Halberstadt, Nr. 771, Bl. 57–60, hier 58.

lage statt und wurde aus Berlin von der ZAIG eng angeleitet. Das Beispiel Halberstadt zeigt jedoch auch, dass die Stimmungsberichterstattung an die Partei auf lokaler Ebene eine deutlich größere Bedeutung hatte. Im Unterschied zur zentralen Ebene, auf der das MfS ab 1957 und vor allem in der Honecker-Ära mit Stimmungsberichten an die politische Führung Zurückhaltung übte, wurde der SED-Kreissekretär hier kontinuierlich und umfassend über »Reaktionen der Bevölkerung« informiert. Trotz der strukturell und ideologisch bedingten Unschärfen und Verzerrungen, die die MfS-Berichterstattung allgemein kennzeichnet, sind diese lokalen Stimmungsberichte aufgrund ihres geringeren Abstraktionsgrades häufig ungeschminkter und weniger stilisiert als auf der zentralen und bezirklichen Ebene. Insbesondere im Hinblick auf die alltäglichen Probleme und Missstände in den Bereichen Konsum, Produktion und Verwaltung ergibt sich für diesen lokalen Rahmen, vor allem gegen Ende der 1980er-Jahre, ein realistisch wirkendes, nur wenig geschöntes Stimmungsbild.

Kapitel 2
Unterm Roten Stern: Bevölkerungsstimmungen im Kommunismus

Wladislaw Hedeler

Die Berichterstattung über die Stimmungen in der Bevölkerung in der Sowjetunion von 1922 bis 1934

Das Zentrale Archiv des Föderalen Sicherheitsdienstes der Russischen Föderation (FSB) gibt seit 2001 eine Edition unter dem Titel »›Streng geheim‹ – Die Lubjanka an Stalin über die Situation im Land 1922 bis 1934« heraus.[1] Sie dokumentiert die von den Informationsabteilungen der Staatlichen politischen Verwaltung (GPU)/Vereinigten Staatlichen politischen Verwaltung (OGPU) bis zur Gründung des Volkskommissariats für innere Angelegenheiten (NKVD) im Jahr 1934 erarbeiteten Stimmungsberichte, die bisher deklassifiziert wurden.[2] Die Existenz dieser Berichte ist seit den 1960er-Jahren bekannt. Einige befanden sich im Archiv des Volkskommissariats für Landwirtschaft, andere im Russischen Staatsarchiv für sozialpolitische Geschichte. In der Amtszeit von Leonid Brežnev wurden sie wieder sekretiert und für die Forschung gesperrt. Erst nach Gorbačevs Rede über die Agrarpolitik im März 1989 konnten Viktor Danilov und Nikolaj Ivnickij einige Berichte publizieren.[3]

Die täglich einem kleinen Personenkreis (siehe Anlagen 1 und 2) gelieferten Berichte haben einen Umfang von etwa vier bis fünf, die Vierteljahresberichte einen Umfang von bis zu 100 Seiten.[4] Einige wurden im Politbüro diskutiert.[5]

1 »Soveršenno sekretno«. Lubjanka Stalinu o položenii v strane (1922–1934 gg.). Hg. v. Andrej Sacharov. T. 1: 1922–1923, Moskva 2001, T. 2: 1924, Moskva 2001, T. 3: 1925, Moskva 2002, T. 4: 1926, Moskva 2001, T. 5: 1927, Moskva 2008, T. 6: 1928, Moskva 2002, T. 7: 1929, Moskva 2007, T. 8: 1930, Moskva 2008, T. 9: 1931, Moskva 2014.

2 Soveršenno sekretno (Anm. 1), T. 8/1, S. 69. Nur in Einzelfällen wird auf nicht in die Edition aufgenommene Berichte verwiesen. (Anm. 1), T. 8/1, S. 83.

3 Viktor Danilov, Nikolaj Ivnickij (Red.): Dokumenty svidetel'stvujut. 1927–1929; 1929–1932. Iz istorii derevni nakanune i v chode kollektivizacii 1927–1932. Moskva 1989.

4 Ebenda, S. 12 f.

5 Grant Adibekov (Hg.): Politbjuro CK RKP(b)–VKP(b). Povestki dnja zasedanij 1919–1952. Katalog. V trech tomach. Tom 1: 1919–1929. Moskva 2000, Tom 2: 1930–1939, Moskva 2001, Tom 3: 1940–1952, Moskva 2001.

Zu untersuchen ist, wie diese Dokumente weiter genutzt wurden.[6] Vladimir Chaustov, Inhaber des Lehrstuhls Geschichte an der Akademie des FSB, hat in diesem Zusammenhang die Frage aufgeworfen, wie die in Stalins Archiv abgelegten Dokumente, die keine Bearbeitungsspuren des Generalsekretärs aufweisen, zu bewerten sind.[7]

Die für Information zuständigen Abteilungen der OGPU 1921 bis 1934

In der 1917 geschaffenen Außerordentlichen Kommissionen zur Bekämpfung von Konterrevolution, Sabotage und Amtsmissbrauch (ČK bzw. Tscheka) als Vorläuferorganisation der GPU/OGPU gab es nicht von Anfang an eine für die Erarbeitung von Informationen zuständige Struktureinheit. Aus dem am 18. März 1918 geschaffenen provisorischen Büro,[8] das aus der Operativen Abteilung herausgelöst wurde, ging drei Jahre später eine Abteilung für die Bearbeitung dieses Materials hervor.[9] Ein Befehl vom Juni 1920 legte fest, worüber alle zwei Wochen zu berichten war: 1) die politische Lage, 2) Streiks, 3) nichtbolschewistische Parteien, 4) Geistliche, 5) konterrevolutionäre Aktivitäten, 6) Verschwörungen, 7) Aufstände, 8) die militärische Lage, 9) »Spekulantentum«, 10) Mängel der Sowjetarbeit, 11) Kommissionsarbeit und 12) Banden.[10]

Die von der genannten Abteilung erstellten und für den Staatsapparat bestimmten *Gosinformsvodki* (Staatliche Informationsberichte) unterschieden sich von den für den internen Gebrauch in der GPU bestimmten Berichten. Die zu verarbeitenden Informationen, die in die Staatlichen Informationsberichte sowie in die für den internen Gebrauch der GPU/OGPU bestimmten einflossen, stammten aus folgenden sechs Quellen: Informanten, Berichte der Bevollmächtigten der ČK bzw. der GPU, Registratur von Vorkommnissen aller Art, Untersuchungs- und Spitzelberichte, Pressemeldungen und Briefzensur, anfangs auch Militärzensur.[11]

6 Soveršenno sekretno (Anm. 1), T. 7, S. 28.

7 Vladimir Chaustov, Lennart Samuėlson: Stalin, NKVD i repressii 1936–1938 gg. Moskva 2009, S. 319.

8 Soveršenno sekretno (Anm. 1), T. 1/1, S. 32.

9 Aleksandr Kokurin (Hg.): Lubjanka. Organy VČK – OGPU – NKVD – NKGB – MGB – MVD – KGB 1917–1991. Spravočnik. Dokumenty. Moskva 2003, S. 22.

10 Soveršenno sekretno (Anm. 1), T. 1/1, S. 38.

11 Kokurin: Lubjanka: Spravočnik (Anm. 9), S. 22.

Die Gründungsphase (1921 bis 1922)

Seit Dezember 1921 existierte der InfO als Struktureinheit der Geheimen operativen Verwaltung (SOU) im Apparat der Tscheka.[12] Ein Politbürobeschluss vom 15. Februar 1922 legte fest, dass die seit 1918 bestehende und am 6. Februar 1922 zur Politischen Hauptverwaltung umgebildete Tscheka weiterhin unter Parteikontrolle stand und handelte.[13] Die Berichterstattung »über die Situation im Lande«[14] gehörte von Anfang an zum Aufgabenbereich der GPU. Den jeweiligen innenpolitischen Vorgaben der Parteiführung folgend, lieferte die GPU mit diesen Berichten den Nachweis ihrer Effizienz und Bedeutsamkeit. Viele Berichte waren nur für den Gebrauch innerhalb der politischen Polizei bestimmt.[15] Nach dem Übergang zur Neuen Ökonomischen Politik (NÖP) 1921 verlagerte sich der Schwerpunkt der Berichterstattung von den Stimmungen unter Intellektuellen auf die Stimmungen unter Arbeitern und Bauern.

In den Jahren 1922 und 1923 gab es folgende unterschiedliche Arten von Berichten: Zum einen *Obzor* (Überblicke) zur politökonomischen bzw. politischen Lage, zum Zweiten die täglichen *Gosinformsvodka* im Umfang von maximal 200 Wörtern (nur im Jahr 1922)[16] und drittens die *Specpolitsvodka* (spezielle Berichte zur politischen Lage, nur im Jahr 1923). Diese Berichte enthalten gesicherte Informationen über die überwachte Gesellschaft, auch wenn sie nicht das gesamte Spektrum des öffentlichen Lebens einfangen. Sie dokumentierten potenziell staatsgefährdende Aktivitäten von Arbeitern, Bauern, Armeeangehörigen und Angehörigen nationaler Minderheiten.[17]

Erster Leiter des InfO war bis zu seiner Versetzung in das Zentralkomitee (ZK) im August 1921 Innokenti Stukov. Ihn löste Bronislav Bortnovskij ab, der diese Funktion bis zum Wechsel in die Auslandsabteilung der GPU innehatte.[18] Danach übernahm Vitol'd Ašmarin die Leitung,[19] der im April 1924 in das ZK der Kommunistischen Partei Russlands (KPR[B]) wechselte.[20] Am 9. September

12 Soveršenno sekretno (Anm. 1), T. 1/1, S. 43.

13 Vladimir Chaustov (Hg.): Lubjanka. Stalin i VČK – GPU – OGPU – NKVD, janvar' 1922 – dekabr' 1936. Moskva 2003, S. 5.

14 Soveršenno sekretno (Anm. 1), T. 8/1, S. 25.

15 Ebenda, T. 1/1, S. 26.

16 Ebenda, T. 1/1, S. 40.

17 Ebenda, T. 1/2, S. 22.

18 Kokurin: Lubjanka. Spravočnik (Anm. 9), S. 22–24.

19 Ebenda, S. 25, 37; Kurzbiographie in: Aleksandr Plechanov, Georgij Kučkov: Čekisty. Istorija v licach. Moskva 2008, S. 44.

20 Weitere Mitglieder der Leitung der InfO waren ab Juli 1922 Roman Pilljar und ab September 1922 Berner. Auch Nikolai Bulganin gehörte der Leitung als Stellvertreter bis zu seinem Wechsel in das ZK der KPR(B) im Oktober 1922 an.

1922 erfolgte eine Säuberung unter den geheimen Mitarbeitern.[21] Grund dafür war, dass die von ihnen gelieferten Informationen als oft völlig nutzlos eingeschätzt wurden, wie es im diesbezüglichen Bericht hieß, sodass mit ihnen kaum gearbeitet wurde.

Seit dem 1. Dezember 1922 bestand der InfO aus drei Unterabteilungen: Staatliche Information, Geheime Information und Auslandsinformation. Die ersten beiden Unterabteilungen wurden von B. Rabinovič, die dritte von G. Basov geleitet. Zahlreiche Statistiken spiegeln den Umfang der Briefzensur wider, die eine wichtige Quelle für die Berichte des InfO darstellte. So lagen der GPU für den Zeitraum vom 15. Dezember 1921 bis zum 1. Januar 1922 allein auf der Krim 92 221 Briefe vor, von denen 37 376 auch gelesen wurden.[22] Die Unterabteilung Auslandsinformation wertete darüber hinaus zwischen 30 und 60 Zeitungen aus.[23]

Vom InfO zur InfO/PK – Reorganisation und Ausbau (1923 bis 1930)

Seit 1922 arbeitete der InfO eng mit der Wirtschaftsverwaltung zusammen, jener Abteilung der OGPU, die für die Informationen über die einzelnen Wirtschaftszweige zuständig war. Von 1923 an hieß der InfO »Informotdel« (Abteilung für Information). Die Leitung dieser Abteilung hatte seit Februar 1924 Georgij Prokof'ev inne,[24] als dessen Stellvertreter fungierte Bucevič. Hier waren zunächst 30, ab Herbst 1923 nur noch 17 Mitarbeiter tätig, die Informationen für 36 Adressaten erarbeiteten.[25] Allerdings wurden diese Berichte bis 1926 von den Parteiorganen kaum beachtet. Am 4. November 1925 erfolgte die Zusammenlegung des Informotdel und der Politischen Kontrolle (PK) zur Abteilung Information und Politkontrolle (Informotdel/PK). Ihr Leiter blieb bis zur Ablösung durch Nikolaj Alekseev im Juli 1926 Prokof'ev,[26] dem vier Stellvertreter zugeordnet waren: Alekseev,[27] Bucevič, Sergej Markarjan[28] und I. Medvedev (als stellvertretender Leiter der PK). Prokof'ev leitete ab Februar 1926 auch die Wirt-

21 Vgl. Aleksandr Plechanov: VČK – OGPU v gody novoj ėkonomičeskoj politiki 1921–1928. Moskva 2006, S. 235.

22 Ebenda, S. 288.

23 Soveršenno sekretno (Anm. 1), T. 1/1, S. 48.

24 Kokurin: Lubjanka. Spravočnik (Anm. 9), S. 37; Kurzbiographie in: Nikita Petrov, Konstantin Skorkin: Kto rukovodil NKVD 1934–1941. Spravočnik. Moskva 1999, S. 349.

25 Ebenda, S. 49 f.

26 Kokurin: Lubjanka. Spravočnik (Anm. 9), S. 39 f.

27 Vgl. Rasstrel'nye spiski. Moskva, 1937–1941. »Kommunarka«, Butovo. Kniga pamjati žertv političeskich repressij. Moskva 2000, S. 14; Kurzbiographie in: Petrov; Skorkin: Kto rukovodil NKVD 1934–1941 (Anm. 24), S. 85.

28 Kommunarka-Butovo (Anm. 27), S. 264.

schaftsverwaltung. Ungeachtet der Kritik an der Qualität der analytischen Arbeit änderte sich bei der Informotdel/PK nichts an der tradierten Informationsbeschaffung. Am 16. März 1926 befahl Feliks Dzierżiński als Chef der Tscheka daher, erneut eine Säuberung unter den geheimen Mitarbeitern durchzuführen.[29] Und noch im Mai 1927 kritisierte das Politbüro die schlechte Qualität und geringe Effektivität der Briefzensur.[30]

Als Stalin am 5. November 1927 während einer Unterredung mit ausländischen Arbeiterdelegationen die Frage nach den Befugnissen der GPU beantwortete, skizzierte er die innere Lage wie folgt:

> Ich will damit keineswegs sagen, dass die innere Lage des Landes uns zwingt, Straforgane der Revolution zu haben. Vom Gesichtspunkt des inneren Zustands ist die Stellung der Revolution so fest und unerschütterlich, dass man ohne GPU auskommen könnte. Aber die Sache ist die, dass die inneren Feinde bei uns keine isoliert dastehenden Einzelgänger sind. [...] Die inneren Feinde unserer Revolution sind eine Agentur der Kapitalisten aller Länder.[31]

Stalins Zuhörer wussten, worauf Stalin im zehnten Jahr der Revolution anspielte: auf den Abbruch der diplomatischen Beziehungen durch Großbritannien, auf die Ermordung des sowjetischen Botschafters in Warschau und auf ein Bombenattentat in Leningrad. Die OGPU hatte das Recht, auf außergerichtlichem Wege die Todesstrafe zu vollstrecken.[32] Nach dem Šachty-Prozess 1928, einem Schauprozess gegen angeblich »aus dem Ausland gesteuerte Schädlinge und Saboteure«, deckte die GPU landesweit »Spionagenetze« auf.[33]

Die Zahl der Unterabteilungen der Informotdel/PK wuchs im Laufe der Zeit, zunächst von ursprünglich drei auf fünf, zum 1. Dezember 1927 gab es schließlich acht Unterabteilungen, in denen insgesamt 95 Mitarbeiter beschäftigt waren, darunter die 1. Unterabteilung unter Leitung von Arkadij Kalačnikov, die für die Aufbereitung des eingehenden Materials zuständig war, sowie die von Prokofij Lobov geleitete 3. Unterabteilung, verantwortlich für die Post- und Telefonüberwachung.[34] Die Bearbeitung und Prüfung des eingegangenen Materials oblag zwei Unterabteilungen mit jeweils 25 bis 33 Mitarbeitern. Die Berichte trafen als *Svodka* (Bericht), *Spravka* (Auskunft) oder als *Dokladnaja zapiska*

29 Plechanov: VČK – OGPU (Anm. 21), S. 235.

30 Chaustov: Lubjanka (Anm. 13), S. 130.

31 Unterredung mit ausländischen Arbeiterdelegationen, 5. November 1927. In: J. W. Stalin: Werke. Hg. v. Marx-Engels-Lenin-Stalin-Institut beim Zentralkomitee der SED (SW). Bd. 10: August – Dezember 1927. Berlin 1953, S. 180–206, hier 203–206, Zitat 205 f.

32 Soveršenno sekretno (Anm. 1), T. 5, S. 13.

33 Vgl. dazu Sergej Aleksandrovič Krasil'nikov: Šachtinskij process 1928 g. Podgotovka, provedenie, itogi. Moskva 2011; Susanne Schattenberg: Stalins Ingenieure. Lebenswelten zwischen Technik und Terror in den 1930er Jahren. München 2002, S. 85–91.

34 Soveršenno sekretno (Anm. 1), T. 7, S. 603.

(Vortragsnotiz) ein. Eine *Svodka* enthielt konkrete Beispiele für Vorkommnisse, eine *Spravka* schloss Verallgemeinerungen ein, eine *Dokladnaja zapiska* schließlich traf verallgemeinerte Aussagen über einen längeren Zeitraum hinweg.

Die GPU ließ sich in ihren Berichten von Stalins Weisung leiten und übernahm die von der Partei vorgegebenen Feindbilder. Als Ursache der Versorgungskrise wurde nicht die Wirtschaftspolitik, sondern die von klassenfremden Elementen betriebene und aus dem Ausland gesteuerte Sabotage genannt. Nach dem Šachty-Prozess ging dies mit der Verlagerung der Informationstätigkeit auf die Berichterstattung über die Entlarvung von Schädlingsorganisationen im Lande einher.[35]

Von den in der Edition »Soveršenno sekretno« dokumentierten 304 Berichten aus dem Jahre 1930 wurden 239 durch den Informotdel erarbeitet. Der mit der Auswertung betraute Mitarbeiterstamm blieb konstant, während die Abteilungsleiter regelmäßig wechselten.[36] Im Februar 1930 übernahm Ivan Zaporožec anstelle von Alekseev die Leitung der Informotdel/PK der OGPU.[37] Die Leiterin der 2. Unterabteilung Marianna Gerasimova fungierte als seine Stellvertreterin. Es gelang bis in die 1930er-Jahre nicht, in den ländlichen Gebieten ein funktionierendes System von Informanten zu etablieren. Politbüromitglieder kritisierten, dass ihnen bis Anfang 1930 überhaupt keine Informationen über konterrevolutionäre Gruppierungen auf dem Land vorgelegt wurden. Die wichtigste operative Schlussfolgerung lautete, die geheimen Informanten in den Sommermonaten 1930 auf eine gründliche und systematische Zersetzungsarbeit in konterrevolutionären Organisationen vorzubereiten. Gemäß einem Beschluss des Zentralexekutivkomitees (ZEK) Sowjetrusslands und des Rates der Volkskommissare vom 1. Februar 1930 wurden daher der OGPU 37 Millionen Rubel für den Kampf gegen die Kulaken zur Verfügung gestellt.[38] Am 25. August 1930 beschloss das Politbüro, den Etat der OGPU um weitere 9 Millionen Rubel aufzustocken und die Zahl der Mitarbeiter zum Oktober 1930 auf 3 165 zu erhöhen.[39]

Die Herausbildung der Geheimen politischen Abteilung und die Gründung des NKVD (1931 bis 1934)

Im März 1931 wurde die Informationsabteilung in Geheime politische Abteilung (SPO) umbenannt. Sie setzte sich aus dem Informotdel, der PK und der SO (geheime Abteilung) zusammen. Diese Reorganisation war erforderlich ge-

35 Ebenda, T. 7, S. 21 f.

36 Ebenda, T. 8/1, S. 68 f.

37 Kokurin: Lubjanka. Spravočnik (Anm. 9), S. 47.

38 Alexis Berelovič (Red.): Sovetskaja derevnja glazami VČK – OGPU – NKVD 1918–1939. Dokumenty i materialy. T. 3/1. Moskva 2003, S. 47.

39 Chaustov: Lubjanka (Anm. 13), S. 250.

worden, weil die Agenturarbeit und das Informationswesen nach Auffassung der Führung der OGPU »in Anbetracht der gestiegenen konterrevolutionären Aktivitäten an Bedeutung gewonnen« hatten.[40] Der Auswahl und Bewertung der eingehenden Informationen wurde von nun an mehr Aufmerksamkeit entgegengebracht. Die von Jakov Agranov[41] und seinem Stellvertreter Ivan Zaporožec geleitete SPO bestand zunächst aus vier Unterabteilungen:

1. Unterabteilung (Leitung: Gorožanin):[42] Agentur in den Städten, politisch Verbannte, ausländische Arbeiter
2. Unterabteilung (Leitung: Ivan Zaporožec): Agentur auf dem Lande, Reservisten, Kulaken
3. Unterabteilung (Leitung: Tučkov): Agentur in Kirchen aller Konfessionen
4. Unterabteilung (Leitung: Marianna Gerasimova): Agentur in Presse, Kunst und Kultur

Die Briefzensur wurde ausgelagert und von der Operativen Abteilung übernommen.

Im Zuge einer Reorganisation des Sekretariats Anfang April 1933 wurde die Zahl der Unterabteilungen auf sechs erhöht. Von den 1931 amtierenden Unterabteilungsleitern war lediglich Gerasimova noch im Amt, die jetzt die 5. Unterabteilung leitete.[43]

1934, zum Zeitpunkt der Gründung des NKVD der UdSSR, waren in der inzwischen von Georgij Molčanov[44] geleiteten SPO bereits 196 Mitarbeiter tätig.[45] Zu ihren Aufgaben gehörte nach wie vor die Bekämpfung feindlicher politischer Parteien und antisowjetischer Elemente. Mit der Einsetzung von Nikolaj Ežov als Volkskommissar für Innere Angelegenheiten im September 1936 übernahm Vladimir Kurskij[46] die Leitung der SPO, die als 4. Abteilung des NKVD firmierte. Ein Jahr nach dessen Sturz und Suizid begann am 9. Juni 1938 eine erneute Reorganisation im Zuge derer Aleksandr Žurbenko[47] bis zu seiner Ver-

40 Kokurin: Lubjanka. Spravočnik (Anm. 9), S. 49.

41 Kurzbiographie in: Petrov; Skorkin: Kto rukovodil NKVD 1934–1941 (Anm. 24), S. 82.

42 Kommunarka-Butovo (Anm. 27), S. 113; Kurzbiographie in: Petrov; Skorkin: Kto rukovodil NKVD 1934–1941 (Anm. 24), S. 154.

43 Kokurin: Lubjanka. Spravočnik (Anm. 9), S. 57. Die übrigen Leiter waren Rutkovskij (1. Unterabteilung), Ljuškov (2. und Stellvertreter des Abteilungsleiters), Poljanskij (3.), Gorb (4. und Stellvertreter des Abteilungsleiters) sowie Korkin (6.).

44 Kurzbiographie in: Petrov; Skorkin: Kto rukovodil NKVD 1934–1941 (Anm. 24), S. 307.

45 Kokurin: Lubjanka. Spravočnik (Anm. 9), S. 59.

46 Kurzbiographie in: Petrov; Skorkin: Kto rukovodil NKVD 1934–1941 (Anm. 24), S. 259 f.

47 Kurzbiographie in: ebenda, S. 195.

haftung im November 1938 die Leitung übernahm. Unter dem Volkskommissar Lavrentij Berija übernahm Pavel Fedotov[48] die nunmehr zur HV Staatssicherheit (GUGB) gehörende SPO mit 233 Mitarbeitern.

Die Informanten

Die geheimen Mitarbeiter der Tscheka wurden seit November 1922 in drei Kategorien eingeteilt:[49]

1) Agenten. Dabei handelte es sich um im Außendienst eingesetzte angestellte Mitarbeiter.[50]
2) Informanten, die in Organisationen oder Kommunalwohnungen angeworben wurden. Ihre Zahl sank von 60 000 im Jahr 1921 auf 30 000 Anfang 1922 und bis November 1923 weiter auf 13 000.
3) In konterrevolutionäre Gruppen eingeschleuste Informanten (*Osvedomiteli*), die im Auftrag anderer Abteilungen arbeiteten.

Die Agenten im Außendienst und die Informanten wurden von der INFO geführt, die *Osvedomiteli* von der Abteilung Abwehr/Gegenspionage (KRO).

Das Berichtswesen

Der Informotdel erstellte Berichte unterschiedlichster Art: Tages-, Wochen-, Monats- und Quartalsberichte über die Situation in den Städten, auf dem Lande und in der Armee. Berichte, in denen die Ereignisse eines Jahres zusammengefasst wurden, die Aussagen zu Tendenzen und Statistiken enthielten und Vergleiche zwischen einzelnen Regionen ermöglichten, sind, verglichen mit der Fülle von Einzelberichten, verhältnismäßig selten überliefert.

Die INFO informierte ausschließlich über negative Vorkommnisse. Im Mittelpunkt standen Formen des Protestes auf dem Lande und des organisierten Arbeiterwiderstandes in den Fabriken. Äußerungen der Bürger und der Inhalt von Flugblättern wurden im Wortlaut wiedergegeben. Zu erkennen ist, dass über antisowjetische Gruppierungen, denen der »alten Professur« zugerechnete Intellektuelle angehörten, ausführlicher berichtet wurde als über die Aktivitäten der Kirche. Lenin bestand im März 1922 in einem Schreiben an die Politbüromitglieder des Zentralkomitees der KPR(B) auf einem rücksichtslosen Vorgehen ge-

48 Kurzbiographie in: ebenda, S. 418.
49 Kokurin: Lubjanka. Spravočnik (Anm. 9), S. 27.
50 Foto in: Plechanov; Kučkov: Čekisty (Anm. 19), S. 27, 34.

gen jene Geistlichen, die eine Konfiskation der Kirchenschätze ablehnten:[51] »Je mehr Vertreter der reaktionären Geistlichkeit und Bourgeoisie wir aus diesem Anlass erschießen, desto besser. Wir müssen diesen Leuten eine solche Lehre erteilen, dass sie in den nächsten Jahrzehnten nicht einmal wagen, an Widerstand zu denken.«[52] Schließlich hatte der Patriarch der Russisch-Orthodoxen Kirche Tichon im Februar 1922 die Bereitschaft zur Unterstützung der Hungerhilfe durch Spenden erklärt. Die von der Sowjetführung initiierten Verhaftungen und Erschießungen sollten die Gläubigen einschüchtern und jeden religiös motivierten Widerstand im Keim ersticken. Vier von 86 angeklagten Geistlichen wurden zum Tode verurteilt und erschossen.

Am 19. Mai 1922 hatte sich Lenin als Vorsitzender der Revolutionsregierung an den Chef der Geheimpolizei Feliks Dzierżiński gewandt, um das Vorgehen gegen die Vertreter der »alten Professur« abzustimmen. Das Ziel der geplanten »Operation« bestand darin, die im Zusammenhang mit den in der Neuen Ökonomischen Politik in Sowjetrussland entstandenen, partei- und regierungsunabhängigen Strukturen und Netzwerke innerhalb kürzester Zeit zu zerschlagen. Anderthalb Wochen zuvor hatte Lenin dem Volkskommissar für Justiz der RSFSR (Russischen Sozialistischen Föderativen Sowjetrepublik), Dmitrij Kurskij, vorgeschlagen, das Strafgesetzbuch um einen Paragrafen zu erweitern, der die Anwendung von Terror rechtfertigt.[53] Die Parteizeitung *Pravda* veröffentlichte in ihrer Ausgabe vom 17. Mai 1922 einen Leitartikel, der gegen die »Illusion der konterrevolutionären ›Demokratie‹« gerichtet war:[54] »Die Hoffnungen der liberalen Demokraten sind auf Sand gebaut«, hieß es darin. Zwischen Juni 1922 und März 1923 wurden nachweislich 272 Intellektuelle verhaftet, zu Verbannung verurteilt oder ausgebürgert.[55] Die Berichterstattung über Stimmungen unter der Intelligenz ging nach der Ausbürgerungskampagne 1922 gegen Null.

In den Anfangsjahren erreichten die Berichte ihre Adressaten mit großer Verspätung, oft erst zwei Monate oder länger nach den Ereignissen, über die berichtet wurde. Die Adressaten kritisierten die mangelnde analytische Tiefe der Berichte, die Häufung von Tatsachenberichten und das Fehlen von verallgemeinernden Aussagen. Dzierżyńskis Anweisung, Empfehlungen für einzuleitende Maßnahmen in die Berichte aufzunehmen, wurde schließlich entsprochen.

51 Vgl. Andrej Artizov (Bearb.): »Očistim Rossiju nadolgo …«: Repressii protiv inakomysljaščich; konec 1921–načalo 1923 gg. Moskva 2008, S. 70–73.

52 Ebenda, S. 72.

53 Ebenda, S. 99.

54 Vgl. Ebenda, S. 108 f.

55 Zur Ausbürgerung russischer Intellektueller und ihrer zwangsweisen Deportation auf Schiffen nach Deutschland im Jahr 1922 vgl. Vladimir Makarov, Vasilij Christoforov: Passažiry ›filosofskogo parochoda‹. (Sud'by intelligencii, repressirovannoj letom-osen'ju 1922g.). In: Voprosy filosofii (2003) 7, S. 113–137.

Nach Dzierżyńskis Tod 1926 erfuhr die OGPU als »bewaffneter Arm der Partei«, als »blankes Schwert der Diktatur des Proletariats« eine Aufwertung. Mit dem Ziel, die Informationsbeschaffung zu verbessern, fand im April 1926, nach der ersten Volkszählung in der Sowjetunion, eine vom ZK der KPdSU(B) initiierte Beratung über die Parteiinformation und die Statistik statt. Die Volkszählung hatte ergeben, dass 147 Millionen und nicht wie bis dahin geschätzt 139 Millionen Menschen im Lande lebten. Die Berichterstattung der INFO sollte sich von nun an stärker an der durch die Volkszählung präzisierten Sozialstruktur orientieren und zudem langfristigen thematischen Vorgaben folgen.

Die Berichte des Informotdel enthielten nach wie vor ausschließlich Belege für negative, kritische oder der offiziellen Propaganda widersprechende Äußerungen. Im zehnten Jahr der Revolution lag der Schwerpunkt auf der Darstellung der Lage der Arbeiterschaft. Das Netz der Informanten in den Städten war dichter als auf dem Lande und das Interesse an der Arbeiterklasse ideologiebedingt größer. Sogar in innenpolitischen Krisensituationen wie der im Folgenden untersuchten Zwangskollektivierung änderte sich an der Berichterstattung kaum etwas. Da die nichtbolschewistischen sozialistischen Parteien seit 1925/26 keine Rolle mehr spielten, verlagerte sich die Berichterstattung auf Meldungen über nationale Widerstandbewegungen. Die im Jahr 1927 verfassten Monatsberichte enthalten neben der Aufzählung von besonderen Vorkommnissen Bewertungen der politischen und der wirtschaftlichen Situation, die mit der vom Politbüro vorgegebenen politischen Linie der Zuspitzung des Klassenkampfes beim Aufbau des Sozialismus korrespondierten.

Mit Beginn der Getreidebeschaffungskampagne im folgenden Jahr wurde der Adressatenkreis der Berichterstattung erweitert. Die INFO belieferte nun bis zu 50 Funktionsträger des Partei- und Staatsapparates. Die erwähnten Monatsberichte zur wirtschaftlichen und politischen Lage sowie die Berichte zu ausgewählten Themen wurden ab 1930 eingestellt.[56] Fortan dominierten Berichte, die sich thematisch an der Sozialstruktur der sowjetischen Bevölkerung orientierten. Sie enthalten Informationen zu folgenden Schwerpunkten: die Situation in den Städten und die Aktivitäten der Arbeiterklasse, die Situation auf dem Lande und die Aktivitäten der Bauern, wirtschaftliche Probleme, die Situation und die Aktivitäten der Intelligenz und der Angestellten, die Situation in der Roten Armee. Darüber hinaus gab es spezielle Berichte über antisowjetische Aktivitäten und die allgemeine politische Situation.

Politische Morde, Überfälle, Brandstiftungen und ethnische Konflikte galten als außerordentliche Vorkommnisse und mussten von den Bevollmächtigten der OGPU sofort nach Moskau gemeldet werden. Die 7. Unterabteilung sammelte Meldungen über Terror, Massenunruhen und antisowjetische Flugblätter. Dreimal jährlich, jeweils am 1. Februar, am 1. Mai und am 10. Oktober muss-

56 Soveršenno sekretno (Anm. 1), T. 1/1, S. 70.

ten Berichte über die Lage auf dem Land vorgelegt werden. Zum 5. und 29. jedes Monats wurden Informationen über die Stimmung unter den umgesiedelten Kulaken, zum 19. jedes Monats Berichte über antisowjetische Aktivitäten auf dem Lande angefordert.[57]

»Vor Erfolgen von Schwindel befallen« – Das Jahr 1930

Der folgenden Tabelle liegt eine Auswertung der in den Band 8 der eingangs erwähnten Edition »Streng geheim« aufgenommenen Stimmungsberichte des Jahres 1930 zugrunde. Die Rubriken *Stadt*, *Dorf*, *Versorgung*, *Intelligenz*, *Armee* und *antisowjetische Aktivitäten* folgen der thematischen Gliederung der Berichte. Anhand des Verteilers konnten 76 Adressaten ermittelt werden. 33 davon waren Mitarbeiter der OGPU, 38 waren Partei- und Wirtschaftsfunktionäre. In den übrigen fünf Fällen konnte aufgrund fehlender biografischer Angaben kein Funktionsbereich zugeordnet werden. Der Übersichtlichkeit halber wird in der Tabelle nur nach der Zugehörigkeit zum Apparat der OGPU bzw. dem Parteiapparat unterschieden. Deutlich wird – auch wenn die Herausgeber des Bandes die Lücke in der Berichterstattung über die Dörfer von März bis Juni 1930 nicht kommentieren – der signifikante Anstieg der Zahl der Berichte in den Krisenmonaten. Die Zahl der Berichte über die Stimmungen in der Arbeiterschaft erhöhte sich von zehn im Januar auf 19 im Mai, die Anzahl der Adressaten, die diese Berichte erhielten, stieg ebenfalls deutlich an: innerhalb der GPU von elf auf 18 und innerhalb der KPdSU von elf auf 16. Gleiches trifft auf die Berichte über die Lage auf dem Lande zu. Hier ist bei den Adressaten der GPU zwischen Februar und August ein Anstieg von neun auf 19, bei denen der KPdSU von vier auf 13 zu verzeichnen. Die Lücke in der Dorfberichterstattung kann durch die Analyse der Berichte über die sich verschlechternde Versorgungslage – hier ist zwischen Februar und Juni ein Anstieg von drei auf zehn zu beobachten – geschlossen werden, die Lücke in der Berichterstattung zur Versorgungslage im April kommentieren die Herausgeber des Bandes ebenfalls nicht.

57 Berelovič: Sovetskaja derevnja (Anm. 38), T. 3/1, S. 49.

Monat	Stadt		Dorf		Versorgung		Intelligenz	Armee	Antisowj. Aktivitäten
	Anz. Ber.	Anz. Adr. GPU/KP	Anz. Ber.	Anz. Adr. GPU/KP	Anz. Ber.	Anz. Adr. GPU/KP	Anz. Ber.	Anz. Ber.	Anz. Ber.
Jan.	10	11/11	5	09/09	1	07/04	0	0	1
Feb.	12	11/13	4	09/04	3	09/06	1	0	1
März	14	14/12	2	00/01	5	08/10	0	1	10
April	14	16/12	2	00/01	1	00/00	1	0	2
Mai	19	18/16	1	00/01	11	14/13	2	0	1
Juni	11	17/11	0	00/00	10	15/14	0	1	1
Juli	11	14/12	5	16/14	6	16/12	0	2	1
Aug.	13	18/14	5	19/13	5	17/12	1	3	2
Sept.	13	16/17	4	21/11	6	16/11	2	1	7
Okt.	16	18/15	4	18/14	4	17/12	1	2	2
Nov.	7	19/08	3	13/12	2	17/09	0	0	2
Dez.	10	18/11	1	12/11	4	17/11	2	0	6

Tab. 1: Anzahl (Anz.) der Stimmungsberichte (Ber.) und deren Adressaten (Adr.) in der GPU und in der KPdSU (KP) im Jahr 1930, untergliedert nach Rubriken

Das Jahr 1930 begann mit der Forderung der Führung der KPdSU(B) nach »Beseitigung der Kulaken als Klasse«. Als Kulaken galten Bauern, die fremde Arbeitskraft nutzten oder mit Wind- oder Wasserkraft betriebene Mühlen oder vergleichbare Produktionsstätten zur Verarbeitung landwirtschaftlicher Produkte betrieben. Im Jahr 1929 gab es nach offiziellen Angaben ca. 700 000 solcher bäuerlichen Wirtschaften. Stalin hatte diesen Kurs Ende 1929 auf der Konferenz marxistischer Agrarwissenschaftler verkündet.[58] Der von ihm hervorgehobene »charakteristische Zug der gegenwärtigen kollektivwirtschaftlichen Bewegung« hatte mit dem, was tatsächlich im Land vor sich ging, jedoch nichts zu tun.

In den ihrer Begrifflichkeit nach tendenziösen, aber auf Tatsachen gestützten Stimmungsberichten ist nicht davon die Rede, dass einzelne Gruppen der sogenannten Dorfarmut bzw. der »Mittelbauer in seiner Masse«[59] in die Kollektivwirtschaften strömten. Das Gegenteil war der Fall. Die Bauern lehnten die Kol-

58 Zu Fragen der Agrarpolitik in der UdSSR. Rede auf der Konferenz marxistischer Agrarwissenschaftler, 27. Dezember 1929. In: SW. Bd. 12: April 1929 – Juni 1930, Berlin 1954, S. 125–152.

59 Ebenda, S. 125.

lektivierung fast einhellig ab.[60] Allein in den Monaten Januar und Februar 1930 gab es mehr Protestaktionen gegen Kollektivierungsmaßnahmen als im gesamten Vorjahr[61] und nur 7,6 Prozent der bäuerlichen Betriebe waren Kollektivwirtschaften.[62]

Die Mittelbauern folgten im Hinblick auf ihre Haltung zur Kollektivierung den Kulaken. Letztere konnten auf diese Weise trotz Entzug des Wahlrechts ihre Stellung auf dem Lande festigen. Sie nutzten die Wahlen zu den Dorfsowjets für antibolschewistische Propaganda. Viel schwerwiegender aber war, dass sie ihrer Ablieferungspflicht nicht nachkamen und Getreide zurückhielten, was Auswirkungen auf die Versorgung der Arbeiter in den Städten hatte. Die Berichte des Informotdel aus dem Jahre 1929 spiegeln das Scheitern der 1928 eingeleiteten Kollektivierungspolitik.[63] Als Stalin die kollektivwirtschaftliche Bewegung mit einer »kulakenfeindlichen Lawine« verglich,[64] formulierte er die eigentliche Botschaft, die dem Beschluss des ZK der KPdSU(B) vom 5. Januar 1930 »Über das Tempo der Kollektivierung und die Hilfsmaßnahmen des Staates für den kollektivwirtschaftlichen Aufbau« zugrunde lag. Von Studenten der kommunistischen Sverdlov-Akademie befragt »mit welchen Methoden [...] die Liquidierung des Kulakentums als Klasse vorgenommen werden« soll, antwortete er: »Die grundlegende Methode zur Liquidierung des Kulakentums als Klasse ist die Methode der Massenkollektivierung.«[65] Die *Pravda* wurde deutlicher. Im Leitartikel vom 11. Januar 1930 war von einem »Krieg auf Leben und Tod« die Rede, in dessen Ergebnis die Kulaken »vom Antlitz der Erde hinweggefegt werden«.[66] Ihr Hab und Gut sollte enteignet und unter den armen und Mittelbauern aufgeteilt werden. Die Zeit der NÖP sei ein für allemal vorbei, jetzt könne man sie »zum Teufel schicken«.[67] Später war im »Kurzen Lehrgang« nachzulesen: »Der Übergang zur durchgängigen Kollektivierung erfolgte nicht in Form eines friedlichen Eintritts der großen Masse der Bauernschaft in die Kollektivwirtschaften, sondern in Form des Massenkampfes der Bauern gegen das Kulakentum.«[68]

60 Soveršenno sekretno (Anm. 1), T. 8/1, S. 854.

61 Ebenda, T. 8/1, S. 853.

62 Ebenda, T. 8/1, S. 25.

63 Zur Kollektivierungspolitik vgl. Manfred Hildermeier: Geschichte der Sowjetunion 1917–1991. Entstehung und Niedergang des ersten sozialistischen Staates. München 1998, S. 377–401.

64 Zu Fragen der Agrarpolitik (Anm. 58), S. 125.

65 Antwort an die Genossen Swerdlower [9.2.1930]. In: SW, Bd. 12, S. 162–167, hier 162 bzw. 165.

66 Danilov; Ivnickij: Dokumenty svidetel'stvujut (Anm. 3), S. 299–301.

67 Zu Fragen der Agrarpolitik (Anm. 58), S. 151.

68 Geschichte der Kommunistischen Partei der Sowjetunion (Bolschewiki). Kurzer Lehrgang. Moskau 1939, S. 366–377. Zu Stalins Redaktion des Kapitels XI, Abs. 2, siehe Michail Zelenov, David Brandenberger (Bearb.): »Kratkij kurs istorii VKP(b)«. Tekst i ego istorija. Čast' 1. Moskva 2014, S. 415–417.

Eine Mitte Januar 1930 vom Politbüro eingesetzte und von Vjačeslav Molotov geleitete Kommission[69] begann mit der Erarbeitung eines Maßnahmeplans.[70] Die OGPU informierte am 18., 19. und 25. Januar die regionalen Dienststellen über die bevorstehende »Entkulakisierung«. Am 2. Februar 1930 lag ein Befehl über die Verurteilung der Kulaken zum Tode bzw. zur Verbannung vor; später kam noch eine dritte Variante hinzu, die »nur« eine Umsiedlung innerhalb der Heimatregion vorsah. Der stellvertretende Vorsitzende der OGPU, Stanislav Messing, bat Stalin um Zustimmung, dass Molotov am 31. Januar 1930 das Aktiv der OGPU über das Vorgehen gegen die Kulaken informiert. Stalin lehnte ab, untersagte die Einberufung der Aktivberatung und ordnete an, die »völlig eindeutige Direktive« umzusetzen, statt sie zum Gegenstand einer breiten Agitationskampagne zu machen.[71] Es ging um den Beschluss des ZK über die Deportation von 60 000 Kulakenfamilien nach Sibirien bis Ende April 1930.[72] Ende des Jahres 1930 waren bereits insgesamt 371 645 Kulaken »umgesiedelt« worden.[73] In der Presse wurden auf Beschluss des Politbüros ab Februar Meldungen über Hinrichtungen von Kulaken veröffentlicht.[74] Auf Bitte der deutschen, der tschechischen und der italienischen KP wurde der Bericht über den 5-Jahresplan und die Beseitigung der Kulaken als Klasse übersetzt und von der Komintern in Westeuropa verbreitet.[75]

Die OGPU begann sofort mit Enteignungen, Verhaftungen und Deportationen. Doch von einer schnellen, koordinierten und zielgerichteten Kampagne, die von Arm- und Mittelbauern mitgetragen wurde, kann keine Rede sein. Eine Auswertung der 68 zwischen dem 31. Januar und dem 24. April 1930 vorgelegten Berichte der OGPU[76] ergab, dass die Regionen, in die die Kulaken »umgesiedelt« werden sollten, darauf nicht vorbereitet waren. Am 25. Februar präzisierte die OGPU die Befehle vom 2. des Monats und erteilte neue Auflagen bezüglich der Koordinierung und Planung der Aktionen.[77] An den vorgegebenen Sollzahlen (*limity*) änderte sich nichts. Molotov verlangte von den zur Sitzung am 11. und 12. Februar angereisten Funktionären absolutes Stillschweigen und die organisierte Umsetzung der Beschlüsse.[78]

69 Nikolaj Ivnickij, Viktor Danilov (Red.): Tragedija sovetskoj derevni. Kollektivizacija i raskulačivanie. Dokumenty i materialy v 5 tomach. 1927–1939. T. 2. Nojabr' 1929–Dekabr' 1930. Moskva 2000, S. 10 f.

70 Adibekov: Politbjuro (Anm. 5). Tom 2: 1930–1939, S. 10.

71 Chaustov: Lubjanka (Anm. 13), S. 218.

72 Ebenda, S. 220.

73 Ebenda, S. 267.

74 Adibekov: Politbjuro (Anm. 5). Tom 2: 1930–1939, S. 20.

75 Ebenda, S. 23.

76 Berelovič: Sovetskaja derevnja (Anm. 38), T.3/1, S. 9–11.

77 Soveršenno sekretno (Anm. 1), T. 8/2, S. 1574–1676.

78 Ivnickij; Danilov: Tragedija (Anm. 69), S. 13.

Am 2. März 1930 erschien in der *Pravda* Stalins Artikel »Vor Erfolgen von Schwindel befallen«.[79] Dem Fragen der kollektivwirtschaftlichen Bewegung gewidmeten Text lag ein Beschluss des Politbüros vom 28. Februar zugrunde.[80] Er wurde zusammen mit dem Musterstatut für die Kolchosen veröffentlicht.[81] Acht Tage danach kritisierte das Politbüro »Entstellungen der Parteilinie auf dem Gebiet des Aufbaus von Kolchosen« im Sinne des Stalinschen Artikels.[82] Wiederum eine Woche später stimmten Wirtschaftsfunktionäre das weitere Vorgehen im Schwarzerdegebiet und in der Ukraine ab.[83]

Stalins Einschätzung der »grundlegenden Wendung des Dorfes zum Sozialismus« widersprach der in den Stimmungsberichten geschilderten Situation. Er hatte erkannt, dass die Durchsetzung seiner Politik der Kollektivierung und Entkulakisierung im Führungszirkel der KPdSU infrage gestellt wurde und wies deshalb auf »für die Sache gefährliche und schädliche Stimmungen« in den Reihen der Partei hin.[84] Am 19. März – einen entsprechenden Beschluss hatte das Politbüro am 10. März gefasst –[85] traten zwei Funktionäre zum Rapport über die Absicherung der Versorgung Moskaus mit Lebensmitteln, insbesondere mit Fleisch, bei Stalin an.[86] Um die rechten Mitglieder des Politbüros, also die Kritiker seiner Politik zu treffen, musste Stalin die linken, die in seinem Geiste agierten, in die Schranken weisen. »Was geht aber zuweilen bei uns in Wirklichkeit vor?«, fragte er mit Bezug auf die Kollektivierungsmaßnahmen und gab zur Antwort, der Grundsatz der Freiwilligkeit werde verletzt und bürokratische Dekretierung sei an der Tagesordnung. Und, fügte er hinzu, es habe Androhungen gegeben, Militärgewalt anzuwenden. Mit diesen linken »Verzerrungen«, die nur den Rechtsabweichlern und erklärten Feinden dienten, müsse ein für allemal Schluss sein. Das war in erster Linie ein Signal an die Genossen in den Parteiorganisationen.

In Industriebetrieben in von der Landwirtschaft geprägten Regionen und in Wirtschaftszweigen wie der Textilindustrie, in denen der Anteil der Dorfbevölkerung hoch war, stieß die Agrarpolitik auf Widerstand und Kritik. Wortführer seien dabei aus den Dörfern geflohene Kulaken, heißt es in einem Bericht vom 14. März 1930.[87] Nach der Veröffentlichung von Stalins Artikel mehrten sich die Stimmen jener, die für die Kulaken Partei ergriffen. Auch während der Streiks

79 Vor Erfolgen von Schwindel befallen. Zu den Fragen der kollektivwirtschaftlichen Bewegung [2.3.1930]. In: SW. Bd. 12, S. 168–175.

80 Adibekov: Politbjuro (Anm. 5). Tom 2: 1930–1939, S. 25.

81 Ivnickij; Danilov: Tragedija (Anm. 69), S. 270.

82 Adibekov: Politbjuro (Anm. 5). Tom 2: 1930–1939, S. 28.

83 Anatolij Černobaev (Red.): Na prieme u Stalina. Tetradi (žurnaly) zapisej lic, prinjatych I. V. Stalinym (1924–1953 gg.). Moskva 2010, S. 32.

84 Vor Erfolgen von Schwindel befallen (Anm. 79), S. 168 f.

85 Adibekov: Politbjuro (Anm. 5). Tom 2: 1930–1939, S. 30.

86 Černobaev: Na prieme u Stalina (Anm. 83), S. 32.

87 Soveršenno sekretno (Anm. 1), T. 8/1, S. 141–144.

(die Streikbewegung war von 1928 bis 1930 rückläufig)[88] wurde Unmut laut; es tauchten kollektivierungskritische Flugblätter auf und Gerüchte kursierten: »Bald wird es in den Städten so zugehen, wie auf dem Lande. Alles wird konfisziert und aufgeteilt.« Insbesondere die Saisonarbeiter lehnten die Zwangskollektivierung ab, denn: »Heute gibt es keine Kulaken mehr, nur noch gut arbeitende Bauern.«[89] Wer so auftrat wurde von der OGPU als Rechtsabweichler, aus dem Dorfe geflohener Kulak bzw. als dessen Angehöriger bezeichnet.

In den Stalin vorgelegten Berichten war von brutalen Übergriffen auf die Dorfbevölkerung und dem Einsatz regulärer Armeeeinheiten die Rede. Ab Mitte März 1930 berichtete der Informotdel über die Stimmung in der Truppe.[90] Die Deportation der Kulaken lief in dieser Zeit auf Hochtouren, 60 000 von ihnen aus dem Schwarzerdegebiet waren auf dem Weg nach Sibirien, wo man auf ihre Ankunft nicht vorbereitet war.[91] Die Aktionen der von der Partei eingesetzten 25 000 Funktionäre[92] zerstörten die Existenzgrundlage der Mittelbauernschaft. Die bedrohliche Ausmaße annehmenden »Überspitzungen« und »Verzerrungen« waren nicht allein der Unfähigkeit des Apparates an der Basis geschuldet, die Direktiven richtig umzusetzen. Oft waren die ungenauen und einander widersprechenden Weisungen die Ursache für das Fehlverhalten der in Sibirien eingesetzten Kader.[93] Nur 18 000 der über 27 000 zur Arbeit in den Kolchosen mobilisierten Arbeiter blieben in den Kolchosen.[94] Diese Einschätzung erreichte Stalin am 20. März 1930, als die Politbüromitglieder Molotov, Lazar Kaganovič und Sergo Ordžonikidze sich auf eine Inspektionsreise in den Nordkaukasus, das Schwarzerdegebiet und die Ukraine vorbereiteten.[95] Zwei Tage später berieten Stalin, Vertreter der Staatsbank, der OGPU, der Organisationsabteilung des ZK und des Volkskommissariats für Eisenbahntransport über die beabsichtigte Deportation der Kulaken per Eisenbahn.[96]

Als Konterrevolutionäre, die sich im 1. Quartal an Widerstandaktionen beteiligt hatten, wurden 140 724 Personen verhaftet, berichtete die für die Gegenspionage zuständige Abteilung der OGPU Abteilung Abwehr/Gegenspionage. Im Unterschied zur »Bandenbildung« wie in den Vorjahren war nun von »unverhüllten Aufstandsplänen zum Sturz der Sowjetmacht, mit denen Konterrevolutionäre aller Schattierungen auftreten«, die Rede.[97]

88 Ebenda, T. 8/1, S. 259, 356.
89 Ebenda, T. 8/1, S. 182.
90 Soveršenno sekretno (Anm. 1), T. 8/2, S. 1215–1219.
91 Ivnickij; Danilov: Tragedija (Anm. 69), S. 330–332.
92 Soveršenno sekretno (Anm. 1), T. 8/1, S. 764.
93 Chaustov: Lubjanka (Anm. 13), S. 237.
94 Soveršenno sekretno (Anm. 1), T. 8/2, S. 1557.
95 Adibekov: Politbjuro (Anm. 5). Tom 2: 1930–1939, S. 31.
96 Černobaev: Na prieme u Stalina (Anm. 83), S. 32.
97 Berelovič: Sovetskaja derevnja (Anm. 38), T.3/1, S. 313, 331.

Motiviert durch Stalins Artikel lieferte der Leiter der SOU, Genrich Jagoda, weitere Beispiele für »Übertreibungen« und »Verzerrungen«. Erstmalig tauchten diese Begriffe (*peregiby i izkaženija klassovogo principa v chlebozagotovkach* – Überspitzung und Verzerrungen des klassenmäßigen Herangehens bei der Getreidebeschaffung) im Monatsbericht des Informotdel vom April 1929 auf.[98] Kurz darauf wurde die Rubrik »Beispiele für ›administrative Willkür‹« eingeführt.[99] Die Verschärfung des Klassenkampfes auf dem Lande 1929[100] mündete in eine Bürgerkriegsstimmung, die die Durchführung der Frühjahrsaussaat 1930 gefährdete, wie aus dem Schreiben von Jagoda an Stalin vom 7. März 1930 hervorgeht, dem eine umfangreiche *Spravka* der SOU der OGPU über den Verlauf der Kollektivierung und Entkulakisierung beigefügt ist.[101] Es war ein Katalog von Verstößen gegen geltendes Recht.[102] Am selben Tag ließ Stalin den Mitgliedern und Kandidaten des Politbüros sowie den Mitgliedern des Präsidiums der Zentralen Kontrollkommission (ZKK) Auszüge über die Situation in der Ukraine und im Schwarzerdegebiet Russlands zukommen und unterbreitete den Vorschlag, die »Entstellung der Parteilinie« auf die Tagesordnung der Politbürositzung am 10. März 1930 zu setzen.[103] Den Bericht hatte Grigorij Evdokimov, ein Vertrauter Stalins, mit Anmerkungen über die eingeleiteten Maßnahmen sowie Angaben zu im Februar registrierten Massenprotesten versehen, die die SOU zur Verfügung gestellt hatte. Neben der Formel »die Verantwortlichen wurden zur Rechenschaft gezogen« findet sich der Hinweis auf Sympathiekundgebungen von Parteimitgliedern für die Kulaken und die mangelhafte Aufklärungsarbeit vor Ort. Die Arm- und Mittelbauern hatten die Maßnahmen der Partei unterstützt. Aufgrund der »Verzerrungen« wuchs jedoch auch unter ihnen der Unmut.

Aus einem Wochenbericht vom 21. März 1930 über die Reaktion der Soldaten auf Stalins Artikel »Vor Erfolgen von Schwindel befallen« geht hervor, dass sie diesen als Kritik an der falschen Agrarpolitik auslegten und vermuteten, dass jetzt die Rückkehr zur NÖP eingeläutet werde.[104] Jagoda hatte am 17. März Auskünfte über die einberufenen Kulakensöhne angefordert und verlangt, die Briefzensur zu verschärfen.[105] Die Bedeutung dieser Quelle liegt in Anbetracht des auf dem Lande kaum vorhandenen Netzes von Informanten auf der Hand. Vom 20. Juni bis zum 1. Juli 1930 lasen Mitarbeiter der 3. Unterabteilung des

98 Soveršenno sekretno (Anm. 1), T. 7, S. 218.
99 Ebenda, T. 7, S. 502.
100 Ebenda, T. 7, S. 392.
101 Ivnickij; Danilov: Tragedija (Anm. 69), Jagodas Brief: S. 292 f., Anlage S. 293–302.
102 Soveršenno sekretno (Anm. 1), T. 8/1, S. 708–718.
103 Chaustov: Lubjanka (Anm. 13), S. 226–229.
104 Berelovič: Sovetskaja derevnja (Anm. 38), T. 3/1, S. 267 f.
105 Ivnickij; Danilov: Tragedija (Anm. 69), S. 310.

Informotdel 16 790 Briefe und ermittelten 10 504 mit »positivem« Inhalt.[106] Im Zuge der Filtration der Post an die Armeeangehörigen (1 501 026 Sendungen) im Juni 1930 wurden 606 586 Briefe von Zensoren in 14 Militärbezirken bzw. Gebietsverwaltungen der OGPU gelesen, davon wurden 28 894, knapp 5 Prozent, als »positiv« eingestuft.[107]

Am 8. März 1930 veröffentlichte das Oberste Gericht der RSFSR, der ursprünglich vorgegebenen Linie der Offensive folgend, einen Kommentar über das bei Übergriffen auf Mitglieder der Requirierungskommissionen anzuwendende Strafmaß. Sollten die Angriffe als Widerstand gegen die Staatsgewalt ausgelegt werden, kam Artikel 73/1 des Strafgesetzbuches (Haft bis zu einem Jahr) zur Anwendung, wenn sie in konterrevolutionärer Absicht erfolgten, musste der Artikel 58/8 (Todesstrafe) zur Anwendung kommen. Doch bereits zwei Tage später fasste das ZK der KPdSU(B) einen Beschluss über den Kampf gegen die »Verzerrungen der Parteilinie« in der Kolchosbewegung.[108] Am 11. März wurde Kovalev, Leiter der Abteilung »Parteileben« der *Pravda*, von Stalin instruiert, wie das Thema im Zentralorgan zu behandeln sei.[109] Stalin betonte nicht nur, dass die Erfolge realistischer eingeschätzt werden sollten, sondern auch die Notwendigkeit, einen entschiedenen, gnadenlosen Kampf gegen die »Verzerrungen« der Politik der Partei bei der Kollektivierung zu führen.[110] Im Beschluss des ZK wurde kritisiert, dass Anwendung von Gewalt an die Stelle des Prinzips der Freiwilligkeit getreten sei. Aus einem am 18. März 1930 versandten Direktivbrief des Obersten Gerichts geht hervor, wie dieser Kommentar vor Ort – auch hier war unter Berufung auf Stalins Artikel »Vor Erfolgen von Schwindel befallen« von »Verzerrungen« die Rede –[111] missbraucht wurde. Fortan mussten Eingaben und Beschwerden der armen und der Mittelbauern geprüft und Revisionsverfahren eingeleitet werden.

Stalin lag darüber hinaus ein auf den 15. März datierter Bericht aus Sibirien vor. Administrative Zwangsmethoden, heißt es darin, seien in der Region die Regel und nicht die Ausnahme, Gewalt, Raub und Beleidigungen reguläre Begleiterscheinungen. Bisher war lediglich mit der Deportation von 6 000 der insgesamt 30 000 Kulaken-Wirtschaften begonnen worden. Die von der Umsiedlung betroffenen Kulaken leisteten bewaffneten Widerstand, in den Berichten ist von »Bandenbildung« die Rede.[112] Im Schwarzerdegebiet wurden 77 243 Wirtschaften »entkulakisiert«. In 31 605 Fällen musste die Entscheidung revidiert werden, wie aus einem Bericht des Informotdel vom 17. Mai 1930 hervor-

106 Ebenda, S. 521.
107 Soveršenno sekretno (Anm. 1), T. 8/1, S. 788.
108 Ivnickij; Danilov: Tragedija (Anm. 69), S. 303–305.
109 Černobaev: Na prieme u Stalina (Anm. 84), S. 32.
110 Ivnickij; Danilov: Tragedija (Anm. 69), S. 303.
111 Ebenda, S. 312–315.
112 Soveršenno sekretno (Anm. 1), T. 8/1, S. 719–721.

geht. Diese Angaben seien vorläufig und unvollständig, der Wert der Erstattung für das enteignete Inventar belief sich dem Bericht zufolge auf 17 Millionen Rubel.[113] Der Informotdel erstellte zudem einen Bericht über die vom 1. Januar bis zum 18. März 1930 registrierten antisowjetischen Kundgebungen im Schwarzerdegebiet.[114] Sie richteten sich gegen die gewaltsame Konfiskation von Vieh und Saatgut, gegen die Androhung der Verbannung bei Weigerung, in den Kolchos einzutreten, gegen Repressalien gegen arme Bauern und Arbeiter, gegen Verhaftungen, Gewaltanwendung und bürokratische Verstöße. Von Monat zu Monat stieg die Zahl der an Protestkundgebungen Beteiligten auf über 35 000 an. Ihr Widerstand konnte nur mithilfe der Armee gebrochen werden. In der Ukraine und in Weißrussland sollten solche Aktionen zügig und in aller Stille durchgeführt werden. Sie waren eine Generalprobe für die Mitte der 1930er-Jahre durchgeführten »Nationalen Operationen des NKVD«.

Am 28. März 1930 wurde Tichon Jurkin vom *Centrokolchoz*, einer für die Koordinierung der Kollektivierung sowie die Versorgung mit Ausrüstungsgegenständen und die Vergabe von Krediten zuständigen Abteilung des Volkskommissariats für Landwirtschaft, und am folgenden Tag Semën Lobov, im Volkswirtschaftrat zuständig für die Versorgung, zum Bericht bei Stalin vorgeladen.[115] Sie legten Stalin die Berichte über die Arbeit ihrer Ressorts vor. Stalin griff auf ihre Informationen in seiner »Antwort an die Genossen Kollektivbauern« vom 3. April zurück, die er mit der Feststellung einleitete, dass die Gewaltanwendung und der Kampf gegen die Mittelbauern zentrale Fehler der jüngsten Kampagne waren: »Das ZK hat hier gründliche Nachforschungen angestellt.« [116] Dazu gehörte eine Information über Stellungnahmen der Bevölkerung vor und nach Veröffentlichung des Artikels »Vor Erfolgen von Schwindel befallen«.[117] Am 4. April wurde in Stalins Kabinett der in der Ukraine durchzusetzende Kurs festgelegt. Anwesend waren der KP-Chef der Ukraine, der Volkskommissar für Binnenhandel und der Chef der OGPU in der RSFSR.

Das Echo auf Stalins Artikel war Bestandteil der Berichterstattung aus den Regionen. Am 10. April lag eine Information aus dem Gebiet am Mittellauf der Wolga vor.[118] Ein Stimmungsumschwung, so lautete das Resümee, konnte noch nicht herbeigeführt werden. In den Berichten der INFO tauchte im April 1930 der Begriff *»peregibščik«* (wörtlich: »Überspitzer«) auf. Gemeint waren die Funktionäre vor Ort, die für die Übertreibungen und Verzerrungen verantwortlich

113 Berelovič: Sovetskaja derevnja (Anm. 38), T. 3/1, S. 347–349.
114 Ivnickij; Danilov: Tragedija (Anm. 69), S. 319–321.
115 Černobaev: Na prieme u Stalina (Anm. 84), S. 32.
116 Antwort an die Genossen Kollektivbauern [3.4.1930]. In: SW, Bd. 12, S. 177–200, Zitat 186.
117 Ivnickij; Danilov: Tragedija (Anm. 69), S. 370–376.
118 Berelovič: Sovetskaja derevnja (Anm. 38), T. 3/1, S. 293–296.

gemacht wurden.[119] Unter den 220 zur Rechenschaft Gezogenen waren 70 Parteimitglieder. Vier von ihnen wurden zum Tode verurteilt. Stalin stellte das »Abfluten eines Teils der Bauern aus den Kollektivwirtschaften« als Erfolg hin und sprach vom Prozess der Gesundung und Festigung der Kollektivwirtschaften. Die Funktionäre vor Ort werteten das »Abfluten« dagegen als Konterrevolution. Sie weigerten sich, die Verantwortung für die Fehler der Führung zu übernehmen und hängten aus Protest die Stalinporträts in den Amtsstuben ab.[120]

Um die Kader einzustimmen, wurde auf Beschluss des Politbüros am 2. April 1930[121] ein interner Brief des ZK »Über die Aufgaben der Kolchosbewegung im Zusammenhang mit dem Kampf gegen die Verzerrung der Parteilinie« verbreitet.[122] Darin wurde die Feststellung vom Sieg der Kollektivierung zurückgenommen und durch eine realistischere – von der »noch nicht vorhandenen stabilen Mehrheit« – ersetzt. Einige Funktionäre sahen darin einen Rückzug der Sowjetmacht, die Abkehr von einer falschen Politik. Die 2. Abteilung des Informotdel führte derartige »Fehleinschätzungen« auf mangelnde propagandistische Arbeit zurück.[123] Stalin informierte die Politbüromitglieder, dass sogar unter Kremlkursanten und Studenten der Wirtschaftsakademie konterrevolutionäre Gerüchte kursierten.[124]

Im Zusammenhang mit dem bevorstehenden Osterfest gab es Kritik an der Schließung von Kirchen; die Kundgebungen am 1. Mai sollten für Protestaktionen gegen die Regierung genutzt werden. Redner wurden mit sowjetfeindlichen Zwischenrufen unterbrochen, die Zahl der registrierten regierungskritischen Flugblätter nahm sprunghaft zu.[125] Immer mehr Frauen schrieben an das ZK, unterbreiteten Vorschläge und brachten Kritik vor. Ihr Vertrauen in die örtlichen Organe hatten sie verloren, »die Zeitungen drucken nicht, was das Volk denkt«.[126] Zum 1. August 1930 lag eine erste zusammenfassende Bestandsaufnahme dieser Stimmungen und Meinungen vor.[127]

Die Folgen der Kollektivierung waren verheerend, eine Hungersnot erfasste weite Gebiete des Landes. Die Erfüllung des Aussaatplanes lag 1930 bei knapp 80 Prozent und blieb damit hinter dem Vorjahresstand zurück. Das Politbüro beschäftigte sich mit der Kreditierung der Kolchosen und Individualwirtschaften von armen und Mittelbauern.[128] Der Volkskommissar für Finanzen Niko-

119 Ebenda, S. 310.
120 Soveršenno sekretno (Anm. 1), T. 8/1, S. 732.
121 Adibekov: Politbjuro (Anm. 5). Tom 2: 1930–1939, S. 35.
122 Ivnickij; Danilov: Tragedija (Anm. 69), S. 365–370.
123 Soveršenno sekretno (Anm. 1), T. 8/1, S. 203–205.
124 Adibekov: Politbjuro (Anm. 5). Tom 2: 1930–1939, S. 37.
125 Soveršenno sekretno (Anm. 1), T. 8/1, S. 254.
126 Ebenda, T. 8/1, S. 221–223.
127 Ivnickij; Danilov: Tragedija (Anm. 69), S. 570–575.
128 Adibekov: Politbjuro (Anm. 5). Tom 2: 1930–1939, S. 41.

laj Brjuchanov musste immer wieder Geld zur Verfügung stellen. Im Oktober 1937 wurde er abgesetzt, im September 1938 erschossen. Im Sommer haperte es sogar mit der Versorgung in Moskau und Leningrad. In den Berichten war von systematischen Versorgungsproblemen die Rede, vor den Geschäften bildeten sich Schlangen.[129] Die Lebensmittelpreise auf den Märkten stiegen beständig.[130] Sibirien, der Ural und das Gebiet am Unterlauf der Wolga mussten mit Getreide und Futtermitteln beliefert werden.[131] Im Herbst herrschte Tausch gegen Industriewaren statt Bezahlung vor. Einen Monat später war in den Berichten von systematischer Unterversorgung die Rede. Das erklärt, weshalb häufig Frauen an den Protestaktionen teilnahmen. Von den im ersten Halbjahr 1930 gezählten 8 707 Aktionen wurden 2 800 von Frauen getragen. Dem Anteil der Frauen an den Protesten war ein eigener Bericht gewidmet.[132] Versammlungen in Betrieben mussten wegen mangelnder Beteiligung ausfallen.

Auf dem XVI. Parteitag der KPdSU (26. Juni bis 13. Juli 1930) nahm Stalin im Rechenschaftsbericht zur »Wendung der Bauernschaft zum Sozialismus« und dem »Entwicklungstempo beim Aufbau der Sowjet- und Kollektivwirtschaften« Stellung.[133] Der Bericht war eine Siegesfeier über die rechte Opposition: »Der Prozeß der Liquidierung des Kulakentums als Klasse [schreitet] bei uns mit Volldampf vorwärts [...]«, stellte Stalin fest und wies darauf hin, dass »weder die kleinbürgerliche Anarchie noch die Überspitzungen« den »opportunistischen Schwätzern in unserer Partei« geholfen hätten. Er verteidigte die »Repressalien beim sozialistischen Aufbau« als »notwendiges Element der Offensive«, mit der Einschränkung: »aber ein nebengeordnetes Element, nicht das Hauptelement«.[134]

Zum 19. November 1930 lag ein analytischer Bericht des Informotdel der OGPU »über die Formen und die Dynamik des Klassenkampfes auf dem Lande« seit der Einführung der NÖP vor.[135] Der Bericht ist ein Beispiel dafür, wie die Berichterstattung im Nachhinein der Parteilinie angepasst wurde. Die Formen und die Dynamik des Klassenkampfes änderten sich während der NÖP in Abhängigkeit von der Intensität der Maßnahmen zum Wiederaufbau der Wirtschaft. Zunächst, heißt es darin, hätten sich die Kulaken angepasst und versucht, Institutionen auf dem Lande zu besetzen. Doch bereits 1927 hätten konterrevolutionäre Aktivitäten dominiert. 1929 hätten die Kulaken ihre Haltung gegenüber der Staatsmacht von Grund auf geändert. Von der Anpassung

129 Soveršenno sekretno (Anm. 1), T. 8/2, S. 918.

130 Ebenda, T. 8/2, S. 1030.

131 Adibekov: Politbjuro (Anm. 5). Tom 2: 1930–1939, S. 45.

132 Soveršenno sekretno (Anm. 1), T. 8/2, S. 1398–1418.

133 Politischer Rechenschaftsbericht des Zentralkomitees an den XVI. Parteitag der KPdSU(B), 27. Juni 1930. In: SW. Bd. 12, S. 207–326, hier 246–254.

134 Ebenda, S. 253 f. bzw. 271.

135 Soveršenno sekretno (Anm. 1), T. 8/1, S. 851–861.

seien sie zum offenen Kampf übergegangen. Sie warteten auf die Intervention und strebten den Sturz der Sowjetmacht an. Die *Zuspitzung des Klassenkampfes* äußere sich im zunehmenden Terror (Morde, Übergriffe und Brandstiftungen). 1928 hätten die Kulaken die Versorgungsschwierigkeiten in den Industriezentren ausgenutzt, um der Staatsmacht den Krieg zu erklären und die Mittelbauern auf ihre Seite zu ziehen.

In dieser Zeit nahmen Massenproteste sprunghaft zu. Für den Zeitraum von Dezember 1929 bis Februar 1930 werden folgende Protestformen benannt: Versammlungen, Sprengung von Versammlungen zur Kolchosbewegung, Bandenbildung, Flugblätter. Oft beteiligten sich ganze Dörfer an antisowjetischen Aktionen. Der Höhepunkt der Zuspitzung des Klassenkampfes auf dem Lande fällt in die Zeitspanne Ende Februar bis April 1930. Die massenhaften »Überspitzungen« der Direktiven der Partei und die »Entstellungen der Klassenlinie« seien von den Kulaken ausgenutzt worden, war dem Bericht zu entnehmen. Der Kulakenterror nehme ungekannte Dimensionen an, erfasse ganze Regionen. Der Zeitraum April bis Juli 1930 sei durch das konzentrierte Vorgehen gegen sämtliche Erscheinungsformen antisowjetischer Aktivitäten geprägt. Von August bis Oktober 1930 sei es gelungen, die Lage zu stabilisieren. Soweit der Bericht.

Schlussbetrachtung

Kritiker der von Lenin und Stalin praktizierten Agrarpolitik wiesen darauf hin, dass die hier geschilderte »Ruhephase«[136] nicht dauerhaft bestehen bleiben konnte. Sie waren sich darin einig, dass die Existenz zweier paralleler und gleichberechtigter Rätesysteme – der Sowjets der Arbeiter und der Sowjets der Bauern – nicht von Dauer sein konnte. Solange deren Klasseninteressen im Prozess der Zerstörung der alten Weltordnung übereinstimmen, wäre sie möglich. Je deutlicher das sozialistische Bestreben des Proletariats in der Revolution hervortritt, umso stärker tritt der Unterschied zur Bauernschaft hervor. Da es kein über den Sowjets stehendes regulierendes Organ gibt, treten die Sowjets der Arbeiter- und Bauerndeputierten wie »zwei Großmächte« in Erscheinung, sie verhandeln und einigen sich auch wie Großmächte. Treten grundlegende Meinungsverschiedenheiten auf, werden »Ultimaten« gestellt. Das läuft auf »Bürgerkrieg und die brutale Unterdrückung einer Seite durch die andere« hinaus.

Diese Entwicklung wurde von der fortschrittlichen Intelligenz im Lande mit Unruhe und Besorgnis aufgenommen. Hierfür sind zwei utopische Erzählun-

136 Charles Bettelheim: Die Klassenkämpfe in der UdSSR, dritter und vierter Band. Berlin 2016, S. 50 f.

gen charakteristisch – von Aleksandr Čajanov[137] und Evgenij Zamjatin[138]. Die Autoren konstatierten die Unmöglichkeit, die Wirtschaftspolitik wie bisher zu betreiben. In ihren Erzählungen gingen sie von einer solchen Zuspitzung der Situation aus, dass ein Sturz der Arbeitermacht durch die Bauernschaft drohte. Čajanov deutete eine in das Jahr 1932 verlegte Bauernrevolution, Zamjatin einen »Großen Zweihundertjährigen Krieg« zwischen Stadt und Land an. Es kam zum Krieg, aus dem die Staatspartei als Siegerin über die unorganisierten Bauernmassen hervorging.

Charles Bettelheim hat mit seiner Studie über die Klassenkämpfe in der UdSSR an das von Aleksandr Bogdanov[139] vorgegebene Grundmuster der Kritik an den Bolschewiki angeknüpft.[140] Wie treffsicher ihre Hypothesen über die Herausbildung des Stalinismus als systemgewordener Totalität wirklich waren, belegen die hier skizzierten Berichte über die Stimmungen unter der Bevölkerung in der Sowjetunion.

137 Alexander W. Tschajanow: Reise ins Land der bäuerlichen Utopie. Frankfurt/M. 1984.

138 Jewgeni Samjatin: Wir. Roman. Berlin 2011.

139 Aleksandr Bogdanov: Voprosy socializma. In: Ders.: Voprosy socializma: Raboty raznych let. Moskva 1990, S. 295–351.

140 Vgl. Charles Bettelheim: Die Klassenkämpfe in der UdSSR, Bd. 1: 1917–1923. Berlin 1975; Ders.: Die Klassenkämpfe in der UdSSR, dritter und vierter Band [Periode 1930–1941]. Berlin 2016. Der zweite Band liegt nur auf Französisch vor: Les Luttes de classes en URSS – Deuxième période, 1923–1930. Paris 1977.

Anlage 1

	Jan. S/L/V	Febr. S/L/V	März S/L/V	April S/L	Mai S/L/V
Berichte insgesamt	10/5/1	12/4/3	14/2/5	14/2	19/1/11
G. Jagoda	10/5/1	12/3/2*	14/0/4*	14/0	18/1/11
S. Messing	10/5/1	12/3/2*	6/0/3	14/0	18/1/11
E. Evdokimov	10/5/1	12/3/2	6/0/3	14/0	17/1/9
A. Artuzov	10/5/1	11/3/1	4/0/2	9/0	5/1/2
G. Prokof'ev	9/3/1	11/3/2	5/0/3	9/0	7/1/6
J. Agranov	7/4/0	8/3/0	5/0/0	11/0	6/1/6
G. Blagonravov	6/1/0	11/1/1	5/0/2	9/0	5/1/3
G. Bokij	6/3/1	11/3/1	5/0/3	9/0	5/1/3
J. Ol'skij	1/5/2	5/3/1	7/0/2	11/0	6/1/5
OGPU-Apparat	0/1/0		9/0/0	6/0	13/0/10
T. Djakov	0/2/0		0/0/1		0/0/1
N. Mal'cev	10/0/0	12/0/1	1/0/0		
M. Romanov	8/0/0	1/0/0	1/0/0	1/0	
Ja. Vizel'			1/0/0	7/0	5/1/2
I. Zaporožec			2/0/0	10/0	3/0/2
A. Agajanc				4/0	2/0/0
V. Menžinskij				3/0	18/1/11
I. Dubinin				3/0	5/1/0
L. Bel'skij					4/1/3
A. Medvedev					1/0/0
G. Molčanov					1/0/0
A. Kaul'					
I. Apeter					
M. Frinovskij					
A. Šanin					
P. Lepin					
A. Moločnikov					
D. Usov					
M. Gerasimova					
J. Peters					
L. Zalin					
K. Zedin					
Jakubovič					

Tab. 2: Empfänger der Stimmungs- und Lageberichte des Jahres 1930 in der OGPU

Juni S/L/V	**Juli S/L/V**	**Aug. S/L/V**	**Sept. S/L/V**	**Okt. S/L/V**	**Nov. S/L/V**	**Dez. S/L/V**
11/0/10	11/5/6	13/5/5	13/4/6	16/3/4	7/3/2	10/1/4
11/0/10*	11/5/6	8/5/4	13/4/6	15/3/4	7/3/2	10/0/4
11/0/10	11/5/6	13/5/5	13/4/7	16/3/4	6/3/2	10/1/4
11/0/10	6/5/5	4/5/3	13/4/6	16/3/4	7/3/2	10/1/4
5/0/4	5/0/3	12/0/3	3/0/6	4/0/4	5/1/2	6/1/3
5/0/7	6/4/5	12/4/4	5/4/6	14/2/4	5/1/2	5/1/4
5/0/7	6/4/5	12/3/4	6/4/6	14/2/4	5/1/2	6/1/4*
5/0/5	6/4/5	12/3/3	6/4/6	14/2/4*	5/1/2	6/1/4
5/0/4	2/4/1	1/3/1	4/3/5	14/2/4	5/1/2	6/1/4
5/0/7	6/4/5	13/4/4	6/4/6	14/2/4	5/1/2	6/1/3
11/0/8	11/5/6	12/3/3	12/3/6	14/4/4	6/3/2	7/1/4
0/0/2	1/1/2	1/1/1	0/2/0	0/1/0		
5/0/0	2/0/1	4/0/3	3/1/6	5/1/4	3/0/2	5/0/3
5/0/4	0/0/1	0/1/2	0/2/5	1/2/4	5/1/2	6/1/4
2/0/0		2/1/0	0/1/0			
10/0/10	11/5/6	13/5/5	13/4/6	16/3/4*	7/3/2*	10/1/4*
2/0/0		5/1/0	6/1/0	8/0/0	2/0/0	2/0
4/0/4	1/1/3	1/1/3	1/4/6	2/1/4	2/0/2	2/0/4
5/0/7	5/4/6	13/4/3	6/4/6	14/2/4	5/0/2	5/0/3
	0/1/0	0/1/0	0/2/0	0/1/0		
	0/1/0		0/1/0			
	0/1/0	0/1/0	0/2/0	0/1/0		
	0/1/0	0/1/0	0/1/0			
		4/0/2	1/0/6	1/0/4	1/0/2	1/0/4
		1/0/0				
		0/2/0	0/1/0			
			1/0/0			
				0/1/0		
				1/1/2	4/1/2	6/1/4
					1/0/0	

Anzahl der erhaltenen Berichte der Rubriken Stadt (S), Land bzw. Dorf (L) und Versorgung (V); * = Vorladungen zur Berichterstattung bei Stalin. Für April liegt nur ein Bericht über die Versorgungssituation vor, jedoch ohne Verteiler.

Biografische Angaben zu den Berichtsempfängern:

Genrich Jagoda (1891–15.3.1938), VK für Innere Angelegenheiten, 28.3.1937 verhaftet
Stanislav Messing (1890–2.9.1937), 1929–1932 stellv. Vors. der OGPU, 26.6.1937 verhaftet
Efim Evdokimov (1891–1940), 1929 Ltr. der SPO, November 1938 verhaftet, 1940 erschossen
Artur Artuzov (1891–21.8.1937), seit Juli 1922 Ltr. der Spionageabwehr in der SOU, stellv. Ltr. der INFO, 13.5.1937 verhaftet
Georgij Prokof'ev (1895–14.8.1937), Mitgl. des Kollegiums der OGPU, seit Februar 1926 Ltr. der EKO, 11.4.1937 verhaftet
Jakov Agranov (1893–1.8.1938), 1930 Ltr. der SO der OGPU, 20.7.1937 verhaftet
Georgij Blagonravov (1895–16.6.1938), 1929–1931 Mitglied des Kollegiums der OGPU, 25.5.1937 verhaftet
Gleb Bokij (1879–15.11.1937), seit November 1918 Mitglied des Kollegiums des NKVD der RSFSR, seit Januar 1921 der ČK, seit Juni 1923 der OGPU, Ltr. der Chiffrierabt., 16.5.1937 verhaftet
Jan Ol'skij (1898–1937), 1929–1930 Mitarb. der Besonderen Abt. der OGPU, Ltr. der KRO, stellv. Ltr. der SOU
T. Djakov, zuständig für die Ostregion
Nikolaj Mal'cev (Jg. 1891), 1930–1934 Mitgl. des Parteikollegiums der ZKK
M. Romanov (Jg. 1894), Ltr. der Transportabt. der OGPU
Ja. Vizel' (1900–1937), 1927–1930 stellv. Ltr. der INFO, bevollmächtigter Vertr., ab Mai 1930 Ltr. der INFO des Moskauer Gebietes
Ivan Zaporožec (1895–14.8.1937), 1929–1930 Stellv. bzw. Ltr. der INFO. 1934 verhaftet
Aleksandr Agajanc (1900–1938), 1926–1930 stellv. Ltr. der 2. Abt. der INFO, Januar 1930 Ltr. der 7. Unterabt., April 1930 in der 1. Abt. der INFO
Vjačeslav Menžinskij (1874–10.5.1934), seit 1926 Vors. der OGPU
I. Dubinin, im April 1930 in der 5. Abt. der INFO, ab Oktober 1930 Ltr. der 1. Abt. der INFO
Lev Bel'skij (1889–16.10.1941), Februar 1930–August 1931 Bevollmächtigter Vertreter der OGPU im Moskauer Gebiet, 30.6.1939 verhaftet
Aleksandr Medvedev (1900–25.6.1940), 1929–1931 Ltr. der 1. Abt. der EKO in Leningrad
Georgij Molčanov (1897–9.10.1937), 1929–1931 Bevollmächtigter der OGPU in Ivanovo, 3.2.1937 verhaftet
A. Kaul', stellv. Ltr. der SOU
Ivan Apeter (1890–1938), bevollmächtigter Vertreter der OGPU im Schwarzerdegebiet
Michail Frinovskij (1898–8.2.1940), Mitglied des Kollegiums der OGPU, seit September 1930 Vors. der GPU in Azerbajdžan, 6.4.1939 verhaftet
Aleksandr Šanin (1894–14.8.1937), Sekr. des Kollegiums der OGPU, 22.4.1937 verhaftet
P. Lepin (1888–1963), bis Juni 1930 Mitarb. der GPU in Nikolaevsk, danach in Fernost
Aaron Moločnikov (1893–1937), Ltr. der EKO der OGPU

Dmitrij Usov (1888–1939), 1921–1930 stellv. Ltr. der Transportabt. der OGPU
Marianna Gerasimova (1901–1944), 1928–1930 stellv. Ltr. der INFO, 1929 Ltr. der 2. Unterabt.
Jakov Peters (1886–1938), Arbeitsgruppenltr. in der ABI
Lew Zalin (1897–22.1.1940), bevollmächtigter Vertr. der OGPU in Westsibirien, stellv. Ltr. der Besonderen Abt. der OGPU, 7.6.1938 verhaftet
K. Zedin (1898–1966), stellv. Ltr. der INFO und PK im Schwarzerdegebiet
Jakubovič, Ltr. der 2. Unterabt. der INFO

Von den 32 leitenden Mitarbeitern der OGPU wurden drei mit dem Gros der Berichte versorgt; 20 weitere wurden ab März in die Verteiler aufgenommen.

Anlage 2

	Jan.	Febr.	März	April	Mai	Juni
	S/L/V	S/L/V	S/L/V	S/L	S/L/V	S/L/V
Berichte insgesamt	10/5/1	12/4/3	14/2/5	14/2	19/1/11	11/0/10
I. Stalin	9/5/1	12/3/2	13/1/4	14/1	14/1/11	10/0/10
A. Stalin						
L. Kaganovič	10/4/1	12/3/2	14/0/4	14/0	14/1/9	10/0/10
V. Molotov	10/5/1	12/3/2	13/0/4	14/0	13/1/11	11/0/10*
G. Ordžonikidze	10/2/0	12/0/1	12/0/3	11/0	16/1/8	10/0/5
A. Rykov	6/1/1	1/0/1	1/0/3	1/0	2/0/4	0/0/4
A. Mikojan	2/0/2	1/0/2	1/0/3	1/0*	3/0/11	0/0/10
V. Kujbyšev	1/0/0	9/0/0	1/0/0	1/0		3/0/0
S. Syrcov	5/1/1	1/2/1	1/0/3	1/0	2/0/4	0/0/4
G. Kaminskij	0/0/0*	1/0/0	3/0/2	14/0	18/1/11	10/0/10
N. Uglanov	8/0/0	2/0/0	1/0/0*	2/0	1/0/0	
Jakovlev	0/2/0				0/0/2	0/0/3
A. Dogadov	6/0/0		0/0/0*			
S. Lobov	1/0/0	1/0/0	0/0/0*			
N. Evreinov	3/0/0	1/0/0				2/0/0
G. Vajnberg	1/0/0					
Ž. Meerzon	1/0/0					
D. Bulatov		1/0/0				
N. Švernik			1/0/0	8/0	13/1/5	10/0/4
A. Smirnov			0/0/1		1/0/1	0/0/3
G. Malenkov			13/0/3	13/0	18/1/8	3/0/1
M. Chlopjankin			0/0/0*		1/0/0	
K. Uchanov			0/0/0*		1/0/0	
M.'ničanskij					7/0/0	2/0/0
V. Polonskij					0/1/0	
Šafrin					0/0/1	
Sorokin					1/0/0	
Kovrajskij						7/0/4
I. Voroncov						0/0/1
N. Brjuchanov						
I. Bulat				0/0*		

Juli	Aug.	Sept.	Okt.	Nov.	Dez.
S/L/V	S/L/V	S/L/V	S/L/V	S/L/V	S/L/V
11/5/6	13/5/5	13/4/6	16/3/4	7/3/2	10/1/4
10/4/6	2/1/2				
	8/3/3	12/2/6	16/2/4	7/3/2	9/1/4
11/3/6*	11/3/5	13/2/6	17/2/4	7/3/2*	9/1/4*
10/4/6*	11/4/5	11/2/6	16/2/4	7/3/2*	10/1/4*
10/1/4	11/0/4	11/0/6	16/1/4	7/1/2	10/1/3
7/1/3*	11/3/4	12/1/6	16/2/4	2/3/1	5/1/1*
1/1/6	1/1/5	0/0/6	1/1/4	2/1/2*	1/0/4*
	4/0/0	3/0/0	2/0/0	0/0/0*	0/0/0*
6/1/3	9/3/4	12/1/6	14/1/4*		
11/4/6	0/3/2				
1/0/0					
0/1/2	0/2/1	0/1/0	0/1/0		0/1/0
			1/0/0		
0/0/0*					
0/0/0*					
11/1/3*	12/0/3	12/0/6	16/1/4	5/1/2	10/1/4
0/3/2*	0/2/0	0/1/0			
		1/0/0			
		1/0/0			
		1/0/0			
11/1/4	12/0/4	12/0/6	13/1/2		
0/1/0	0/1/0	0/2/0	0/1/0		
0/2/0	0/2/0	0/1/0	1/0/0		
1/0/0	1/0/0				

	Jan.	Febr.	März	April	Mai	Juni
	S/L/V	S/L/V	S/L/V	S/L	S/L/V	S/L/V
Nikolaev						
Kupenščev						
Nikolaeva						
A. Cichon						
I. Nosov				0/0*		
K. Ryndin				0/0*		
Fajland						
P. Postyšev						
I. Akulov						
N. Kondrat'ev						
Šapovalov						
A. Andreev	0/0/0*			0/0*		

Tab. 3: Empfänger der Stimmungs- und Lageberichte des Jahres 1930 innerhalb der KPdSU

Biografische Angaben zu den Berichtsempfängern:

Ivan Tovstucha Stalin (1889–1935), Stalins Sekretär
Aleksandr Poskrebyšev Stalin (1891–1965), Stalins Sekretär, Ltr. der SO des ZK der KPdSU[B]
Lazar Kaganovič (1893–1991), 1. Sekr. der Moskauer Parteiorg.
Vjačeslav Molotov (1890–1986), Vors. des RVK
Grigorij Ordžonikidze (1886–1937), Vors. des Obersten VWR
Aleksej Rykov (1881–1938), Vors. des RVK
Anastas Mikojan (1895–1978), VK für Versorgung
Valerian Kujbyšev (1888–1935), Vors. des Obersten VWR und der SPK
Sergej Syrcov (1893–1937), Vors. des RVK der RSFSR
Grigorij Kaminskij (1895–1938), Sekr. der Moskauer Parteiorg., Vors. Kolchozcentr.
Nikolai Uglanov (1886–1937), VK für Arbeit
Jakovlev, VK für Verteidigung
Aleksandr Dogadov (1888–1938), stellv. Vors. des Obersten VWR
Semen Lobov (1888–1937), stellv. Vors. des Obersten VWR, stellv. VK für Versorgung
Nikolai Evreinov (1892–1939), Gewerkschaftsfunktionär
Gavriil Vajnberg (1891–1946), Sekr. der Gewerkschaftsorg.
Žozef Meerzon (1894–1938), Parteifunktionär in Transkaukasien
Dmitrij Bulatov (1889–1941), Ltr. der Org.abt. des ZK der KPdSU(B), Ltr. der Kaderabt. der OGPU
Nikolaj Švernik (1888–1970), 1. Sekr. der Gewerkschaftsorg.
A. Smirnov (1898–1938), Mitgl. des Präs. des Obersten VWR
Georgij Malenkov (1902–1988), Mitgl. des ZK der KPdSU(B)
Michail Chlopjankin (1892–1937), stellv. VK für Versorgung

Juli	Aug.	Sept.	Okt.	Nov.	Dez.
S/L/V	S/L/V	S/L/V	S/L/V	S/L/V	S/L/V
0/1/0	0/1/0	0/1/0	0/2/0		
1/0/0					
	8/1/2	10/3/6	16/2/4	6/2/2	10/1/4
	1/0/0		0/1/0	0/1/0	0/1/0
		1/0/0			
		1/0/0			
		1/0/0			
0/0/0*	0/0/0*	7/1/5*	16/2/4*	7/2/2*	10/1/4*
				0/1/0	4/1/1*
			0/1/0		
			2/0/1		
				0/0/0*	5/0/2*

Anzahl der erhaltenen Berichte der Rubriken Stadt (S), Land bzw. Dorf (L) und Versorgung (V); * = Vorladungen zur Berichterstattung bei Stalin. Für den Monat April liegt nur ein Bericht über die Versorgungssituation vor, der jedoch keinen Verteiler enthält.

Konstantin Uchanov (1891–1937), Vors. des Moskauer Gebietsexekutivkomitees
Mel'ničanskij, Mitarb. im VWR
Vladimir Polonskij (1893–1937), 1. Sekr. der Azerbajdžaner Parteiorg.
Šafrin
Sorokin, Molotovs Sekretär
Kovrajskij
Ivan Voroncov (1894–1937), Mitarb. im VK für Versorgung
Nikolaj Brjuchanov (1878–1938), VK für Finanzen
Ivan Bulat (1896–1938), Mitarb. der Org.abt. des ZK der KPdSU(B)
Kupenščev
Nikolaev
Nikolaeva, Mitarb. des ZK der KPdSU(B)
A. Cichon (1887–1939), VK für Arbeit
Ivan Nosov (1888–1937), Mitarb. der Moskauer Gewerkschaftsorg.
K. Ryndin, 2. Sekr. der Moskauer Parteiorg.
Fajland
Pavel Postyšev (1887–1939), Sekr. des ZK der KPdSU(B), Ltr. der Abt. für Propaganda und Agitation und der Org.abt. des ZK
Ivan Akulov (1888–1937), 1929–1933 Stellv. VK der ABI
Nikolaj Kondrat'ev (1892–1938), Direktor des Konjunkturinstitutes beim VK für Finanzen
Šapovalov, Mitarb. des ZK der KPdSU(B)
Andreej Andreev (1895–1971), Mitgl. der ZKK, Ltr. der am 11.3.1931 eingesetzten Kommission zur Koordinierung der Deportation der Kulaken

Von den 42 Personen wurden fünf das gesamte Jahr über mit Berichten versorgt. Drei davon waren Stalin gleichgestellt: Kaganovič, Molotov und Ordžonikidze. Rykov bekam anfangs wie Mikojan nur das seinen Tätigkeitsbereich betreffende Material. Dann folgen Kujbyšev, Švernik, Syrcov und Smirnov. 22 Personen, von denen 12 von Stalin zur Berichterstattung empfangen worden sind, wurden nur in Einzelfällen Berichte vorgelegt.

Tomáš Vilímek/Petr Dvořáček

Bemerkungen zur Berichterstattung der Staatssicherheit über die Lage in der Tschechoslowakei am Beispiel der Sammlung von nachrichtendienstlichen Informationen 1969 bis 1983

Nach der Niederschlagung des Prager Frühlings im Jahre 1968 befand sich die tschechoslowakische Staatssicherheit (StB) in einer besonders schwierigen Situation. Die Liberalisierungswelle brachte auch innerhalb der Sicherheitsorgane wichtige Reformen – Verjüngung des Personalbestands, Bemühung um eine klarere Aufteilung der Kompetenzen zwischen der Volkspolizei und der Staatssicherheit, Aufarbeitung der politischen Repression der 1950er-Jahre – in Gang, die zwar infolge des Einmarsches der Truppen des Warschauer Paktes im August gestoppt wurden, aber nicht vollständig rückgängig gemacht werden konnten. Beim Machtantritt der neuen Führung der Kommunistischen Partei der Tschechoslowakei (KPČ) unter Gustáv Husák im April 1969 wurde die Behauptung laut, dass es im politischen Kampf nie wieder zur Anwendung solch brachialer Methoden wie in den 1950er-Jahren kommen würde – eine Ankündigung, die von Regimekritikern mit berechtigten Zweifeln aufgenommen wurde –, denn die neue Parteiführung musste zumindest die intensive Aufmerksamkeit der westlichen kommunistischen Parteien berücksichtigen. An die Stelle direkter Angriffe gegen Andersdenkende, die oft Kritik aus dem Westen nach sich zogen, sollten nun vor allem vorbeugende Maßnahmen treten.[1]

1 Dieser Beitrag ist im Rahmen des von der Grantová agentura (der tschechischen Forschungsförderungsagentur) geförderten Projekts des Instituts für Zeitgeschichte in Prag Nr. GAP 410/12/2287 entstanden.

Zum Aufbau und zur Entwicklung des Informationswesens der StB

Nach der heftigen westlichen Kritik an der tschechoslowakischen Prozesswelle in den Jahren 1970 bis 1972, in derer Folge fast 50 Oppositionelle (Rudolf Battěk, Jan Tesař, Jaroslav Šabata, Milan Hübl, Anna Šabatová, Petr Uhl und andere) zu langjährigen Gefängnisstrafen verurteilt wurden, begriffen die Machthaber, dass die Repression gezielter und subtiler erfolgen musste. Wichtige Voraussetzungen einer solchen, auf die flächendeckende Kontrolle der Gesellschaft orientierten Strategie waren das Erheben, Sammeln und Auswerten einer wachsenden Menge an Informationen über unterschiedliche sicherheitsrelevante Aspekte. Der Bedarf an einer Systematisierung der Aufbereitung von gewonnenen Informationen stieg auch im Zusammenhang mit der Föderalisierung der Tschechoslowakei. Im Zuge der Verfassungsreform vom Oktober 1968 wurden die Tschechische Sozialistische Republik und die Slowakische Sozialistische Republik als Gliedstaaten der ČSSR geschaffen. Plötzlich existierten drei Ministerien des Innern, über deren Kompetenzteilung vor allem zu Beginn der 1970er-Jahre große Unklarheiten herrschten. Für die Tätigkeit der Geheimpolizei war zwar das Föderale Ministerium des Innern (FMdI) zuständig, sicherheitsrelevante Informationen stammten aber auch von den Innenministerien der beiden Teilrepubliken, in deren Zuständigkeit die Volkspolizei fiel.

Die Parteiführung verlangte aktuelle Informationen über die Sicherheitslage. Um diese Forderung erfüllen zu können, wurde zum 1. September 1972 ein selbstständiges Referat für Analyse, Informationen und Planung (AIO) im FMdI errichtet,[2] das die Abteilung Informationen beim Sekretariat des FMdI ersetzte.[3] Das AIO gliederte sich in drei Gruppen – Informationsgruppe (skupina informační), analytische Gruppe (skupina analýzy) und Gruppe der konzeptuellen Planung (skupina koncepčně plánovací). In diesem Beitrag wird der Schwerpunkt auf die erste Gruppe gelegt, weil der Organisationsordnung von 1973 zufolge zu ihren Aufgaben gehörte, verschiedene Typen periodischer Informationen für die oberste Partei- und FMdI-Führung zu erstellen.[4] Neben der

2 Zřízení analyticko-informačního odboru FMV [Errichtung des analytisch-informativen Referats des FMdI] RMV ČSSR č. 43/1972; Archiv bezpečnostních složek České republiky [Archiv der Sicherheitsorgane der Tschechischen Republik, künftig: ABS], fond Sekretariát MV, A 2/6, inventární jednotka [Inventarnummer, künftig: inv. j.] 110.

3 Přehledy o vývoji organizace a početních stavech centrálních útvarů FMV [Übersicht über die Organisationsentwicklung und über die Zahl der Zentraleinheiten des FMdI]; ABS, fond Sekretariát MV, Odbor systemizace a tarifikace, nezpracovaný fond [Referat der Systematisierung und Tarifierung, unbearbeiteter Bestand].

4 Návrh Organizačního řádu 1973 [Entwurf der Organisierungsordnung 1973]; ABS, fond Sekretariát MV, Odbor analytiky, informací a plánování [Referat für Analyse, Informationen und Planung des FMdI], inv. j. 8.

oben genannten Sammlung der »nachrichtendienstlichen Informationen« handelte es sich um:

- Tagesinformationen (1968–1969), später bezeichnet als Lageberichte des FMdI (überliefert für den Zeitraum 1970–1987) und Tägliche Lageberichte (überliefert für das Jahr 1989),
- Wocheninformationen (überliefert für den Zeitraum 1974–1983),
- Gesamtübersichten über die Sicherheitslage (in sehr lückenhafter Form überliefert für den Zeitraum 1974–1987),
- Informationen über Reaktionen – Monitoring des ausländischen Rundfunks (überliefert für den Zeitraum 1974–1985).

Wie sich innerhalb kurzer Zeit offenbarte, standen die Vorstellungen von den analytischen Fähigkeiten der StB im Widerspruch zur Realität. Während das Aufkommen an Informationen stetig wuchs, fehlten geeignete Arbeitskräfte für die Auswertung. Dies war ein Problem, das bis zum Jahre 1989 nicht befriedigend gelöst wurde. Im Oktober 1973 kritisierte zum Beispiel der Stellvertreter des Föderalen Innenministers, Ján Pješčak, die ungenügende Koordination der analytischen Arbeit und wies darauf hin, dass der Umfang der gelieferten Informationen zu groß sei und ihre Auswertung daher zu viel Zeit in Anspruch nähme.[5] Um die Situation zu verbessern, wurde das AIO im Jahre 1974 in das Sekretariat des FMdI eingegliedert.[6] Im Herbst 1982 wurde im Rahmen eines komplexen Rationalisierungsprogramms des FMdI zudem eine Überprüfung des Informationsaustauschs vorgenommen, die zu dem Ergebnis kam, dass die periodischen Informationen nur unzureichend verwendet werden konnten. Die eigentlich gewünschten tabellarischen Übersichten seien nur sporadisch erstellt worden und die Informationen hätten unter inhaltlicher Hypertrophie gelitten.[7]

Das Resultat der Überprüfung war Arbeitsgrundlage für eine Beratung auf Ministerebene im April 1983, auf der Maßnahmen zur Vereinfachung und Rationalisierung des Informationswesens innerhalb des FMdI verabschiedet wurden. Von nun an sollte täglich ein Lagebericht des FMdI erstellt werden, der wichtige Erkenntnisse aus den bisherigen Wocheninformationen enthielt. Zusätzlich sollten monatliche Informationen des FMdI ausgearbeitet werden und

5 Dopis náměstka MV ČSSR Jána Pješčaka I. náměstkovi MV ČSSR Jánu Hanuliakovi s připomínkami k návrhu organizačního řádu AIO FMV, 2.10.1973 [Brief der FMdI-Stellvertreter Ján Pješčak an I. FMdI-Stellvertreter Ján Hanuliak mit den Bemerkungen zum Entwurf der Organisierungsordnung 1973, 2.10.1973]; ABS, fond Sekretariát MV, Odbor analytiky, informací a plánování, inv. j. 8.

6 Organizační uspořádání sekretariátu FMV 1974 [organisatorische Regelung des FMdI-Sekretariats 1974], RMV ČSSR č. 52/1974; ABS, fond Sekretariát MV, A 2/6 inv. j. 241.

7 Úprava systému vstupních informací FMV, II. díl 1983 [Aufarbeitung der Eintrittsinformationen des FMdI, Teil II, 1983]; ABS, fond Sekretariát MV, Odbor analytiky, informací a plánování, inv. j. 104.

quartalsweise durchlaufende Informationen über die Ergebnisse der Tätigkeit der tschechoslowakischen Sicherheitsorgane gemeinsam mit dem Lagebericht des FMdI die bisherige Sammlung der nachrichtendienstlichen Informationen ersetzen. Zweimal jährlich wurde eine Information über die Sicherheitslage in der ČSSR ausgearbeitet und einmal jährlich erhielt das Zentralkomitee der KPČ eine Übersicht über die »Erfüllung der Hauptaufgaben« der bewaffneten Organe des FMdI. Die oberste Leitung des FMdI versprach sich von dieser Neuregelung nicht nur die Verbesserung des Informationsaustauschs zwischen den unterschiedlichen Diensteinheiten und der Verwendbarkeit der Informationen, sondern rechnete auch mit einer Papiereinsparung von durchschnittlich 35 000 Blatt pro Jahr – das waren über 80 Prozent des bisherigen Bedarfs.[8]

Trotz dieser Reform verbesserte sich die Situation nicht, wie eine von der analytischen Gruppe (skupina analýzy) durchgeführte Analyse vom Oktober 1986 zeigt, die auch Verbesserungsvorschläge für den Zeitraum 1986 bis 1990 machte. Den Autoren zufolge waren Umfang und Qualität der StB-Berichte, die für die Information der führenden Funktionäre des FMdI, der Partei- und Staatsorgane ausgearbeitet wurden, seit 1984 gesunken.[9] Neben der omnipräsenten Ideologisierung der Informationen, lässt sich diese Entwicklung auch mit der starken Vernachlässigung der analytischen Arbeit in der StB erklären. Es gelang zwar, eine große Menge an Informationen über alle möglichen Aspekte der gesellschaftlichen Entwicklung anzuhäufen, ihre Auswertung blieb aber deutlich hinter den Erwartungen der Partei- und Staatsführung zurück. Einen großen Nutzen kann – von den Sicherheitsorganen seinerzeit sicherlich nicht erwartet – jedoch der heutige Wissenschaftler aus diesen Quellen ziehen, die zahlreiche zu Forschungen anregende Erkenntnisse enthalten.

Die Sammlung »nachrichtendienstlicher Informationen«

Nach diesem knappen Überblick über die Sammlung und die Form der Auswertung der analytischen Informationen über die Sicherheitslage in der Tschechoslowakei wird im Folgenden die Aufmerksamkeit auf die interessante und gut überlieferte Sammlung der nachrichtendienstlichen Informationen gerichtet. Dadurch lässt sich ein besserer Eindruck von der thematischen Zielstellung der StB bei der Observierung der Gesellschaft gewinnen.

8 Úprava systému vstupních informací FMV I. díl 1983; ABS, fond Sekretariát MV, Odbor analytiky, informací a plánování, inv. j. 103.

9 Činnost odboru analytiky, informací a plánování sekretariátu FMV 1986 [Tätigkeit des Referats für Analyse, Informationen und Planung beim Sekretariat das FMdI 1986]; ABS, fond Sekretariát MV, Odbor analytiky, informací a plánování, inv. j. 10.

Ende Januar 1969 entstand die erste der »nachrichtendienstlichen Informationen« über die gesellschaftliche Lage in der Tschechoslowakei, die für die oberste Führung von Partei und Staatssicherheit ausgearbeitet wurde.[10] Die von diesem Zeitpunkt an entstandene Sammlung deckt ein breites Spektrum unterschiedlicher gesellschaftspolitischer Themen ab, sodass sich in den Informationen die Veränderungen der außen- und innenpolitischen Lage gut widerspiegeln. Der Gesamtumfang dieser Berichtsreihe ist beträchtlich: Zwischen Januar 1969 und dem 1. Juli 1983 wurden mehr als 800 Berichte erstellt, die im Durchschnitt einen Umfang von 8,6 Seiten haben. Insgesamt wurden also über 7 000 Seiten Material an die FMdI-Spitze übermittelt, auf denen Ereignisse von hoher politischer Bedeutung bereits seit Herbst 1968 erfasst worden sind. Denn im ersten und umfangreichsten Jahrgang 1969 (117 Berichte mit insgesamt 1 348 Seiten) sind auch Meldungen über die gesellschaftliche Entwicklung im letzten Quartal des Jahres 1968 enthalten.[11] Ein weiteres Spezifikum dieses Jahrgangs besteht darin, dass hier im Unterschied zu den späteren Jahrgängen häufig Flugblätter im Original sowie längere Auszüge aus sichergestellten regimekritischen Texten enthalten sind. Auch die Periodizität der Informationen des ersten Jahrgangs unterscheidet sich deutlich von der der Folgejahre. Während im Zeitraum von 1970 bis 1983 überwiegend im Wochenzyklus berichtet wurde, erhielt die FMdI-Leitung die Informationen bis Ende Mai 1969 fast täglich.[12]

Der Schwerpunkt der Berichterstattung lag auf der Entwicklung der Lage im Innern, der Erfassung von regimekritischen Erscheinungen und der allgemeinen Bevölkerungsstimmung anlässlich für das Regime bedeutsamer Ereignisse. In den Jahren 1969 und 1970 wurden dann systematischer auch die Reaktionen der Westmedien sowie die Aktivitäten der westlichen Spionagedienste verfolgt. Dies hing sicherlich mit dem Interesse der neuen, prosowjetischen KPČ-Führung zusammen, sich über die Haltung des Westens zum politischen und wirtschaftlichen Kurswechsel sowie zu den ersten Repressionsmaßnahmen in der Tschechoslowakei zu informieren. Vor allem die Reaktionen der kommunistischen Parteien in Westeuropa sollten beobachtet werden.[13]

Die Gliederung der nachrichtendienstlichen Informationen bildete sich im Laufe des ersten Jahrgangs heraus und wurde im Jahr 1970 festgelegt, war aber

10 Zpravodajská informace [nachrichtendienstliche Information, weiter ZI] č. [Nr.] 1 v. 29.1.1969; ABS, fond Zpravodajské informace 1969–1983 [nachrichtendienstliche Informationen 1969–1983], 14 S. Vor 1969 existierten zwar unterschiedliche Verwaltungsberichte, aber keine auf die Tschechoslowakei als Ganzes bezogenen Lageberichte.

11 Dies hängt damit zusammen, dass für die ersten Jahrgänge auch die archivierten Bestände der früheren Analytik verwendet wurden. Es handelte sich dabei zum Beispiel um die Tagesmeldungen der Hauptverwaltung der StB (1968) oder die Tagesinformationen der StB (1968–1969).

12 ZI Nr. 1–79 (1969); ABS, fond Zpravodajské informace 1969–1983.

13 ABS, fond Zpravodajské informace 1969–1983.

auch danach noch Veränderungen unterworfen. Die in den ersten zwei Jahrgängen verwendeten thematischen Überschriften – zur innenpolitischen Lage, zur Tätigkeit der westlichen diplomatischen Vertretungen und akkreditierten Westjournalisten, zur Emigrationstätigkeit, zur Lage in der Volksarmee – wurden zwar nach 1971 nur noch sporadisch verwendet, inhaltlich waren sie aber weiterhin von Bedeutung, wobei die innenpolitischen Themen in zunehmendem Maße Berücksichtigung fanden. Im Mittelpunkt der Berichterstattung standen Informationen über unterschiedlichste Sicherheitsrisiken für die Machtelite. Aufgrund der besonders großen ideologischen Sensibilität der Sicherheitsorgane enthält die Sammlung der nachrichtendienstlichen Informationen ein recht buntes Spektrum tatsächlicher und vermuteter regimekritischer Aktivitäten unterschiedlicher Schichten der tschechoslowakischen Gesellschaft, wobei sich darunter auch absurd anmutende Hinweise finden. Im Oktober 1971 wurde zum Beispiel auf die angeblich akute Gefahr eines Terrorangriffs hingewiesen. Zwei junge Arbeiter sollen den Bombenanschlag auf die Volkspolizeidienststelle in Zdice bei Beroun (Zditz bei Beraun) im Mittelböhmen geplant haben.[14] Aus den Untersuchungsakten geht aber hervor, dass die beiden lediglich Pyrotechnikfreaks waren, die in den Wäldern um Zdice die Explosionskraft von bei der Arbeit gestohlenen Sprengstoffen ausprobierten. Im Mai 1972 wurden beide wegen gesetzwidriger Bewaffnung (§ 185 des Strafgesetzbuchs) zu 10 bzw. 15 Monaten Haft auf Bewährung verurteilt.[15]

Erwähnenswert ist, dass in den Jahren 1970 und 1971 auch sogenannte Sondernachrichten erstellt wurden, die sich auf für die Machthaber wichtige Ereignisse konzentrierten. So wurden nach den Protesten anlässlich des ersten Jahrestages der Augustintervention, bei denen fünf Menschen ums Leben kamen und Hunderte verletzt wurden,[16] sieben außerordentliche Informationen des Jahres 1970 über das Geschehen vom 17. bis 24. August erstellt. Im Jahre 1971 wurde über die gesellschaftliche Lage vor und während des 14. Parteitages der KPČ berichtet.[17]

14 ZI Nr. 35 v. 7.10.1971; ABS, fond Zpravodajské informace 1969–1983, S. 3.

15 Urteil des Kreisgerichts in Beroun v. 24.5.1972; ABS, fond vyšetřovacích spisů [Untersuchungsakte] V-12135 MV (Zentrale).

16 Vgl. Oldřich Tůma (Hg.): Srpen '69. Edice dokumentů [August '69. Dokumentenedition]. Praha 1996, S. 13.

17 Sondernachrichten Nr. 1–7 (1970) und Nr. 1–17 (1971); ABS, fond Zpravodajské informace 1969–1983.

Die Bevölkerungsstimmung anlässlich der Parteitage der KPČ

Der XIV. Parteitag der KPČ im Mai 1971 besaß sowohl für die Parteiführung als auch für die Sicherheitskräfte eine besondere Bedeutung. Vor der Weltöffentlichkeit sollte um jeden Preis der Anschein einer erfolgreichen »Wiederherstellung der Ordnung« erweckt werden.[18] Gleich elf außerordentliche Informationen der hier vorgestellten Sammlung waren der Vorbereitung und dem Verlauf des Parteitages sowie den Reaktionen der Bevölkerung darauf gewidmet. Im Zusammenhang mit dem XIV. Parteitag wurden von den Regimekritikern sowohl Kaderveränderungen als auch ein härteres Vorgehen gegen die Angehörigen der Intelligenz und weitere Personen erwartet, »die sich im Jahre 1968 dem Einmarsch der Bruderarmeen in die Tschechoslowakei entgegensetzten«.[19] In einer zusammenfassenden Information über den Verlauf des XIV. Parteitages heißt es, dass »es auf dem Gebiet der Republik zu keinen massenhaften und organisierten Aktionen und Provokationen gekommen war, die sich auf die Herabwürdigung des Parteitags oder auf Zweifel an der Politik der Partei richteten«.[20] Kritische Stimmen seien lokal begrenzt und mehrheitlich anonym gewesen. So wurden mehrere Fälle von Beschädigungen der Festdekoration und verbalen Angriffen gegen die KPČ registriert. Außerdem wurde in mehreren Berichten auf die Kritik in der Bevölkerung an der Überpolitisierung des Alltags hingewiesen. Nach dem XIV. Parteitag der KPČ wurde zum Beispiel ein Flugblatt verbreitet, das in Anspielung auf die propagierten großartigen Zielstellungen die Aufforderung enthielt: »Jeder Saboteur an seinen Arbeitsplatz«.[21]

Sowohl die Protzigkeit der Dekoration zum XV. Parteitag der KPČ im April 1976 als auch seine übertriebene mediale Präsenz rief kritische Bevölkerungsreaktionen hervor, die bestärkt wurden durch die während des Parteitags herrschenden Versorgungsengpässe bei einigen Grundnahrungsmitteln wie Fleisch und Kartoffeln.[22] Der XVI. Parteitag der KPČ im April 1981, auf dem auch die ökonomischen Schwierigkeiten vorsichtig thematisiert wurden, würde den Mitarbeitern des Referats für Analyse, Informationen und Planung zufolge von der Bevölkerung auf mehr Akzeptanz stoßen, weil die selbstgesteckten Ziele im Vergleich mit den vorigen Parteitagen als realistischer galten. Trotzdem kamen auch hier Zweifel auf, ob die auf dem Parteitag gefassten Beschlüsse von den

18 Vgl. Milan Šimečka: Obnovení pořádku. Příspěvek k typologii reálného socialismu [Die Wiederherstellung der Ordnung. Ein Beitrag zur Typologie des realen Sozialismus]. Köln 1979.

19 ZI Nr. 16 v. 22.4.1971; ABS, fond Zpravodajské informace 1969–1983, S. 1.

20 ZI – außerordentliche Informationen – Nr. 11 v. 31.5.1971; ebenda.

21 ZI Nr. 18 v. 10.6.1971; ebenda.

22 ZI Nr. 16 v. 23.4.1976; ebenda, S. 2.

führenden Politikern und Wirtschaftsfunktionären in die Tat umgesetzt werden könnten.[23]

Berichte zu den Jahrestagen der Augustintervention und zu anderen Jahrestagen

Das thematische Spektrum der nachrichtendienstlichen Informationen ist bemerkenswert. Obwohl in jedem Bericht die Situation der Opposition kurz geschildert wird, stehen im Zentrum eher die allgemeine gesellschaftliche Lage sowie die Auflistung unterschiedlicher Erscheinungsformen regimekritischer Aktivitäten, die oft in Form von gesellschaftlicher Verweigerung ihren Ausdruck fanden. Besondere Aufmerksamkeit wurde dabei den sogenannten staatsfeindlichen Schriften – Flugblätter, Wandparolen sowie anonyme Briefe an die Partei- und Staatsorgane – und der verbalen Kritik an den gesellschaftlichen Verhältnissen gewidmet. In den Vordergrund trat die Beobachtung der Bevölkerungsstimmung anlässlich einer Reihe von Staatsfeierlichkeiten und anderer wichtiger Ereignisse wie etwa im Zusammenhang mit den Volkswahlen oder anlässlich der Feiern zum 1. Mai.

Von großer Bedeutung waren natürlich auch diejenigen Jahrestage, die in den Augen der Parteiführung ein besonders kritisches Potenzial besaßen. Jedes Jahr im August registrierten die Sicherheitskräfte zahlreiche »staatsfeindliche Aktivitäten«, die in der Zeit von 1970 bis 1987 meistens individueller und spontaner Natur waren. Nach dem brutalen Einsatz der Sicherheitskräfte (StB, Volkspolizei und Kampfgruppen) im August 1969 dokumentierten die nachrichtendienstlichen Informationen systematisch und kontinuierlich die gesellschaftliche Lage während dieses traumatischen Jahrestages. Unter Bezugnahme auf den hektischen Verlauf des August 1969 wurde die FMdI-Führung im Sommer 1970 darüber informiert, dass »die öffentliche Meinung und Bevölkerungsstimmung zwar weiter von den steigenden Aktivitäten der antisozialistischen und antisowjetischen Kräfte negativ beeinflusst werden«, die konkrete Aktivität konzentriere sich aber überwiegend auf die Verbreitung von Hetzschriften und auf anonyme Drohungen gegen engagierte Parteimitglieder.[24] Zwar sei die Lage im Allgemeinen stabil gewesen, die Wachsamkeit müsse aber gesichert werden. Schon im April und vor allem im Mai und Juni 1970 tauchten erste Flugblätter auf, die sich auf die Augustereignisse konzentrierten. Insgesamt wurden bis Ende Juli neun verschiedene Flugblätter in insgesamt mehr als hundert Exemplaren zum Thema 21. August sichergestellt.[25] Ein Jahr später meldeten die Be-

23 ZI Nr. 14 v. 10.4.1981; ebenda, S. 1.
24 ZI Nr. 39 v. 22.7.1970; ebenda, S. 1.
25 ZI Nr. 40 v. 29.7.1970; ebenda, S. 4.

richterstatter, dass die Flugblätter und Wandparolen im Unterschied zum Vorjahr nicht mehr zur »aktiven oder passiven Feindtätigkeit« aufforderten, sondern sich auf die »Herabwürdigung der Sowjetunion und der tschechoslowakischen Staats- und Parteivertreter« konzentrierten.[26] In einer statistischen Übersicht über die Verbreitung staatsfeindlicher Schriften vom August 1972 wurde auf die Versiebenfachung der Zahl im Vergleich zum Vormonat hingewiesen. Die Gesamtzahl der erfassten Fälle betrug 352 Flugblätter, 141 anonyme Briefe und 34 Wandparolen. Geografisch standen Prag mit 187 und Ostrau, die drittgrößte Stadt Tschechiens, mit 127 Vorkommnissen an der Spitze. Fast alle Schriften erschienen in den *tschechischen* Bezirken. Von den 17 Personen, die in diesem Zusammenhang festgenommen wurden, waren neun Arbeiter, mehrheitlich im mittleren Lebensalter.[27] Im August 1975 sank die Zahl »staatsfeindlicher Schriften« deutlich – 45 Flugblätter, 66 anonyme Briefe und 10 Wandparolen wurden erfasst –, eine Entwicklung, die sich in den folgenden Jahren fortsetzte.[28] Eine Ausnahme stellt der zehnte Jahrestag der Intervention im Jahr 1978 dar: In den Nachmittagsstunden des 21. August versammelten sich etwa 80 junge Menschen am Prager Wenzelsplatz. »Gegen die provokative Handlung, bei der nicht auszuschließen war, dass sie in eine antisozialistische Ausschreitung münden würde«, schlussfolgerte der Bericht vom 25. August 1978, erfolgte »ein Eingriff der Angehörigen des SNB [Korps der nationalen Sicherheit].«[29]

Erwähnenswert sind in diesem Zusammenhang wiederholt auftretende besondere Protestformen. In Prag und im mittelböhmischen Bezirk wurde beispielsweise am 21. August 1974 eine Protestaktion von Autofahrern registriert, die tagsüber mit angeschaltetem Licht fuhren. Gleich zwölf von ihnen wurde aus diesem Grund der Führerschein entzogen.[30] In der Nacht des 21. August 1977 zündete ein Mann am Letnáplatz in Prag, auf dem bis 1988 die Umzüge zum 1. Mai stattfanden, ein Banner mit politischen Parolen an.[31]

Die Berichte über die gesellschaftliche Lage im Januar, einem Erinnerungsmonat an den Studenten Jan Palach, der sich am 16. Januar 1969 auf dem Wenzelsplatz selbst verbrannt hatte, hinterließen ebenfalls tiefe Spuren in den nachrichtendienstlichen Informationen. Die sieben Tage anhaltenden Demonstrationen in Prag im Januar 1989, für die sich der Begriff »Palachwoche« einbürgerte,[32] hatten eine lange Vorgeschichte, und eine Analyse der Informationen

26 ZI Nr. 29 v. 26.8.1971; ebenda, S. 1.

27 ZI Nr. 39 v. 29.9.1972; ebenda, S. 5.

28 ZI Nr. 38 v. 26.9.1975; ebenda, S. 8.

29 Die Abkürzung SNB wurde synonym zu FMdI verwendet. ZI Nr. 34 v. 25.8.1978; ebenda, S. 2.

30 ZI Nr. 34 v. 23.8.1974; ebenda, S. 1.

31 ZI Nr. 34 v. 26.8.1977; ebenda.

32 Ausführlich zu den Demonstrationen vgl. Oldřich Tůma: Zítra zase tady! Protirežimní demonstrace v předlistopadové Praze jako politický a sociální fenomén [Demonstrationen ge-

liefert dafür mehrere Belege: Im Januar 1970 wurde aus fast allen Prager Stadtvierteln das Auftreten von Flugblättern und Wandparolen berichtet, die zum Gedenken an die Tat von Jan Palach aufforderten. Die Erinnerung an Palach blieb aber nicht auf die Metropole begrenzt: In Hradec Králové (Königgrätz) tauchten am 16. Januar 1970 mehrere Flugblätter auf, in denen zwei denkwürdige Daten – der 6. Juli 1415 und der 16. Januar 1969 – hervorgehoben wurden, wodurch die Selbstverbrennung von Jan Palach mit dem mittelalterlichen Märtyrertod von Jan Hus in Verbindung gebracht wurde.[33] In mehreren Betrieben wurde zwischen dem 16. und 19. Januar 1970 die Arbeit unterbrochen, damit die Angestellten Palach ehren konnten. Im nordböhmischen Kraftwerk Tušimice wurde auf der Gewerkschaftssitzung über einen Brief an Palachs Mutter abgestimmt, in dem die gesellschaftliche und politische Lage scharf kritisiert und die Tat ihres Sohnes als nachahmenswerte Selbstaufopferung für die Heimat gepriesen wurde.[34]

In den folgenden Jahren sank zwar die Anzahl solcher Vorfälle, doch blieb die Erinnerung an das Ereignis stets präsent. Im Januar 1973 registrierte die StB in Prag an drei verschiedenen Orten Wandparolen: »Jan PALACH – wir vergessen nicht – JANUAR ja AUGUST nein«.[35] Ein Jahr später konnten aufmerksame Einwohner Prags im Mai an der U-Bahnstation Muzeum/Museum kurz eine Wandparole »Jan PALACH – 16.1.1969 – wir vergessen nicht« erblicken.[36] Anlässlich des neunten Jahrestages der Augustintervention wurde im Rahmen der Einschätzung der Lage auf die Verbreitung von mehreren »staatsfeindlichen Schriften« hingewiesen, in denen auch an »Jan Palach erinnert wurde, gemeinsam mit der Proklamation des Kampfes für die Menschenrechte«.[37] In einer Information vom 28. Mai 1982 wurde eine Überprüfung von operativen Hinweisen über eine Gruppe Jugendlicher angekündigt, die sich zu Palachs Botschaft bekannten und sich deshalb ein Abzeichen mit seinem Portrait ans Revers geheftet haben sollten.[38]

gen das Regime im Prag vor November (1989) als politisches und soziales Phänomen]. Praha 1994; Tomáš Vilímek: Die Palachwoche. Die Demonstrationen in Prag im Januar 1989. In: Horch und Guck 12 (2003) 3, S. 60–65.

33 ZI Nr. 4 v. 16.1.1970; ABS, fond Zpravodajské informace 1969–1983, S. 3.

34 Ebenda, S. 5.

35 ZI Nr. 1 v. 5.1.1973; ebenda, S. 1.

36 ZI Nr. 20 v. 17.5.1974; ebenda, S. 2.

37 ZI Nr. 34 v. 26.8.1977; ebenda, S. 1.

38 ZI Nr. 21 v. 28.5.1982; ebenda, S. 2.

Parlamentswahlen

Der Absicherung von Wahlen in den Vertretungsorganen kam vonseiten der Parteiführung eine enorme Bedeutung zu.[39] Die Wahlen waren jeweils von massiver ideologischer Propaganda begleitet. Alle fünf Jahre – im November 1971, Oktober 1976, Juni 1981 und Mai 1986 – wurden die Sicherheitsorgane in Alarmzustand versetzt, um den »friedlichen Verlauf des Wahlakts« abzusichern. Der von den Innenministern der ČSSR, der ČSR und der SSR geleitete Krisenstab wurde mindestens einen Monat vor dem jeweiligen Wahltag ausdrücklich über die Bevölkerungsstimmung in den unterschiedlichen Regionen informiert. Es wurden vorbeugende Maßnahmen gegen potenzielle »Störenfriede« ergriffen. Die Jugendlichen, die zum ersten Mal an Wahlen teilnahmen, wurden über die Unteilbarkeit des Wahlrechts und die Wahlplicht belehrt. Die Volkspolizei »säuberte« die Großstädte von »Kriminellen« (zum Beispiel Geldhändler und Prostituierte), isolierte registrierte »Querulanten«, von denen einige am Wahltag sogar zwangsweise in die Psychiatrie eingewiesen wurden.

Die Berichte über die Entwicklung der Lage vor den Wahlen wurden zu einem festen Bestandteil der nachrichtendienstlichen Informationen. Vor allem die ersten Wahlen nach dem Machtantritt von Gustáv Husák im April 1969, die im November 1971 die erfolgreiche Beendigung der Konsolidierung suggerieren sollten, fanden erhöhte Aufmerksamkeit. Seit Sommer 1971 wurde über Flugblätter berichtet, die zum Boykott der Wahlen aufriefen: »Wir werden nicht wählen!«, »Wählen Sie nicht die Kommunisten!«, »Den Tod für die Kommunisten!« waren die häufigsten Parolen. Anlässlich des 21. August 1971 erschienen zum Beispiel Flugblätter, die zu einem »Tag des Kampfes für die freien Wahlen« aufforderten.[40] Im Oktober 1971 stieg die Zahl der Flugblätter deutlich, den Höhepunkt erreichte das Aufkommen zwischen dem 8. und dem 15. November. Dies stand mit der Aktion der Vertreter der Opposition aus Prag und Brünn (z. B. Jaromír Dus, Jan Tesař, Jiří Müller, Jaroslav Šabata mit zwei Söhnen und Tochter Anna Šabatová) zusammen, bei der mehrere Tausend Flugblätter »An die Mitbürger« verbreitet wurden.[41] Ähnlich wie im Flugblatt »Salamiwahlen«, das aber keine so große Verbreitung fand, wurden die Bürger der ČSSR darin

39 Ausführlicher zum Thema der Wahlen in der Tschechoslowakei vgl.Tomáš Vilímek: »Všichni komunisté do uren«: Volby v Československu v letech 1971–1989 jako společenský, politický a státněbezpečnostní fenomén [»Alle Kommunisten an die Wahlurnen«: Die Wahlen in der Tschechoslowakei in den Jahren 1971–1989 als gesellschaftliches, politisches und staatssicherheitliches Phänomen]. Prag 2016.

40 ZI Nr. 12 v. 25.3.1971; ABS, fond Zpravodajské informace 1969–1983, S. 1.

41 Bei diesem Flugblatt ließen sich die Organisatoren mit dem Aufruf »Mitbürger« inspirieren, der im September 1971 im Samisdat »Fakta – připomínky – události« (Fakten – Bemerkungen – Ereignisse) veröffentlicht wurde. Bei der Entstehung des Aufrufes spielten Milan Hübl, Luboš Dobrovský, Petr Pithart und Jiří Dienstbier eine wichtige Rolle.

darüber informiert, dass eine Beteiligung an der Wahl zu ihren Grundrechten gehöre, aber keine Pflicht darstelle. Der Wahlboykott wurde als geeignete Form des gesellschaftlichen Protests gegen die Husák-Führung bezeichnet. Die StB reagierte mit einer Verhaftungswelle; am 2. Dezember befanden sich bereits 29 Menschen in Untersuchungshaft.[42]

Aus fast allen Bezirken kamen Informationen, wonach die Menschen die Wahlen als »Komödie« oder als »Pseudowahlen« bezeichneten. Der Mehrheit sei aber bewusst gewesen, dass eine Nichtteilnahme oder eine Änderung des Wahlzettels im Wahlraum existenzielle Konsequenzen nach sich ziehen würde. Den Informationen zufolge wurden in mehreren Betrieben sowohl von Arbeitern als auch von Angestellten Zweifel an der demokratischen Gestalt der Wahlen geäußert. Unter den Jugendlichen in den Bezirken Mittelböhmen und Nordmähren wurde im Oktober 1971 ein sehr geringes Interesse an den Wahlen registriert; sie stellten oft die Frage, ob eine Pflicht zur Beteiligung an der Wahl bestünde und welche Folgen eine eventuelle Nichtteilnahme haben könnte.[43] Aus mehreren Orten trafen Informationen über Beschädigungen der Wahldekoration ein, und während der öffentlichen Wahldebatten mit den Kandidaten und Abgeordneten gab es sporadisch Kritik am Übergewicht der KPČ-Mitglieder unter den Wahlvorschlägen auf der Einheitsliste. Vor allem in Mähren meldeten sich die Vertreter der Christlichen Partei zu Wort, deren Organisationen in manchen Ortschaften stärker waren als die der KPČ. Vereinzelt wurde auch auf den vorzeitigen Abbruch einer Vorwahlversammlung hingewiesen, wie der Fall eines Arbeiters aus einem Betrieb in Děčín (Bodenbach) zeigt, der auf einer solchen Versammlung im November 1971 »Es lebe Dubček« gerufen hatte.[44]

Aus den Berichten geht hervor, dass die Informationen der Staatssicherheit über die gesellschaftliche Lage sicherlich dazu beitrugen, die Ängste der Parteiführung vor einem möglichen massenhaften Wahlboykott zu zerstreuen. Es müsse zwar im Zusammenhang mit den Wahlen mit unterschiedlichen Formen feindlicher Aktivitäten gerechnet werden, diese würden aber auf Handlungen Einzelner beschränkt bleiben. Die Bevölkerung machte sich über die neuen Machtverhältnisse keine Illusionen. Auf der einen Seite wurden die auf junge Familien und Rentner gemünzten Sozialmaßnahmen positiv beurteilt, auf der anderen Seite wurde die Teilnahme an den Wahlen so begründet, wie dies etwa die Angestellten eines Prager Betriebs taten: Man habe aus Sorge um die Existenz und mit Rücksicht auf die eigenen Kinder gewählt.[45] Es zeigt sich, dass das Regime offene Unterdrückung – etwa in Form der politischen Prozesse in der ersten Hälfte der 1970er-Jahre – relativ erfolgreich mit einer »Strategie materi-

42 ZI Nr. 43 v. 2.12.1971; ABS, fond Zpravodajské informace 1969–1983, S. 2.
43 ZI Nr. 37 v. 21.10.1971; ebenda, S. 1 f.
44 ZI Nr. 39 v. 4.11.1971; ebenda, S. 2.
45 ZI Nr. 44 v. 9.12.1971; ebenda.

eller Pazifizierung«[46] kombinierte. Es entstand ein spezifisches »stilles Arrangement«[47] zwischen dem politischen Establishment und den Bürgern, das allerdings zerbrechlich blieb und von einer Asymmetrie der Machtverhältnisse gekennzeichnet war. Die meisten Menschen wollten ihr Leben möglichst konfliktfrei führen und die »Errungenschaften des Sozialismus« nicht infrage stellen, mit denen das Regime ihre passive Loyalität belohnte.[48]

Auch in den folgenden Jahren tauchten gegen die Wahlen gerichtete Flugblätter auf. Einige Verwaltungsmitarbeiter erhielten sogar Drohbriefe, wie zum Beispiel die Abgeordnete des Bezirksnationalausschusses in Kolín (Kolin) vor den Wahlen im Jahr 1976, um die Angeschriebenen von einer erneuten Kandidatur abzuschrecken.[49] In einem Bericht über den Verlauf des zweiten Wahltages im Oktober 1976 wurde konstatiert, dass im Vergleich zu den vorherigen Wahlen weniger »feindlich-negative Aktivitäten« registriert wurden. Die Berichterstatter wiesen auf insgesamt 22 verbale Angriffe auf die Kandidaten, 66 Flugblätter, zwölf Drohbriefe sowie 21 Fälle von Beschädigung der Wahldekoration hin.[50] Im gesamten Zeitraum vom 1. bis 24. Oktober 1976 wurden mehr als hundert solcher Fälle gemeldet. »Die Lage in der letzten Woche vor den Wahlen lässt sich dadurch kennzeichnen«, schlussfolgerte die Information vom 29. Oktober 1976, »dass die Mehrheit der Vorwahlaktionen ohne bedeutsamere Störung verlief. Es wurden nur unwichtige Provokationen einiger Individuen festgestellt, die öffentlich die Wahlliste strichen oder die Mitglieder der Wahlkommissionen beschimpften.«[51]

Aus dem Umfeld der Opposition wurden Hinweise auf eine »Ironisierung der Wahlen« gesammelt, die niemanden überraschen konnten. Zugleich kam die Meinung auf, dass eine Nichtteilnahme keinen Sinn und nur Repressionen zur Folge haben würde. Eine direkte Aktion gegen die Wahlen wurde von den oppositionellen Kreisen aus diesem Grund überwiegend abgelehnt. Ein Teil der Regimekritiker schloss nicht aus, sich an den Wahlen zu beteiligen, für die anderen waren sie überhaupt kein Thema mehr. Es lässt sich feststellen, dass in den nachrichtendienstlichen Informationen im Zuge der Wahlen innerhalb der Op-

46 So Christoph Boyer: Sozialgeschichte der Arbeiterschaft und staatssozialistische Entwicklungspfade. Konzeptionelle Überlegungen und eine Erklärungsskizze. In: Peter Hübner, Christoph Kleßmann, Klaus Tenfelde (Hg.): Arbeiter im Staatssozialismus. Ideologischer Anspruch und soziale Wirklichkeit. Köln, Weimar, Wien 2005, S. 71–86, hier 79.

47 Ivo Možný: Proč tak snadno. Některé rodinné důvody sametové revoluce. Sociologický esej [Warum so leicht. Manche familiäre Gründe der Samtenen Revolution. Ein soziologischer Essay]. Praha 1991, S. 22.

48 Zu verschiedenen Formen der Loyalität vgl. Volker Zimmermann, Peter Haslinger, Tomáš Nigrin (Hg.): Loyalitäten im Staatssozialismus. DDR, Tschechoslowakei, Polen. Marburg 2010.

49 ZI Nr. 30 v. 30.7.1976; ABS, fond Zpravodajské informace 1969–1983, S. 4.

50 ZI Nr. 42 v. 22.10.1976; ebenda, S. 1.

51 ZI Nr. 43 v. 29.10.1976; ebenda.

positionsszene recht unterschiedliche Reaktionen auftraten, die stark abhängig von den jeweiligen Familienverhältnissen und der individuellen Lebenssituation waren. Gewisse Hoffnungen innerhalb der oppositionellen Kreise weckten den Informationen zufolge die wirtschaftlichen Probleme, die zu einer steigenden Unzufriedenheit der Bürger mit der Versorgungslage führten.[52]

Die Mitarbeiter des Referats Analyse registrierten ein weiteres interessantes Phänomen: Während der Vorwahlversammlungen mehrten sich Fälle, bei denen die Bürger ihre Teilnahme an der Wahl von der Erfüllung konkreter Forderungen, etwa nach Verbesserung ihrer Wohnsituation, der örtlichen Infrastruktur oder von öffentlichen Dienstleistungen abhängig machten. Am 2. September 1976 besuchte eine Delegation von 20 Frauen aus einem ostslowakischen Dorf das Bischofsamt in Košice (Kaschau), um einen Ersatz für den in Rente gehenden Pfarrer zu erhalten. Während der Verhandlungen erklang die Drohung, dass die Nichterfüllung ihrer Forderung einen Wahlboykott zur Folge hätte.[53]

Auf die Situation im Vorfeld von Wahlen wirkte selbstverständlich neben inneren Problemen auch die außenpolitische Lage ein. Das zeigt sich deutlich im Zusammenhang mit den Wahlen im Juni 1981. Die FMdI-Leitung wurde im Mai 1981 unter anderem über die Lage an den Prager Universitäten informiert. Unter den Studenten kursierten schriftliche Materialien, in denen in Anlehnung an die polnische Gewerkschaft Solidarność zur Wahl der nichtkommunistischen Kandidaten aufgerufen wurde. An der Fakultät für Journalistik tauchten Wandparolen auf wie: »Wählt die Charta 77« oder »Es lebe Charta 77«.[54] In einer Gesamtübersicht über die Bevölkerungsstimmung während der Wahlen wurde wiederum auf die gegen die Wahlen gerichteten Flugblätter und Wandparolen hingewiesen. In steigendem Maß wurde von einigen Unterzeichnern der Charta 77 und den Vertretern des politischen Untergrunds eine schwer nachweisbare Strategie des Wahlboykotts verfolgt. Man gab den Wahlausweis mit der Begründung ab, etwa aus familiären Gründen an einem anderen Ort wählen zu müssen, als am offiziellen Wohnort. Der Ausweis ermöglichte es dann, an einem beliebigen Ort die Stimme abzugeben, was oft zur Nichtteilnahme an den Wahlen ausgenutzt wurde.[55] Diese Strategie wurde vor allem seit 1976 angewendet.

52 Siehe z. B. ZI Nr. 36 v. 14.10.1971; ebenda, S. 1–3, ZI Nr. 42 v. 25.11.1971; ebenda, S. 1 f., ZI Nr. 35 v. 2.11.1976; ebenda, S. 1, ZI Nr. 39 v. 1.10.1976; ebenda, ZI Nr. 23 v. 12.6.1981; ebenda, S. 1 f.

53 ZI Nr. 38 v. 24.9.1976; ABS, fond Zpravodajské informace 1969–1983, S. 1.

54 ZI Nr. 17 v. 4.5.1981; ebenda, S. 2.

55 ZI Nr. 23 v. 12.6.1981; ebenda, S. 1.

Gerüchte über Währungsreformen und Preiserhöhungen

Gerade vor den Wahlen verbreiteten sich zudem vermehrt Gerüchte über geplante Preiserhöhungen oder sogar über eine bevorstehende Währungsreform, deren Auswirkungen auf die Bevölkerungsstimmung sich jedoch keinesfalls auf die Zeit der Wahlen beschränkte. So tauchte etwa im April 1974 in der Uranstadt Příbram (Freiberg) das Gerücht auf, dass in der sozialistischen Staatengemeinschaft eine gemeinsame Währung eingeführt werden sollte – natürlich zu Ungunsten der Tschechoslowakei. In der Folge stieg in mehreren mittelböhmischen Städten sprunghaft der Verkauf von haltbaren Lebensmitteln, was zu einer dramatischen Verschlechterung der Versorgungslage führte.[56]

Vor Weihnachten 1979 brach im westböhmischen Bezirk in Erwartung einer Währungsreform ein Einkaufsfieber aus. Ersparnisse wurden abgehoben und die Berichterstatter warnten: »In der Bevölkerung herrscht eine sehr gespannte Stimmung, weil die Menschen überzeugt sind, dass es zur Währungsreform kommt.«[57] Immer wieder tauchten Hinweise auf mögliche Preiserhöhungen auf. Besonders häufig finden sich Gerüchte über eine geplante Benzinpreiserhöhung in den zur Verfügung stehenden Informationen. Seit Anfang der 1970er-Jahre wurde fast jedes Jahr über diese Möglichkeit gesprochen, die erst im Sommer 1979 Wirklichkeit wurde. Immer wieder berichteten die StB-Mitarbeiter über die destabilisierende Wirkung der omnipräsenten »Munkelei« über eine bevorstehende Preiserhöhung, die oft zum Aufkauf von bestimmten Waren führte.[58] Vor allem zur Jahreswende 1979/80 wiesen zahlreiche Bürger auf den Zusammenhang zwischen der unbefriedigenden Entwicklung der internationalen Lage – der sowjetische Einmarsch in Afghanistan, die krisenhafte Situation in Polen – und den sich verschärfenden Wirtschaftsproblemen in der Tschechoslowakei hin. In einer Information von Ende August 1980 wurde berichtet, dass die Menschen in Prag und im mittelböhmischen Bezirk die schlechte Wirtschaftslage in Polen mit dem Stand der Volkswirtschaft in der ČSSR verglichen.[59] Es ist kaum verwunderlich, dass die Preiserhöhungen der Jahre 1979, 1982 und 1983 zu einem sprunghaften Anstieg der kritischen Stimmen aus der Gesellschaft führten. Die Bevölkerungsstimmung sei zwar immer stabil gewesen, die Zweifel an der Wirtschaftspolitik der Staatsführung sollten aber deutlich zunehmen, berichtete die StB. Ende Oktober 1981 hieß es, dass in einigen Bevölkerungsschichten die Wirtschaftslage in besonders schwarzen Farben gemalt werde.[60]

56 ZI Nr. 16 v. 19.4.1974; ebenda, S. 2 f.
57 ZI Nr. 50 v. 21.12.1979; ebenda., S. 2.
58 ZI Nr. 48 v. 2.12.1977; ebenda, S. 4.
59 ZI Nr. 34 v. 29.8.1980; ebenda, S. 1.
60 ZI Nr. 43 v. 30.10.1981; ebenda, S. 4.

»Staatsfeindliche Schriften«

Wie ein roter Faden durchziehen die Informationen immer wieder Angaben zu unterschiedlichen »staatsfeindlichen Schriften«. Anlässlich der verschiedenen Jahrestage wurde regelmäßig über Zahl, Form und Inhalt von sichergestellten Flugblättern, Wandparolen und anonymen Briefen berichtet. Besonders wertvoll sind einige zusammenfassende Statistiken, die die Jahre 1971, 1972, 1977 und 1978 umfassen. Für die übrigen Jahre stehen nur vereinzelte Monatsübersichten zur Verfügung. Mithilfe der Statistiken der X. Verwaltung (seit Sommer 1988 II. Verwaltung) des SNB lässt sich trotzdem ein Überblick über den gesamten Zeitraum von 1969 bis September 1989 herstellen. Der Umfang der »staatsfeindlichen Schriften« war erheblich, allein in den 1980er-Jahren registrierte die StB mehr als 27 000 Flugblätter, beinahe 5 000 Wandparolen und nicht zuletzt über 7 000 anonyme Briefe. Tatsächlich muss von einer größeren Anzahl solcher Schriften ausgegangen werden, weil viele Exemplare nie in die Hände der politischen Polizei gerieten.[61]

Die folgende Tabelle stellt eine Auswertungsform der »staatsfeindlichen Schriften« dar, die nach 1969 erarbeitet wurde und seit 1978 systematisch Anwendung fand.

Kategorie	**Flugblätter**	**Anonyme Briefe**	**Wandparolen**
1. Angriffe gegen die KPČ, Partei- und Staatsfunktionäre	1 518	884	112
2. Angriffe gegen die Einheit des sozialistischen Lagers und die Verbundenheit mit der UdSSR	924	509	76
3. Gewaltandrohung	515	300	2
4. Förderung und Unterstützung des Faschismus	x	45	6
5. Verbreitung von Unzufriedenheit, Passivität und Panik	72	x	x
6. Streik- und Demonstrationsaufrufe	73	x	x
7. Verbreitung der bürgerlichen Ideologie, des Revisionismus und von anderen antimarxistischen Theorien	27	x	x

Inhaltsauswertung der »staatsfeindlichen Schriften« im ersten Halbjahr 1970[62]

61 Ausführlicher zu diesem Thema vgl. Tomáš Vilímek: Konstruktivní kritika nebo »protistátní štvaní«? Stížnosti občanů a »protistátní písemnosti v letech 1969–1989 [Konstruktive Kritik oder »staatsfeindliche Hetze«? Bürgerbeschwerde und »staatsfeindliche Schriften« in den Jahren 1969–1989]. In: Dějiny a současnost 36 (2014) 9, S. 17–20.

62 ZI Nr. 40 v. 29.7.1970 – Anlage; ABS, fond Zpravodajské informace 1969–1983, S. 2.

Im Zeitraum von 1969 bis 1989 gehörten die zwei ersten Kategorien zu den häufigsten. Bei der vierten Kategorie – Förderung und Unterstützung des Faschismus – handelte es sich zumeist um die Gleichsetzung von Kommunismus und Faschismus. Immer wieder tauchten Wandparolen auf, auf denen ein roter Stern mit einem Hakenkreuz in der Mitte zu sehen war. So wurden Parallelen zwischen den beiden Diktaturen gezogen. Auf der anderen Seite beriefen sich einige Verfasser von anonymen Briefen in ihrem Kampf gegen die Kommunisten auf Hitler.[63] Dabei handelte es sich aber eher um ein Randphänomen, in dem sich die Verbindung zwischen bloßem Hass gegen die Machthaber und einer fatalen Unwissenheit widerspiegelt.

Der Information vom 26. Januar 1973 zufolge wurden zum Beispiel im Jahre 1972 1 348 Flugblätter, 167 Wandparolen und 1 324 anonyme Briefe erfasst. Mehr als die Hälfte der Flugblätter, deren Ausbreitung im August mit 352 sichergestellten Exemplaren kulminierte, richtete sich gegen die KPČ sowie gegen Partei- und Staatsfunktionäre. Fast ein Viertel verbreitete »bürgerliche Ideologie, Revisionismus und andere antimarxistische Tendenzen« und 15 Prozent griffen »die Einheit des sozialistischen Lagers, die Verbundenheit mit der UdSSR und deren Vertretern« an. Fast 22 Prozent aller sichergestellten anonymen Briefe wurden aus Prag oder aus dem mittelböhmischen Bezirk abgesendet. Die meisten Wandparolen (knapp 50) wurden in der Hauptstadt entdeckt, gefolgt vom westböhmischen Bezirk (19). Im Jahre 1972 wurden 231 Verfasser von »staatsfeindlichen Schriften« erfasst, was in etwa der Zahl der übrigen Jahre entspricht, mit Ausnahme des Jahres 1969, als 974 »Täter« festgestellt wurden.[64] Bei 78 Personen wurde eine Strafverfolgung eingeleitet, die anderen wurden im Rahmen sogenannter Vorbeugegespräche belehrt und sahen sich darüber hinaus am Arbeitsplatz einem Disziplinarverfahren ausgesetzt. Die Arbeiter bildeten mit 42 Prozent die stärkste Gruppe der ermittelten Verfasser, gefolgt von Angestellten und Vertretern der Intelligenz mit 36 Prozent. Im Hinblick auf die Altersstruktur ist zu erkennen, dass die meisten Urheber mittleren Alters waren.[65]

Die Daten in der zusammenfassenden Information über die »staatsfeindlichen Schriften« in den Jahren 1977 und 1978 ähneln denen der vorangegangenen Phase. Die meisten dieser Schriften wurden in Prag sowie im nordböhmischen und im südmährischen Bezirk sichergestellt. Im Zentrum der Kritik standen wiederum die KPČ und ihre Vertreter, danach folgten Angriffe gegen die Sowjetunion und die »Verbreitung der nichtmarxistischen Ideologie«. Seit

63 ZI Nr. 30 v. 30.7.1976; ebenda, S. 4. Vgl. dazu auch Tomáš Vilímek: »Všichni komunisté do uren« (Anm. 39), S. 268, 297 u. 308.

64 Zpráva o situaci na úseku pátrání po pisatelích a rozšiřovatelích protizákonných písemností a tiskovin, výhrůžných dopisů a nápisů za období roku 1969 [Lagebericht über die Fahndung nach Verfasser und Verbreiter der staatsfeindlichen Schriften, Drohbriefe und Wandparolen im Jahre 1969], 6.2.1970; ABS, fond A 34, inv. j. 3188.

65 ZI Nr. 4 v. 26.1.1973; ABS, fond Zpravodajské informace 1969–1983, S. 3 f.

1977 wurden die Meldungen zu »staatsfeindlichen Schriften« um eine neue Kategorie ergänzt, nämlich um die »Materialien der Charta 77«, deren Zahl im Jahre 1977 mit 2 316 Stück einen ersten Höhepunkt erreichte.[66]

Die Flugblätter, anonymen Briefe und Wandparolen stellen eine der grundlegenden Formen des Widerstands in der Tschechoslowakei nach August 1968 dar, knüpften tatsächlich aber an eine längere Tradition an. Nach 1969 waren sie zuerst gegen die Okkupanten und ihre Handlanger gerichtet, im Laufe der Zeit wurden sie immer stärker Ausdruck des Protestes gegen die allgegenwärtige Ideologisierung des Alltags. Die Verfasser reagierten oft auf das aktuelle politische Geschehen, wie die Reaktion auf die Kampagne gegen die Charta 77 zeigt, und stellten die mangelhafte Lösung der Probleme im ökonomischen, ökologischen und nicht zuletzt im sozialen Bereich an den Pranger. In diesen Schriften ist man nicht nur mit Hass, Empörung und einem Gefühl von Hoffnungslosigkeit konfrontiert, sondern hier tritt auch ein echtes Interesse an einer Verbesserung der Situation in Erscheinung. Humorvolles findet sich ebenfalls: Anlässlich des XV. Parteitages der KPČ stellte beispielsweise die StB im Ostböhmischen Bezirk einige Tausend Säcke mit Schildern »ein komplettes Futtergemisch für Schweine« fest, auf deren Rückseite jemand »XV. Parteitag der KPČ« geschrieben hatte.[67]

Politische Opposition

Wie erwähnt, umfasst die Sammlung der nachrichtendienstlichen Informationen natürlich auch Erkenntnisse über die Situation im Lager des sogenannten »inneren Feindes«. Während hier bis Anfang 1977 die Aktivitäten der »Exkommunisten«[68] im Vordergrund standen, gewannen mit der Gründung der Charta 77 deren Unterzeichner und Sympathisanten an Gewicht, wenngleich die »exkommunistische Strömung« auch innerhalb dieser Initiative im Mittelpunkt stand. Die politische Opposition wurde zwar reflektiert, die zahlreichen Berichte sind aber sehr kurz und oft oberflächlich. Trotzdem befinden sich in der Sammlung viele interessante Einschätzungen über die Lage unter den

66 ZI Nr. 4 v. 26.1.1979; ebenda, S. 9. Im Jahr 1987 wurde dann mit 3 397 die absolute Höchstzahl erreicht.

67 ZI Nr. 33 v. 20.8.1976; ebenda, S. 2.

68 Es handelte sich um die Menschen, die als KPČ-Mitglieder an den Reformen des Prager Frühlings mit unterschiedlicher Intensität und auf recht verschiedenen Posten teilnahmen. Aus dem Protest gegen die Intervention und Haltung der Parteiführung traten Zehntausende von ihnen aus der KPČ aus. Infolge der Säuberung mussten noch mehr als 320 000 die Partei verlassen. Vgl. dazu Jiří Maňák: Čistky v Komunistické straně Československa 1969–1970. Praha 1997, S. 58; Vladimíra Hradecká, František Koudelka: Kádrová politika a nomenklatura KSČ 1969–1974. Praha 1998, S. 44.

Ausgeschlossenen, der ehemaligen KPTsch-Mitglieder, die im Zuge der Säuberungswelle Anfang der 1970er-Jahre die Partei verlassen mussten, oder den Unterzeichnern der Charta 77. Sie befassen sich häufig mit der Reaktion der Regimekritiker auf die Repression sowie mit den Veränderungen der internationalen und der innenpolitischen Lage. Darüber hinaus liefern sie Hinweise auf die Lebenssituation der Ausgeschlossenen und ihre Zukunftserwartungen.

Die DDR im Blick der StB

Ohne alle erfassten gesellschaftlichen Bereiche ausführlich behandeln zu können, soll dieser Beitrag mit einigen Hinweisen zu den Informationen über den ostdeutschen Nachbarn der Tschechoslowakei abgeschlossen werden. Die DDR gehörte gemeinsam mit der Volksrepublik Polen zu den Bruderländern, die relativ häufig in den Informationen auftauchten. Der Schwerpunkt lag dabei auf DDR-Bürgern, die auf dem Weg über die tschechoslowakische Grenze versuchten, in den Westen zu flüchten – und dabei nicht selten ein trauriges Ende fanden: Am 4. August 1973 wurden zum Beispiel in der Nähe der Ortschaft Pastviny (bis 1947 Friedersreuth), 20 Kilometer von der bayerischen Stadt Hof entfernt, zwei DDR-Bürger bei einem Fluchtversuch festgenommen. Bei der Festnahme wurde die Dienstwaffe eingesetzt, wobei einer der beiden Flüchtlinge verletzt wurde. Er starb zehn Tage später im Bezirkskrankenhaus in Pilsen.[69]

Die DDR-Bürger machten in den 1970er- und 1980er-Jahren den größten Anteil von entdeckten »Grenzverletzungen« in der Tschechoslowakei aus. Die Erleichterung des Reiseverkehrs zwischen der ČSSR und der DDR im Jahre 1972 hatte erheblich zum Anstieg der Fluchtversuche von DDR-Bürgern über das tschechoslowakische Staatsgebiet beigetragen. Der Information vom 5. Januar 1973 zufolge waren im vorangegangenen Jahr insgesamt 1 052 Fluchtversuche von Ostdeutschen von den tschechoslowakischen Sicherheitsorganen verhindert worden. Von den 25 DDR-Bürgern, die im Dezember 1972 im tschechoslowakischen Grenzgebiet festgenommen wurden, waren 19 jünger als 30 Jahre. Während die Mehrheit der Verhafteten es im Verhör ablehnte, ihre Fluchtmotive zu erläutern, gaben fünf Menschen eine politische Motivation an.[70] Auch im Jahre 1973 wurden im ČSSR-Grenzgebiet mehr Ostdeutsche beim Versuch der »Republikflucht« festgenommen (850) als Tschechoslowaken

69 ZI Nr. 34 v. 24. August 1973; ABS, fond Zpravodajské informace 1969–1983, S. 3.
70 ZI Nr. 1 v. 5.1.1973; ebenda, S. 5 f.

(379).[71] Seit 1974 standen an der Spitze der »Grenzverletzer« wieder die ČSSR-Bürger, gefolgt von den Bürgern aus der DDR und polnischen Staatsbürgern.[72]

Es finden sich aber auch Hinweise über Probleme im gegenseitigen Reiseverkehr,[73] in der Zusammenarbeit von tschechoslowakischen und ostdeutschen Betrieben[74] oder über Schwierigkeiten mit DDR-Jugendlichen im Zusammenhang mit dem Grand Prix der Tschechoslowakei in Brünn, der seit 1965 im Rahmen der Motorrad-Weltmeisterschaft stattfand.[75] Kurz berichtet wurde auch über die Stimmung der Bevölkerung zu Staatsbesuchen der DDR-Führung in der Tschechoslowakei. Als Walter Ulbricht im Oktober 1970 mit einer Delegation, bestehend aus Erich Honecker, Günter Mittag und Willi Stoph, die ČSSR besuchte,[76] wurde zwar in einer Information vom 28. Oktober auf gewisse Hoffnungen in der tschechoslowakischen Bevölkerung auf die Verbesserung der ökonomischen Zusammenarbeit zwischen beiden Ländern hingewiesen, die zurückhaltende Aufnahme der Delegation durch die ČSSR-Bürger und das geringe Interesse breiter gesellschaftlicher Schichten an dem Staatsbesuch waren aber kaum zu übersehen.[77]

Schlussbetrachtung

Aus der Untersuchung der nachrichtendienstlichen Informationen geht klar hervor, dass ihre Zielstellung darin bestand, alle möglichen Erscheinungsformen gesellschaftlicher Resistenz wie regimekritische Witze, verbale Kritik an den alltäglichen Missständen, »staatsfeindliche Schriften«, Streikdrohungen, Ablehnung der Parteimitgliedschaft, Organisierung unabhängiger Veranstaltungen für Jugendliche und für Gläubige usw. zu erfassen. In dieser Hinsicht stellen die Informationen eine besonders reiche und wertvolle Quellensammlung dar, die viele wichtige Aufschlüsse über das kritische Potenzial innerhalb der tschechoslowakischen Gesellschaft ermöglicht. Die Quellen enthalten Hinweise auf

71 ZI Nr. 1 v. 4.1.1974; ebenda, S. 4.

72 Im Jahr 1974 wurden bspw. 1 463 Tschechoslowaken beim Fluchtversuch entdeckt, dagegen »nur« 731 DDR-Bürger. Ein Jahr später betrug die Relation 1 391 zu 533 zugunsten der ČSSR-Bürger. Siehe dazu ZI Nr. 1 v. 3.1.1975; ebenda, S. 6 u. ZI Nr. 1 v. 9.1.1976; ebenda, S. 5.

73 ZI Nr. 23 v. 8.6.1972; ABS, fond Zpravodajské informace 1969–1983, S. 5.

74 ZI Nr. 25 v. 27.6.1975; ebenda, S. 1 f.

75 ZI Nr. 33 v. 19.7.1977; ebenda, S. 6.

76 Mehr zum Thema der gegenseitigen Beziehungen zwischen der ČSSR und der DDR nach 1969 bei Tomáš Vilímek: KSČ a SED – vzájemné vztahy a kontakty v letech 1969 až 1989 [KPČ und SED – gegenseitige Beziehungen und Kontakte in den Jahren 1969 bis 1989]. In: Jiří Kocian, Jaroslav Pažout, Jakub Rákosník: Bolševismus, komunismus a radikální socialismus v Československu [Bolschewismus, Kommunismus und Radikalsozialismus in der Tschechoslowakei]. Bd. VIII, Praha 2011, S. 208–248 u. 287–298.

77 ZI Nr. 53 v. 28.10.1970; ABS, fond Zpravodajské informace 1969–1983, S. 1.

Hunderte oder sogar Tausende Lebensgeschichten von Menschen, die teils bewusst, teils aber auch ganz zufällig in Konflikt mit dem KPČ-Regime gerieten. Für die Rekonstruktion von solchen Geschichten und für die Arbeit mit diesen Quellen insgesamt ist es aber unerlässlich, weitere Quellen heranzuziehen.

Erste Untersuchungen zu solchen Fällen haben sich als besonders ergiebig erwiesen. In einem Bericht von Ende Mai 1974 findet sich zum Beispiel ein Hinweis auf die Entlarvung des Verfassers von mehr als 60 anonymen Briefen an die führenden Staats- und Parteiorgane.[78] Der 68-jährige Rentner V. P. (Jg. 1906), ein ehemaliger Pädagoge aus der südböhmischen Hussitenstadt Tábor, soll seit 1956 in seinen Texten die sozialistische Ordnung in zahlreichen Fällen herabgewürdigt haben. Auf der Grundlage dieser Angaben gelang es, seine Untersuchungsakte zu ermitteln, die sonst unter den Tausenden aufbewahrten Vorgängen nur schwer auffindbar gewesen wäre. In den Akten findet man nicht nur die Originale der anonymen Briefe, in denen sowohl auf die internationale Entwicklung als auch auf die ungelösten Probleme der historischen Bezirksstadt reagiert wurde, sondern sie enthält auch den Verlauf des Ermittlungsverfahrens mit Richterspruch und Urteilsbegründung.[79] Obwohl nicht im Entferntesten zu allen erwähnten Vorkommnissen ergänzende Unterlagen zur Verfügung stehen, lässt sich sagen, dass die Erforschung des kritischen gesellschaftlichen Potenzials in der ČSSR mithilfe der Informationen um viele weitere Geschichten ergänzt werden kann. Diese bisher übergangene Sammlung sollte daher in Zukunft systematisch ausgewertet werden.

78 ZI Nr. 22 v. 31.5.1974; ebenda, S. 3.

79 ABS, fond vyšetřovacích spisů [Untersuchungsakte], archivní číslo [Archivnummer] V-3650 (České Budějovice/Budweis).

Martin K. Dimitrov

Stimmungsberichterstattung in Bulgarien und China

Übersetzung: KERN AG

Unvorhergesehene Ausbrüche allgemeiner öffentlicher Unzufriedenheit wie beispielsweise Massenproteste und regimefeindliche Kundgebungen stellen eine ernste Gefahr für die Stabilität von Autokratien dar. Obwohl die meisten Proteste durch repressive Maßnahmen wirksam entschärft werden können, ist die Anwendung von Repression weder kostenlos noch absolut sicher. Es ist immer möglich, dass Proteste außer Kontrolle geraten und die Stabilität eines Regimes untergraben. Aus diesem Grund sind kommunistische Autokratien bestrebt, Systeme der Informationserfassung zu entwickeln, mit denen Unzufriedenheit in der Bevölkerung festgestellt werden kann, bevor daraus Massenproteste entstehen. Daher streben kommunistische Regime danach, Systeme zu schaffen, um latente (verborgene) Unzufriedenheit zu erkennen, bevor diese in offene (sichtbare) Unzufriedenheit umschlägt.[1] Dieser Aufsatz befasst sich mit drei damit verbundenen Fragen: Wann erkennen kommunistische Regime, dass sie latente Unzufriedenheit beobachten müssen? Wie erfassen sie Informationen über latente Unzufriedenheit und wie nutzen sie diese für das Regierungshandeln? Und schließlich: Wie beeinflusst die Fähigkeit kommunistischer Regime, latente Unzufriedenheit zu beobachten und das Entstehen offener Unzufriedenheit vorherzusehen, die Wahrscheinlichkeit ihres Zusammenbruchs?

Dieser Beitrag geht diesen Fragen durch einen Vergleich zwischen zwei kommunistischen Regimen nach: Bulgarien in der Zeit vor 1989 und China in der Zeit nach 1949. In dem Abschnitt über Bulgarien werden vormals geheime Materialien benutzt, die bei Recherchen im Archiv des Innenministeriums (AMVR) und im Archiv der kommunistischen Partei (TsDA) in Sofia gesammelt wurden. Die Ausführungen über China beruhen auf Archivmaterial (vorranging aus dem Shanghai Municipal Archive) sowie auf internen Rundschreiben (*neibu*). Da dieses geheime Material nur für die oberste Führungsriege

1 Für eine detailliertere Abhandlung zu diesem Punkt siehe Martin K. Dimitrov: What the Party Wanted to Know. Citizen Complaints as a »Barometer of Public Opinion« in Communist Bulgaria. In: East European Politics and Societies and Cultures 28 (2014) 2, S. 271–295.

bestimmt war, bieten uns die Dokumente einen privilegierten Einblick in die internen Auffassungen von Regierungen über die Problematik der Informationsgewinnung in kommunistischen Staaten.

Der Vergleich zwischen Bulgarien in der Zeit vor 1989 und China nach 1949 ermöglicht drei Schlussfolgerungen. Erstens begann man sowohl in Bulgarien als auch in China mit der Beobachtung latenter Unzufriedenheit erst, nachdem die Regime mit unvorhergesehenen Ausbrüchen offener Unzufriedenheit konfrontiert worden waren, die systemdestabilisierend wirkten. Diese wichtige Parallele zeigt, dass die kommunistischen Regime in Europa und in Asien trotz riesiger kultureller und historischer Unterschiede im Hinblick auf ihre institutionelle Entwicklung gemeinsame Merkmale aufweisen. Zum Zweiten lässt sich zeigen, dass sich diese Institutionen indes nicht mit der gleichen Geschwindigkeit entwickelten. So verfügte Bulgarien beispielsweise im Jahr 1989 über gut funktionierende Systeme zur Beobachtung latenter Unzufriedenheit, während diese Systeme in China noch im Entstehen waren. Dies hatte zur Folge, dass die Proteste von 1989 für die chinesische Führung überraschend kamen, sie in Bulgarien jedoch vorhergesehen wurden. Drittens bedeutet, wie sich am Fall von Bulgarien zeigen lässt, das Vorhandensein von Institutionen für das Aufspüren latenter Unzufriedenheit nicht, dass die kommunistischen Regime den Zusammenbruch vermeiden können. Diese Institutionen können nur so lange dabei helfen, die Lebensdauer kommunistischer Regime zu verlängern, wie die durch sie gesammelten Informationen dazu genutzt werden, sich der Unzufriedenheit in der Bevölkerung anzunehmen, bevor sie offen ausbricht. In diesem Aufsatz wird argumentiert, dass das bulgarische Regime, obwohl ihm bis 1989 eine wahre Informationsflut über latente Unzufriedenheit vorlag, zunehmend unfähig war, dieser Unzufriedenheit entweder durch Konzessionen und Umverteilung oder durch Repression zu begegnen. Die Erfahrungen in Bulgarien von vor 1989 sind für das Verständnis des heutigen China unmittelbar relevant, denn es gibt zahlreiche Anzeichen dafür, dass das dortige kommunistische Regime zunehmend unfähig ist, auf die Flut ihm zur Verfügung stehender Informationen über die wachsende latente Unzufriedenheit im Land zu reagieren.

Der Beitrag ist in drei Teile gegliedert. Abschnitt I konzentriert sich auf Bulgarien vom Zeitpunkt der Errichtung der kommunistischen Herrschaft im Jahr 1944 bis zu deren Zerfall im Jahr 1989. In dem Abschnitt wird danach gefragt, wodurch die bulgarische Regierung veranlasst wurde, die latente Unzufriedenheit der eigenen Bevölkerung zu beobachten, welche Institutionen zu diesem Zweck geschaffen wurden, wie die durch diese Institutionen gesammelten Informationen für Regierungszwecke verwendet wurden und warum sich das Regime letztlich als unfähig erwies, sie zu nutzen, um seinen Zusammenbruch zu vermeiden. Im zweiten Abschnitt wird China vom Jahr 1949 bis in die Gegenwart untersucht. Dabei liegt besonderes Augenmerk auf der Unfähigkeit der chinesischen Regierung, die eigenen Institutionen so zu qualifizieren, dass sie die latente Unzufriedenheit *vor* den Protestaktionen im Jahr 1989 auf dem Tian'anmen-Platz hätten feststellen können. Zudem geht es um den Ausbau und die feste Etablierung dieser Institutionen nach 1989 sowie um die zahlreichen Anzeichen aus diesen Institutionen, die auf die momentane Unfähigkeit des Regimes hinweisen, das Umschlagen der latenten Unzufriedenheit in eine offene zu verhindern. Im dritten Abschnitt werden Schlussfolgerungen gezogen und einige weitergehende Überlegungen angestellt.

I. Überwachung öffentlicher Unzufriedenheit im kommunistischen Bulgarien

Der bulgarische Fall ist deswegen interessant für uns, weil hier die Entwicklung der Institutionen für die Erfassung von Informationen über die gesamte Dauer eines kommunistischen Regimes hinweg analysiert werden kann. Er stellt daher einen nützlichen Bezugspunkt dar, um die gegenwärtige Entwicklung der chinesischen Institutionen für die Beobachtung öffentlicher Unzufriedenheit und deren mögliche künftige Entwicklungswege einschätzen zu können.

Der Übergang zur Beobachtung latenter Unzufriedenheit in Bulgarien

Kommunistische Regime entwickeln Institutionen zum Aufspüren *offener* Unzufriedenheit, bevor sie Institutionen einrichten, mithilfe derer sie *latente* Unzufriedenheit beobachten können. Im Hinblick auf diese allgemeine Tendenz machte Bulgarien keine Ausnahme. Die wichtigste Einrichtung, die mit der Feststellung offener Unzufriedenheit betraut wurde, war das Komitee für Staatssicherheit (*Komitet za duržawna sigurnost*), das unmittelbar nach der kommunistischen Machtübernahme 1944 gebildet wurde. Dessen Mitarbeiter und Informanten gewannen Informationen aus den Aktivitäten von als regimefeindlich eingestuften Gruppierungen und bewerteten die »politische Stimmungslage« anhand von Berichten über Streiks, größeren Störungen der öffentlichen Ordnung sowie über den aktiven Widerstand gegen staatliche Vertreter bei unterschiedlichsten Kampagnen.[2] Die Informationen waren konkret und zeigten, wer was wo und wann getan hatte, aber es war nicht klar, wie repräsentativ sie waren und ob die beschriebenen besonderen Ereignisse sich verallgemeinern ließen. Der Zweck solcher Informationen bestand darin, Alarm zu schlagen und durch schnelle Strafmaßnahmen darauf reagieren zu können wie beispielsweise

2 AMVR f. 1 op. 5 a. e. 40 (1955); AMVR f. 1 op. 1 a. e. 3931, S. 29–32 (1957).

durch die physische Beseitigung von Regimegegnern oder ihre Einweisung in Arbeitslager.[3]

Eine wichtige Frage von theoretischer Relevanz über den spezifischen Fall Bulgariens hinaus ist, wodurch kommunistische Regime veranlasst werden, überhaupt mit der Beobachtung latenter Unzufriedenheit zu beginnen. Die grundsätzliche Antwort liegt in der Unfähigkeit der Staatssicherheit als wichtigster Institution, die mit der Feststellung offener Unzufriedenheit beauftragt ist, vorherzusagen, *wann* eine Massenerhebung stattfinden könnte. In der DDR beispielsweise, versäumte es die Staatssicherheit, Warnsignale vor dem Volksaufstand vom 17. Juni 1953 zu erkennen. Das führte zur Schaffung einer eigenen Abteilung Information beim MfS, aus der später die Zentrale Auswertungs- und Informationsgruppe (ZAIG) hervorging, die mit der umfassenden Überwachung der öffentlichen Stimmungslage beauftragt war.[4] In Bulgarien wurde die kommunistische Führung überrascht, als Textilarbeiter in Chaskowo und Arbeiter in der Tabakindustrie in Plovdiv im Mai 1953 wegen schlechter Arbeitsbedingungen, unzureichender Vergütung und massiver Entlassungen in den Streik traten.[5] Diese Proteste im eigenen Land sowie die Ereignisse des Juni 1953 in der DDR veranlassten die bulgarische Staatssicherheit, von der Repression zur Überwachung überzugehen;[6] es wurde die Zentrale Informations- und Organisationsverwaltung (CIOU) gebildet, ein Bereich der Staatssicherheit, der für die Berichterstattung über die öffentliche Stimmungslage an die zentrale Führung zuständig war. Die Ereignisse in Budapest 1956, der Prager Frühling 1968 und die Proteste in Polen in den Jahren 1956, 1968 und 1970 spielten eine wesentliche Rolle bei der Entscheidung, die Überwachung latenter Unzufriedenheit durch die Staatssicherheit zu intensivieren und auch andere Stellen des bürokratischen Partei- und Staatsapparats darin einzubinden.[7]

Das Sammeln von Informationen über latente Unzufriedenheit war ein komplexes Unterfangen, an dem die kommunistische Partei, die Staatssicherheit und die Medien beteiligt waren. Die Informanten wurden sorgfältig ausgewählt und die Qualität der von ihnen gelieferten Informationen regelmäßig überprüft.[8] Es wurden neue Verfahren für die Informationssammlung angewendet, wobei die

3 Diniu Sharlanov: Tiraniiata. Zhertvi i palachi. Sofia 1997; Iskra Baeva, Evgeniia Kalinova: Bulgarskite prekhodi. Sofia 2006; Liubomir Ognianov: Politicheskata sistema v Bulgariia. Sofia 1994; Martin K. Dimitrov, Joseph Sassoon: State Security, Information, and Repression. A Comparison of Communist Bulgaria and Ba'thist Iraq. In: Journal of Cold War Studies 16 (2014) 2, S. 4–31.

4 Vgl. Die DDR im Blick der Stasi 1953. Die geheimen Berichte an die SED-Führung, bearb. v. Roger Engelmann. Göttingen 2013.

5 AMVR f. 1 op. 1 a. e. 2922, S. 5 (1953); AMVR f. 1 op. 1 a. e. 2811 (1954).

6 TsDA f. 1 op. 24 a. e. 125 (1953); TsDA f. 1 op. 24 a. e. 188 (1954–1955); TsDA f. 1b op. 64 a. e. 185 (1953).

7 Vladimir Migev: Prazhkata prolet '68 i Bulgariia. Sofia 2005.

8 AMVR f. 22 op. 1 a. e. 23, S. 41–49 (1975).

Umfragen und die Analysen von Beschwerden durch alle drei genannten Akteure durchgeführt wurden. Die hauptsächliche Neuerung bestand jedoch in der Art der gesammelten Informationen: Die effektive Überwachung latenter Unzufriedenheit erfordert das Sammeln umfassender Informationen, die repräsentative Verhaltensmuster aufzeigen, die auch, wenn sie nicht offen politischer Art sind, einen politischen Unterton erhalten können. So wurden beispielsweise unter der »öffentlichen Stimmung« die Sorgen der Menschen im Hinblick auf Alltagsprobleme verstanden, die unpolitische Fragen betrafen, wie zum Beispiel Unmut wegen Mangels an Grundnahrungsmitteln oder wegen schlechter Qualität der öffentlichen Dienstleistungen.[9] Das Ziel der Informationssammlung bestand nicht in der Bestrafung der Betroffenen (obwohl natürlich punktuell Repressalien angewandt wurden), sondern darin, frühzeitig Warnsignale für eine wachsende, wenn auch noch latente Unzufriedenheit zu erhalten.

Aus der Sicht kommunistischer Regime bestanden im Hinblick auf die gewonnenen Informationen zweierlei Probleme. Einerseits war es den Bürgern normalerweise bekannt, dass gegen ihren Willen Informationen über sie gesammelt wurden. Weil diese Informationssammlung in einem autoritären Staat erfolgte, bestand die nicht unerhebliche Wahrscheinlichkeit, dass Personen ihre Einstellungen verfälschten, um diejenigen, die die Informationen zusammentrugen, zufriedenzustellen und Anschuldigungen zu vermeiden. Ein ernsthafteres Problem bestand darin, dass die Bürger durch die unfreiwillige Abschöpfung nicht an das Regime gebunden wurden, weil sie für das Bereitstellen präziser Informationen im Gegenzug keine individuellen Vorteile zu erwarten hatten, wie dies beim Einreichen von offiziellen Beschwerden der Fall war. Wegen dieser Mängel im Prozess der unfreiwilligen Erhebung von Informationen wurde es wichtiger, den Bürgern Anreize zu bieten, freiwillig Informationen zu liefern.

In kommunistischen Autokratien stellten Eingaben von Bürgern den einzigen Kanal für die freiwillige Zurverfügungstellung von Informationen dar. Nach Einschätzung der kommunistischen Partei selbst fungierten Beschwerden als »Barometer der öffentlichen Meinung«,[10] die die Ansichten der Bevölkerung über Probleme des Regierungshandels im bulgarischen Spätsozialismus offenbarten. Weil die Beschwerden spontane, sachbezogene Forderungen nach Leistungen oder Vergünstigungen enthalten, und nicht hohle ritualisierte Loyalitätsbekundungen für die Partei, liefern sie Informationen, die aller Wahrscheinlichkeit nach nicht durch die bewusste Verfälschung von Einstellungen und Haltungen beeinträchtigt sind.

9 TsDA f. 1B op. 55 a. e. 935 (1979).
10 TsDA f. 1B op. 55 a. e. 943 (1985), S. 9.

Die Nutzung von Informationen über latente Unzufriedenheit in gewöhnlichen Zeiten

In diesem Aufsatz wurde argumentiert, dass vollständig entwickelte Systeme zur Erfassung von Informationen über öffentliche Unzufriedenheit eine antizipatorische Staatsführung ermöglichen, die zum Ziel hat, einen Umschlag von latenter in offene Unzufriedenheit durch die selektive Anwendung von Repressalien einerseits und die Gewährung sozialer Vergünstigungen andererseits zu vermeiden. In Bulgarien wurde ein solches System bis Anfang der 1970er-Jahre fest etabliert.

Die Zurücknahme von repressiven Maßnahmen ist für die Ermöglichung von Überwachung latenter Unzufriedenheit wesentlich. Obwohl die Repression in Bulgarien nicht völlig verschwand, ist bemerkenswert, dass seit den 1970er-Jahren die meisten Personen, die sich »staatsfeindlich« betätigten, lediglich Warnungen und Ermahnungen erhielten und keine Gefängnisstrafen. Diese Tatsache steht im Einklang mit der Funktion der Sammlung von Informationen durch die Staatssicherheit: Diese war vor allem daran interessiert, offene Unzufriedenheit vorherzusehen und zu verhindern und weniger daran, strenge Repression zu praktizieren. Bei den meisten Formen der Unzufriedenheit ging man prophylaktisch vor, statt im Nachhinein Repression zu üben. »Ideologisch unzuverlässige Elemente« wurden in eskalierenden Stufen Warnungen und Drohungen unterzogen mit dem Ziel, sie von subversiven Aktivitäten abzubringen. In dieser Hinsicht ähnelt die bulgarische Staatssicherheit dem sowjetischen KGB in der Ära Leonid Brežnew.[11] Da es Zugang zu Informationen mit einem hohen Grad an Zuverlässigkeit besaß, brauchte das Regime nicht mit massiven Terror zu herrschen: strategisch angewandte selektive Repression wurde eingesetzt, um das Überleben des Regimes sicherzustellen.[12] Die positive Wirkung nachlassender Repression nach Ansicht des Regimes bestand darin, dass die Bürger mit größerer Wahrscheinlichkeit freiwillig Informationen lieferten, indem sie etwa Beschwerden einreichten.

Damit sie effektiv genutzt werden konnten, mussten die Informationen gesammelt und vor ihrer Übermittlung an die Entscheidungsträger systematisch aufbereitet werden. Eine solche Informationen verdichtende Institution in Bulgarien war das streng geheime Zentrum für Informationswesen und Soziologie beim Zentralkomitee der Bulgarischen Kommunistischen Partei. Das 1970 geschaffene Zentrum hatte die Aufgabe, die öffentliche Meinung zu beobach-

11 Volkogonov Papers, Box 28, »O nekotorykh itogakh predupreditel'no-profilakticheskoi raboty organov gosbezopasnosti« [»Über einige Erfolge der vorbeugend-prophylaktischen Arbeit der Organe der Staatssicherheit«] (1975). Für weitere Ausführungen siehe Martin K. Dimitrov: Tracking Public Opinion under Authoritarianism. The Case of the Soviet Union under Brezhnev. In: Russian History 41 (2014) 3, S. 329–353.

12 Für weitere Ausführungen siehe Dimitrov; Sassoon: State Security (Anm. 3).

ten, wobei es unterschiedliche Verfahren anwandte. Das wichtigste war die Trendanalyse von offiziellen Beschwerden der Bürger. Dazu gehörten die Einschätzung des Gesamtumfangs der Beschwerden, ihre regionale Verteilung, die Art und Weise, wie auf die Beschwerden reagiert wurde und die Probleme, auf die sich die Beschwerden bezogen. Es zeigte sich, dass die meisten Beschwerden alltägliche Probleme bei der Erfüllung des sozialistischen Gesellschaftsvertrags betrafen. (Demnach blieben die Bürger ruhig, solange das Regime in der Lage war, ihre materiellen Bedürfnisse zu befriedigen.): Mangel an angemessenem Wohnraum, Probleme am Arbeitsplatz, schlechte Qualität des öffentlichen Transportwesens, Mangel an Konsumgütern und schlechte Qualität öffentlicher Dienstleistungen.[13] In diesen Berichten wurde auch direkt aus repräsentativen Beschwerden zitiert, bei denen es häufig um Wohnungsfragen ging: In einem Fall lebte eine Familie (einschließlich der bettlägerigen Mutter des Beschwerdeführers) in einem Dachgeschosszimmer und wartete schon seit 13 Jahren auf die Zuweisung einer Wohnung.[14] In den Berichten wurden auch Beschwerden angeführt, in denen es um die illegale Zerstörung von städtischem Wohnraum,[15] um Schwierigkeiten, angesichts ständig steigender Preise finanziell zurechtzukommen[16] und sogar um Fälschungen bei Pflichtabstimmungen über steigende kommunale Steuern ging.[17] Durch diese zitierten Textstellen wurden die ansonsten trockenen statistischen Berichte zu strukturierten Dokumenten, in denen die Stimmen einfacher Bürger unmittelbar zum Ausdruck kamen. Die relativ breite Verteilung der Ergebnisse des Zentrums für Informationswesen und Soziologie – es gab neben Partei- und Staatschef Todor Živkov 124 weitere Berichtsempfänger – bedeutete, dass die oberste Führung detaillierte Kenntnisse über die wichtigsten Probleme im Land besaß, die dem Regime von den Bürgern freiwillig mitgeteilt wurden.[18]

Freiwillig gelieferte Informationen aufgrund von Bürgerbeschwerden wurden benutzt, um Entscheidungen über Fragen der Umverteilung zu fällen.[19] Es liegen Hinweise aus Archiven vor, denen zufolge zuweilen sogar der Generalsekretär persönlich die Bearbeitung von Beschwerden kontrollierte: In einem Schrei-

13 TsDA f. 1B op. 55 a. e. 943 (1985). Über den Gesellschaftsvertrag siehe Linda J. Cook: The Soviet Social Contract and Why It Failed. Welfare Policy and Workers' Politics from Brezhnev to Yeltsin. Cambridge. Massachusetts 1993.

14 TsDA f. 1B op. 55 a. e. 944 (1986), S. 15.

15 TsDA f. 1B op. 55 a. e. 938 (1982), S. 11.

16 TsDA f. 1B op. 55 a. e. 944 (1986), S. 26.

17 Ibid, S. 19.

18 Siehe Empfängerverzeichnis in: TsDA f. 1B op. 55 a. e. 868 (1982).

19 Für weitere Ausführungen siehe Martin K. Dimitrov: Vertical Accountability in Communist Regimes. The Role of Citizen Complaints in Bulgaria and China. In: Ders. (Hg.): Why Communism Did Not Collapse. New York 2013, S. 276–302, insbes. 284–289; Ders.: Zhalbite na grazhdanite v komunisticheska Bulgariia. In Ivailo Znepolski (Hg.): Da Poznaem Komunizma. Izsledvaniia. Sofia 2012, S. 167–226.

ben, das Živkov an das Ministerium für Informationswesen richtete, nachdem eine Vielzahl von Beschwerden eingegangen war, heißt es unverblümt: »Genossen, seit vielen Jahren ist die Qualität des Post- und Fernmeldedienstes Ursache sozialen Übels und des Prestigeverlustes der Volksregierung (*narodnata vlast*).«[20] Eine Ebene darunter diskutierte das Politbüro sowohl über die regelmäßigen Beschwerdeberichte als auch über die Fragen, die in dem streng geheimen Bulletin *Zlobodnevni problemi* (aktuelle Probleme) aufgeworfen wurden. Es gibt Belege dafür, dass auf der Ebene unterhalb des Politbüros, im Ministerrat, etwa darüber nachgedacht wurde, wie man den Mangel an Speisesalz beheben könnte.[21] Eine derartige, scheinbar irrationale Zeitverschwendung der obersten Führungsriege ergibt Sinn, wenn berücksichtigt wird, dass die kommunistischen Regime an einen Gesellschaftsvertrag gebunden waren, der in Parteiprogrammen und auf Parteikongressen erarbeitet wurde, und versuchen mussten, auf die Bedürfnisse des Volkes zu reagieren, auch wenn zu diesen Bedürfnissen so profane Dinge gehörten wie Salz. In den Berichten des Zentrums für Informationswesen und Soziologie hieß es, dass es negative politische Folgen nach sich ziehen könne, wenn es nicht gelänge, sich der täglichen Sorgen der Bürger anzunehmen: »Politisch führt dies zu Unzufriedenheit und bewirkt öffentliche Kritik.«[22]

Im Allgemeinen bemühte sich das Regime, auf die Forderungen der Bürger zu reagieren, die dem sozialistischen Gesellschaftsvertrag entsprachen. Durch angemessene Reaktionen sollten die Bürger an das System gebunden werden, sodass sie weiterhin freiwillig Informationen liefern würden. Eine Fülle von Informationen gestattet es, latente Unzufriedenheit zu beherrschen, jedoch nur dann, wenn die Mittel für eine Umverteilung zur Verfügung stehen. Ist das nicht der Fall, so geraten Regime möglicherweise in eine Krise, die sich nicht durch Repressalien lösen lässt, weil die Bürger das Regime nicht mehr fürchten, sodass ein außergewöhnliches Maß an Terror zur Disziplinierung erforderlich wäre, das ein Regime nicht anwenden kann, wenn es eine antizipatorische Staatsführung eingeführt hat.

Informationswesen und Regierungsführung in der Regimekrise

Seit 1985 war das bulgarische Regime aufgrund wirtschaftlicher Schwierigkeiten außerstande, auf latente Unzufriedenheit mit Konzessionen im Hinblick auf die Umverteilung zu reagieren. Der Führung lagen vielfältige Anzeichen für das Ausmaß der sich anbahnenden Krise vor. Zum einen zeigten Meinungsumfragen, dass die positive Einschätzung der Bürger bezüglich ihres persönlichen

20 TsDA f. 1B op. 101 a. e. 1337 (1985), S. 1.
21 TsDA f. 375 op. 32 a. e. 5 (1979).
22 TsDA f. 1B op. 55 a. e. 501 (1979), S. 10.

Wohlergehens in den Jahren von 1985 bis 1988 stark nachgelassen hatte – die logische Reaktion auf schwerwiegende Versorgungsmängel bei Konsumgütern und regelmäßig verordnete Stromsperren.[23] Zudem berichtete das Zentrum für Informationswesen und Soziologie von einem dramatischen Rückgang der Fähigkeit der staatlichen Behörden, auf die Beschwerden von Bürgern zu reagieren. So wurde im Jahr 1988 lediglich bei 14,5 Prozent der Beschwerden eine günstige Lösung erreicht, dreimal so wenig wie in den frühen 1980er-Jahren.[24] Die Auswirkungen dieser Erosion der Effektivität staatlicher Maßnahmen sind nicht überraschend: Die Bürger begannen, sich vom System zurückzuziehen und signalisierten dadurch ihre Auffassung, dass das Regime seine Verpflichtungen im Rahmen des sozialistischen Gesellschaftsvertrags nicht erfüllt hatte. Die Gesamtsumme aller Beschwerden in Bulgarien verdeutlicht die Erosion des Vertrauens: Zwischen 1984 und 1988 ging die Zahl der Beschwerden um 48 Prozent zurück, gefolgt von einer weiteren Reduzierung um 25 Prozent im Jahr 1989, als sich die Anzeichen einer Wirtschaftskrise vor dem Kollaps mehrten.[25]

Das Regime versuchte, eine Reihe von wirtschaftlichen und politischen Reformen einzuleiten, doch zeigten diese nicht die beabsichtigte Wirkung und trugen daher nicht dazu bei, die Loyalität zum System zu stärken. Vielmehr erzeugten die wirtschaftlichen Veränderungen Unsicherheit: Weder verstanden die Bürger die Reformen, die darauf gerichtet waren, private wirtschaftliche Aktivitäten zu schaffen, noch glaubten sie an diese.[26] Hinzu kam, dass bei den Reforminitiativen nicht geklärt wurde, wie man die Verlierer der Reformen schützen wollte, und dass sowohl die ländlichen als auch die städtischen Bewohner ernsthaft besorgt waren, arbeitslos zu werden, wenn erst einmal der (freie) Markt eingeführt worden wäre.[27] Analysen des Zentrums für Informationswesen und Soziologie ergaben, dass die politischen Veränderungen, statt die Unterstützung für das Regime zu verstärken, als Zeichen seiner Schwäche gedeutet wurden; die Bürger waren der Auffassung, dass ein starkes Regime solche bedeutenden Konzessionen nicht derart schnell eingehen würde.[28] Mit dem Entstehen verschiedener NGOs in den Jahren 1987 und 1988, wie zum Beispiel *Ecoglasnost*, dem Perestroika-Support-Club und etwa einem Dutzend Menschenrechtsorganisationen,[29] begannen regimefeindliche Proteste – in der Vergangenheit eine ungewöhnliche Erscheinung – sich zu häufen. Daran zeigte sich, dass vormals loyale

23 TsDA f. 1B op. 55 a. e. 722 (1988), S. 8.

24 Berechnungen basierend auf Daten in: TsDA f. 1B op. 55 a. e. 953 (1989), S. 19–20.

25 TsDA f. 1B op. 55 a. e. 943 (1985), S. 8; TsDA f. 1B op. 55 a. e. 944 (1986), S. 31: TsDA f. 1B op. 55 a. e. 949 (1987), S. 30; TsDA f. 1B op. 55 a. e. 951 (1988), S. 21; TsDA f. 1B op. 55 a. e. 953 (1989), S. 3; TsDA f. 1B op. 11, vr. a. e. 10 (1989).

26 Martin Ivanov: Reformatorstvo bez reformi. Sofia 2008.

27 TsDA f. 1B op. 55 a. e. 853 (1988), S. 24.

28 TsDA f. 1B f. 101 a. e. 2366 (1989), S. 144.

29 Dimitur Ivanov: Politicheskoto protivopostaviane v Bulgariia 1956–1989. Sofia 1994.

Bürger, nachdem sie Zeugen der Unfähigkeit des Regimes geworden waren, ihre Seite des sozialistischen Gesellschaftsvertrags zu erfüllen, nicht bereit waren, einen neuen als Ersatz dafür zu akzeptieren. Stattdessen zogen sie sich einfach aus dem System der Bürgerbeschwerden zurück und wurden zu Regimegegnern. War die Anwendung selektiver Repression zwecks Beherrschung von Unzufriedenheit in Zeiten politischer Stabilität vielleicht angemessen, erwies sie sich für die Neutralisierung von Unzufriedenheit in Zeiten der Krise, in denen oppositionelle Strömungen und Kräfte rasant wuchsen, als unzureichend. Einfach ausgedrückt, hatten die Bürger keine Angst mehr. Weil die Führung die geheimen Berichte des Zentrums für Informationswesen und Soziologie las und Zugang zu Berichten der Staatssicherheit und auch der Journalisten hatte, war sie über diese Veränderungen in der Stimmung der Bevölkerung vollständig im Bilde.

Die in diesem Abschnitt getroffenen Feststellungen stützen eines der Hauptargumente dieses Aufsatzes: Regime mit hoch entwickelten Systemen für die Sammlung von Informationen über die Bevölkerungsstimmung (wie beispielsweise das kommunistische Regime in Bulgarien vor 1989) wurden von den Ereignissen von 1989 nicht überrascht. Sie verfügten über zahlreiche Indikatoren über den Grad der Unzufriedenheit, mit der sie konfrontiert waren – die Fähigkeit, solche Einschätzungen zu erstellen, war schließlich das Hauptziel der antizipatorischen Staatsführung –, aber sie hatten sich zunehmend als unfähig erwiesen, entweder durch soziale Umverteilung oder durch selektive Repression zu verhindern, dass die latente Unzufriedenheit in offene umschlug. Im nächsten Teil wird diese Hypothese anhand des Falls China überprüft, wo die Kanäle der Informationsgewinnung sich in einem anderen Tempo entwickelten als in Osteuropa. Eine empirische Erwartung wäre, dass die Tian'anmen-Ereignisse für China überraschend kamen, eine andere, dass die chinesische Führung, weil sie noch nicht zu selektiver Repression übergegangen war und der Grad der Angst in der Bevölkerung daher hoch war, mit brutaler Gewalt auf die überraschenden Ereignisse von 1989 reagieren konnte, wie die osteuropäischen Regime auf die überraschenden Ereignisse von 1953 in Berlin, 1956 in Budapest und 1968 in Prag. Im Gegensatz dazu konnte die bulgarische Führung, die selektive Repression bereits Jahrzehnte vor dem Fall der Berliner Mauer anwandte, die Proteste von 1989 nicht durch den Einsatz von Gewalt unterdrücken.

II. Überwachung der Bevölkerungsstimmung in China

Im Fall Chinas lassen sich empirische Implikationen der Theorie prüfen, die im vorigen Teil herausgearbeitet wurde, nämlich dass ein hoher Grad an Repression den Übergang zur antizipatorischen Staatsführung unmöglich macht. In China erfolgte die Bildung von Institutionen zur Überwachung *latenter* Unzufriedenheit erst *nach* den Tian'anmen-Ereignissen.

Vor 1989 hatte sich die chinesische Führung größtenteils darauf konzentriert, offene Unzufriedenheit festzustellen und stützte sich dabei auf die von der Staatssicherheit gesammelten Informationen, während die Berichterstattung durch die Partei und durch Journalisten nachranging war.[30] Bis zur Gründung des Ministeriums für Staatssicherheit (GAB) im Jahr 1983[31] lag der inländische Abwehrdienst in China in den Händen des Büros für Politischen Schutz (*zhengzhi baowei ju*) beim Ministerium für Öffentliche Sicherheit (Gong'anbu)[32], das sowohl hauptamtliche Mitarbeiter als auch Informanten nach sowjetischer Art (*ermu* oder »Augen und Ohren«) beschäftigte, um offene Unzufriedenheit festzustellen.[33] Das System zur Informationserfassung machte während der bewegten 1950er- und 1960er-Jahre verschiedene Schwierigkeiten durch; als Mao im Jahr 1967 entschied, Spionage als einen »revisionistischen OGPU-Ableger« abzuschaffen und viele inländische Agenten (*guonei teqing*) öffentlich bekanntzumachen, stand es vor der Schließung.[34] Weil es so spät gegründet wurde, verfügte das GAB 1989 unterhalb der Zentralebene nur in den größten Städten und wichtigsten Provinzen über Dienststellen; erst im Jahr 1998 wurden Büros in allen chinesischen Provinzen und den Provinzen gleichgestellten Städten eingerichtet.[35] Diese Zersplitterung des bürokratischen Systems der Informationssammlung beeinträchtigte die Qualität der erfassten Informationen, die an die Führung übermittelt wurden.

Die Analyse eines großen Korpus von Archivquellen (mehr als 1 000 Berichte der Partei, der Regierung und von Journalisten, die vom Verfasser in den Shanghai Municipal Archives recherchiert wurden, ergänzt durch 119 veröffentlichte Berichte aus anderen Provinzialarchiven),[36] interne Publikationen zur öffentlichen Sicherheit (*Renmin gong'an* und *Renmin gong'an zengkan*) sowie intern verbreitete Nachrichtenbulletins (insbesondere *Neibu cankao*) zeigen, dass die Informationserfassung während der Mao-Ära (1949–1976) nur bruchstückhaft erfolgte. Die Fakten wurden nur selten im Hinblick auf ihre Repräsentativität

30 Zur Berichterstattung durch die Partei und durch Journalisten siehe z. B. Shanghai Municipal Archive (SMA) B92-972-1, B92-2-918-19, B92-2-972, B92-2-972-4, B92-972-12, B92-2-1560, B250-2-1024-35, B326-2-35-201, B246-2-944-83, B250-2-329-37, B246-2-940-40.

31 Zhongguo renmin gong'an shigao (Beijing: Jingguan Jiaoyu Chubanshe, 1997); Xuezhi Guo: China's Security State: Philosophy, Evolution, and Politics. New York 2012, S. 363–368.

32 Howard O. DeVore: China's Intelligence and Internal Security Forces. Coulsdon 1999.

33 Michael Schoenhals: Spying for the People. Mao's Secret Agents 1949–1967. New York 2013.

34 Michael Schoenhals: Recruiting Agents in Industry and Trade: Lifting the Veil on Early People's Republic of China Operational Work. In: Modern Asian Studies 45 (2011) 5, S. 1345–1369, insbes. 1368 f. Die inländische Spionage wurde 1973 wieder aufgenommen.

35 Peter Mattis: Assessing the Foreign Policy Influence of the Ministry of State Security. In: China Brief 11 (2011) 1.

36 Diese 119 Dokumente sind gesammelt in: Xun Zhou (Hg.): The Great Famine in China, 1958–1962. A Documentary History. New Haven 2012.

für allgemeine Tendenzen kontextualisiert. Während ein solcher analytischer Mangel bei Berichten verständlich sein könnte, die auf der Provinzialebene oder darunter verfasst wurden, wo die Qualität des bürokratischen Apparats geringer war, galt dies auch für die auf nationaler Ebene erhobenen Berichte. Als Beispiel sei das geheime (*jimi*) Bulletin für die Mitglieder des Zentralkomitees mit dem Titel *Neibu cankao* (Internal Reference) genannt. Die in diesem von der Xinhua Nachrichtenagentur vorbereiteten Bulletin enthaltenen Berichte verstärken den Eindruck, dass der Führung selten umfassende Informationen über die Lage auf nationaler Ebene bereitgestellt wurden. Die Berichte aus den 1950er- und den frühen 1960er-Jahren beziehen sich auf bestimmte geografische Räume, wobei jeweils die Ereignisse in einer einzelnen Großstadt (Beijing, Shanghai, Tianjin, Chongqing, Chengdu, Wuhan, Nanjing, Guangzhou oder Nanning), des Teils einer Provinz (südliches Jiangsu), einer einzelnen Provinz oder auf der höchsten Aggregationsebene einer aus mehreren Provinzen bestehenden Makroregion behandelt werden. Es ist unmöglich, einen Eindruck von den Unterschieden zwischen den einzelnen Regionen aus diesen Berichten abzuleiten; im Gegensatz dazu war die Stasi in der DDR bestrebt, der Staats- und Parteiführung unmittelbar nach dem Aufstand vom Juni 1953 Einschätzungen zur Stimmungslage in jedem der 15 Bezirke bereitzustellen.[37] Am vielleicht erschreckendsten mutet dabei an, dass sogar die Berichterstattung der kommunistischen Partei lückenhaft war: Der umfassendste bisher verfügbare Bericht über die Hungersnot während des »Großen Sprungs« bezog sich nur auf 16 von insgesamt 28 Provinzen, mit Provinzen gleichgestellten regierungsunmittelbaren Städten und ethnisch autonomen Gebieten im China dieser Zeit.[38] Das könnte erklären, warum der Vorsitzende Mao Berichten zufolge äußerte, dass die Lage in anderen Provinzen ja besser sei, als er mit der offensichtlichen Hungersnot in einigen Provinzen konfrontiert wurde.[39] Angesichts der lückenhaften Informationssammlung durch die entsprechenden Institutionen in China erscheint es zweifelhaft, ob auch nur Mao vollständig über das Ausmaß der offenen Unzufriedenheit informiert war.

Nach Maos Tod änderte sich die Informationserfassung allmählich. Die Berichterstattung der Partei und der Journalisten wurde schrittweise auf die Überwachung latenter Unzufriedenheit umorientiert. Ein frühes Beispiel dafür ist ein Untersuchungsbericht von November 1976 über die Reaktionen der Bürger auf eine vorgesehene Änderung des Systems zur Rationierung von Schweinefleisch, der vom kommunalen Parteikomitee von Shanghai in Auftrag gegeben wurde. (Die Preise für Schweinefleisch sind für die chinesische Wirtschaft so wesent-

37 Meldung von tätlichen Übergriffen und deren Folgen in Groß-Berlin und in den Bezirken der Republik [Meldung Nr. 7/53]. In: Die DDR im Blick der Stasi 1953 (Anm. 4), S. 107–114.

38 Zhou: Great Famine (Anm. 36), S. 10–16.

39 Frank Dikötter: Mao's Great Famine: The History of China's Most Devastating Catastrophe, 1958–1962. New York 2010, S. 89, 335.

lich, dass sie sogar noch heute von der Regierung überwacht und als Barometer für die Preisinflation bei Nahrungsmitteln verwendet werden.)[40] Ein zweiter Bereich, der eine wesentliche Veränderung erfuhr, waren die geheimen Bulletins, die für die chinesische Führung erstellt wurden. Obgleich deren Inhalt spezifisch auf Regionen zugeschnitten war – anstatt umfassende, die ganze Nation betreffende Informationen bereitzustellen –, hatten bis 1980 sowohl *Qingkuang huibian* und *Neibu cankao* damit begonnen, längere und profundere Berichte zu drucken, die sich auf wichtige Fragen von weitreichender Bedeutung konzentrierten. Im Gegensatz zu früheren Berichten in solchen Bulletins, bemühte man sich in der Zeit nach Mao, spezifische Vorkommnisse in einen größeren Zusammenhang zu stellen und zu verdeutlichen, inwiefern sie für allgemeine Tendenzen repräsentativ waren. Beispielhaft für diesen neuen Trend sind die Behandlung von Korruption von Beamten sowie Vergeltungsmaßnahmen gegen Petenten.[41] Schließlich wurden durch die Schaffung des GAB im Jahre 1983 und die Einführung der Meinungsumfragen Mitte der 1980er-Jahre die Möglichkeiten des Staates noch erweitert, den Übergang zur unfreiwilligen Abschöpfung von Informationen über latente Unzufriedenheit zu bewerkstelligen.[42]

Bei der freiwilligen Bereitstellung von Informationen durch die Bevölkerung mittels offiziell eingereichter Beschwerden war der Fortschritt viel ungewisser. Ein Problem war die relativ geringe Nutzung des Beschwerdesystems: Im Jahr 1979, dem Jahr mit der höchsten Anzahl von Beschwerden im gesamten Zeitraum von 1949 bis 1989, erhielten die zentralen Eingabestellen in China 769 Beschwerden je 1 Million Einwohner, eine 5,8-mal niedrigere Rate bei den Beschwerden auf zentraler Ebene in der DDR (4 464 Beschwerden je 1 Million Einwohner) und in Bulgarien (4 494 Beschwerden je 1 Million Einwohner).[43] Noch problematischer war, dass die Anzahl der Beschwerden während der 1980er-Jahre ständig zurückging. Die Ursache für diesen Rückgang war anfänglich, dass die Wiedergutmachung der Fälle aus der Zeit der Kulturrevolution, bei denen es zu Unrecht und zu falschen Anschuldigungen (*pingfan yuanjia cuo'an*) gekommen war, was eine Flut von Beschwerden in der Zeit von 1979 bis 1981 zur Folge hatte, im Jahr 1982 offiziell für beendet erklärt wurde; entsprechende Beschwerden wurden nicht mehr angenommen und die Beschwerdeführer waren nicht vor Vergeltungsmaßnahmen geschützt. Die verstärkten Repressalien –

40 SMA B248-2-924 (1976).

41 Über Korruption, siehe Neibu cankao (No. 73/1981), insbes. S. 10–14 und Qingkuang huibian (No. 549/1980). Über Vergeltungsmaßnahmen siehe Qingkuang huibian (No. 365/1980).

42 Melanie Manion: Retirement of Revolutionaries in China. Public Policies, Social Norms, Private Interests. Princeton 1993.

43 Berechnungen basierend auf Daten in: Diao Jiecheng: Renmin xinfang shilüe, 1949–1995. Beijing 1996, S. 260; Felix Mühlberg: Bürger, Bitten und Behörden. Geschichte der Eingabe in der DDR. Berlin 2004, S. 177, und TsDA f. 1B op. 55 a. e. 940 (1983), S. 5.

1981, 1984 und 1986 fanden drei hart durchgreifende Kampagnen zur Verbrechensbekämpfung statt – ließen das Vertrauen der Bevölkerung in das Regime noch weiter absinken. Der fortgesetzte Rückgang von offiziellen Beschwerden von Mitte bis Ende der 1980er-Jahre spiegelte auch die weit verbreitete Unzufriedenheit unter Chinas Stadtbewohnern wider. Sie waren enttäuscht, dass das Unternehmenskonkursgesetz von 1986 und das Gesetz über volkseigene Industrieunternehmen, die festlegten, dass Staatsunternehmen durch Auflösung oder Insolvenz beseitigt werden konnten, das Ende des Systems lebenslanger Beschäftigung und großzügiger Vergünstigungen – bekannt unter der Bezeichnung »eiserne Reisschüssel« (*tiefanwan*) – bedeutete. Zudem waren die Arbeiter besorgt, weil die Inflation in den Städten auf zweistellige Prozentzahlen anstieg: Die Verbraucherpreise in Beijing stiegen in den Jahren 1987 und 1988 um 30 Prozent, was zu Panikreaktionen unter den Beschäftigten mit festen Löhnen führte.[44] Weil sie merkten, dass das Regime den sozialistischen Gesellschaftsvertrag nicht erfüllt hatte, signalisierten die Stadtbewohner ihre Unzufriedenheit, indem sie seltener offizielle Beschwerden einreichten.

Dieser zahlenmäßige Rückgang offiziell eingereichter Beschwerden im Vorfeld der Tian'anmen-Ereignisse stellt eine wichtige Parallele zu dem entsprechenden Rückgang in osteuropäischen Ländern vor 1989 dar. Es gibt jedoch einen wesentlichen Unterschied: Während Nachweise dafür vorliegen, dass die Berichte über Tendenzen bei den Beschwerden den jeweiligen politischen Führungen in Osteuropa zur Verfügung gestellt und von diesen genau studiert wurden, sind solche Hinweise in dem vom Verfasser gesammelten Archivmaterial in China, in den *Tian'anmen Papers* oder in der kürzlich veröffentlichten Biografie von Deng Xiaoping sowie in den Tagebüchern von Zhao Ziyang und Li Peng nicht zu finden.[45] Die Angaben über die Zahl der Beschwerden im Zeitraum vor 1989, die im vorhergehenden Absatz erwähnt wurden, sind Materialien für den internen Umlauf (*neibu*) entnommen worden, die Mitte bis Ende der 1990er-Jahre veröffentlicht wurden und nicht bereits zeitgenössisch in den 1980er-Jahren. Die einzige zeitgenössische Quelle mit Informationen über den Rückgang in der Zahl offizieller Beschwerden ist *Renmin xinfang [Volkseingaben]*, doch dabei handelt es sich um eine interne Informationsreihe für das Personal der Abteilung, die Beschwerden bearbeitete, und nicht um für die zentrale Führung bestimmte Regierungsdokumente. Wichtig zu beachten ist dabei,

44 Ezra F. Vogel: Deng Xiaoping and the Transformation of China. Cambridge. Massachusetts 2011, S. 600.

45 Vogel: Deng Xiaoping; Zhao Ziyang: Prisoner of the State. The Secret Journal of Zhao Ziyang. Übersetzt von Bao Pu, Renee Chiang und Adi Ignatius. New York 2009; Li Peng: Li Peng liusi riji. El Monte 2010. Zhao Ziyang (1919–2005) war von 1980 bis 1987 Premierminister der Volksrepublik China und von 1987 bis 1989 Generalsekretär der Kommunistischen Partei Chinas; Li Peng (Jg. 1928) war von 1987 bis 1998 Premierminister und Vorsitzender des Staatsrates der Volksrepublik China.

dass, der Argumentation dieses Kapitels folgend, die politische Führung diese Statistiken vermutlich ignoriert hätte, auch wenn sie diese erhalten hätte, da sie für die Bedeutung der Beobachtung latenter Unzufriedenheit durch eine systematische Analyse von Beschwerden noch nicht sensibilisiert war. Erst nach den überraschenden Ereignissen vom Frühjahr 1989 konzentrierte sich die Aufmerksamkeit der chinesischen Führungsspitze darauf, *offene* Unzufriedenheit durch die Beobachtung von Tendenzen *latenter* Unzufriedenheit vorherzusehen. Das erklärt die nachhaltige und umfangreiche Beschäftigung der Führung mit dem Beschwerdesystem direkt nach den Tian'anmen-Ereignissen.[46]

Zentrales Argument dieses Abschnittes ist, dass China den Übergang zur antizipatorischen Staatsführung am Vorabend von Tian'anmen noch nicht vollzogen hatte. Das Haupthindernis war das hohe Maß an Repression, das eine effektive Tätigkeit der entstehenden Institutionen für die Erfassung von Informationen über latente Unzufriedenheit verhinderte. Man mag diese These infrage stellen. Natürlich war China in den 1980er-Jahren viel weniger repressiv als beispielsweise 1950: Gemäß der Statistik, die in einem *neibu*-Kompendium veröffentlicht ist, wurden während der ersten elf Monate dieses Jahres nicht weniger als 1,8 Millionen »Banditen« (*tufei*) hingerichtet (*jiaomie*).[47] Aber China praktizierte auch in den 1980er-Jahren noch die Todesstrafe gegen Personen, die wegen »konterrevolutionärer Verbrechen« angeklagt waren, und seit dem Tod von Mao war die Anzahl der Exekutionen sogar gestiegen.[48] Im Gegensatz dazu fand in der DDR die letzte Exekution im Jahr 1981 statt. Sie wurde an dem Stasioffizier Werner Teske vollzogen. Insgesamt wurden in der DDR 166 Exekutionsstrafen verhängt.[49] In China wurden die Systeme der »Heimeinweisung und Überprüfung«, Umbildung durch Arbeit (*laojiao*) und die Gulag-artigen Anstalten für »Umerziehung durch Arbeit« (*laogai*) sämtlich noch während der 1980er-Jahre in großem Umfang betrieben. Obwohl die Repression im Vergleich zu den 1950er- oder 1960er-Jahren zurückgegangen war, war dieser Rückgang nicht weit genug gegangen, um die Furcht in der Bevölkerung vor persönlichen Repressalien entscheidend zu vermindern – wie das in manchen osteuropäischen Ländern wie etwa der DDR der Fall war. Das erklärt, warum das chinesische Regime beschließen konnte, die überraschende Lage auf dem Tian'anmen durch Anwendung von Gewalt zu »lösen«.

46 Siehe auch Berichte über die Beteiligung von Jiang Zemin, Zhu Rongji, Li Peng und Qiao Shi in: Renmin xinfang, no. 10/1989, S. 2–8; Renmin xinfang, no. 11/1989, S. 2–4 und Renmin xinfang, no. 2/1990, S. 2 f.

47 Jianguo yilai gong'an gongzuo dashi yaolan. Beijing 2003, S. 19.

48 Andrew Scobell: The Death Penalty in Post-Mao China. In: The China Quarterly, Nr. 123 (September 1990), S. 503–520, hier 513.

49 Klaus Marxen, Gerhard Werle: Strafjustiz und DDR-Unrecht, Bd. 5, Teil 2. Berlin 2007. Die Statistiken enthalten keine außergerichtlichen Tötungen wie z. B. durch Grenzsoldaten.

Es ist zu beachten, dass viele verschiedene Faktoren erklären, warum es der chinesischen Führung gelang, den Zusammenbruch des eigenen Systems mithilfe von Gewalt zu unterdrücken. Ein relevanter Gesichtspunkt ist natürlich, dass die Verfechter politischer Reformen innerhalb der chinesischen Führung in der Minderheit waren und es nicht vermochten, die Streitkräfte auf ihre Seite zu ziehen.[50] Daher befolgte die Armee die Anordnungen der Führung, die Demonstranten mit Gewaltanwendung zu zerstreuen. Eine andere wichtige Überlegung war, dass das GAB glaubte, dass – ungeachtet der Unruhen in den Städten – die tatsächliche Unterstützung für die Regierung *außerhalb* der Großstädte, die über Universitäten verfügten, sehr groß war.[51] Daher ging die chinesische Führung davon aus, mit der Anwendung von Gewalt lediglich ihre Legitimation bei den Stadtbewohnern zu verlieren, die zu dieser Zeit nicht mehr als 20 Prozent der Bevölkerung ausmachten. Ein wichtiger Unterschied zu kommunistischen Staaten Osteuropas besteht indes darin, dass China das Gleichgewicht geringfügiger Repression noch nicht erreicht hatte, das notwendige Voraussetzung für ein vollständig konsolidiertes System für die Beobachtung von latenter Unzufriedenheit ist. Dadurch konnte und musste China auf die überraschenden Proteste von 1989 auf die gleiche Weise reagieren wie die Regime in Osteuropa auf die Proteste dort in den Jahren 1953, 1956 und 1968: mit brutaler Unterdrückung.

Da China die Lehren aus den überraschenden Tian'anmen-Ereignissen zog, gelang dort in den 1990er- und 2000er-Jahren der Übergang zur antizipatorischen Staatsführung. Wie in Europa erforderte dieser Wechsel, dass die breite Bevölkerung individuelle Bestrafungen nicht mehr so fürchten musste wie bisher. Gegenwärtig sind repressive Maßnahmen auf politische Dissidenten (wie Wang Youcai[52] oder Liu Xiaobo),[53] auf gesellschaftliche Aktivisten sowie auf Mitglieder religiöser und ethnischer Minderheiten begrenzt. Politische Dissidenten, die versuchen, oppositionelle Parteien zu gründen oder die Demokratisierungsmaßnahmen fordern, werden inhaftiert. Auch ethno-religiöse Gruppierungen, die aus Sicht der politischen Führung die soziale Ordnung (*shehui wending*) gefährden, werden strikt bestraft. Dazu zählt Falun Gong, eine quasi-religiöse *Qigong*-Vereinigung, deren Organisationsstruktur die der kommu-

50 Zhao Liang (Bearb.): The Tiananmen Papers. Hg. v. Andrew James Nathan. New York 2001.

51 Ebenda, S. 149.

52 Wang Youcai, Jg. 1966, chinesischer Dissident, einer der führenden Studenten während der Proteste auf dem Platz des Himmlischen Friedens im Jahr 1989, 1998 Mitgründer der Demokratischen Partei Chinas, die von der chinesischen Regierung verboten wurde, mehrfach inhaftiert, seit 2004 im US-amerikanischen Exil.

53 Liu Xiaobo (1955–2017), chinesischer Schriftsteller und Dissident, 1999 Beteiligung an den Studentenprotesten auf dem Platz des Himmlischen Friedens, seit 2003 Präsident des chinesischen PEN-Clubs unabhängiger Schriftsteller, 2009 wegen »Untergrabung der Staatsgewalt« zu elf Jahren Haft verurteilt, 2010 Friedensnobelpreis.

nistischen Partei nachahmt. Seitdem Falun Gong im Jahr 1999 unerwartet außerhalb des Haupteingangs zum Zhongnanhai, des Quartiers der obersten chinesischen Führungsriege in Beijing, auftauchte, wurden ihre Anhänger intensiv verfolgt, mit der Begründung, dass sie einem bösartigen Kult anhingen, der die Sicherheit des Staates bedrohe.[54] Was die ethno-religiösen Minderheiten betrifft, kam es insbesondere in Tibet, in der Inneren Mongolei und in Xinjiang zu Protesten. Zudem gab es seit 2009 mehr als 150 Selbstverbrennungen von Tibetern. Die Region, in der die Proteste durchgängig gewaltsame Formen annehmen, ist Xinjiang. Das erklärt auch, warum etwa die Hälfte aller Personen, die wegen Verbrechen gegen die staatliche Sicherheit verurteilt wurden, aus Xinjiang (der Region mit der höchsten Konzentration von Uiguren in China) kommt, obwohl die Uiguren weniger als 1 Prozent der Bevölkerung Chinas ausmachen.[55] Diese verstärkte Repression wird gerechtfertigt, indem die Uiguren als muslimische Minderheit bezeichnet werden, die drei bösartige Kräfte (*sangu shili*), Terrorismus, Separatismus und religiösen Extremismus, ausübe.[56] Abgesehen von diesen Fällen von Repression führen die meisten Chinesen heutzutage insgesamt ein normales Leben, das nicht durch die Möglichkeit willkürlicher Festnahme oder Verhaftung beeinträchtigt ist. Die daraus resultierende geringere Furcht der Bevölkerung vor Unterdrückungsmaßnahmen hat die Erfassung von Informationen erleichtert, würde es andererseits aber erschweren, einen ähnlichen massiven Ausbruch von Unzufriedenheit wie auf dem Tian'anmen-Platz gewaltsam niederzuschlagen.

In der Zeit nach 1989 wurden in China verschiedene Maßnahmen eingeleitet, um die Erfassung von Informationen zu verbessern. Eine Maßnahme bestand darin, Eingaben durch die vertikale Erweiterung des Netzwerks von Petitionsbüros (»letters-and-visits offices«) auf der Ebene der Gemeinden und schließlich der Dörfer zu erleichtern.[57] Eine weitere war die Verstärkung der technischen Überwachung aller Kommunikationsplattformen. Die Mobilisierung der Falun-Gong-Unterstützer durch E-Mails und SMS-Nachrichten im

54 James W. Tong: Revenge of the Forbidden City. The Suppression of the Falungong in China, 1999–2005. New York 2009; Shandong gong'an nianjian 2010 (Beijing: Haiyang yinwu youxian gongsi, 2010), S. 96.

55 Transparency in Xinjiang: Reporting on State Security Trials, 7. März 2013, http://www.duihuaresearch.org/2013/03/transparency-in-xinjiang-reporting-on.html (zuletzt abgerufen 31.10.2014). Das zeigt eine interessante Parallele mit Kosovo: 1988 z. B. waren 60 % der Personen, die in Jugoslawien wegen staatsfeindlicher Verbrechen verurteilt wurden, aus der autonomen Region Kosovo, obwohl die Kosovaren zu dieser Zeit weniger als 10 % der Bevölkerung Jugoslawiens ausmachten. Vgl. Savezni zavod za statistiku (Hg.): Statistički godišnjak Jugoslavije 1989. Belgrad 1989, S. 624.

56 »Jianjue daji ›sangu shili‹«, Renmin ribao, 1. Juli 2013.

57 Renmin xinfang, Nr. 2/1991, S. 17–19; Renmin xinfang, Nr. 5/1995, S. 19.

Jahr 1999 war für die chinesischen Behörden ein Alarmsignal;[58] sie verstärkten daraufhin die Kontrolle über die Kommunikation per E-Mail, Mobiltelefon und SMS. Die Internet-Kommunikation wird durch das Blockieren von Webseiten (unter Anwendung von Technologien wie Great Fire Wall und Golden Shield) sowie durch die Löschung von als beleidigend betrachteten Inhalten kontrolliert. Jüngste Recherchen haben ergeben, dass die Behörden bei der Löschung von Inhalten höchst differenziert vorgehen und sich ausdrücklich auf solche Inhalte konzentrieren, die potenziell eine Koordination und Massenproteste ermöglichen.[59] Zudem sind Meinungsumfragen allgegenwärtig: Die Provinz Guangdong hat ein eigenes Amt für gesellschaftliche Untersuchungen eingerichtet, um Informationen über die öffentliche Meinung einzuholen.[60] Insgesamt gesehen hat die chinesische Führung heute Zugang zu Informationen über latente Unzufriedenheit, die im Umfang mit denen vergleichbar sind, die den Führungen verschiedener osteuropäischer Staaten in den 1980er-Jahren zur Verfügung standen.

Es gibt jedoch einen Trend, der Parallelen zu Osteuropa aufwirft und der Führungsriege Anlass zu ernsthafter Sorge gibt: Seit 2004 ist die Anzahl der Eingaben von Bürgern gesunken. Besonders besorgniserregend an diesem Rückgang ist, dass er in Verbindung mit zwei anderen Entwicklungen entstand: einer wachsenden Anzahl von Petitionen, die auf zentraler Ebene in Beijing eingereicht werden, und einer dramatischen zahlenmäßigen Zunahme von sogenannten »Massenereignissen« (*quntixing shijian*).[61] Sowohl die Petitionen in Beijing als auch die Massenprotestaktionen zeigen, dass die Bürger nicht mehr daran glauben, dass ihre Probleme durch auf lokaler Ebene bestehende formale Petitionskanäle gelöst werden können. Die Zentralregierung hat verschiedene Maßnahmen eingeleitet, die es den Bürgern erleichtert, Petitionen online einzureichen. Aber obwohl jetzt für eine Beschwerde eine E-Mail oder das Ausfüllen eines Online-Formulars ausreicht, ziehen die Bürger sich weiter aus dem offiziellen Beschwerdesystem zurück und benutzen andere Kanäle, wie zum Beispiel Online-Chatrooms, Blogs und Microblogs (*weibo*). Die Abkehr vom offiziellen Petitionssystem und die Hinwendung zu öffentlichen Online-Plattformen gibt dem Regime Grund zur Sorge. Zwar werden über diese Kanäle auch Informationen über die Bevölkerungsstimmung übertragen, aber auf andere Weise als

58 James Tong: An Organizational Analysis of the Falun Gong: Structure, Communications, Financing. In: The China Quarterly, Nr. 171 (September 2002), S. 636–660.

59 Gary King, Jennifer Pan, Margaret E. Roberts: How Censorship in China Allows Government Criticism but Silences Collective Expression. In: American Political Science Review 107 (2013) 2, S. 326–343.

60 Guangdong Shengqing Neican 2011.

61 Für eine detailliertere Abhandlung siehe Martin K. Dimitrov: Internal Government Assessments of the Quality of Governance in China. In: Studies in Comparative International Development 50 (2015) 1, S. 50–72.

bei offiziellen Eingaben. Einfach gesagt lässt sich das Petitionsverfahren als ein Akt individualisierten Vertrauens in das System beschreiben, während die Beteiligung an öffentlichen Foren ein sichtbarer Ausdruck von Frustration ist, die die unerlässliche Erhaltung der Stabilität (*weiwen*) bedrohen kann. Wie die Erfahrungen in osteuropäischen Staaten von vor 1989 zeigen, kann die Abkehr der Bevölkerung von den offiziellen Beschwerdekanälen sich auch in China negativ auf die Überlebenschancen des Regimes auswirken. Die chinesische Führung hat angedeutet, dass sie vom Zusammenbruch der Sowjetunion lernen will.[62] Wenn sie auch Lehren aus dem Zusammenhang zwischen Eingaben der Bevölkerung und der Stabilität eines Regimes zieht, kann dies dabei helfen, die Lebensdauer des kommunistischen Systems zu erhöhen.

III. Schlussbetrachtung

In diesem Beitrag wurde eine Theorie aufgestellt über die Kanäle, durch welche kommunistische Regime Informationen über offene und latente Unzufriedenheit sammeln. Es wurde argumentiert, dass Informationen über *latente* Unzufriedenheit besonders wertvoll sind, da sie es den kommunistischen Regimen ermöglichen, die Wahrscheinlichkeit des Entstehens *offener* Unzufriedenheit durch Konzessionen wie Umverteilung sowie durch selektive Repression auf ein Minimum zu begrenzen. Der Aufsatz dokumentiert die in den 1980er-Jahren zunehmende Unfähigkeit osteuropäischer kommunistischer Regime, die latente Unzufriedenheit zu beherrschen. Dieser Befund stellt infrage, ob und inwieweit der Ausbruch offener Unzufriedenheit 1989 für die europäischen kommunistischen Regime überraschend kam.[63] Darüber hinaus wurde argumentiert, dass die osteuropäischen kommunistischen Führungen aufgrund der ihnen vorliegenden Informationen über die Bevölkerungsstimmung zu der Auffassung gelangten, dass Gewaltanwendung keine rationale Option zur Bekämpfung der vorhandenen Unzufriedenheit war. Im Gegensatz dazu verfügte China 1989 lediglich über unterentwickelte Systeme zur Überwachung latenter Unzufriedenheit, weshalb die Tian'anmen-Proteste für die Führung überraschend kamen. China war noch nicht zur antizipatorischen Staatsführung übergegangen und konnte daher mit brutaler Gewalt gegen die Proteste vorgehen.

62 Für weitere Ausführungen siehe Martin K. Dimitrov: The Survival of Communist Regimes in China, Vietnam, and North Korea. In: Mark Kramer, Stefan Karner, Mikhail Prozumenshikov (Hg.): The End of the Soviet Union, 1989–1991. (in Vorbereitung); Ders.: Understanding Communist Collapse and Resilience. In: Ders. (Hg.): Why Communism Did Not Collapse (Anm. 19), S. 3–39, insbes. 37.

63 Timur Kuran: Now Out of Never. The Element of Surprise in the East European Revolution of 1989. In: World Politics 44, Nr. 1 (Oktober 1991), S. 7–48.

Diese Argumentation impliziert keine Teleologie voraus: Es gibt kommunistische Regime, die ganz darauf verzichten, Systeme für die freiwillige Bereitstellung von Informationen zu entwickeln (wie in Nordkorea), in anderen ist die freiwillige Bereitstellung von Informationen von geringer Bedeutung (wie in Polen, wo offizielle Beschwerden nie den Stellenwert wie in Bulgarien oder der DDR besaßen).[64] Die Entwicklung von Institutionen für antizipatorische Staatsführung erfordert eine nachhaltige Rücknahme von Terrormaßnahmen in Verbindung mit gesellschaftlicher Stabilität – beispielhaft ist die Stagnation in der Sowjetunion unter Leonid Brežnew –, eine Situation, die etwa in Polen nie eintrat, blickt man auf die wiederholten Unruhewellen der Jahre 1956, 1968, 1970, 1976 und 1980/81.

Obwohl dieser Beitrag keine Vorhersage macht, ob China letztlich das Schicksal der osteuropäischen kommunistischen Regime teilen wird, so zeigt doch der Vergleich der Informationserfassung zwischen Bulgarien und China einige verblüffende Parallelen. Derzeit verfügt China über eine Vielzahl von Kanälen für die Übermittlung von Informationen über latente Unzufriedenheit. Aber die Tatsache, dass die Bürger dem Beschwerdesystem zunehmend den Rücken kehren und zur gleichen Zeit ein Zuwachs an Protesten zu verzeichnen ist, spiegelt die Entwicklungen in Osteuropa in den 1980er-Jahren wider. Falls die chinesische Führung diesen Trend nicht in den Griff bekommt, kann er auf lange Sicht negative Auswirkungen auf die Stabilität des Regimes haben. Der seit 1989 generell zu beobachtende Rückgang der Furcht vor dem Regime in der Bevölkerung (als Folge abnehmender Häufigkeit und Schwere von individuellen Repressalien) bedeutet, dass die Staatsführung, falls es erneut zu einem Ausbruch der Unzufriedenheit wie im Frühjahr 1989 auf dem Tian'anmen-Platz kommen sollte, unfähig sein wird, darauf mit massiver Anwendung von Gewalt zu reagieren.

In einem weiteren theoretischen Kontext stimmt diese Argumentation mit jüngeren Studien überein, in denen betont wird, dass politisches Handeln in einem zeitlichen Prozess vor sich geht und dass die Geschwindigkeit politischer Prozesse zu beachten ist.[65] Das Tempo der Entwicklung von Institutionen in zwei verschiedenen Ländern kann wesentlich differieren. Obgleich beispielsweise China und die DDR als kommunistische Staaten 1949 nur im Abstand von sechs Tagen gegründet wurden, haben sich ihre jeweiligen Institutionen zur Erfassung von Daten über die Bevölkerungsstimmung mit sehr unterschiedlicher Geschwindigkeit entwickelt. Diese unterschiedlichen Entwicklungstempi

64 Persönliches Gespräch mit Łukasz Kamiński (ehem. Präsident des Instituts für Nationales Gedenken (IPN) in Polen) am 14.5.2014 in Berlin.

65 Anna Grzymała-Busse: Time Will Tell? Temporality and the Analysis of Causal Mechanisms and Processes. In: Comparative Political Studies 44 (2011) 9, S. 1267–1297; Paul Pierson: Politics in Time. History, Institutions, and Social Analysis. Princeton 2004.

machen es notwendig, dass die synchron ablaufenden Ereignisse von 1989 theoretisch aus einer diachronen Perspektive betrachtet werden müssen, wobei die zeitliche Abfolge der Prozesse institutioneller Entwicklung genau beachtet werden muss.

Łukasz Kamiński

Bevölkerungsstimmungen in den Unterlagen des polnischen Sicherheitsdienstes

Übersetzung: Henrik Bispinck

In der Ära der kommunistischen Diktaturen wurde die Bevölkerung ihres Rechtes auf freie Meinungsäußerung beraubt. Wer versuchte, von diesem Recht Gebrauch zu machen, wurde in vielen Fällen strafrechtlich verfolgt. Trotzdem verfügen wir heute über umfangreiches Quellenmaterial, mit dessen Hilfe sich Aussagen über die Stimmungslage in der Bevölkerung in dieser Zeit treffen lassen. Zu den wichtigsten Quellen gehören die Hinterlassenschaften der Kommunistischen Partei(en), insbesondere unterschiedliche Arten von Berichten und Analysen, Sammlungen von Briefen, die an eine Vielzahl von Institutionen geschickt wurden, Meinungsumfragen, die in manchen Ländern zu verschiedenen Zeiten erhoben wurden, sowie private Dokumente – Tagebücher und Briefe.

Es überrascht nicht, dass die für die Erforschung der kommunistischen Diktaturen wertvollsten Quellen die Akten der Geheimpolizeien sind. Untersuchungen zur politischen, zur Wirtschafts- oder zur Militärgeschichte sind ohne diese Dokumente schwer vorstellbar. Doch auch für sozialgeschichtliche Fragestellungen, beispielsweise für die Erforschung von Bevölkerungsstimmungen, stellen die Akten der Geheimpolizeien eine Hauptquelle dar.

Die Unterlagen des früheren polnischen Sicherheitsdienstes (SB) sind seit etwa zwölf Jahren für Wissenschaftler zugänglich. Während der 1990er-Jahre waren neue Geheimdienste für die Akten verantwortlich, die Historikern nur sehr zögerlich Zugang gewährten. Selbst wenn jemand das Glück hatte, Zugang zu erhalten, wurden ihm nur einzelne Dokumente oder Fragmente zugänglich gemacht, keine vollständigen archivalischen Einheiten. Das Institut für Nationales Gedenken (IPN), das seine Arbeit im Jahr 2000 aufgenommen hat, hat die Archive der polnischen Nachrichtendienste und Geheimpolizeien nach und nach von den zuvor zuständigen Institutionen übernommen. Als die erste Stufe des Organisationsaufbaus des IPN im Jahr 2003 abgeschlossen war, wurde damit begonnen, die Akten für Forscher zugänglich zu machen. Derzeit kann auf fast sämtliche Bestände der früheren kommunistischen Geheimdienste zugegriffen werden. Nur ein sehr kleiner Teil der Akten, etwa 0,5 Prozent des Gesamtbestandes, sind nach wie vor klassifiziert, da ihre Offenlegung die Sicherheit des polnischen Staates gefährden könnte. Es ist aber davon auszugehen, dass diese klassifizierten Akten keine für Untersuchungen zur Stimmung der Bevölkerung unter der kommunistischen Herrschaft relevanten Informationen enthalten.

Relevante Quellengruppen

Die grundlegenden Quellen für Forschungen zur Bevölkerungsstimmung im kommunistischen Polen sind verschiedenste Arten von Berichten aus unterschiedlichen Organisationseinheiten des polnischen Sicherheitsdienstes. Je nach Zeitraum und je nach der organisatorischen Ebene der Einheit wurden diese Berichte in unterschiedlichen Zeitintervallen erstellt. Es gibt Tagesberichte ebenso wie solche, die alle zehn Tage, monatlich, quartalsweise oder jährlich angefertigt wurden. Alle diese Berichte enthalten neben Informationen zur Wirtschaftslage, zu unterschiedlichen Aspekten des gesellschaftlichen Lebens und zu verschiedenen Arten sogenannter Feindtätigkeit auch Angaben zur aktuellen Bevölkerungsstimmung.[1]

Eine weitere relevante Quellengruppe sind Sonderberichte, die Informationen über die Stimmungen, die Verlautbarungen und die Einstellungen bestimmter gesellschaftlicher Gruppen sowie von Einzelpersonen enthalten. Diese wurden in Zeiten innenpolitischer Krisen in besonders großer Anzahl erstellt, etwa während der Massenproteste in den Jahren 1956, 1968, 1970, 1976 und 1980 oder in den Jahren 1981 bis 1983, als Polen unter Kriegsrecht stand. Gleiches galt im zeitlichen Umfeld von bedeutsamen oder krisenhaften Ereignissen im Ausland, beispielsweise nach Stalins Tod, während der Kuba-Krise oder nach dem militärischen Eingreifen der Sowjetunion in Ungarn 1956 und dem der Warschauer-Pakt-Truppen in der Tschechoslowakei 1968. Allein für die Zeit nach der Niederschlagung des »Prager Frühlings« liegen Hunderte von Bänden mit Stimmungsberichten aus unterschiedlichen Ebenen des Sicherheitsapparates vor.[2]

1 Siehe z. B. Bernadetta Gronek, Irena Marczak (Hg.): Biuletyny Informacyjne Ministerstwa Bezpieczeństwa Publicznego, t. 1: 1947. Warszawa 1993; Bernadetta Gronek, Irena Marczak, Marek Olkuśnik (Hg.): Biuletyny Informacyjne Ministerstwa Bezpieczeństwa Publicznego, t. 2: 1948. Warszawa 1995; Wanda Chudzik, Irena Marczak, Marek Olkuśnik (Hg.): Biuletyny Informacyjne Ministerstwa Bezpieczeństwa Publicznego 1946. Warszawa 1996; Łukasz Kamiński (Hg.): Biuletyny dzienne Ministerstwa Bezpieczeństwa Publicznego 1949–1950. Warszawa 2004; Wanda Chudzik, Mirosław Filipiak, Jakub Gołębiewski (Hg.): Biuletyny Komitetu do spraw Bezpieczeństwa Publicznego. Grudzień 1954 – listopad 1956. Warszawa 2009; Grzegorz Majchrzak: Informacje sytuacyjne MSW z sierpnia 1980 roku. In: Zeszyty Historyczne 2003, Nr. 145, S. 65–155.

2 Einige davon sind veröffentlicht in: Łukasz Kamiński, Grzegorz Majchrzak (Hg.): Operacja »Podhale«. Służba Bezpieczeństwa wobec wydarzeń w Czechosłowacji 1968–1970. Warszawa 2008.

Berichte, die von geheimen Mitarbeitern des polnischen Sicherheitsdienstes verfasst und weitergeleitet wurden, enthalten ebenfalls wertvolle Informationen über die Stimmung in der Bevölkerung. Zum Teil fanden diese Eingang in die oben genannten Dokumente, doch in der Mehrzahl harren sie noch der Strukturierung und analytischen Auswertung. Unterlagen dieser Art finden sich sowohl in den Akten geheimer Mitarbeiter als auch in fallbezogenen Akten.

Eine weitere Quellengruppe sind Dokumente, die während des operativen Vorgehens gegen einzelne Personen oder bestimmte Milieus entstanden. Darunter sind diejenigen von besonderer Bedeutung, die der Sicherheitsdienst im Zuge systematischer oder stichprobenartiger Postkontrollen zusammengestellt hat. Die Größenordnung solcher Kontrollen lässt sich in Zahlen ausdrücken: Unter normalen Umständen wurden jährlich ein paar Millionen Poststücke kontrolliert, während der Zeit des Kriegsrechts stieg die Zahl auf über 80 Millionen pro Jahr. [3] Wichtigstes Ziel dieser Kontrollen – neben der Beschaffung von Material über mögliche feindliche Aktivitäten – war es, Informationen zur Bevölkerungsstimmung zu sammeln.[4] Hinzu kommen stenografische Berichte, in denen Informationen aus der Telefonüberwachung und aus verwanzten Wohnungen erfasst wurden. Viele dieser Berichte enthalten auch die Meinungen der abgehörten Personen über ihre Lebenssituation. Dies war in den Briefen zumeist weniger der Fall, da sich die meisten Bürger darüber im Klaren waren, dass ihre Korrespondenz vom Sicherheitsdienst kontrolliert werden konnte.

Eine sehr interessante, jedoch seltene Quelle sind Ergebnisse von Meinungsumfragen, die von Offizieren des Sicherheitsdienstes durchgeführt wurden. Zwei solche Umfragen sind bekannt: In den 1960er-Jahren fand eine breit angelegte Umfrage zu Radio Free Europe statt, in der es um die Hörerschaft und deren Einschätzung der Sendungen ging. Eine ausgewählte Gruppe von inoffiziellen Mitarbeitern des Sicherheitsdienstes sammelte dazu Meinungen im jeweiligen persönlichen Umfeld und leitete diese an ihre Führungsoffiziere weiter. Aus im ganzen Land zusammengetragenen Daten wurde schließlich ein interessanter Bericht erstellt.[5] Eine zweite Umfrage von wesentlich kleinerem Umfang (sie fand lediglich innerhalb eines Betriebes statt) wurde von einem Offizier des Sicherheitsdienstes als Teil seiner im Jahr 1979 an der Militärakademie erstellten Dissertation durchgeführt. Er befragte Arbeiter nach ihren Parteiprä-

3 Vgl. Grzegorz Majchrzak: Ocenzurowano. In: Karta 1999, Nr. 29, S. 146.

4 Vgl. Monika Komaniecka: Pod obserwacją i na podsłuchu. Rzeczowe środki pracy operacyjnej aparatu bezpieczeństwa w województwie krakowskim w latach 1945–1990. Kraków 2014, S. 121–123, 450–459.

5 Vgl. Paweł Machcewicz: »Monachijska menażeria«. Walka z Radiem Wolna Europa. Warszawa 2007, S. 152–154.

ferenzen für den Fall der Abhaltung freier Wahlen – die allerdings zu jener Zeit kaum vorstellbar waren.[6]

Die letzte zu nennende Quellenkategorie sind verschiedene Arten von Analysen zur Bevölkerungsstimmung, die von den höchsten Ebenen innerhalb des Sicherheitsdienstes vorgenommen wurden. Dabei wurden Daten aus den oben erwähnten Dokumenten benutzt, aber auch solche, die von anderen Institutionen stammten. Ein großer Teil dieser Analysen erscheint dem heutigen Leser sehr einseitig und parteilich. Sie sind zudem überwiegend in kommunistischem Neusprech verfasst. Trotzdem sollten manche dieser Analysen Beachtung finden, da sie wichtige Beobachtungen zu gesellschaftlichen Stimmungen und Einstellungen enthalten. Im Laufe der Zeit gewannen diese Berichte an Qualität – ein Zeichen für die wachsenden analytischen Fähigkeiten der Mitarbeiter des Sicherheitsdienstes. Dieser Professionalisierungsprozess gelangte mit der Bildung der sogenannten Diensteinheit für Analysen (*Zespół Analiz*) beim Büro des Ministers des Innern im Jahr 1985 zu einem vorläufigen Abschluss.

Der Sicherheitsdienst konzentrierte sich auf die Analyse von Stimmungen und Meinungen innerhalb Polens, doch versuchte er auch, die Lage unter den polnischen Emigranten zu beobachten. Neben der Auswertung von Dokumenten und der Presse der Emigrantengruppen bediente sich der Sicherheitsdienst zu diesem Zweck Agenten innerhalb der Emigrantenszene. Doch erscheinen die Informationen, die auf diese Weise erlangt wurden, weniger authentisch als die über die Situation im Inland, die auf einer viel breiteren und vielfältigeren Quellengrundlage basierten.

Es ist wichtig zu betonen, dass das IPN nicht nur über Dokumente des Sicherheitsdienstes, sondern auch Akten der militärischen Geheimdienste – Hauptverwaltung Information der Polnischen Armee (GZI) und Militär-Innendienst (WSW) – verfügt. Diese enthalten aufschlussreiche Informationen über die Stimmung innerhalb der Armee ebenso wie über Stimmungen und Einstellungen in der Gesellschaft als Ganzes.[7]

Methodische Herausforderungen und Probleme der Interpretation

Wissenschaftler, die mit den hier beschriebenen Unterlagen arbeiten, stehen vor zahlreichen Herausforderungen. Dazu gehört etwa der Umstand, dass die Archive des Sicherheitsdienstes, insbesondere die aus der Zeit von der zweiten

6 Aktualne postawy społeczno-polityczne środowiska robotniczego w świetle badań empirycznych, Archiv des IPN (AIPN) Wr, 052/104.

7 Ein gutes Beispiel dafür sind Berichte des Militärischen Sicherheitsdienstes vom Sommer 1980 (AIPN, BU 2386/21114).

Hälfte der 1970er- bis zum Ende 1980er-Jahre zu einem großen Teil zerstört wurden. Dokumente wurden nicht nur während des politischen Transformationsprozesses ab 1989 vernichtet. Einige Quellen, die mithilfe operativer Methoden (Abhörmaßnahmen, Postkontrolle) erstellt wurden, mussten internen Regeln zufolge nach ihrer Nutzung vernichtet werden; die in ihnen enthaltenen Informationen wurden nur in weiterverarbeiteter Form bewahrt. Zum Glück für die heutige historische Forschung hielten sich die Mitarbeiter des Sicherheitsdienstes in vielen Fällen nicht an diese Vorschriften.

Ein weiteres Problem stellt der Massencharakter dieser Quellen dar. Die Dokumentensammlungen aus Krisenzeiten enthalten Zehntausende individuelle Meinungen oder Stellungnahmen zu den aktuellen Ereignissen. Zudem sind sie oft von extremen Ansichten geprägt – entweder sie sind dem kommunistischen Regime feindlich gesinnt oder sie verherrlichen es. Statistische Methoden und linguistische Analysen können dabei helfen, die Massendaten zu strukturieren. Dabei sollte nicht nur die quantitative Verteilung unterschiedlicher Meinungen untersucht werden, sondern es sollten vor allem vergleichende Betrachtungen angestellt werden, um zu eruieren, wie sich die Stimmungen und Einstellungen im Laufe der Zeit verändert haben und welche Unterschiede es zwischen gesellschaftlichen Gruppen oder zwischen Regionen gibt. Untersuchungen des Verfassers zu Unterlagen der Polnischen Vereinigten Arbeiterpartei (PVAP) und des Sicherheitsdienstes zeigen, dass die Anwendung statistischer Methoden sehr interessante Ergebnisse zutage fördern kann.[8]

Bei manchen Quellengattungen, insbesondere bei den verschiedenen Arten von Berichten und Analysen, muss berücksichtigt werden, dass die darin enthaltenen, durchaus detaillierten und aufschlussreichen Informationen nicht immer verlässlich sind. Allein aus der enormen Fülle von Quellen aus dem Bestand des Sicherheitsdienstes lässt sich nicht ableiten, dass sie anderen Quellen nicht mehr gegenübergestellt werden müssen. Auch der oberflächlich betrachtet objektive und informative Charakter dieser Dokumente kann zu falschen Schlussfolgerungen verleiten. Tatsächlich verfolgten die Verfasser bei der Erstellung dieser Berichte manchmal Eigeninteressen, etwa das Ziel, beim Adressaten Besorgnis auszulösen, oder, ganz im Gegenteil, ein viel zu positives und schönfärberisches Bild von einer bestimmten Situation zu vermitteln.

8 Vgl. Łukasz Kamiński: Polacy wobec nowej rzeczywistości 1944–1948. Formy pozainstytucjonalnego żywiołowego oporu społecznego 1944–1948. Toruń 2000; Ders.: Jesteśmy z Wami, towarzyszu Wiesławie. In: Biuletyn Instytutu Pamięci Narodowej 3 (2003) 3–4, S. 29–36; Ders.: Reakcje społeczeństwa Dolnego Śląska na interwencję wojsk Ukladu Warszawskiego w Czechosłowacji. In: Tomasz Kozłowski, Jan Olaszek (Hg.): Opozycja i opór społeczny w Polsce po 1956 roku. Warszawa 2011, S. 193–217.

Bisherige Forschungsergebnisse

Die Erforschung von Stimmungen und Einstellungen in der polnischen Bevölkerung während der Zeit der kommunistischen Diktatur ist noch lange nicht abgeschlossen. Bisher ist es nicht möglich, die Stimmungslage der Bevölkerung umfassend zu beschreiben und alle entscheidenden Ereignisse, die sie geprägt haben, aufzuzeigen. Doch erlaubt es der gegenwärtige Stand der Forschung, einige allgemeine Schlussfolgerungen zu ziehen.

Die erste betrifft die Einstellungen und Haltungen in der polnischen Gesellschaft. Entgegen den Erwartungen des kommunistischen Regimes und trotz Repression und Überwachung haben die Polen nie aufgehört, ihre Ansichten zu aktuellen Ereignissen zu äußern, selbst in der härtesten Zeit des Stalinismus nicht. Diese standen nur selten in Einklang mit den Erwartungen der PVAP.

Das zweite, vermutlich wichtigste Ergebnis betrifft den Einfluss von gesellschaftlichen Einstellungen und Stimmungen auf politische Entscheidungen. Entgegen der landläufigen Meinung, dass die vorherrschenden Ansichten der Bevölkerung in kommunistischen Staaten keine Berücksichtigung fanden, ist zum Teil das Gegenteil der Fall. Das zeigt nicht nur die prinzipielle Aufmerksamkeit, die der Analyse von Stimmungen vonseiten des Regimes zuteilwurde. Es liegen auch zahlreiche interne Dokumente vor, aus denen hervorgeht, dass die aktuelle Stimmungslage in der Bevölkerung bei bestimmten politischen Entscheidungsprozessen durchaus beachtet wurde. Der Einfluss der Bevölkerungsstimmung auf politisches Handeln wuchs in Polen mit jeder Phase sozialen Protestes. Sie konnte zu einer Änderung des politischen Kurses der kommunistischen Partei oder sogar zum Austausch des Spitzenpersonals führen. Rücksichtnahme auf die Stimmung in der Bevölkerung galt als ein Weg, den Ausbruch der nächsten Krise zu verhindern.

Anfänglich wurden Bevölkerungsstimmungen lediglich bei der Erarbeitung von Richtlinien für die politische Propaganda berücksichtigt, um deren Wirksamkeit zu erhöhen. Der Einfluss der Einstellungen und Haltungen der polnischen Bevölkerung auf die Gestaltung der kommunistischen Politik wuchs allmählich, doch war dies kein linearer Prozess. Ein Beispiel dafür, dass es auch Fälle gab, in denen die Bevölkerungsstimmung ignoriert wurde, war die Entscheidung für eine Preiserhöhung im Dezember 1970. Diese führte zu Massenprotesten und Demonstrationen an der polnischen Küste, die brutal niedergeschlagen wurden, und zu einem Wechsel an der Spitze der PVAP: An die Stelle von Władysław Gomułka trat Edward Gierek. Diese Ereignisse markieren einen kritischen Moment in der Geschichte des kommunistischen Polen – von diesem Zeitpunkt an konnten Erkenntnisse über die Stimmung in der Bevölkerung nicht mehr ignoriert werden. Eine weitere kritische Phase im Hinblick auf den Einfluss der Gesellschaft auf die Regierungspolitik war die zweite Hälfte der 1980er-Jahre. Es lässt sich sagen, dass die Entscheidung der PVAP, einen Dialog mit der Opposition einzugehen, nicht auf der Überzeugung von der Stärke der Gewerkschaft »Solidarność« basierte. Vielmehr waren es die Ergebnisse sozialwissenschaftlicher Analysen, die weitere Massenproteste voraussagten, und das Bestreben, diese zu verhindern, die die kommunistische Partei zu diesem Schritt bewegten.

Schließlich sollte auch die Funktion des Sicherheitsapparates bei der Analyse von Bevölkerungsstimmungen beachtet werden. Für viele Jahre spielte er eine führende, manchmal sogar eine dominante Rolle, insbesondere in der Zeit des Stalinismus. Im Jahr 1956 versagte der Sicherheitsapparat jedoch, er hatte den Arbeiteraufstand in Posen im Juni nicht vorhergesehen. Daher begannen die Machthaber in den folgenden Jahren, neben den Analysen der Geheimdienste andere Informationsquellen wie Umfragen von neu geschaffenen Institutionen zu nutzen, etwa das Zentrum für Meinungsforschung (OBOP), das 1958 gebildet wurde.[9] Auch Briefe aus der Bevölkerung, die an Parteigliederungen und Redaktionen geschickt wurden, wurden in diesem Zusammenhang professioneller ausgewertet.[10]

Die Bedeutung professioneller sozialwissenschaftlicher Forschung stieg nach den Ereignissen vom Dezember 1970. Die Bedeutung des Sicherheitsdienstes bei der Analyse von Bevölkerungsstimmungen nahm dagegen stetig ab und nach den Protesten vom September 1980 spielte der Sicherheitsdienst in diesem Zusammenhang nur noch eine marginale Rolle. Während des Kriegsrechts wurde eine neue sozialwissenschaftliche Einrichtung geschaffen – das Zentrum zur Erforschung der Öffentlichen Meinung (CBOS), das von engen Mitarbeitern von General Jaruzelski geleitet wurde. Es führte Untersuchungen zu einer Vielzahl von Themen durch, neben Umfragen, die für die gesamte polnische Bevölkerung repräsentativ waren, auch spezielle Erhebungen unter Arbeitern, Jugendlichen oder Parteifunktionären.[11]

9 Vgl. Dariusz Jarosz: Sondaże Ośrodka Badań Opinii Publicznej (OBOP) w latach 1957–1989. Refleksje historyka. In: Polska 1944/45–1989. Studia i Materiały, Jg. 2003, t. VI, S. 68–70.

10 Vgl. bspw.: Anna Maria Adamus: Problemy wsi i rolnictwa w PRL w świetle chłopskich listów – zarys zagadnienia. In: Dies., Łukasz Kamiński (Hg.): Letnia Szkoła Historii Najnowszej 2013. Referaty. Warszawa 2014, S. 74–84; Radosław Domke: Problemy społeczne Polaków w świetle analiz Biura Listów KC PZPR w latach siedemdziesiątych XX w. In: Pamięć i Sprawiedliwość 10 (2011) 2, S. 353–370.

11 Vgl. Stanisław Kwiatkowski: Szkicownik z CBOS-u. Rysunki socjologiczne z tamtych lat. Tyczyn 2004.

Schlussbemerkung

Viele Jahre lang spielte der Sicherheitsapparat die führende Rolle bei der Information der kommunistischen Partei über die jeweils aktuelle Bevölkerungsstimmung. Grund für diese führende Rolle war nicht die besondere Qualität der Informationen, die der Sicherheitsdienst lieferte, sondern die Tatsache, dass keine anderen Quellen dafür zur Verfügung standen. Als in der VR Polen nach und nach neue Einrichtungen für Bevölkerungsumfragen geschaffen wurden, ging die Bedeutung des Sicherheitsdienstes für diesen Bereich zurück. Dennoch sind die heute für die historische Forschung zugänglichen Unterlagen des Sicherheitsdienstes – bei allen methodischen und interpretatorischen Problemen – zumindest für den Zeitraum bis 1980 eine zentrale Quelle für Untersuchungen zu Stimmungslagen in der Bevölkerung des kommunistischen Polen.

Kapitel 3
Vom Westen aus gesehen: Stimmungslagen in der DDR

Ronny Heidenreich

Gefühlter Antikommunismus. Berichte des Bundesnachrichtendienstes über Stimmungen in der DDR-Bevölkerung bis 1968

Für den Bundenachrichtendienst war die DDR im Kalten Krieg das Hauptbetätigungsfeld. Aus Pullach erhielten Militär und Geheimdienste der USA sowie die westdeutsche Regierung zahllose Berichte, Meldungen und Studien über die militärische, wirtschaftliche und politische Lage in Ostdeutschland. Kurz nach der Übernahme der Organisation Gehlen als Auslandsnachrichtendienst der Bundesrepublik im Frühjahr 1956 befanden sich unter diesen Ausarbeitungen auch Einschätzungen über die »Psychologische Lage in der SBZ [Sowjetischen Besatzungszone]«[1], in denen der BND bis 1969 seine Erkenntnisse über Einstellungen und Meinungen der Bevölkerung jenseits der innerdeutschen Grenze darlegte.

Anhand dieser Berichte wird gezeigt, welche Intentionen der Beschäftigung mit diesem Thema zugrunde lagen und welche Möglichkeiten, aber auch Grenzen der Erfassung und Analyse des breiten Spektrums individueller und kollektiver Meinungslagen über die seit 1961 geschlossenen Grenzen hinweg gesetzt waren. Dabei wird zu fragen sein, in welchem Maß die Freund-Feind-Schemata des Kalten Krieges den Blick auf die DDR-Gesellschaft prägten: Wie sich das Ministerium für Staatssicherheit (MfS) in seinen Stimmungsberichten im Auftrag der Staatspartei SED für die Loyalität der Bevölkerung zum sozialistischen Arbeiter- und Bauernstaat interessierte, so dürfte unter umgekehrten Vorzeichen die antikommunistische Staatsräson der frühen Bundesrepublik den Blick auf

1 Die Ausgaben 1956 bis 1959 sind im BND-Archiv unter der Signatur 120294, die Jahrgänge 1960 bis 1966 unter 7206, 7207 und 7208 überliefert. Berichte aus den Jahren 1967 und 1968 waren nicht auffindbar. Die letzten bekannten Ausgaben der Stimmungsberichte aus dem Jahr 1969 sind als Beigabe zu den Nachrichtendienstlichen Führungsorientierungen im Bundesarchiv [im Folgenden BArch] unter B 206/921–922 überliefert.

die »Brüder und Schwestern im Osten« beeinflusst haben.[2] Stimmungsberichte waren damit auf beiden Seiten der innerdeutschen Grenze kein Selbstzweck. Ihre Ausgestaltung hing sowohl von den Erwartungshaltungen der Empfänger wie auch dem Weltbild der Autoren ab. Die Frage nach der Validität der »Psychologischen Lageberichte« des Bundesnachrichtendienstes ist daher vor allem in Hinblick auf die ideologische Ausrichtung und inhaltliche Fokussierung zu beantworten, die jenseits empirischer Methoden und praktischer Möglichkeiten Rückschlüsse auf Umfang und Qualität des enthaltenen Substrates tatsächlicher Meinungsbilder zulassen.

Genese der »Stimmungsforschung« im BND

Eine systematische Ergründung von Stimmungs- und Meinungslagen in der DDR-Bevölkerung setzte in Ost wie West nach dem Volksaufstand am 17. Juni 1953 ein. Die ostdeutsche Geheimpolizei wie auch die vom amerikanischen Auslandsnachrichtendienst CIA geführte Vorläuferorganisation des Bundesnachrichtendienstes, die Organisation Gehlen, hatten den Einstellungen der DDR-Bürger bis dahin kaum Bedeutung beigemessen. Beide wurden vom Ausbruch der Unruhen vollkommen überrascht. An den unmittelbaren Reaktionen der beiden Geheimdienste zeigt sich, dass die Bevölkerung als eigenständiger Akteur in den Lagebeurteilungen nicht einbezogen worden war: Während das MfS versuchte, eine westliche Steuerung des Aufstandes nachzuweisen, war man in Pullach zunächst davon überzeugt, dass hinter der Erhebung ein sowjetisches Manöver zur Verhinderung der Westintegration der Bundesrepublik stand. Die Erkenntnis, dass der Aufstand von der aufgebrachten Bevölkerung hervorgerufen und getragen wurde, setzte sich innerhalb der Organisation Gehlen erst in den Wochen nach der gewaltsamen Niederschlagung der Erhebung durch.[3]

Die in Pullach erkannte Fehlstelle sollte künftig durch eine Ergründung von Einstellungen und Meinungen der DDR-Bevölkerung gegenüber dem SED-Regime behoben werden. Der Organisation Gehlen ging es in erster Linie um die Erfassung von Indikatoren wie Streiks, subversive Gerüchte etc., die Hinweise auf eine andauernde Destabilisierung oder gar erneute Unruhen in der DDR

2 Stefan Creuzberger, Dierk Hoffmann: Antikommunismus und politische Kultur in der Bundesrepublik Deutschland. Einleitende Vorbemerkungen. In: Dies. (Hg.): »Geistige Gefahr« und »Immunisierung der Gesellschaft«. Antikommunismus und politische Kultur in der frühen Bundesrepublik. München 2014, S. 1–14.

3 Für die Organisation Gehlen Ronny Heidenreich: Die Organisation Gehlen und der Volksaufstand am 17. Juni 1953, Studien Nr. 1, hg. von der Unabhängigen Historikerkommission zur Erforschung der Geschichte des Bundesnachrichtendienstes. Marburg, Berlin 2013. Zum MfS Roger Engelmann: Einleitung 1953. In: Die DDR im Blick der Stasi 1953. Die geheimen Berichte an die SED-Führung, bearb. von Roger Engelmann. Göttingen 2013, S. 12–68.

geben könnten. Solche Erkenntnisse flossen fortan beispielsweise in die militärischen Lagebeurteilungen ein: Sie sollten Prognosen über das Verhalten der Bevölkerung im Falle eines bewaffneten Konfliktes ebenso erlauben, wie Einschätzungen über die Stimmungslage innerhalb des ostdeutschen Sicherheitsapparates.[4]

Auch in den politischen Lagebeurteilungen flossen fortan Meinungsäußerungen ein. Die Berichterstattung des Gehlen-Dienstes über die DDR konzentrierte sich bis 1968 besonders auf die deutschland- und außenpolitischen Entwicklungen. Vor allem in diesem Kontext flocht der Bundesnachrichtendienst mitunter Reaktionen der Bevölkerung in seine Lagebeurteilungen ein, um den Lesern Ablehnung oder Unterstützung der außenpolitischen Aktivitäten des SED-Regimes unter den DDR-Bewohnern nahezubringen. Innenpolitische, wirtschaftliche, soziale und kulturelle Analysen, für deren Bewertung eine breitere Untersuchung von Stimmungs- und Meinungslagen aufschlussreich sein konnte, blieben bis zum Ende der Amtszeit Gehlens nachrangig.[5]

Für den Bundesnachrichtendienstes waren Stimmungsberichte damit in zweierlei Hinsicht von Interesse: Erstens ging es um die Beobachtung des Widerstandspotenzials und zweitens um Einstellungen der DDR-Bevölkerung zu vorwiegend außenpolitischen Entwicklungen, welche die jeweiligen Pullacher Lageeinschätzungen flankierten.

Stimmungs- und Meinungslagen waren damit für die Pullacher Aufklärung auch nach den Erfahrungen des Volksaufstandes nur partiell von Interesse. Für jene Dienststellen, die sich mit der Gewinnung politischer und militärischer Informationen aus der DDR befassten, war deshalb die Bereitschaft, sich dieser neuen Herausforderung anzunehmen, wenig ausgeprägt. Obwohl Stimmungs- und Meinungslagen eingestandenermaßen »ein nicht zu unterschätzender Faktor in der Beurteilung der Lage in der SBZD[6] überhaupt« waren, lehnte der politische Beschaffungsapparat eine tiefergehende Beschäftigung ab.[7] Die Initiative für eine systematische Untersuchung der Stimmungslagen kam aus einer anderen Richtung. Der Volksaufstand nährte auf westlicher Seite die Hoffnung, mithilfe gezielter offener und verdeckter Beeinflussung der Bevölkerung den Unmut zu befördern und das SED-Regime dauerhaft zu destabilisieren. Aus der Ergründung von Stimmungen und Meinungen ließen sich Ansatzpunkte für

4 Die militärischen Lageberichte enthielten ab der zweiten Hälfte der 1950er-Jahre Kapitel zur Lage in der Bevölkerung. Militärische Lageberichte Ost, Bundesarchiv [im Folgenden: BArch] B 206/180–192.

5 Siehe dazu Lageberichte Ost sowie Lage SBZ; BArch B 206/896–899 und B 06/906–912.

6 SBZD (Sowjetische Besatzungszone Deutschlands) war im internen Sprachgebrauch der Organisation Gehlen die Bezeichnung für DDR.

7 40/P/2 an 60, Lage in der SBZD und Stimmung in der Bevölkerung, 15.7.1953; 40/P/2 an 45/P, Stimmung der Bevölkerung in der SBZD, 19.10.1953; BND-Archiv 122280, Bl. 1328–1329, 2111.

einschlägige Kampagnen ableiten und deren Wirkungsmächtigkeit überprüfen. Maßgeblich befasste sich die CIA seit Beginn der 1950er-Jahre als Teil der Liberation Policy mit solchen Propaganda- und Diversionsmaßnahmen gegen die DDR und verfügte für die praktische Durchführung mit antikommunistischen Widerstandsgruppen wie der Kampfgruppe gegen Unmenschlichkeit (KgU), dem Untersuchungsausschuss Freiheitlicher Juristen (UfJ) oder den Ostbüros über ein entsprechendes Netzwerk.[8] Die Organisation Gehlen verweigerte aus politischem Kalkül eine aktive Beteiligung an den amerikanischen Programmen des »Psychological Warfare«. In Pullach spekulierte man eher darauf, künftig eine eigene mit der Bundesregierung abgestimmte nationale psychologische Kriegsführung aufbauen zu können.[9] Trotz dieser Widerspenstigkeit versuchte die CIA fortan, die Ressourcen des von ihr angeleiteten Gehlen-Dienstes verstärkt für die Evaluation der eigenen Propagandamaßnahmen und die Beibringung von Informationen über die Stimmungslage in der DDR zu nutzen.[10]

Beide Entwicklungen wurden in Pullach für die Ergründung der Stimmungslagen in der DDR handlungsleitend. Die im Verlaufe des Jahres 1954 unternommenen ersten Versuche, sich in erster Linie durch Auswertung der DDR-Presse ein Bild von den Problemlagen und Einstellungen der Bevölkerung zu machen, waren wenig erfolgreich. Die »Aktuelle Auswertung« stieß bei der CIA und westdeutschen Regierungsstellen kaum auf Interesse, lagen solche Unterrichtungen doch bereits von anderer Seite vor.[11]

Ein erneuter Anlauf unternahm die inzwischen zum Bundesnachrichtendienst aufgestiegene Organisation Gehlen im Frühjahr 1956. Ausschlaggebend dürfte hierfür einerseits das Drängen des amerikanischen Geheimdienstes auf eine eingehende Berichterstattung über die Stimmungslage gewesen sein, mehrten sich doch infolge des XX. Parteitages der KPdSU die Anzeichen für erneute

8 Bernd Stöver: Die Befreiung vom Kommunismus. Amerikanische Liberation Policy im Kalten Krieg. Köln u. a. 2002, bes. S. 180–270; Stefan Creuzberger: Im Kampf um die Einheit. Das Gesamtdeutsche Ministerium und die politische Kultur des Kalten Krieges 1949–1969. Düsseldorf 2008; Creuzberger; Hoffmann: Antikommunismus (Anm. 2).

9 Anonym [Gruppe Bohlen], Abteilung für psychologische Forschung und Gegenwirkung, 21.07.1969; BND-Archiv 1164, ohne Blattzählung.

10 CIA, Zipper Propaganda and Psychological Warfare [undatiert, 1953]. In: Forging an Intelligence Partnership. CIA and the Origins of the BND, 1949–56, hg. von Kevin C. Ruffner, 2006, Bd. II, S. 449–452; 801 an 88, Reaction of DDR Populace to American Food Distribution Program, 05.03.1954; BND-Archiv 1190, ohne Blattzählung; 124/D an 121, Prop-Flugblättersammlung in: SBZD, 01.03.1954; BND-Archiv 120008, Bl. 1000–1003.

11 Vgl. die Ausgaben der »Aktuellen Auswertung« in: BND-Archiv 10082, Teil 1. Das Bundeskanzleramt leitete diese Berichte an das BMG sowie das Bundespresse- und Informationsamt weiter, die sich an diesen aber nur mäßig interessiert zeigten. Staatssekretär Bundeskanzleramt an Auswärtiges Amt, BMG und Presse- und Informationsamt, 18.10.1954 sowie Bundesminister für gesamtdeutsche Fragen an Staatssekretär Bundeskanzleramt, 27.10.1954, Presse- und Informationsamt Bundesregierung an Staatssekretär Bundeskanzleramt, 22.11.1954, in: BArch B 136/3920, ohne Blattzählung.

Unruhen in Osteuropa.[12] Gleichzeitig bot sich angesichts der veränderten institutionellen Rahmenbedingungen für den Gehlen-Dienst die Möglichkeit, gegenüber der Bonner Regierung die eigenen Kompetenzen auf dem Gebiet der Propaganda und Gegenwirkung unter Beweis zu stellen.[13]

Die Lageberichte: Aufbau, Quellen und Autoren

Ab Juni 1956 legte der Bundesnachrichtendienst nunmehr vierteljährlich seine Berichte über die »Psychologische Lage [in der] SBZD« vor. Die Ausarbeitung fand zuletzt einen großen Leserkreis: Sie wurde in den 1960er-Jahren in einer Auflage von mehreren Hundert Exemplaren der Bundesregierung, dem Auswärtigen Amt, Gesamtdeutschen- und Verteidigungsministerium sowie der CIA zugestellt.[14] Obwohl die durchschnittlich etwa 35 Seiten starken Lageberichte primär ein Produkt der psychologischen Kriegsführungen waren, befriedigten sie auch die skizzierten partiellen Erkenntnisinteressen der politischen und militärischen Lageauswertung des BND.

Gewissermaßen als Kommentierung der politischen Lageberichte wurden einleitend Reaktionen der Bevölkerung auf das tagesaktuelle Geschehen dargestellt, wobei entsprechend der Fokussierung des Gehlen-Dienstes ein Schwerpunkt auf den deutschlandpolitischen Entwicklungen lag. Behandelt wurden dabei nicht nur die Vorgänge in der DDR. Einen oftmals ebenso breiten Raum nahm der Widerhall der westdeutschen Innen- und Außenpolitik östlich der Elbe ein. Daran schlossen sich im zweiten Teil Einschätzungen über die Stimmungslage in den einzelnen Bevölkerungsgruppen an. Ständige Untersuchungsfelder waren die Jugend – mitunter differenziert nach Arbeiterjugend und Studentenschaft –, Industriearbeiter, die so bezeichnete »Intelligenz« sowie die als »Landvolk« titulierte ländliche Bevölkerung. Als besondere Bereiche wurden ab 1957 die für die militärische Lagebeurteilung wichtige Stimmungslage innerhalb der NVA erörtert sowie unregelmäßig eine Beurteilung der Situation innerhalb des SED-Parteiapparates versucht.[15]

Bei der Untersuchung stand für den Bundesnachrichtendienst das Verhältnis dieser einzelnen Gruppen zum SED-Regime im Vordergrund. Im Falle der

12 807 an 375 und 125 W/Rü, DDR Unrest, Juni 1956; BND-Archiv 1396, ohne Blattzählung.

13 Inwiefern die Herausgabe der »Psychologischen Lageberichte« auf eine Anregung der Bundesregierung zurückzuführen ist, geht aus den Unterlagen nicht hervor.

14 Auswärtiges Amt an Bundesnachrichtendienst, Psychologische Lage SBZ, 08.12.1964; BND-Archiv 10082, Teil II, Blatt 48.

15 Die Behandlung der NVA erfolgte ab Ausgabe März 1957; BND-Archiv 120294, Bl. 428–442. Nach dem Mauerbau entfielen die einzelnen Unterkapitel; die beschriebenen Untersuchungsfelder blieben erhalten und wurden ereignisbezogen abgehandelt.

Staatspartei war hingegen die Beziehung zwischen Basis und Führung von besonderem Interesse. Dieser Ansatz zeigt, dass es weniger um eine umfassende Analyse der Binnenverhältnisse in der DDR ging. Vielmehr interessierte sich der BND für jene Stimmungen und Meinungen, die vor dem Hintergrund der Systemkonkurrenz eine Identifikation der DDR-Bevölkerung mit dem SED-Regime verhinderten oder beförderten. Die »Psychologischen Lageberichte« beschränkten sich dabei nicht nur auf die Beschreibung des Ist-Zustandes. Sie enthielten bis 1958 eigene Unterkapitel mit Empfehlungen für westliche Propagandamaßnahmen gegen die DDR. Späterhin wurden solche Passagen mehr oder weniger subtil als vermeintliche Wünsche aus der Bevölkerung den Lesern nahegebracht.[16] So kritisierte der Bundesnachrichtendienst beispielsweise 1966 in seinen Stimmungsberichten die Meinung von DDR-Bürgern zur Berichterstattung westdeutscher DDR-Magazine und schlug vor, die offiziellen DDR-Nachrichten in den westdeutschen Hauptnachrichtensendungen mit Aussagen eines »mitteldeutschen Gewährsmannes« zu kommentieren.[17]

Der Ruf des Gehlen-Dienstes als ein insbesondere in der DDR effizient und schlagkräftig operierender Nachrichtendienst dürfte die Glaubwürdigkeit solcher Aussagen für die meisten Leser im Westen nicht infrage gestellt haben. Der BND verfügte theoretisch mit seinen in der DDR lebenden V-Leuten, als westdeutsche Besucher getarnten Reise- und Transitquellen und nicht zuletzt durch die Befragung von Flüchtlingen und Reisenden sowie der Post- und Fernmeldeüberwachung über Möglichkeiten, auf breiter Grundlage Meinungen und Stimmungen aus allen Bereichen der DDR-Gesellschaft zu erheben.

Aus den Berichten lässt sich jedoch ein solch umfassendes Ausgangsmaterial kaum herauslesen. Bis zum Mauerbau im Jahr 1961 finden sich in den »Psychologischen Lageberichten« überhaupt keine Hinweise, dass für die Einschätzungen tatsächlich Personen befragt wurden. Verallgemeinernde und unspezifische Formulierungen wie »die Masse der Bevölkerung ist überzeugt«, »die Bevölkerung sieht« oder »teilweise wird damit gerechnet«, suggerieren zwar repräsentative Aussagen, für den Leser ist aber nicht nachvollziehbar, auf welcher Grundlage diese Einschätzungen beruhen. Ebenso fragwürdig erscheinen deshalb auch statistische Erhebungen, die beispielsweise den Grad der Gegnerschaft innerhalb der SED oder der Jugend quantifizieren.[18] Man kann unterstellen, dass solche globalen und nicht überprüfbaren Bewertungen auf das Geheimhaltungsbedürfnis eines Nachrichtendienstes zurückzuführen sind. Dagegen spricht, dass die Berichte nach dem Mauerbau verstärkt Zitate enthalten, die mitunter be-

16 Psychologische Lage SBZ, Oktober 1957, Januar 1958, April 1958; BND-Archiv 120294, Bl. 458–467, 495–506, 555–568.

17 Psychologische Lage SBZ, 3/1966, S. 16; BND-Archiv 7208, ohne Blattzählung.

18 Psychologische Lage SBZ, April 1958, S. 9 u. 12; BND-Archiv 120294, Bl. 563, 566.

stimmten sozialen Gruppen zugeschrieben werden.[19] Daraus lässt sich zumindest ein Bemühen erkennen, die Glaubwürdigkeit der Stimmungsberichte durch unmittelbare Meinungsäußerungen herauszustreichen. So finden sich beispielsweise ab 1962 Einlassungen westdeutscher Besucher oder Äußerungen von DDR-Bürgern diesen gegenüber, was darauf hindeutet, dass sich der BND stärker solcher Informanten bediente.[20]

Derartige Statements bleiben jedoch bei näherer Betrachtung fraglich. Die Beschwerden der Hausfrau aus Magdeburg über Versorgungsengpässe oder Einlassungen von SED-Funktionären, die Kritik an der Linie der Parteiführung äußerten, erscheinen ebenso plausibel wie schematisch. Nachvollziehbare konkrete Fallbeispiele sind selten zu finden, lassen doch die unspezifischen Orts- und Zeitangaben eine Überprüfung nicht zu. Ausnahmen bilden die Reaktionen auf einen Streik im Sachsenwerk Niedersedlitz 1959[21] und Proteste im Umfeld des Zwickauer Grubenunglücks 1960.[22] Gleichwohl waren diese Ereignisse und ihr Widerhall den Zeitgenossen bereits aus der Presse bekannt.[23]

Ähnlich verhält es sich mit der ausführlichen Darstellung von Protesten der Ostberliner Bevölkerung nach dem Mauerbau 1961, die ebenfalls in westlichen Tageszeitungen breit behandelt wurden.[24] Der offenbar weiterhin große Stellenwert der Presseauswertung für die »Psychologischen Lageberichte« zeigt sich augenfällig an einer Analyse der Stimmung an der SED-Parteibasis im Frühjahr 1959, die auf der Exegese eines Leitartikels der Parteizeitung *Neues Deutschland* beruhte.[25] Diese Beispiele und die allgemein pauschalisierenden und unkonkreten Ausführungen lassen vermuten, dass der BND bei Erstellung seiner Stimmungsberichte in starkem Maße die bereits 1954 begonnene Zeitungsauswertung fortsetzte.

Gleichwohl entbehrten die Berichte nicht völlig einer empirischen Grundlage. Aus internen Rechenschaftsberichten geht hervor, dass die mit der Berichtsabfassung betraute Dienststelle »teilweise von der Auswertung bzw. Beschaffung«

19 Psychologische Lage SBZ, September und Dezember 1961. Darunter befinden sich auch Einlassungen von SED-Funktionären, bspw. Psychologischer Lagebericht, April 1960; BND-Archiv 7206, ohne Blattzählung.

20 Bspw. Psychologische Lage SBZ, Juli 1962, Januar, April und Dezember 1965; BND-Archiv 7206 und 7208, ohne Blattzählung.

21 Psychologische Lage SBZ, Oktober 1959, S. 16 f.; BND-Archiv 120294, Bl. 779 f.

22 Psychologische Lage SBZ, April 1960, S. 9 f.; BND-Archiv 7206, ohne Blattzählung.

23 Exemplarisch: Pressemitteilungen und Informationen der SPD, Ausgabe 236/1959; Grubenunglück. Nun erst recht. In: Der Spiegel 11/1960, S. 25 f.

24 Psychologische Lage SBZ, September 1961; BND-Archiv 7207, S. 9.

25 Missstimmungen an der SED-Basis wurden aus einer Veröffentlichung der Parteizeitung *Neuen Deutschland* abgeleitet, welche die Erfolge der DDR-Delegation auf der Genfer Außenministerkonferenz 1959 erläuterte. Psychologische Lage SBZ, April 1959, S. 8; BND-Archiv 120294, Bl. 716.

Material zur Verfügung gestellt bekam.[26] Aus diesen Formulierungen lässt sich allerdings auch ableiten, dass die Autoren im Gegensatz zu den übrigen Aufklärungszweigen Politik, Militär und Wirtschaft keinen direkten Zugriff auf Informanten hatten, sondern auf Zuarbeiten dieser Abteilungen angewiesen waren.

Welchen Umfang diese Unterstützung hatte, lässt sich nur schwer ausmachen. Aussagen über den Anteil der Stimmungsberichte am Meldungsaufkommen des BND sind nicht möglich. Sie wurden in den internen Statistiken nicht erfasst, was als Beleg für ihre randständige Bedeutung gelten kann. Die im Nachgang des Volksaufstandes angeordnete Überwachung der Stimmungslage hatte bei der Informationsbeschaffung keine Priorität. Unmittelbar nach dem 17. Juni 1953 war die Organisation Gehlen nur schwer in der Lage, der CIA konkrete Angaben über Stimmungslagen zu übermitteln. Im Frühjahr 1954 forderte der amerikanische Geheimdienst Angaben über Reaktionen der DDR-Bevölkerung auf die amerikanische Pakethilfeaktion an.[27] Die Organisation Gehlen legte hierzu zwar einen Bericht vor, allerdings enthielt dieser nur die persönliche Einschätzung von Gehlen über den Sinn solcher Maßnahmen. Die geforderte empirische Untersuchung war nicht möglich, da – wie Gehlens Stellvertreter notierte – weder Material vorlag, noch ein »Ansatz«, das heißt eine Beauftragung der V-Leute in der DDR, möglich erschien.[28]

Dies lag zum einen an der fehlenden Bereitschaft der agentenführenden Einheiten, die Sicherheit ihrer Gewährsleute durch solche Zusatzaufgaben zu gefährden.[29] Zum anderen trug innerhalb des BND die Beibringung von Stimmungsberichten wenig zur Reputation der Dienststellen bei. Sie galten als Randerkenntnisse, die hinter der Beschaffung politischer, militärischer und wirtschaftlicher Informationen zurückstanden. Die von den einzelnen Abtei-

26 264 an 363, Sonderauftrag 264. Gutachten 316, 18.07.1958; BND-Archiv 4067, Teil 1, Bl. 398–404, hier 401; 375, Überblick über Arbeit und Planung der Abteilung für psychologische Forschung und Gegenwirkung im Jahre 1953, 20.02.1954; BND-Archiv 10082, Teil 2, ohne Blattzählung.

27 Nach dem Volksaufstand vom 17. Juni 1953 organisierte die amerikanische Regierung die Ausgabe von Lebensmittelpaketen für DDR-Bürger, die in Westberlin und den grenznahen Gebieten ausgegeben wurden. Die Maßnahme diente neben humanitärer Hilfe auch dem Zweck, das ohnehin kaum vorhandene Vertrauen der Bevölkerung in das SED-Regime durch solche Kampagnen weiter zu untergraben. Christian Ostermann: Die beste Chance für ein Roll back? Amerikanische Politik und der 17. Juni 1953. In: Christoph Kleßmann, Bernd Stöver (Hg.): 1953. Krisenjahr des Kalten Krieges in Europa. Köln u. a. 1999, S. 115–140.

28 801 an 88, Reaction of DDR Populace to American Food Distribution Program, 05.03.1954, BND-Archiv 1190, ohne Blattzählung; 88 an 801, Reaction of DDR Populaces to American Food Distribution Program. Memo No. 8920 from 5 Mar 54, 18.04.1954; BND 1190, ohne Blattzählung. Nach dem Mauerbau beschwerte sich die CIA, dass der Bundesnachrichtendienst zu wenig Informationen über die Stimmungslage in der DDR liefere. 20.–21.11.1961 Besprechungen bei 181 intern; BND-Archiv Nachlass 10, Bd. 8, ohne Blattzählung.

29 124/D an 121, Prop-Flugblättersammlung in SBZD, 01.03.1954; BND-Archiv 120008, Bl. 1000–1003.

lungen herausgegebenen Forderungskataloge, die in modifizierter Form als »Generalaufträge« an die agentenführenden Einheiten weitergegeben wurden, enthielten zwar auch die Beobachtung von Stimmungslagen, in welchem Umfang die Gewährsleute diese Zusatzinformationen tatsächlich lieferten, ist allerdings nicht zu quantifizieren.

Mit Blick auf die in der ersten Hälfte der 1950er-Jahre noch mehrere Hundert Gewährsleute umfassenden Netze in der DDR, könnte durchaus noch eine nennenswerte Anzahl solcher Meldungen in Pullach vorgelegen haben. Mit dem Abschmelzen der Quellennetze in der DDR und dem nahezu vollständigen Ausfall der V-Leute nach dem Mauerbau war dieser Informationskanal versiegt. Mit der Grenzschließung 1961 kam auch der Flüchtlingsstrom weitgehend zum Erliegen, sodass auch über den Umweg einer Befragung umfassende Erhebungen zunehmend schwieriger wurden.

Die von den V-Leuten des BND übermittelten Stimmungsberichte dürften zudem qualitativ für eine objektive Analyse der Stimmungslage nicht geeignet gewesen sein. Zum einen standen die Gewährsleute in der DDR dem SED-Regime ablehnend gegenüber und berichteten entsprechend voreingenommen.[30] Eine gefestigte antikommunistische Haltung konnte in Pullach als Beweis für politische Urteilsfähigkeit gelten und die Einschätzungen »westlich eingestellter« V-Leute über die Aussagen anderer Gewährsleute gestellt werden.[31] Die Reise- und Transitquellen, wie sie seit Beginn der 1960er-Jahre vermehrt in den Berichten aufscheinen, verfügten nur über beschränkte Einblicke in den DDR-Alltag. In ihrem Urteil waren sie auf Aussagen ihrer Gesprächspartner und eigene ausschnittartige Eindrücke angewiesen. Außerdem darf auch ihnen unterstellt werden, dass sich ihre Motivation zur Mitarbeit auf eine in der Regel ablehnende Einstellung der DDR gegenüber gründete.[32] Neben solchen individuellen Dispositionen wurde das Blickfeld der V-Leute durch den Auftrag eingeengt, ihr Augenmerk auf innere Unruhen, Streiks und subversive Gerüchte zu richten.[33]

30 Zu Motivlagen der V-Leute des Bundesnachrichtendienstes siehe Ronny Heidenreich, Daniela Münkel und Elke Stadelmann-Wenz: Geheimdienstkrieg in Deutschland. Die Konfrontation von DDR-Staatssicherheit und Organisation Gehlen 1953. Berlin 2016, S. 201–260.

31 Vgl. Bericht eines ehemaligen Majors, dessen Einlassungen als Stimmungsbericht weitergeleitet wurden. Abschrift Ostzonaler Stimmungsbericht nach den Wahlen vom 15.X.1950, S. 1–6; BND-Archiv 1429, ohne Blattzählung. Ein Hinweis auf das Fortbestehen solcher Wertigkeiten zeigen Verweise auf »urteilsfähige«, weil noch nicht von der DDR-Propaganda beeinflusste, Gewährsleute. Psychologische Lage SBZ, 3/1965, S. 1; BND-Archiv 7208, ohne Blattzählung.

32 Rekrutierung von Quellen der Aufklärung, undatiert (1967/68); BND-Archiv 3244, ohne Blattzählung.

33 124/D an 121, Prop-Flugblättersammlung in SBZD, 01.03.1954, Bl. 1000–1003; BND-Archiv 120008.

Ein ähnlich gelagertes Problem ergab sich bei der Befragung von Flüchtlingen und Überläufern. Diese hatten sich dem SED-Regime zwar aus verschiedenen Gründen entzogen. Sie waren aber während des Notaufnahmeverfahrens – in dessen Umfeld die Befragungen durch den Bundesnachrichtendienst erfolgten – gezwungen, zur Erreichung ihrer Anerkennung als politischer Flüchtling der eigenen Gegnerschaft Ausdruck zu verleihen. Das sich daraus ergebende Problem, ein objektives Bild der Stimmungslage zu generieren, wurde durchaus reflektiert. Bei der Erarbeitung zweier Einzelstudien wurden die Flüchtlinge nach Einstellungen und Meinungen ihres Umfeldes befragt, um einerseits die individuelle Disposition der Probanden auszuschalten und andererseits Aussagen über eine größere Bandbreite verschiedener sozialer Milieus zu erhalten.[34] Ein solches arbeits- und zeitintensives Verfahren dürfte für die periodische Berichterstattung nicht angewandt worden sein. Weder waren die Befragungsstellen des BND auf solche empirischen Erhebungen spezialisiert, noch hatte ähnlich wie in der DDR-Spionage die Ergründung von Stimmungslagen Priorität. Die Vernehmungen des Bundesnachrichtendienstes dienten in erster Linie der Erkenntnisgewinnung auf dem militärischen und wirtschaftlichen Gebiet.

Verstärkt wurde dieses einseitige Informationsaufkommen durch Erkenntnisse der technischen Aufklärung. Seit 1967 hatte der BND Zugang zu periodischen Lageeinschätzungen einiger SED-Kreis- und Bezirksleitungen aus den westlichen Grenzgebieten, die zahlreiche Hinweise auf abweichendes Verhalten in der Bevölkerung enthielten und damit die Aussagen der eigenen Informanten bestärkt haben dürften.[35] Inwiefern diese intern als höchst geheimhaltungsbedürftig eingestuften Berichte systematisch abgefangen und bei der Erstellung der psychologischen Lageberichte ausgewertet wurden, ist nicht schlüssig zu rekonstruieren. Die Berichte lassen zumindest nicht erkennen, dass dieses Material verarbeitet wurde.

Dem BND lagen für die Beurteilung der Stimmungslage in der DDR vorwiegend solche Meinungsäußerungen vor, die vor allem widerständige Einstellungen der Bevölkerung spiegelten. Zudem schöpfte der Bundesnachrichtendienst seine vorhandenen Zugangsmöglichkeiten für die Erarbeitung der »Psychologischen Lageberichte« nicht aus, was spätestens nach dem Mauerbau ein empirisch belastbares Bild verhinderte. Die Berichte waren damit eine mit den Erkenntnissen anderer Abteilungen abgestimmte Presseauswertung, die mit sporadisch anfallenden Meinungsäußerungen zu einem vermeintlichen Stimmungsbericht angereichert wurde.

34 Meinung und Stimmung in der SBZ. Großwetterlage, Teil A; BND-Archiv 7363, ohne Blattzählung; 125/P an 363/IV, Aufzeichnung über die Ergebnisse einer Befragungsaktion zur Meinungs- und Stimmungsforschung in der SBZ, 13.08.1959; BND-Archiv 10410, Bl. 74–85.

35 Dabei handelte es sich um das Richtfunknetz der SED. Armin Müller: Wellenkrieg. Agentenfunk und Funkaufklärung des Bundesnachrichtendienstes 1945–1968. Berlin 2017, S. 263 f.

Aus den Unterlagen der mit der Berichtsabfassung betrauten Dienststelle »Psychologische Gegenwirkung und Propaganda« ist nicht ersichtlich, dass die unzureichende Quellengrundlage für die Autoren ein Problem darstellte. Die kleine, erst 1952 eingerichtete Dienststelle sah ihre Aufgabe in der »Vorbereitung einer psychologischen Kriegsführung in der SBZD« und der »Immunisierung« der westlichen Öffentlichkeit gegen die Gefahren des Kommunismus.[36] Hierzu unterhielt die Dienststelle ein Netzwerk nationaler und internationaler Kooperationspartner und versuchte, mit eigenen Veröffentlichungen gezielt Einfluss auf die öffentliche Meinung im Westen zu nehmen.[37] Die zuletzt in großer Stückzahl verbreiteten Stimmungsberichte müssen als Teil dieser Bemühungen verstanden werden, waren sie doch geeignet, den Lesern einen vermeintlich unmittelbaren Einblick in die Zustände östlich des Eisernen Vorhangs zu geben. Es lag daher im Interesse der Autoren, sich bei der Analyse auf jene Entwicklungen zu konzentrieren, die als Beleg für die andauernde Illegitimität der DDR herangezogen werden konnten. Die skizzierten methodischen Probleme wurden in der Selbstwahrnehmung der Autoren von der Überzeugung überlagert, jenseits empirischer Ergebnisse durch die Beschäftigung mit »der bolschewistischen Ideologie« über ein ausreichend theoretisches Fundament zu verfügen, um die »psychopolitische Verfassung der Menschen auf der gegnerischen Seite« zu verstehen.[38]

Die Abfassung der »Psychologischen Lageberichte« fiel innerhalb der Dienststelle »Gegenwirkung und Propaganda« in die Zuständigkeit der DDR-Abteilung, die zu Beginn der 1960er-Jahre aus nur einem Referenten bestand. Zu dessen Aufgabengebiet gehörte neben der Materialauswertung und Erarbeitung der vierteljährlichen Stimmungsberichte die Abstimmung von Propagandamaßnahmen gegen die NVA und die Grenztruppen mit dem Bundesverteidigungsministerium.[39] Zur Bewältigung dieser Aufgaben wurde die Dienststelle um 1960 mit einem Hilfsreferenten sowie einer Sekretärin verstärkt.[40] Mit einer solch dünnen Personaldecke konnte eine umfassende und tiefgreifende Ana-

36 Stichworte für den Kurzvortrag am 15.4.1958, anonym, vermutlich Leiter 316; BND-Archiv 4046, Bl. 374–377. Zur Abteilung Psychologische Gegenwirkung Jost Dülffer: Geheimdienst in der Krise. Der BND in den 1960er Jahren. Berlin 2018.

37 Die bekannteste Initiative dieser Dienststelle war die Gründung und Finanzierung der Vereinigung Interdok. Neben der Netzwerkpflege wurden 1969 12 laufende Zeitschriften und Buchreihen herausgegeben. (Gruppe Bohlen), Abteilung für psychologische Forschung und Gegenwirkung, 21.07.1969; BND-Archiv 1164, ohne Blattzählung; Tätigkeitsdarstellung der Unterabteilung III F, undatiert (1969); BND-Archiv P 208, Teil II, ohne Blattzählung.

38 DN Krebs an DN Kunze, 21.05.1969, S. 1–5, hier 4; BND-Archiv 1164, ohne Blattzählung.

39 316 an 764, Y-Personal, 16.08.1960; BND-Archiv P 222, ohne Blattzählung.

40 Organigramm der Dienststelle 316, 18.07.1958; BND-Archiv 4067, Teil 1, Bl. 404; Stellenplan Dienststelle 316, 25.05.1959; BND-Archiv 42600, ohne Blattzählung; Tätigkeitsdarstellung der Unterabteilung III F, undatiert [1969]; BND-Archiv P 208, Teil II, ohne Blattzählung.

lyse des geheimen und offenen Meldungsmaterials nur schwerlich geleistet werden. Referatsleiter war seit Erscheinen der »Psychologischen Lageberichte« Hans Joachim Ruoff, der nach dem Ende des »Dritten Reiches« im Range eines Standartenführers auf eine Karriere in verschiedenen Führungspositionen der Waffen-SS zurückblicken konnte. Er trat nach Kriegsende zunächst als Publizist unter anderem in den »Mitteilungen der Gesellschaft für Wehrkunde« in Erscheinung und gehörte zu den Mitbegründern der rechtsradikalen *Deutschen National-Zeitung*.[41] Zugleich engagierte sich Ruoff in den Veteranenverbänden der Waffen-SS.[42] Er galt als »ausgezeichneter Mitarbeiter«[43], der über eine »hervorragende Kenntnis auf seinem Arbeitsgebiet«[44] verfügt haben soll. Auf welche fachlichen Qualifikationen diese Einschätzungen zurückzuführen sind, lassen die dienstlichen Beurteilungen Ruoffs offen. Einzig seine »gute Formulierungsgabe«[45] wird hervorgehoben, die ihn in den Augen seiner Vorgesetzten befähigte, das in seiner Dienststelle anfallende Material »selbstständig und verantwortlich [...] für den psychologischen Kampf gegen das SBZ-Regime [umzuarbeiten, R.H.]«.[46] Es dürfte eben diese schriftstellerische Begabung, verbunden mit einem durch seinen Lebenslauf untermauerten strengen Antikommunismus gewesen sein, die ihn für die Abfassung der »Psychologischen Lageberichte« befähigten. Ruoff schied 1966 freiwillig aus dem Bundesnachrichtendienst aus, nachdem sich Anhaltspunkte für eine Beteiligung an Kriegsverbrechen verdichteten.[47]

Angeworben wurde Ruoff vom Leiter der Dienststelle »Psychologische Gegenwirkung«, Hermann Foertsch.[48] Der ehemalige Wehrmachtsgeneral war bereits seit den 1920er-Jahren publizistisch tätig und spielte im rechtskonservativen Milieu der jungen Bundesrepublik nicht nur in der Debatte um die Wiederbewaffnung eine tragende Rolle. Seine Reputation und die Rekrutierung weiterer einflussreicher Publizisten vom Schlage Ruoffs boten aus Sicht des Bundesnachrichtendienstes die Möglichkeit, der eigenen psychologischen Kriegführung in Westdeutschland Gehör zu verschaffen.

41 Vgl. dazu Jürgen Bevers: Der Mann hinter Adenauer. Hans Globkes Aufstieg vom NS-Juristen zur Grauen Eminenz der Bonner Republik. Berlin 2009, S. 123.

42 Chief of Mission Frankfurt/Main an Chief EE, Transmittal of reports concerning HIAG, 21.07.1954, File Hans Joachim Ruoff, www.foia.cia.gov. (Zugriff am 1.11.2014).

43 316 pers. an 160, 17.03.1959; BND-Archiv P 222, ohne Blattzählung.

44 Leistungsblatt, MA Ruedt, 27.09.1960; ebenda, ohne Blattzählung.

45 Zeugnisentwurf, undatiert (1966); ebenda, ohne Blattzählung sowie Leistungsblatt, MA Ruedt, 27.09.1960; ebenda, ohne Blattzählung.

46 Vorschlag Übernahme in das X-Personal, 25.09.1962; ebenda, ohne Blattzählung.

47 85, Vermerk V-23405, 27.01.1966 sowie 106/III, Vermerk, 14.02.1966; VASI V-23405, Bl. 131–133, 151.

48 Fragebogen Ruoff, 18.06.1963; VASI, Bl. 27.

Rezeption der Stimmungsberichte

Gleichwohl hatte der Bundesnachrichtendienst kein Informationsmonopol. Die »Psychologischen Lageberichte« konkurrierten mit ähnlichen Unterrichtungen durch das Gesamtdeutsche Ministerium (BMG), den Verfassungsschutz und nicht zuletzt von unabhängigen Meinungsforschungsinstituten wie Infratest. Das Münchner Meinungsforschungsinstitut publizierte beispielsweise 1958/1959 eine Reihe von auf Flüchtlingsbefragungen basierenden Untersuchungen, die zu dem Schluss kamen, dass trotz der politischen Verhältnisse eine Verbesserung der materiellen Lage mittelfristig zu einer inneren Konsolidierung der DDR führen könne.[49] Auf Anforderung des über diese Ergebnisse verstimmten Bundeskanzleramtes widersprach der BND mit einer Gegenstudie, die nachwies, dass die nahezu vollständige Ablehnung des SED-Regimes eine solche Entwicklung verhindere.[50] Ausschlaggebend für diese Einschätzung waren allerdings weniger die unterschiedlichen Aussagen der Befragten, als vielmehr die im BND vorhandenen »notwendigen Grundkenntnisse vom Wesen eines kommunistisch-totalitären Systems«, die nach Ansicht der Pullacher Zentrale den »westdeutsche(n) Psychologen und Soziologen« für eine zutreffende Analyse fehlen.[51] Die hier zutage tretende ungebrochene Gewissheit, unabhängig von empirischen Befunden genau über die Stimmungslage informiert zu sein, spiegelt sich auch an anderer Stelle. Der Bundesnachrichtendienst gab in einer der ersten Ausgaben seiner »Psychologischen Lageberichte« den Lesern zu verstehen, das Stimmungsbild ließe sich durch »indirekte Schlussfolgerungen [...], die sich aus den Aktionen der Machthaber ziehen lassen«, ergründen, ohne dass hierfür eingestandenermaßen ein Kontakt zur Bevölkerung überhaupt notwendig sei.[52]

49 Zur Rezeption dieser Studien siehe Die Birne. In: Der Spiegel 21/1959, S. 14 f. Als der Flüchtlingsstrom aufgrund des Mauerbaus nahezu versiegte, führte Infratest Stellvertreterbefragungen von besuchsweise in die DDR gereisten Westberlinern und Bundesbürgern durch. Vgl. dazu den Beitrag von Jens Gieseke in diesem Band.

50 125/P an 363/IV, Aufzeichnung über die Ergebnisse einer Befragungsaktion zur Meinungs- und Stimmungsforschung in der SBZ, 13.08.1959; BND-Archiv 10410, Bl. 74–85. Im psychologischen Lagebericht Oktober 1959 wird die dort formulierte Einschätzung wiederholt. Psychologische Lage SBZ, Oktober 1959, S. 11. Das Kanzleramt forderte auf Anweisung des Bundeskanzlers nicht nur den BND, sondern auch das BMG, das die Studie in Auftrag gegeben hatte, zu einer Stellungnahme auf. Staatssekretär BMG, Thedieck, an Staatssekretär Bundeskanzleramt, Globke, 05.03.1959; Notiz Dem Herrn Bundeskanzler vorzulegen, 11.03.1959, beide in: BArch B 136/3924, ohne Blattzählung.

51 125/P an 363/IV, Aufzeichnung über die Ergebnisse einer Befragungsaktion zur Meinungs- und Stimmungsforschung in der SBZ, 13.08.1959; BND-Archiv 10410, Bl. 74–85.

52 Psychologische Lage SBZ, Juni 1956, S. 1; BND-Archiv 120294, Bl. 405; L 375 an 70, 14.02.1958; ebenda, Bl. 510.

Die am Beispiel der kontrovers beurteilten Flüchtlingsbefragung aufscheinende Übereinstimmung der Auffassungen der Regierungsspitze und des Bundesnachrichtendienstes deutet darauf hin, dass der in den Lageberichten herausgestrichene Gegensatz zwischen dem SED-Regime und der in Unfreiheit lebenden Bevölkerung, für welche allein die »Bundesrepublik Fliehburg der Hoffnungen und Wünsche«[53] sei, eine auf gemeinsamen Überzeugungen beruhende und aus taktischen Erwägungen heraus gewollte Bestätigung der Grundpfeiler der von Konrad Adenauer vertretenen Alleinvertretungs- und Nichtanerkennungspolitik war. So beharrte der BND darauf, dass es in der DDR-Bevölkerung – abgesehen von einer marginalen Gruppe überzeugter Kommunisten und Opportunisten – keinerlei Identifikation mit dem ostdeutschen Teilstaat gebe. Politischer Bezugspunkt der Ostdeutschen sei allein die Bundesregierung und insbesondere Adenauer, dessen Verehrung in der DDR mitunter »mythische Züge« zeige, wie man das Kanzleramt wissen ließ.[54]

Vor diesem Hintergrund ist zu erklären, weshalb, den Stimmungsberichten des Bundesnachrichtendienstes zufolge, alle Bemühungen um deutsch-deutsche Annäherungen in der DDR auf einhellige Ablehnung stießen. So hätten die Kontakte zwischen der FDP mit ihrer östlichen Schwesterpartei LDPD 1956 »allgemeine Bestürzung und das Gefühl hervor[gerufen], dass man der Bevölkerung von Westdeutschland aus in den Rücken falle«[55], die Kündigung des Interzonenhandelsabkommens 1960 sei begrüßt, die Wiederaufnahme hingegen abgelehnt worden. Besonders drastisch schilderte der BND die Auswirkungen der Diskussionen um die Gewährung eines Kredites an die DDR 1962, der den »Psychologischen Lageberichten« nach in »allen Alters- und Berufsschichten« als Verrat angesehen werde. Die Entscheidungsträger in Bonn machte der BND auf die fatalen Folgen aufmerksam: Für den Fall einer westdeutschen Zusage zeichnet sich sogar die gefährlichste Möglichkeit ab, dass Teile der gegen das System eingestellten jugendlichen Intelligenz sich aus Enttäuschung und Verbitterung in eine Hasspsychose gegen die Bundesrepublik hineinsteigern und zur aktiven Mitarbeit in der Partei eintreten.[56]

Nicht minder deutlich musste sich die SPD vier Jahre später während des geplanten Redneraustausches mit der SED angeblich von DDR-Bürgern »politische Naivität« vorwerfen lassen.[57] Ähnlich fielen die Urteile über eine Annäherung zwischen den USA und der Sowjetunion auf internationaler Bühne aus: Dem einflussreichen amerikanischen Publizisten Walter Lippman, der Ende

53 Psychologische Lage SBZ, September 1956, S. 1; BND-Archiv 120294, Bl. 487..

54 Psychologische Lage SBZ, Oktober 1957, S. 2; ebenda, Bl. 459.

55 Psychologische Lage SBZ, Oktober 1957, S. 2; ebenda.

56 Psychologische Lage SBZ, Juli 1962, S. 11–17; BND-Archiv 7206, ohne Blattzählung.

57 »Kein denkender Mensch in der Zone habe sich je über Aussichten und Folgen des ursprünglich geplanten Redneraustausches Illusionen gemacht.« Psychologische Lage SBZ, Oktober 1966, S. 6; BND-Archiv 7208, ohne Blattzählung.

November 1961 in einer westdeutschen Tageszeitung konstatierte, die »Fiktion der Wiedervereinigung« sei gescheitert und müsse nun durch »eine praktikable deutsche Politik« im Sinne einer Verständigung zwischen Ost und West abgelöst werden, widersprach der BND mit angeblichen Äußerungen von Studenten, die Lippmann Unkenntnis der Verhältnisse unterstellen. An die Adresse aller anderen Befürworter einer Annäherung gerichtet, warnte der BND davor, dass der Westen ein nur unzureichendes Bild von den Zuständen in der DDR habe.[58] Die strikte Ablehnung einer neuen Ostpolitik lässt sich auch noch vier Jahre später beobachten. 1965 hieß es: »Die Bevölkerung fürchtet vor allem, die ›Entspannungspolitik‹, der sich besonders die Amerikaner und Engländer verschrieben haben«, die allein der Sowjetunion zugutekommen und die »Versklavung und Rechtlosigkeit« der DDR-Bevölkerung zementieren würde.[59]

Der Bundesnachrichtendienst nutzte die Stimmungsberichte, um die Regierungspolitik gegenüber der DDR zu stärken oder aber zu kritisieren und erhob sich damit zum Akteur, der gezielt eigene Positionen den politischen Entscheidungsträgern nahezubringen versuchte. Er machte damit aber die Glaubwürdigkeit seiner Ausarbeitungen von politischen Konjunkturen abhängig. Dies zeigt sich augenfällig an den Diskussionen über die »Psychologischen Lageberichte« innerhalb des Gesamtdeutschen Ministeriums, das mit eigenen Ressourcen die Stimmungslage in der DDR verfolgte. Erste Anzeichen für ein Misstrauen gegenüber den Pullacher Verlautbarungen lassen sich wenige Monate nach dem Mauerbau feststellen. Die in den BND-Lageberichten geschilderte dramatische und verzweifelte Reaktion der DDR-Bevölkerung auf die Grenzschließung entsprach durchaus dem Erwartungshorizont westlicher Beobachter. Gleichwohl irritierte einen Sachbearbeiter die Totalität dieser Einschätzungen:

> Zweifellos handelt es sich um einen höchst erregenden Bericht. Der Unterzeichner ist sich lediglich über die relativ entscheidende Frage nicht im Klaren, wie viel von diesem Bericht wirklich Nachricht wiedergibt – dann höchst wertvoll ist! – und wie viel von diesem Bericht, wie zu befürchten steht, lediglich Einfühlung in die Lage der Zonenbevölkerung, gesehen von München-Pullach her, ist – und dann relativ wenig belangvoll erscheinen mag![60]

Solche Vorbehalte verstärkten sich mit der Ernennung von Erich Mende zum Minister für gesamtdeutsche Fragen im Oktober 1963, der eine vorsichtige Neujustierung der deutsch-deutschen Beziehungen anstrebte. Innerhalb des Ministeriums brachen Flügelkämpfe zwischen den Reformern und jenen Mitar-

58 Psychologische Lage SBZ, Ende Dezember 1961, S. 15 f.; BND-Archiv 7206, ohne Blattzählung.

59 Psychologische Lage SBZ, 1/1965, S. 11; BND-Archiv 7208, ohne Blattzählung.

60 I 2–3640, Vermerk Bericht des Bundesnachrichtendienstes über die psychologische Lage in der Zone nach dem Stande von Ende September 1961, 03.11.1961; BArch B 137/3687, ohne Blattzählung.

beitern aus, die ähnlich wie in Pullach an den Prämissen der Adenauerschen Deutschlandpolitik festzuhalten versuchten.[61] Der Widerspruch zwischen den BND-Unterrichtungen und hauseigenen Untersuchungen der Stimmungslagen trat immer deutlicher zutage. Während das Gesamtdeutsche Ministerium Anzeichen für eine Verbesserung der politischen, sozialen und wirtschaftlichen Verhältnisse feststelle, die auch die Einstellung der Bevölkerung zum SED-Regime verändere und auf eine Konsolidierung der Gesellschaft hinausliefe, konstatierte der BND, in »Mitteldeutschland« herrsche nicht nur die schlimmste Diktatur innerhalb des gesamten europäischen Ostblocks[62], sondern auch die grundsätzliche Abwehrhaltung der Bevölkerung gegenüber dem SED-Regime dauere fort. Es sei »rätselhaft«, so ein Mitarbeiter des BMG nach Lektüre »[...] wie die Zone mit einer so negativ gestimmten Bevölkerung« die unbestreitbaren Fortschritte habe erreichen können.[63]

Bei der sich entspinnenden Diskussion um die BND-Ausarbeitungen waren sich alle Beteiligten darüber einig, dass die Unterrichtungen aus Pullach tendenziös waren. Gestritten wurde über die Frage, ob an der bisherigen Praxis festzuhalten sei, oder ob es angesichts der veränderten politischen Rahmenbedingungen noch zulässig sei, »die Empfänger dieser Berichte in [eine] ganz bestimmte Richtung zu informieren«[64], die ein Referent »am rechten Flügel der CDU« verortete.[65] Der Konflikt blieb zunächst ungelöst: Jene Kreise, die an der bisherigen Politik gegenüber der DDR festhalten wollten, befürworteten diesen Vorschlag.[66] Andere Referate sahen in den Stimmungsberichten aus Pullach eine »gefährliche«[67] politische Einflussnahme, die zugunsten einer »absolut[en] Objektivität und Sachlichkeit« eingestellt werden sollte.[68]

In dem Maße, in dem in anderen Ressorts unverstellte Blicke auf die DDR gefordert wurden, verloren die Stimmungsberichte des BND auch dort an Überzeugungskraft. Das Auswärtige Amt, das die »Psychologischen Lageberichte« seit 1957 an alle Auslands- und Militärmissionen verteilte, vertraute den Pulla-

61 Creuzberger: Kampf um die Einheit (Anm. 8) , S. 93–96, 347–381.

62 »In keinem anderen Land der östlichen Hälfte des europäischen Kontinents sind die Zwangsmaßnahmen in ihrer Gesamtheit so hart, unerbittlich und rücksichtslos wie in Mitteldeutschland.« Der Stand der Bolschewisierung in der SBZ im Vergleich mit dem Stand in den europäischen Satellitenstaaten der Sowjetunion (Stand: Ende Mai 1963), hier S. 73; BND-Archiv 10889, ohne Blattzählung.

63 BMG UAL I B an Abteilungsleiter I, Bericht über die Psychologische Lage in der SBZ, 28.08.1963; BArch B 137/3687, ohne Blattzählung.

64 Notiz BMG Referat I 6 an Referat I 2, 07.12.1963; ebenda, ohne Blattzählung.

65 BMG Referat I 6–9098 an UAL I, Die psychologische Lage in der SBZ, 19.11.1963; ebenda, ohne Blattzählung.

66 Creuzberger: Kampf um die Einheit (Anm. 8), S. 95–97, 353–355.

67 BMG Referat I 8 an Referat I 2, Vierteljahresberichte des BND, 12.02.1964; BArch B 137/3687, ohne Blattzählung.

68 Notiz BMG Referat I 6 an Referat I 2, 07.12.1963; ebenda, ohne Blattzählung.

cher Einschätzungen zwar weiterhin, bemühte sich aber Mitte der 1960er-Jahre um flankierende Stimmungsberichte des Gesamtdeutschen Ministeriums und privater Meinungsforschungsinstitute. Zugleich wurde der BND angehalten, »gründliche [und] abgewogene Darstellungen über die Situation in der Zone« vorzulegen.[69]

Inwiefern der Bundesnachrichtendienst in den letzten beiden Jahren der Amtszeit Gehlens diesem neuen Informationsbedürfnis durch eine differenzierte Berichterstattung Rechnung trug, lässt sich nicht abschließend beurteilen. Die Jahrgänge 1967 und 1968 der Stimmungsberichte sind im BND-Archiv nicht greifbar. Die Auflösung der Dienststelle »Psychologische Gegenwirkung«[70] und das letzte bekannte Erscheinen der »Psychologischen Lageberichte« im August 1969 deuten darauf hin, dass sie nach dem Ende der Ära Gehlen auch im BND nicht mehr zeitgemäß erschienen.[71]

Schlussbemerkungen

Die Einschätzungen des Bundesnachrichtendienstes sind kaum als verlässliche Quelle für Stimmungslagen in der DDR anzusehen. Weder lag es im Interesse des BND, objektive und transparente Analysen vorzulegen, noch waren die Schwerpunktsetzungen und Methoden der Nachrichtenbeschaffung geeignet, hierfür hinreichendes Material zu erheben. Dass der BND dennoch als Stimmungsberichte qualifizierte Ausarbeitungen vorlegte, war dem Bestreben geschuldet, eigene Sichtweisen und Vorstellungen über die DDR westlich des Eisernen Vorhanges zu implementieren. Die Untersuchung der Stimmungslagen war zudem durch einen insbesondere in der mit der Berichtsabfassung betrauten Dienststelle »Psychologische Gegenwirkung« institutionalisierten Antikommunismus bestimmt. Aus den »Psychologischen Lageberichten« lässt sich damit viel über die Einstellungen und Weltbilder der Pullacher Autoren herauslesen, weniger jedoch über das, was die DDR-Bevölkerung tatsächlich dachte und meinte. Gleichwohl entbehren die tendenziösen und ideologisch überformten Einschätzungen des Bundesnachrichtendienstes im Kern nicht einer historischen Wahrheit. Die beständige Wiederholung, das SED-Regime werde von weiten Teilen der DDR-Bevölkerung als unrechtmäßig angesehen, ist sicher nicht zu bestreiten. Entscheidend ist jedoch, dass diese Einschätzungen des BND weniger auf

69 Anonym (AA), Innere Entwicklung in der Zone, 14.01.1965; BND-Archiv 15886, ohne Blattzählung.

70 BND an Chef Bundeskanzleramt, Leitender Regierungsdirektor R. G., 27.07.1970; BND-Archiv P 208, Teil I, ohne Blattzählung.

71 Im August 1969 lag der Nachrichtendienstlichen Führungsorientierung, welcher die »Psychologischen Lageberichte« beigefügt waren, die letzte bekannte Ausgabe bei. BArch B 206/921, ohne Blattzählung.

eine gesicherte empirische Informationsgrundlage, als vielmehr auf Überzeugungen der Autoren zurückzuführen sind. Insofern ist dem bereits zitierten Sachbearbeiter des Gesamtdeutschen Ministeriums beizupflichten, dass man in Pullach durchaus in der Lage war, sich in die »Lage der Zonenbevölkerung« einzufühlen.[72]

72 I 2–3640, Vermerk Bericht des Bundesnachrichtendienstes über die psychologische Lage in der Zone nach dem Stande von Ende September 1961, 03.11.1961; BArch B 137/3687,

Elke Stadelmann-Wenz

»Erste Anzeichen von Widerstand«. Die DDR-Bevölkerung in der Berichterstattung des Bundesamtes für Verfassungsschutz nach dem Volksaufstand im Juni 1953 und dem Mauerbau im August 1961

In seinem Junibericht 1953 beschrieb das Bundesamt für Verfassungsschutz (BfV) die Protestzüge in Ostberlin vom 16. Juni gegen die wenige Wochen zuvor vom SED-Regime verhängten Erhöhungen der Arbeitsnormen als »erste Anzeichen von Widerstand«, die sich einen Tag später zum DDR-weiten Volksaufstand ausgeweitet und das SED-Regime zutiefst erschüttert hätten.[1] Dagegen bezeichneten die Kölner Verfassungsschützer die Stimmung in der DDR-Bevölkerung im August 1961 als hoffnungslos und bedrückt. Nur vereinzelt seien passive Formen widerständigen Verhaltens gegen die Grenzabriegelung zu beobachten.[2]

Der folgende Beitrag untersucht die offizielle Berichterstattung des BfV zum Aufstand im Juni 1953 und zum Mauerbau im August 1961 im Hinblick darauf, ob und wie der bundesdeutsche Verfassungsschutz die Bevölkerung in der DDR als Akteur wahrgenommen und in seinen offiziellen Informationen dargestellt hat. Vor dem Hintergrund eines überwiegend antikommunistisch geprägten Sicherheitsdiskurses in der frühen Bundesrepublik und der durch die US-Regierung unter Eisenhower propagierten *liberation policy* gegenüber den sowjetischen Satellitenstaaten in Europa ist die Annahme berechtigt, dass für einen bundesdeutschen Nachrichtendienst Informationen über Stimmungslagen in der DDR-Bevölkerung von besonderer Bedeutung waren. Immerhin lautete das erklärte Ziel dieser »Befreiungspolitik« in Bezug auf die DDR, einen

1 Vgl. Informationen, 30.6.1953. In: BA, B 443/571, Bl. 1015–1061, Zitat 1053.
2 Vgl. Lagebericht, 31.8.1961. In: BA, B 443/532, Bl. 210–230.

Keil zwischen SED-Regime und Bevölkerung zu treiben und so die politischen Machtverhältnisse nachhaltig zu destabilisieren.[3]

Der 17. Juni 1953 und der 13. August 1961 sind die markantesten Zäsuren der deutsch-deutschen Parallelgeschichte vor 1989 und damit auch wichtige Eckdaten der Ost-West-Konfrontation im Kalten Krieg. Die Metapher vom »doppelten Trauma« des 17. Juni 1953 charakterisiert treffend die Konsequenzen aus dem Volksaufstand für die DDR-Machthaber, die Regimegegner wie auch für die gesamte Bevölkerung, die bis zum Ende der DDR nachwirkten.[4] Die Volkserhebung hatte unter anderem dazu beigetragen, dass das Ministerium für Staatssicherheit noch im Juni 1953 eine regelmäßige Berichterstattung über die Stimmung in der Bevölkerung veranlasste. Die entsprechenden Berichte wurden bis zum Ende der DDR zur Information der Partei- und Staatsführung verfasst.[5] Für die alte Bundesrepublik war der 17. Juni politisch und gesellschaftlich ein Symbol für die Hoffnung auf Überwindung der deutschen Teilung. Dagegen zementierte die Abriegelung der Sektorengrenze zwischen Ost- und Westberlin am 13. August 1961 im wahrsten Sinne des Wortes die Teilung Deutschlands. Die SED-Führung demonstrierte mit der Grenzsperrung ihre scheinbar unbegrenzte Machtfülle. Gleichzeitig war der Mauerbau auch die Bankrotterklärung des Regimes, das nur so die Fluchtbewegung seiner Bevölkerung Richtung Westen stoppen konnte. Die Mauer in Berlin wurde zum Symbol des geteilten Deutschlands und der Unfreiheit der Menschen in der DDR.[6]

3 Vgl. dazu den Beitrag von Ronny Heidenreich in diesem Band. Siehe auch Stefan Creuzberger: Kampf für die Einheit. Das gesamtdeutsche Ministerium und die politische Kultur des Kalten Krieges 1949–1969. Düsseldorf 2008, S. 136–141; Stefan Creuzberger: Kampf gegen den inneren Feind. Das gesamtdeutsche Ministerium und der staatlich gelenkte Antikommunismus in der Bundesrepublik Deutschland. In: Stefan Creuzberger, Dierk Hoffmann (Hg.): »Geistige Gefahr« und »Immunisierung der Gesellschaft«. Antikommunismus und politische Kultur in der frühen Bundesrepublik. München 2014, S. 87–104 sowie den zusammenfassenden Beitrag von Hermann Wentker: Antikommunismus in der frühen Bonner Republik. Dimensionen eines zentralen Elements politischer Kultur im Ost-West-Konflikt. In: ebenda, S. 355–369; Bernd Stöver: Der Westen und die Aufstände im Osten. Formen der Einflussnahme und Reaktionsmuster im Vergleich. In: Henrik Bispinck u. a. (Hg.): Aufstände im Ostblock. Zur Krisengeschichte des realen Sozialismus. Berlin 2004, S. 257–274; Bernd Stöver: Die Befreiung vom Kommunismus. Amerikanische Liberation Policy im Kalten Krieg 1947–1991. Köln, Weimar, Wien 2002; ebenso die Beiträge in Christoph Kleßmann, Bernd Stöver (Hg.): 1953 – Krisenjahr des Kalten Krieges. Köln, Weimar, Wien 1999.

4 Vgl. u. a. die Beiträge von Roger Engelmann und Bernd Eisenfeld in: Roger Engelmann, Ilko-Sascha Kowalczuk (Hg.): Volkserhebung gegen den SED-Staat. Eine Bestandsaufnahme zum 17. Juni 1953. Göttingen 2005, S. 235–250, 349–377.

5 Vgl. die von Daniela Münkel herausgegebene Reihe: Die DDR im Blick der Stasi. Die geheimen Berichte an die SED-Führung 1953–1989. Göttingen 2009 ff.

6 Vgl. dazu u. a. die Beiträge in Klaus-Dietmar Henke (Hg.): Die Mauer. Errichtung, Überwindung, Erinnerung. München 2011; für beide Zäsuren die Beiträge in Torsten Diedrich, Ilko-Sascha Kowalczuk (Hg.): Staatsgründung auf Raten? Zu den Auswirkungen des Volksaufstandes 1953 und des Mauerbaus 1961 auf Staat, Militär und Gesellschaft in der DDR. Berlin 2005.

Die Untersuchung stützt sich auf die monatliche Berichterstattung des Bundesamtes für Verfassungsschutz und zieht überwiegend jene Berichte heran, die unmittelbar nach dem 17. Juni 1953 bzw. nach dem 13. August 1961 verfasst wurden.[7] Bestimmungszweck dieses seit 1951 regelmäßigen und offiziellen Berichtswesens war die Vermittlung von Informationen zur inneren Sicherheit der Bundesrepublik an einen ausgewählten Empfängerkreis. Die Monatsberichte des BfV waren bislang nur in begrenztem Umfang Gegenstand einer geschichts- bzw. politikwissenschaftlichen Betrachtung. Dabei ging es vorrangig um den Umgang und die Sicht des Verfassungsschutzes mit bzw. auf rechts- bzw. linksextreme Gruppierungen in der Bundesrepublik seit den 1970er-Jahren.[8] Die Wahrnehmung der DDR bzw. der ostdeutschen Bevölkerung in den Verfassungsschutzberichten wurde dagegen noch nicht thematisiert. Ebenso wurde die Berichterstattung des Verfassungsschutzes in den 1950er-Jahren bislang nicht untersucht.

Die Berichte des BfV – Aufbau, Themenschwerpunkte, Verteiler

Die offizielle Berichterstattung bildet den sich schnell vergrößernden Themenkanon ab, mit dem sich das Bundesamt in den ersten zehn Jahren seines Bestehens beschäftigte. Die Berichte spiegeln die sich wandelnde Gefahrenwahrnehmung im Hinblick auf Informationen aus der DDR wider. Während zu Beginn das kommunistische Regime im ostdeutschen Teilstaat allein die Sicherheit der Bundesrepublik zu bedrohen schien, kamen im Lauf der Jahre Organisationen, Parteien und Gruppierungen hinzu, die in der Bundesrepublik aktiv waren und die es aus Sicht des Verfassungsschutzes zu beobachten galt.

Nach der Überlieferungslage im Bundesarchiv erschien der erste Monatsbericht des Bundesamtes für Verfassungsschutz Ende Januar 1951 und bezog sich auf den Zeitraum vom 1. Dezember 1950 bis 15. Januar 1951. Gleich zu Beginn behandelt diese erste Mitteilung die DDR, zunächst als »Ostzone«, später als »Sowjetzone« bezeichnet.[9] Auch die in den folgenden Monaten erscheinenden Berichte enthalten kurze Abschnitte zur politischen, wirtschaftlichen und gesellschaftlichen Entwicklung im ostdeutschen Teilstaat. Neben neuen

7 Die seit 1951 erscheinenden Monatsberichte sind im Bestand des Bundesamtes für Verfassungsschutz im Bundesarchiv (B 443) als Mikrofilme überliefert.

8 So bspw. eine vergleichende Untersuchung von Verfassungsschutzberichten der Landesämter bei Eckhard Jesse: Die Verfassungsschutzberichte der Bundesländer: Deskription, Analyse, Vergleich. In: Uwe Backes, Eckhard Jesse (Hg.): Jahrbuch Extremismus & Demokratie 2007, Bd. 19. Baden-Baden 2008, S. 13–34.

9 Vgl. Bericht des Bundesamtes für Verfassungsschutz für die Zeit vom 1.12.1950 bis 15.1.1951, 15.1.1951. In: BA, B 443/571, Bl. 15–27.

Gesetzen oder offiziellen Verlautbarungen der SED-Führung wurden vor allem der Aufbau der polizeilichen und militärischen Strukturen in der DDR, die Versorgungslage oder auch größere Veranstaltungen der Massenorganisationen wie Freie Deutsche Jugend (FDJ) oder Freier Deutscher Gewerkschaftsbund (FDGB) hier dokumentiert. Ausführlicher sind solche Informationen immer dann, wenn entweder auf bundesdeutschem Boden aktiv für Veranstaltungen in der DDR geworben oder westdeutsche Delegationen eingeladen wurden. Das zweite und umfangreichere Kapitel zur Bundesrepublik informiert über die Kommunistische Partei Deutschlands (KPD) und über »kommunistische Spionagetätigkeit«, die nicht nur den sowjetischen Geheimdienst, sondern von Beginn an vor allem auch die Spionageaktivitäten des MfS in Westdeutschland meinte. Unter der Überschrift der »Spionagetätigkeit« werden allerdings auch Aktivitäten des Demokratischen Frauenbundes Deutschlands (DFD), einer weiteren Massenorganisation in der DDR, in der Bundesrepublik aufgeführt.

Ende 1951 wechselte das BfV in seiner Berichterstattung vom sechs- zum vierwöchigen Turnus, womit sich auch die Struktur der Berichte veränderte. Meldungen über rechte Parteien und Gruppierungen rückten nun mehr und mehr in den Fokus. Dies war vor allem dem zunehmenden Wählerzulauf der »Sozialistischen Reichspartei« (SRP) bei den Landtagswahlen in Niedersachsen und Bremen 1951 geschuldet. Die Bundesregierung benötigte verwertbare Informationen für die Eröffnung eines Parteiverbotsverfahrens vor dem Bundesverfassungsgericht, das im Herbst 1952 mit dem Verbot der SRP endete.[10] Dieser Themenkatalog hatte abgesehen von geringfügigen Veränderungen bis in die 1960er-Jahre Bestand. Allerdings rückten Mitte 1953 die Informationen über die DDR an das Ende der Berichte.

Obgleich die Berichterstattung rechtsextremistische Organisationen und Gruppierungen durchaus berücksichtigte, so lag der Schwerpunkt in den frühen 1950er-Jahren eindeutig auf der Beobachtung sogenannter kommunistischer Aktivitäten in der Bundesrepublik. Dahinter stand das Szenario einer kommunistischen Infiltration vor allem bundesdeutscher Sicherheitsorgane, die sich auch im politischen Strafrecht der frühen Bundesrepublik niederschlug.[11] Die Lagemeldungen aus der DDR rückten dagegen in dieser Zeit nach und nach in den Hintergrund.

10 Nollau schreibt dazu in seinen Erinnerungen: »Wir besorgten Material, auf das sich die Bundesregierung bei ihrer Klage gegen die rechtsextreme Sozialistische Reichspartei [...] stützte.« Günther Nollau: Das Amt. 50 Jahre Zeuge der Geschichte. München 1978, S. 144; zur SRP und zum Verbotsverfahren vgl. Henning Hansen: Die Sozialistische Reichspartei (SRP). Aufstieg und Scheitern einer rechtsextremen Partei. Düsseldorf 2007.

11 Vgl. Hans-Gerd Jaschke: Streitbare Demokratie und Innere Sicherheit. Grundlagen, Praxis und Kritik. Opladen 1991, S. 159–162; ausführlicher dazu Alexander von Brünneck: Politische Justiz gegen Kommunisten in der Bundesrepublik Deutschland 1949–1968. Frankfurt/M. 1978.

Auch die Zahl der Empfänger der Monatsberichte stieg in den ersten Jahren rasant. Zunächst hatte das Bundesamt laut Anordnung der Bundesregierung zur Gründung des BfV vom 7. November 1950 den Bundeskanzler und den Bundesinnenminister »laufend« über verfassungsfeindliche bzw. sicherheitsgefährdende Bestrebungen in der Bundesrepublik zu informieren. Außerdem sollten auch jene Bundesminister Mitteilungen erhalten, »für deren Zuständigkeitsbereich« diese relevant waren.[12] Die Bestimmung zielte zunächst auf die Weitergabe einzelner wichtiger Meldungen. Die Monatsberichte waren dagegen eine zusammengefasste, komprimierte Berichterstattung und als »VS-vertraulich« gekennzeichnet.[13] Den überlieferten Verteilern zufolge gingen die Berichte an sämtliche Verfassungsschutzämter in den Ländern und an die Vertreter der alliierten Besatzungsmächte sowie an deren Nachrichtendienste. Übermittelt wurden sie auch an das Justiz- und das Postministerium, das Auswärtige Amt sowie das Amt Blank, dem Vorläufer des späteren Verteidigungsministeriums. Empfänger waren darüber hinaus der Generalbundesanwalt, das Bundesverfassungsgericht und das Bundeskriminalamt wie auch der niederländische und der dänische Nachrichtendienst.[14] Spätestens seit Januar 1958 erhielten alle Bundesministerien die monatlichen Berichte des Verfassungsschutzes.[15] Mit der Gründung des BND im April 1956 war auch der bundesdeutsche Auslandsnachrichtendienst offizieller Empfänger der monatlichen Berichte des Bundesamtes. Es ist jedoch davon auszugehen, dass der BND-Vorläufer, die Organisation Gehlen, schon vorher regelmäßig von den Informationen des BfV Kenntnis hatte.[16]

12 Anordnung der Bundesregierung über die Errichtung des Bundesamtes für Verfassungsschutz, 7.11.1950. Zit. nach: Schriftlicher Bericht des 1. Untersuchungsausschusses – Untersuchung des Falles John – Deutscher Bundestag, 2. Wahlperiode 1953, 5.7.1957, S. 4. Verfügbar unter: http://dipbt.bundes-tag.de/doc/btd/02/037/0203728.pdf (Zugriff: 5.3.2014).

13 Die Berichte durften damit nur von Personen gelesen werden, die mindestens über eine einfache bzw. erweiterte Sicherheitsüberprüfung verfügten.

14 Für den Informationsbericht vom 30. November 1952 ist erstmals ein Verteiler überliefert, der jedoch aufgrund der schlechten Qualität kaum noch lesbar ist. Vgl. die späteren Verteiler der einzelnen Berichte in: BA, B 443/571. Wie Goschler und Wala belegen, war die Zusammenarbeit zwischen Bundesamt und dem niederländischen Geheimdienst bei der Suche nach der »Roten Kapelle« besonders intensiv. Vgl. Constantin Goschler, Michael Wala: »Keine neue Gestapo«. Das Bundesamt für Verfassungsschutz und die NS-Vergangenheit. Reinbek 2015, S. 119 f.

15 Vgl. Verfügung, »Betr.: Informationen des Bundesamtes für Verfassungsschutz«, 9.1.1958. In: BA, B 443/527, Bl. 345 f.

16 Vgl. die Verteiler der einzelnen Berichte in: BA, B 443/572; dazu auch Goschler; Wala: »Keine neue Gestapo« (Anm. 14), S. 56 f. Der damalige Vizepräsident des BfV Albert Radke war Verbindungsmann der Organisation Gehlen. Diese Verbindung war auch dem MfS bekannt: Anlässlich eines Schauprozesses gegen V-Leute der Organisation Gehlen vor dem Obersten Gericht der DDR berichtete die Berliner Zeitung am 19. Dezember 1953 bspw. über diese Verbindung. Vgl. »So arbeiten die Spione des General Gehlen«. In: Berliner Zeitung v. 19.12.1953, S. 5.

Seit Mai 1959 bestand der Monatsbericht des BfV aus zwei Teilen: dem überblicksartigen »Lagebericht« und den detaillierteren »Informationen«.[17] Die Einführung des zweigeteilten Monatsberichts war offensichtlich den unterschiedlichen Informationsbedürfnissen und Erwartungshaltungen eines wachsenden Empfängerkreises geschuldet.[18] Den überlieferten Verteilern zufolge erhielten jedoch die meisten Empfänger sowohl den Lagebericht als auch die Informationen. Beide Teile sind gleich strukturiert – A) Kommunismus; B) Nationalistische Bestrebungen in der BRD; C) Erkenntnisse aus der Spionagebekämpfung. Allgemeine Meldungen über die DDR sind in beiden Berichtsreihen in einem eigenen Unterkapitel jeweils unter »Kommunismus«, seit den 1960er-Jahren unter »linksextremistischen Bestrebungen« enthalten. Die Abschnitte über die DDR sind in beiden Teilen der untersuchten Texte nahezu deckungsgleich, wenngleich die Lageberichte einzelne Meldungen verkürzt wiedergeben.

Informationen über die DDR – ein zentrales Aufgabenfeld des bundesdeutschen Verfassungsschutzes

Die Berichte der ersten Jahre nach Gründung des BfV zeigen, wie überaus wichtig Informationen über die Entwicklung in der DDR, aber auch über sämtliche Aktivitäten des SED-Regimes bzw. der von der SED-Führung gelenkten oder nahestehenden Organisationen in der Bundesrepublik waren. Die Beschaffung und Auswertung von Informationen über die DDR war damit von Beginn an ein zentrales Betätigungsfeld des Verfassungsschutzes. Wenn es um Fragen der inneren Sicherheit der Bundesrepublik ging, galt der Herrschaftsapparat des SED-Regimes und in vorderster Front die ostdeutsche Geheimpolizei als ernstzunehmende Gefahr.[19] Nicht nur innerhalb der Führungsetage des Bundesamtes herrschte allgemeiner Konsens darüber, dass die DDR nicht als Ausland zu betrachten und daher nachrichtendienstliche Aktivitäten auch jenseits der innerdeutschen Grenze gerechtfertigt seien.[20] Allerdings hatte das »Gesetz über die Zusammenarbeit des Bundes und der Länder in Angelegenheiten des Verfassungsschutzes« vom 27. September 1950 zunächst nur allgemein das Sammeln und Auswerten von Informationen über verfassungsfeindliche bzw. sicherheitsgefährdende Bestrebungen in der Bundesrepublik als grundlegende Aufgabe der Verfassungsschutzämter formuliert.[21] Spezifizierungen dieser Aufgabe erfolgten

17 Vgl. Anschreiben zum Monatsbericht des BfV, 16.6.1959. In: BA, B 443/527, Bl. 350.

18 Vgl. Entwurf eines Schreibens an den Bundesminister des Innern, April 1959. In: ebenda, Bl. 342–344.

19 Vgl. Goschler, Wala: »Keine neue Gestapo« (Anm. 14), S. 38, 91.

20 Vgl. ebenda, S. 92 f.

21 Gesetz über die Zusammenarbeit des Bundes und der Länder in Angelegenheiten des Verfassungsschutzes; BGBl. I 1950, S. 682. In: https://www.bgbl.de/xaver/bgbl/start.xav?startbk=

zum einen auf der Ebene der Innenminister und zum anderen auf der Ebene der Leiter der Verfassungsschutzämter nach und nach. So formulierte die Konferenz der Innenminister des Bundes und der Länder (IMK) mit den »Unkeler Richtlinien« im August 1954 erstmals den Auftrag zur Spionageabwehr.[22] Drei Jahre später vereinbarten die Leiter der Verfassungsschutzämter, dass »die Beschaffung von Nachrichten über die Sowjetzone« allein Aufgabe des BfV sein sollte.[23]

Ohne die Zustimmung der Vertreter der Alliierten wären solche Entscheidungen zumindest bis Mitte der 1950er-Jahre nicht denkbar gewesen. CIA und MI 6 wie auch die französische Sécurité beeinflussten den Aufbau des Amtes, nicht nur bei der Personalauswahl, sondern auch in Fragen der inneren Organisation und Arbeitsweise.[24] Die Regelung der Aufgabenverteilung zwischen Bundesamt und Landesämtern muss vor dem Hintergrund der Systemkonfrontation des Kalten Krieges, der zu Beginn der 1950er-Jahre insbesondere im geteilten Deutschland seinem Höhepunkt zustrebte, betrachtet werden. Funktionierende Nachrichtendienste in der Bundesrepublik lagen im besonderen Interesse der alliierten Geheimdienste, die über den bundesdeutschen Verfassungsschutz wie auch über die Organisation Gehlen oder andere westdeutsche Nachrichtendienste vor allem Informationen über die DDR abschöpften.[25] So begann das

Bundesanzeiger_BGBl&jumpTo=bgbl150s0682a.pdf#__bgbl__%2F%2F*[%40attr_id%3D%27bgbl150s0682a.pdf%27]__1433430758105 (Zugriff 5.3.2014). Allgemein zur Entstehung des BfV vgl. Michael Ostheimer, Hans Jürgen Lange: Die Inlandsnachrichtendienste des Bundes und der Länder. In: Hans-Jürgen Lange (Hg.): Staat, Demokratie und Innere Sicherheit in Deutschland. Opladen 2000, S. 167–186, hier 170 f.; Eckhard Jesse: Nachrichtendienste. In: Uwe Andersen, Wichard Woyke (Hg.): Handwörterbuch des politischen Systems der Bundesrepublik Deutschland. 5. Aufl., Opladen 2003, S. 408 f.

22 Zu den »Unkeler Richtlinien« vom 7.8.1954 vgl. Josef Foschepoth: Überwachtes Deutschland. Post- und Telefonüberwachung in der alten Bundesrepublik. Göttingen 2012, S. 139 f. Erst mit der Änderung des Verfassungsschutzgesetzes 1972 wurden Spionageabwehr und Gegenspionage sowie nachrichtendienstliche Methoden expressis verbis als offizielle Mittel der Verfassungsschutzämter in der Bundesrepublik legitimiert. Vgl. dazu Verfassungsschutzänderungsgesetz, 7. August 1972, BGBl. I 1972, S. 1382. In: http://www.bgbl.de/xaver/bgbl/start.xav?startbk=Bundesanzeiger_BGBl#__bgbl__%2F%2F*[%40attr_id%3D%27bgbl172s1382.pdf%27]__1433835576531 (Zugriff 5.3.2014).

23 Vgl. »Vereinbarung der Leiter der Verfassungsschutzämter vom 3.12.1957 über Richtlinien für die Zusammenarbeit« (Abschrift), o. D. In: BStU, MfS, HA II, Nr. 42681, Bl. 166–169, Zitat 168. Zur schwierigen Zusammenarbeit zwischen LfV und BfV in den 1950er-Jahren vgl. Wolfgang Buschfort: Geheime Hüter der Verfassung. Von der Düsseldorfer Informationsstelle zum ersten Verfassungsschutz der Bundesrepublik (1947–1961). Paderborn u. a. 2004, S. 120–125.

24 Vgl. Foschepoth: Überwachtes Deutschland (Anm. 22), S. 132 f.; Nollau: Das Amt (Anm. 10), S. 144. Auch Otto John schreibt in seinen Erinnerungen, dass das BfV in den ersten Jahren »sich erst im Rahmen der Zusammenarbeit mit den alliierten Sicherheitsdiensten zu einem eigenständigen Instrument der inneren Politik entwickeln mußte«. Otto John: Zweimal kam ich heim. Vom Verschwörer zum Schützer der Verfassung. Düsseldorf, Wien 1969, S. 230.

25 Vgl. Foschepoth: Überwachtes Deutschland (Anm. 22), S. 140.

Bundesamt unmittelbar nach seiner Gründung, über das Bundesgebiet verteilt Außenstellen einzurichten, deren Hauptaufgabe das Sammeln von Informationen über die DDR war. »Vorprüfungsstellen« entstanden in den Notaufnahmelagern für DDR-Flüchtlinge in Westberlin und im Bundesgebiet. Hier war das BfV in das Notaufnahmeverfahren integriert.[26] 1952/53 wurden »Bundesnachrichtenstellen« (BUNAST) in Lübeck, Hannover, Kassel und Bayreuth eingerichtet. Von hier aus bauten Mitarbeiter in erster Linie Informationsnetze in der DDR auf, das heißt, sie rekrutierten und betreuten sogenannte Verbindungsleute (V-Leute) jenseits der deutsch-deutschen Grenze. »Küstennachrichtenstellen« (KÜNAST), zuständig für die Überwachung der Seewege in der Nord- und Ostsee, befanden sich seit 1953 in Hamburg, Bremen und Kiel.[27] Über diese Außenstellen sowie von den einzelnen Landesämtern erhielt das BfV Informationen über die DDR. Unterlagen im Archiv des BStU deuten auf die Netzwerke solcher Informanten des Verfassungsschutzes in der DDR hin.[28]

Die Entstehung der Ämter für Verfassungsschutz war auf Bundes- wie auch auf Länderebene mit vielfältigen Problemen verbunden. Das Konstrukt »Verfassungsschutz« als Inlandsgeheimdienst stand dabei nicht nur von Beginn an in der Kritik der westdeutschen Öffentlichkeit. Das BfV musste sich auf der politischen Ebene etablieren und dazu gehörte auch, sich vor allem gegenüber der Organisation Gehlen bzw. seit 1956 dem Bundesnachrichtendienst zu behaupten. Trotz der Unterscheidung zwischen Inlands- und Auslandsgeheimdienst waren beide auf dem Gebiet der DDR mit ausgedehnten Netzen von Informanten tätig, die über die Lage im ostdeutschen Teilstaat berichteten.[29]

Als Teil des administrativen »Schutzinstrumentariums« der Bundesrepublik Deutschland war das BfV eingebettet in ein weitreichendes institutionelles Netzwerk, zu dem die Administrationen der Bundesrepublik und ihrer Bündnispartner sowie deren jeweilige Nachrichtendienste gehörten. Aber auch nichtstaatliche Gruppen wie die Kampfgruppe gegen Unmenschlichkeit (KgU) oder der Untersuchungsausschuss freiheitlicher Juristen (UfJ), die alle Informationen

26 Neben dem BfV und weiteren Bundes- und Landesbehörden waren auch die alliierten Geheimdienste in das Notaufnahmeverfahren integriert. Vgl. Elke Kimmel: Das Notaufnahmeverfahren. In: Bettina Effner, Helge Heidemeyer (Hg.): Flucht im geteilten Deutschland. Berlin 2005, S. 115–133; speziell zum Notaufnahmeverfahren in Westberlin vgl. Keith R. Allen: Befragung – Überprüfung – Kontrolle. Die Aufnahme von DDR-Flüchtlingen in West-Berlin bis 1961. Berlin 2013.

27 Vgl. Foschepoth: Überwachtes Deutschland (Anm. 22), S. 136.

28 Vgl. BStU, MfS, HA II, Nr. 43145; BStU, MfS, HA II, Nr. 43922; BStU, MfS, HA II, Nr. 41422. Die Dokumente der DDR-Staatssicherheit belegen, dass das MfS die Ämter und Dienststellen des Verfassungsschutzes durch den Einsatz von Doppelagenten von Beginn an zu durchdringen suchte. Bislang ist die Konfrontation von MfS und bundesdeutschem Verfassungsschutz weitgehend ein Desiderat der Zeitgeschichtsforschung.

29 Vgl. Walter Imle: Zwischen Vorbehalt und Erfordernis. Eine historische Studie zur Entstehung des nachrichtendienstlichen Verfassungsschutzes nach 1945. München 1984, S. 177 f.

über die DDR sammelten und austauschten, waren in die Zusammenarbeit eingebunden.[30]

Damit sind auch schon weitgehend die »Quellen« benannt, die verwertbare Informationen liefern konnten: die eigenen Verbindungsleute, die direkt aus der DDR berichteten, aber auch Kontaktpersonen aus anderen nachrichtendienstlich arbeitenden Institutionen bzw. Organisationen, die das BfV mit Informationen versorgten. Hinzu kamen Daten und Fakten, die der Verfassungsschutz aus der umfangreichen west- und ostdeutschen Medienberichterstattung schöpfte und auswertete.[31]

Eine weitere, von Beginn an wichtige und immer wieder in den Berichten genannte Informationsquelle waren Flüchtlinge in den Notaufnahmelagern, die vom Verfassungsschutzamt unter anderem auch über die allgemeine Stimmung in der DDR-Bevölkerung befragt wurden. Daher überrascht es nicht, dass die Berichte Stimmungslagen der DDR-Bevölkerung in den ersten beiden Jahren nach Gründung stets im Zusammenhang mit den ansteigenden Flüchtlingszahlen thematisierten. Der Flüchtlingsstrom von Ost nach West war nach außen hin der sichtbarste Indikator auf dem Stimmungsbarometer und wurde in den Berichten direkt in Verbindung mit einzelnen Maßnahmen des SED-Regimes gebracht. So beispielsweise im Juli 1952, unmittelbar nachdem Ulbricht auf der 2. Parteikonferenz der SED den »planmäßigen Aufbau der Grundlagen des Sozialismus« angekündigt hatte und damit eine verschärfte Gangart in nahezu allen Politikbereichen mit repressiven Mitteln durchgesetzt wurde:

> Ein Zeichen dafür, dass die Durchführung der auf der 2. Parteikonferenz der SED proklamierten Beschlüsse mit verstärktem Druck auf die Bevölkerung begonnen hat, ist das sprunghafte Ansteigen des Flüchtlingsstroms aus der Zone, der sich infolge der hermetischen Abschließung der Zonengrenze nach dem Westen immer mehr auf Berlin konzentriert.[32]

Auch Ende 1952 sahen die Verfassungsschützer in der nach wie vor wachsenden Fluchtbewegung den einzigen Beleg für einen »allgemeinen Widerstand der Bevölkerung«, die Ursache hierfür sei die schlechte Versorgungslage im Land.[33] Bestandteil der »Informationen« vom März 1953 war die Einführung

30 Einen Einblick, wie dieses Netzwerk funktionierte, findet sich bei Creuzberger: Kampf für die Einheit (Anm. 3), S. 136–153; zur KgU im Besonderen vgl. Enrico Heitzer: Die Kampfgruppe gegen Unmenschlichkeit (KgU). Widerstand und Spionage im Kalten Krieg. Köln, Weimar, Wien 2015; zum UfJ vgl. Frank Hagemann: Der Untersuchungsausschuss freiheitlicher Juristen 1949–1969. Frankfurt/M. 1994.

31 Vgl. Entwurf eines Schreibens an den Bundesminister des Innern, April 1959. In: BA, B 443/527, Bl. 342–344.

32 Informationen, Stand 31.7.1952. In: BA, B 443/571, Bl. 413.

33 Vgl. Informationen, Stand 31.12.1952. In: ebenda, S. 715, Zitat ebenda.

einer regelmäßigen »Berichterstattung der SED-Parteistellen über die politische Stimmung in der Bevölkerung«. Dass die SED-Führung regelmäßig über die Stimmung des Volkes informiert werden wollte, war nach Ansicht der Verfassungsschützer Zeugnis für die Schwäche des Regimes in der DDR.[34] Gleichzeitig schien man im Bundesamt zu diesem Zeitpunkt keinerlei Interesse zu haben, ähnliche Informationen zu erheben und auszuwerten. Dabei hätten eventuell die seit Spätherbst 1952 und verstärkt seit Frühjahr 1953 stattfindenden Streiks »wie Wetterleuchten ein anziehendes Gewitter« andeuten können.[35]

Die Berichterstattung nach dem 17. Juni 1953

Mit dem Ausbruch des Aufstandes am 17. Juni änderte sich diese Wahrnehmung für eine kurze Zeit. Der Juni-Bericht behandelt die Volkserhebung in der DDR – Verlauf, Ursachen und Folgen – auf neun Seiten. Einleitend stellten die Berichterstatter aus Köln fest: Die »Verschlechterung der allgemeinen Lebensbedingungen« und die »Erhöhung der Arbeitsnormen« habe die »tiefgehende Unzufriedenheit« der Bevölkerung außerordentlich verschärft, »die in Gestalt der Erhebungen vom 16./18.6. schließlich nur unter Einsatz aller Machtmittel des Staates und der Besatzungsmacht unterdrückt werden konnte«.[36] Der Protestzug der »Berliner Bauarbeiter« zwischen Leipziger Straße und den Baustellen in der Stalinallee am 16. Juni sei die Initialzündung zur Volkserhebung gewesen. Am folgenden Tag habe die erneute Demonstration der Bauarbeiter weiteren Zulauf aus der Bevölkerung erhalten. Die Bereitschaft der Menge zu gewalttätigen Ausschreitungen sei vor allem durch die Konfrontation mit bewaffneten Polizeikräften verstärkt worden. Auch die Entwicklung der Ereignisse außerhalb Berlins beschreibt und analysiert der Bericht:

> Die Demonstrationen im Innern der Zone waren dem dort ausgeübten stärkeren Druck entsprechend von einer größeren Erbitterung als die in Berlin getragen. Während sich in Berlin die Hauptangriffe der Demonstranten auf das Regierungsviertel konzentrierten, kam es in den Kreisen und Bezirken in erster Linie zu Aktionen gegen Volkspolizeidienststellen, Parteibüros der SED, Dienststellen des Ministeriums für Staatssicherheit und gegen Gefängnisse mit dem Ziel der Befreiung politischer Gefangener. [...] Es ist klar erkennbar, dass in allen Städten von Sachsen, Sachsen-Anhalt und Thüringen die Verhängung des Ausnahmezustandes durch die Erhebung der Bevölkerung erforderlich geworden war.[37]

34 Vgl. Informationen, Stand 31.3.1953. In: ebenda, Bl. 866 f.

35 Vgl. Karl Wilhelm Fricke: »17. Juni 1953« – Vorgeschichte und Verlauf. In: Engelmann; Kowalczuk (Hg.): Volkserhebung (Anm. 4), S. 45–57, hier 51, Zitat ebenda.

36 Vgl. Informationen, Stand 30.6.1953. In: BA, B 443/571, Bl. 1053–1061, Zitate 1053.

37 Ebenda, Bl. 1057.

Die Wahrnehmung der bundesdeutschen Verfassungsschützer verschob sich. War bislang allein die Fluchtbewegung als Ausdruck des Reagierens der Bevölkerung auf Zwangsmaßnahmen zur Kenntnis genommen worden, so sahen die Berichterstatter in Köln die Menschen nun als handelnde Personen, die mit dem Aufstand ein konkretes Ziel verfolgten. Der große Anteil der Arbeiterschaft am Aufstandsgeschehen ist auch im Verfassungsschutzbericht vom Juni 1953 unübersehbar. Bauarbeiter werden als jene Gruppe hervorgehoben, die mit ihren Streiks und Protestzügen durch die Stalinallee zunächst arbeitsrechtliche Forderungen durchzusetzen suchte. Aus dieser Bewegung heraus habe sich ein Tag später die Volkserhebung entwickelt, aus deren Reihen nun politische Forderungen reklamiert worden seien, so beispielsweise die Durchführung freier Wahlen und die Abschaffung der Volksarmee, wie der Bericht vermerkt.[38] Damit interpretierten die Kölner Verfassungsschützer Ursachen und Hintergründe des Volksaufstandes entsprechend den gesellschaftlichen und wirtschaftlichen Bedingungen in der DDR – ganz anders als ihre Kollegen in Pullach bei der Organisation Gehlen, die zunächst sogar in der Moskauer Parteiführung den heimlichen Organisator des Aufstandes sahen.[39]

Auch der Juli-Bericht beschäftigt sich mit dem Aufstand und seinen Folgen. Unter dem Begriff »allgemeine Lage« werden Streiks und Arbeitsniederlegungen in Betrieben aufgeführt, die das Bundesamt als Hinweise deutet, dass sich die Bevölkerung noch nicht beruhigt habe und auch nicht von einer »Normalisierung des Lebens im Sowjetsektor und in der SBZ« gesprochen werden könne. Im weiteren Verlauf widmet sich der Bericht Veränderungen im Partei- und Staatsapparat, die als Konsequenzen aus dem Aufstand interpretiert werden. So wird der Ausschluss von Max Fechner (bisher Justizminister), von Wilhelm Zaisser (bisher Minister für Staatssicherheit) und von Rudolf Herrnstadt (bisher Chefredakteur *Neues Deutschland*) aus dem ZK der SED vermerkt. Auch die »Umbildung des Ministeriums für Staatssicherheit in ein Staatssekretariats des Ministeriums des Innern« und die Ernennung von Ernst Wollweber zum neuen Chef der Staatssicherheit, nun mehr im Range eines Staatssekretärs, werden kurz erläutert.[40] Die Integration des Staatssicherheitsdienstes in das MdI interpretier-

38 Vgl. ebenda, Bl. 1055 f.

39 Vgl. dazu den Beitrag von Ronny Heidenreich in diesem Band; ebenso Ders.: Die Organisation Gehlen und der Volksaufstand am 17. Juni 1953. Marburg 2013, S. 42 f.; besonders zu den Berichten des BfV vom 17. und 18. Juni 1953 an das Bundeskanzleramt, die mittlerweile im Bundesarchiv zugänglich sind, vgl. ebenda, S. 62 f.; dazu auch begleitend Bodo Hechelhammer (Hg.): Dokumente der »Organisation Gehlen« zum Volksaufstand am 17. Juni 1953, bearb. v. Ronny Heidenreich. Berlin 2013 (MFGBND 6).

40 Vgl. Informationen, Stand 31.7.1953. In: BA, B 443/571, Bl. 1068–1141, Zitate 1129, 1131; Informationen, Stand 31.8.1953. In: ebenda, Bl. 1148–1214.

ten die Verfassungsschützer übrigens folgerichtig als Angleichung an die Struktur des sowjetischen Staatsapparates.[41]

Die Stimmung in der DDR-Bevölkerung wurde bereits ab August 1953 nicht mehr in den Berichten thematisiert. Der Aufstand war niedergeschlagen, die Menschen wurden nicht mehr als handelnde Akteure wahrgenommen und verschwanden wieder in der Anonymität des Begriffes »Bevölkerung«. Unter der Überschrift »Der 17. Juni 1954 in der SBZ« listet der Junibericht 1954 die umfangreichen Sicherheitsvorkehrungen des SED-Regimes auf, die jegliche Art von Demonstration oder Gedenken an die Vorjahresereignisse unterbinden sollten. Die Frage, ob diese Sicherheitsvorkehrungen einen realen Hintergrund hatten und wie die Stimmung in der DDR-Bevölkerung zu diesem Zeitpunkt war, wird hier jedoch nicht behandelt.[42]

Die Berichterstattung nach dem 13. August 1961

Dagegen scheinen Lage und Stimmung der Bevölkerung in der Berichterstattung des Verfassungsschutzes nach der Sperrung der Berliner Sektorengrenze im August 1961 einen breiteren Raum eingenommen zu haben. Während sich die August-, September- und Oktoberberichte den unmittelbaren Repressionsmaßnahmen des SED-Regimes nach der Grenzsperrung widmen, enthalten die Verfassungsschutzberichte von November 1961 bis einschließlich Januar 1962 sogar eigene Abschnitte zu »Lebensbedingungen und Stimmung der SBZ-Bevölkerung«. Danach wird dieser Punkt noch einige Monate unter der Überschrift »Lage in der Sowjetzone« behandelt.[43]

Zunächst belegt jedoch der erste Satz des Berichtes vom August 1961 den Rechtfertigungsdruck, unter dem das Bundesamt für Verfassungsschutz offensichtlich ebenso wie der BND stand.[44] Auch in Köln hatte man die in der Nacht auf den 13. August 1961 erfolgte Sperrung der Berliner Sektorengrenze nicht vorhergesehen: »Sowjetzonale Aktionen gegen Berlin waren nach übereinstimmenden Meldungen geheimer Quellen zwar geplant, sie sollten jedoch ur-

41 Vgl. Informationen, Stand 31.7.1953. In: ebenda, Bl. 1132; dazu Karl Wilhelm Fricke, Roger Engelmann: Der »Tag X« und die Staatssicherheit. 17. Juni 1953 – Reaktionen und Konsequenzen im DDR-Machtapparat. Bremen 2003, S. 178.

42 Vgl. Informationen, Stand 30.6.1954. In: BA, B 443/571, Bl. 2255–2257.

43 Vgl. die einzelnen Monatsberichte für November bis Dezember 1961. In: BA, B 443/532, für Januar bis Juli 1962. In: BA, B 443/533.

44 Vgl. Bodo Hechelhammer (Hg.): Berlin-Krise 1958 und Schließung der Sektorengrenzen in Berlin am 13. August 1961 in den Akten des Bundesnachrichtendienstes. Berlin 2011 (MFGBND 1); Matthias Uhl, Armin Wagner: »Die Möglichkeiten, aber auch die Grenzen nachrichtendienstlicher Aufklärung«. Bundesnachrichtendienst und Mauerbau, Juli – September 1961. In: VfZ 55 (2007) 4, S. 681–725.

sprünglich erst nach Abschluss eines separaten Friedensvertrages ausgelöst werden.«[45]

Nach Textpassagen über die Sperrmaßnahmen, deren Auswirkungen auf den Flüchtlingsstrom und über die Situation in den westdeutschen Flüchtlingslagern geht der Bericht knapp auf die Stimmung der Bevölkerung in der DDR ein:

> [D]ie Bevölkerung sei äußerst niedergeschlagen, habe jedoch kaum den Mut, gegen das Regime zu opponieren. Gegen einzelne Unmutsäußerungen und passive Resistenz in Produktionsbetrieben ist das Regime scharf eingeschritten. Zahlreiche unverhältnismäßig harte Urteile wurden in Schnellgerichtsverfahren verhängt.[46]

Im weiteren Text finden sich auch erste Hinweise auf die Mobilisierungskampagne der DDR-Jugendorganisation FDJ, der sogenannte Kampfauftrag, der unmittelbar nach dem 13. August startete und durch den Jugendliche über 18 Jahre für die Nationale Volksarmee (NVA) zwangsrekrutiert werden sollten.

Im Septemberbericht verdichten sich dann diese ersten Informationen aus dem Vormonat zu einem umfassenderen Bild der Repressionsmaßnahmen des SED-Regimes gegenüber der Bevölkerung.[47] Unter der Überschrift »Terror der FDJ-Gruppen« geht der Bericht neben der Zwangsrekrutierung Jugendlicher für die Nationale Volksarmee ausführlicher auf die Aktion »Ochsenkopf – Blitz kontra NATO-Sender« ein, die DDR-weit gegen das Hören westlicher Radiosender gerichtet war. Einzelne Passagen des Gesetzes zur Verteidigung der DDR, das am 20. September 1961 in Kraft gesetzt wurde, werden erläutert. Auch die Kampagne »Produktionsaufgebot«, ein weiterer Mobilisierungsakt des SED-Regimes, der unter der Regie des FDGB lief und eine Erhöhung der Arbeitsnormen ohne entsprechenden Lohnausgleich vorsah, wird im Bericht anhand SED-offizieller Verlautbarungen erwähnt. Das eigentliche Ziel des permanenten Mobilisierens im Rahmen dieser propagandistisch aufbereiteten Kampagnen hatte der Kölner Verfassungsschutz erkannt: die Disziplinierung des Volkes und die Verfolgung potenzieller Regimegegner. Zu den besonders gefährdeten Personen zählten jene, die als sogenannte Grenzgänger vor dem 13. August in Westberlin gearbeitet hatten, die sich als Bauern offen gegen die Genossenschaftsarbeit gewendet hatten, die ihre Informationen aus den westdeutschen Medien bezogen und »alle diejenigen, die ihre Unzufriedenheit mit den politischen und wirtschaftlichen Verhältnissen in irgendeiner Form« artikulierten.[48]

45 Lagebericht, 31.8.1961. In: BA, B 443/532, Bl. 212.

46 Ebenda, Bl. 218.

47 Vgl. ebenda, Bl. 218 f.; vgl. Informationen, 30.9.1961. In: BA, B 443/532, Bl. 237–253.

48 Vgl. Informationen, Stand 30.9.1961. In: BA, B 443/532, Bl. 233–316, Zitat 249; zu einzelnen Kampagnen und zur Mobilisierungs- bzw. Verfolgungsstrategie des SED-Regimes unmittelbar nach dem Mauerbau vgl. Elke Stadelmann-Wenz: Widerständiges Verhalten und Herrschaftspraxis in der DDR. Vom Mauerbau bis zum Ende der Ulbricht-Ära. Paderborn

Im Oktoberbericht wird die allgemeine Stimmung unter den Zwangsmaßnahmen des SED-Regimes nochmals aufgegriffen und auf die Versorgungskrise im Herbst 1961 hingewiesen:

> Das Regime ist jedem Widerstand gegen seine Gewaltmaßnahmen in Berlin und an der Zonengrenze und gegen die steigenden Anforderungen der in der Industrie und Landwirtschaft tätigen Arbeiter mit Drohungen, Zwangs- und Terrormaßnahmen begegnet. Dennoch hat es den Anschein, dass die ablehnende Haltung der Arbeiter in einigen Betrieben in Krankmeldungen ihren Ausdruck findet. [...] Die Bevölkerung ist bedrückt, fürchtet einen Krieg und hat kaum noch Hoffnung auf Hilfe aus dem Westen. [...] Die Versorgungslage ist weiterhin angespannt, insbesondere scheint eine Krise in der Kartoffelversorgung bevorzustehen.[49]

Konkrete Informationen über die Lage und zur Stimmung der Bevölkerung lieferten die Verfassungsschützer mit solchen Formulierungen jedoch nicht. Auch in den folgenden Wochen und Monaten vermitteln die Berichte eher einen oberflächlichen Eindruck. So enthielten beispielsweise die Berichte für August bis Oktober 1961 Informationen über die vom Ministerrat am 24. August erlassene »Verordnung über Aufenthaltsbeschränkung«, über den Ausbau des Sperrgebiets an der innerdeutschen Grenze und die zunehmend eingeschränkten Bewegungsmöglichkeiten der Bewohner der Grenzgebiete im September. Auch wird bereits im Septemberbericht darauf hingewiesen, dass bestimmte Personengruppen für eine später folgende »Aussiedlung« festgelegt worden waren. Dazu sollten »politisch unzuverlässige Personen, ehemalige NSDAP-Mitglieder [...], Personen, deren Angehörige in die Bundesrepublik flüchteten, ehemalige Großbauern, soweit sie sich nicht aktiv gesellschaftspolitisch betätigt hätten«, gehören.[50] Diese Auflistung entspricht zwar nicht exakt den Kategorien, die die SED-Führung als Aussiedlungsgründe festgelegt hatte, belegt jedoch, dass das Bundesamt für Verfassungsschutz über Kenntnisse zu den Vorbereitungen der am 1. Oktober begonnenen Aktion »Festigung«, die SED-interne Bezeichnung für die Zwangsumsiedlungen, verfügte.[51]

Im Zusammenhang mit der sich seit der Grenzsperrung zuspitzenden Versorgungslage in der DDR geht die Berichterstattung des BfV dagegen häufiger auf

2009, S. 47–58, 75–80, 115–120; ebenso bei Marc-Dietrich Ohse: Jugend nach dem Mauerbau. Anpassung, Protest und Eigensinn (DDR 1961–1974). Berlin 2003, S. 31–34.

49 Lagebericht, 31.10.1961. In: BA, B 443/532, Bl. 445; zur Versorgungskrise im Herbst 1961 vgl. Douglas Selvage: The End of the Berlin Crisis: New Evidence From the Polish and East German Archives. In: Cold War International History Project Bulletin 11 (Winter 1998), S. 218–229, hier 222.

50 Vgl. Informationen, Stand 30.9.1961. In: BA, B 443/532, Bl. 233–316, Zitat 244.

51 Zu den Zwangsumsiedlungen vgl. Inge Bennewitz, Rainer Potratz: Zwangsaussiedlungen an der innerdeutschen Grenze. Analysen und Dokumente. Berlin 2002, S. 91–155.

die Stimmungslage der Bevölkerung ein. Der Bericht von November 1961 hält fest:

> Die mitteldeutsche Bevölkerung ist über die sich ständig verschlechternde Versorgung mit Lebensmitteln und Konsumgütern erregt. Übereinstimmend wurde berichtet, dass insbesondere Seifenpulver, Schuhe, Wolle [...] kaum noch erhältlich sind. In einigen Gebieten wurden wöchentlich nur 100 gr [sic!] Butter pro Person ausgegeben. Nur etwa 15 % aller Haushalte hatten bis Mitte Oktober ihre Kartoffeln eingekellert. [...] Das Wiedererscheinen von Kundenlisten und von fleischfreien Tagen in den Restaurants größerer Städte kennzeichnet den Stand der Versorgung, der einen Tiefpunkt erreicht hat. Das Regime ist bemüht, vor allem die Bevölkerung des Sowjetsektors von Berlin einigermaßen zufriedenzustellen. [...] Ein Teil der Bevölkerung sucht seine Existenz durch vorsorgliche Einkäufe zu sichern. Ein anderer Teil setzt den Maßnahmen des Regimes [...] einen beschränkten Widerstand entgegen.[52]

Unsicherheit und Unzufriedenheit innerhalb der Bevölkerung werden hier zwischen den Zeilen angedeutet. Der Bericht verweist aber beispielsweise auch auf zunehmende Brandstiftungen im ländlichen Raum und bezeichnet diese als »aktive Widerstandshandlungen« gegen die Kollektivierungsmaßnahmen in der Landwirtschaft.[53]

Im Dezember 1961 vermerkte das BfV »Angsteinkäufe« aufgrund der sich weiter verschlechternden Versorgungslage, ebenso wie Schlägereien vor Geschäften und Verhaftungen wegen Schwarzhandels. Die Tatsache, dass Erich Mielke auf der 14. Tagung des ZK der SED vom 23. bis 26. November 1961 öffentlich zu Reaktionen in der Bevölkerung auf den Mauerbau Stellung beziehen musste, werteten die Verfasser des Monatsbericht als Beleg für die zugespitzte Lage in der DDR.[54] Der Januarbericht 1962 spricht von »Käuferschlangen vor den Läden[, die] noch immer zum alltäglichen Straßenbild« gehören.[55] Im April 1962 wird nochmals die Bevölkerungsstimmung thematisiert:

> Äußerungen leitender Funktionäre, dass mit einer Besserung in absehbarer Zeit nicht zu rechnen sei, [...] haben die Bevölkerung tief beunruhigt. Weite Kreise fürchten, dass sich die Verhältnisse weiter verschlechtern werden und dass es schließlich zu Hungerperioden wie nach dem Zusammenbruch 1945 kommen könnte.[56]

Die folgenden Berichte des Jahres 1962 greifen zwar regelmäßig die vor allem durch Versorgungsprobleme geprägte Lage in der DDR auf, ohne jedoch kon-

52 Informationen, Stand 30.11.1961. In: BA, B 443/532, Bl. 506.

53 Vgl. ebenda, Bl. 507.

54 Vgl. Informationen, Stand 31.12.1961. In: BA, B 443/532, Bl. 619–621. Die Rede Erich Mielkes auf der 14. Tagung des ZK der SED vom 23. bis 26. November 1961 ist in der Tondokumentensammlung der SED im Bundesarchiv überliefert in: BA, TonY 1/1353.

55 Vgl. Informationen, Stand 31.1.1962. In: BA, B 443/533, Bl. 26–111, Zitat 58.

56 Vgl. Informationen, Stand 30.4.1962. In: ebenda, Bl. 401.

krete Auswirkungen auf die Bevölkerungsstimmung zu benennen bzw. zu analysieren. Seit Januar 1963 ist auch die allgemeine Situation in der DDR kein Thema mehr, lediglich die Flüchtlingszahlen werden noch aufgeführt.[57]

Schlussbemerkungen

In den offiziellen Berichten des BfV wurden zwar Einstellungen und Meinungen in der DDR-Bevölkerung thematisiert, Analysen blieben die Verfassungsschützer jedoch schuldig. Wie auch? Die hier untersuchten Berichte zeigen deutlich, dass im BfV keine systematische Erhebung von Informationen über die Stimmungslage in der DDR erfolgte, die solche Analysen ermöglicht hätte. Nur im unmittelbaren Nachgang zum Volksaufstand im Jahr 1953 deuten einzelne Passagen darauf hin, dass entsprechende Informationen in diesem Zusammenhang bewertet worden sind. Wenn auch die Bevölkerungsstimmung in den Monaten nach dem Mauerbau länger Berücksichtigung fand, so verharrten die Berichterstatter in wiederkehrenden pauschalisierenden Beschreibungen, die weit entfernt waren von einer fundierten und differenzierenden Einschätzung. Schließlich ist auch davon auszugehen, dass sich das nachrichtendienstliche Interesse des Bundesamtes für Verfassungsschutz in erster Linie auf Informationen aus den Bereichen Militär und Partei- bzw. Staatsapparat konzentrierte. Dass die Berichte des Verfassungsschutzes die Bevölkerung jenseits der deutsch-deutschen Grenze kaum als eigenständigen Akteur beschrieben, passt zudem in das gängige Wahrnehmungsmuster der antikommunistisch geprägten politischen Kultur in der frühen Bundesrepublik, das von der DDR-Bevölkerung eher das Bild einer passiven, von den Repressionsmaßnahmen des SED-Regimes niedergedrückten anonymen Masse zeichnete.

57 Vgl. die monatlichen Berichterstattungen des BfV. In: BA, B 443/534–567.

Jens Gieseke

Das Infratest-DDR-Programm als Projekt und Quelle. Zum Vergleich von Geheimdienstberichten und Demoskopie

Der folgende Beitrag widmet sich dem vom Bundesministerium für gesamtdeutsche Fragen bzw. innerdeutsche Beziehungen in Auftrag gegebenen Umfrageprogramm »Einstellungen und Verhaltensweisen der Bevölkerung in der DDR«, in dem das Münchener Meinungsforschungsinstitut Infratest von 1968 bis 1989 der Bundesregierung vertrauliche Berichte zur Stimmungslage und zu den Ansichten der DDR-Bürger zu liefern beanspruchte. Da eine direkte Befragung von DDR-Bürgern aufgrund der politischen Rahmenbedingungen nicht möglich war, entwickelte Infratest die Methode der Stellvertreterbefragung, das heißt, es befragte westdeutsche DDR-Besucher zu den Positionen einer konkreten Person in der DDR, also in der Regel Freunde oder Verwandte, die man auf einer DDR-Reise getroffen hatte.[1] Im Folgenden wird anhand der Leitfragen nach den Entstehungsbedingungen, den Inhalten, der Rezeption und dem Aussagewert für die heutige Historiografie das Potenzial und die Grenzen dieser Form von Gesellschaftsbeobachtung »durch den Eisernen Vorhang hindurch« diskutiert – zum einen im Vergleich zu den Möglichkeiten der ostdeutschen Demoskopie, zum anderen in Hinblick auf die Geheimdienstberichte des Ministeriums für Staatssicherheit.

1. Zum Entstehungskontext

Aus wissensgeschichtlicher Perspektive ist die Welt der Demoskopie von der geheimdienstlichen Gesellschaftsdeutung und deren Beschaffungsinstrumenten wie Informantenmeldungen, Mitlesen von Post und Abhören von Telefo-

1 Generell zu diesem Programm Jens Gieseke: Auf der Suche nach der schweigenden Mehrheit Ost. Die geheimen Infratest-Stellvertreterbefragungen und die DDR-Gesellschaft 1968 bis 1989. In: Zeithistorische Forschungen/Studies in Contemporary History 12 (2015) 1, S. 66–97.

naten klar zu unterscheiden. Gleichwohl gibt es Gemeinsamkeiten: Demoskopie wie Geheimdienstberichte sind Instrumente moderner Staatlichkeit, die auf ein strukturiertes Bild von den tendenziell unübersichtlichen Gesellschaften angewiesen zu sein meint, um sie steuern zu können und damit ihre Machtsicherungs- bzw. -durchsetzungsinteressen umsetzen zu können. Beide dienen der exklusiven, das heißt geheimen Information und Beratung von politischen Entscheidungsträgern. Deshalb befinden sich Geheimdienstler und Demoskopen gegenüber der Politik in einer direkten Konkurrenz über die »richtige« Deutung des zu beobachtenden Feldes und die Qualitäten ihres jeweiligen Instrumentariums. Die Konkurrenz ist allerdings etwas asymmetrisch, da die Demoskopen in aller Regel weder die Entstehung noch die Ergebnisse der geheimdienstlichen Berichterstattung kennen, während umgekehrt die Geheimdienstler zumindest die Chance hätten, demoskopische Studien in ihre eigene Lagebeobachtung einzubeziehen. Die Demoskopie gleicht diesen Nachteil dadurch aus, dass sie sich in der Regel zum einem auf die Überlegenheit eines modernen, methodisch kontrollierten »wissenschaftlichen« Zugriffs beruft, zum anderen auf den Reiz der scheinbar präzisen Quantifizierung und Repräsentativität, der den Politikern Klarheit in den Handlungsempfehlungen verspricht.[2]

In der Deutschlandpolitik profilierte sich Infratest in dieser Konkurrenz in zwei Schüben. Dies waren zum einen die Flüchtlingsbefragungen Mitte der 1950er-Jahre, die auch publiziert wurden und sogleich Aufsehen erregten, weil sie zu dem überraschenden Ergebnis kamen, dass unter den DDR-Flüchtlingen das SED-Regime zwar überwiegend abgelehnt wurde, es aber zugleich eine breite Sympathie für sozialistische Systemfeatures wie eine sozialisierte Wirtschaft gab.[3] Infratest kam damit zu ähnlich irritierenden Befunden wie das amerikanische Harvard Project on the Soviet Social System in Bezug auf ehe-

2 Felix Keller: Archäologie der Meinungsforschung. Mathematik und die Erzählbarkeit des Politischen. Konstanz 2001; Anja Kruke: Demoskopie in der Bundesrepublik. Meinungsforschung, Politik und Medien 1949–1990. Düsseldorf 2007; Benjamin Ziemann: Sozialgeschichte und Empirische Sozialforschung. Überlegungen zum Kontext und zum Ende einer Romanze. In: Pascal Maeder, Barbara Lüthi, Thomas Mergel (Hg.): Wozu noch Sozialgeschichte? Eine Disziplin im Umbruch. Festschrift für Josef Mooser zum 65. Geburtstag. Göttingen 2012. S. 131–149.

3 Infratest: Angestellte in der Sowjetzone Deutschlands. Verhaltensweisen und gesellschaftliche Einordnung der mitteldeutschen Angestellten. O. O. 1958; Viggo Graf Blücher: Industriearbeiterschaft in der Sowjetzone. Eine Untersuchung der Arbeiterschaft in der volkseigenen Industrie der SBZ. Stuttgart 1959; Infratest: Die Intelligenzschicht in der Sowjetzone Deutschlands, Bd. 1: Beruf und Funktion. München 1959, Bd. 2: Analyse der Fluchtgründe. München 1959, Bd. 3: Ideologische Haltungen und politische Verhaltensweisen. München 1960; Gerhard Schröter: Jugendliche Flüchtlinge aus der Sowjetzone (Schriftenreihe zur empirischen Sozialforschung). München 1959; vgl. Michael Meyen: Die Flüchtlingsbefragungen von Infratest. Eine Quelle für die Geschichte der frühen DDR. In: Beiträge zur Geschichte der Arbeiterbewegung 42 (2000) 4. S. 64–76.

malige Einwohner der Sowjetunion.[4] Infratest forderte mit dem Selbstbewusstsein der »modernen« Disziplin das gängige Bild von den »Aufständischen im Wartestand« heraus, wie es die Bonner Ministerialbürokratie im Geiste der »liberation policy« überwiegend pflegte. 1963 erhielt das Institut vom Westberliner Senat den Auftrag, im Zuge des ersten Passierscheinabkommens die Ansichten der Ostberliner zu erkunden.[5] Als schließlich 1966 die SPD in Person von Herbert Wehner das Bundesministerium für Gesamtdeutsche Fragen übernahm, erging dann die Initiative an Infratest für das hier diskutierte jährliche Befragungsprogramm.

Politisch sind diese Initiativen in die Bemühungen der westdeutschen Sozialdemokratie einzuordnen, sich mit einer leistungsfähigen demoskopischen Politikberatung auszustatten. Dahinter stand auf SPD-Seite ein personelles Netzwerk mit Akteuren wie Harold Hurwitz als Berater der Senatskanzlei in West-Berlin sowie Leo Bauer als weiteren SPD-Berater, die beide Anhänger von Meinungsumfragen waren und darauf drängten, das Bild von der DDR-Bevölkerung auf ein breiteres empirisches Wissen zu gründen.[6] Der Name Leo Bauer wie auch derjenige der langjährigen Programmleiterin bei Infratest, Anne Köhler, verweisen auf einen weiteren Begleitumstand: In dieser »westlichen« Berichtsserie waren an wesentlichen Stellen ehemalige DDR-Einwohner aktiv, in diesen beiden Fällen auch mit persönlichen Haft- und Verfolgungsgeschichten.[7] Dieser biografische Hintergrund sollte sich im Verlauf der Methodenentwicklung als nicht ganz unwesentlich erweisen, weil Frageentwicklung und Interpretation stärker als es die »exakte« demoskopische Methode suggerierte auf der intuitiven Kenntnis der DDR-Gesellschaft bei den Programmentwicklern basierte. Ein solcher qualitativer Ansatz spielte dann auch im Studiendesign eine systematische Rolle, indem (wie auch sonst in der Demoskopie üblich) qualitative Verfahren wie Gruppendiskussionen eingesetzt wurden, um Themen zu identifizieren sowie Fragen und Antwortalternativen zu testen.

Da seit 1961 Flüchtlingsbefragungen als Instrument der »Communist Studies« nicht mehr sinnvoll durchführbar waren, entwickelte Infratest im Rahmen der Westberliner Befragung 1963 die Stellvertreter-Methode, bei der DDR-Besucher über die Ansichten und Verhaltensweisen jeweils eines bestimmten DDR-Einwohners, der sogenannten »Person X«, Auskunft geben sollten. Diese

4 Raymond A Bauer, Alex Inkeles: The Soviet Citizen. Daily Life in a Totalitarian Society. Harvard 1959; zur Wissensgeschichte David C. Engerman: Know Your Enemy. The Rise and Fall of America's Soviet Experts. Oxford 2009.

5 Infratest: Ost-Berliner 1963 im Spiegel West-Berliner Passierscheinbenutzer. April 1964, unveröffentlichte Studie, Infratest Archiv, Berlin.

6 Harold Hurwitz: Mein Leben in Berlin. In: Leviathan 27 (1999) 2, S. 264–279; Peter Brandt, Jörg Schumacher, Götz Schwarzrock, Klaus Sühl: Karrieren eines Außenseiters. Leo Bauer zwischen Kommunismus und Sozialdemokratie 1912 bis 1972. Berlin, Bonn 1983.

7 Gespräch mit Dr. Anne Köhler, 5.12.2011.

Methode steht, wie ein Blick in jedes Demoskopie-Lehrbuch zeigt, auf mehr als wackeligen Füßen und stand in den ersten Jahren des Infratestprogramms auch unter erheblichem Beschuss. So hieß es 1963 relativ vorsichtig: »Wir konnten uns bei diesem Experiment auf keinerlei Erfahrungen stützen, sondern mussten uns sozusagen vom ›Nullpunkt‹ aus an dieses Problem herantasten.«[8] In den späteren Jahren wurde die Methode dann mit einer Standardformulierung erläutert:

> Aufgrund kontinuierlich durchgeführter Erhebungen dieser Art wissen wir, dass eine bewusst verfälschte Wiedergabe der Ansichten der DDR-Bewohner durch die Befragten nicht vorkommt. Trotzdem können [...] die überwiegenden Ergebnisse nicht als exakte Repräsentativdaten über die DDR-Bevölkerung interpretiert werden. Sie liefern jedoch recht gute Anhaltspunkte für die Einstellung und Stimmung unter der DDR-Bevölkerung und verdeutlichen die vorherrschenden Tendenzen.[9]

Mit dieser Mischung aus Vorsicht und Selbstbewusstsein konnte sich Infratest letztlich behaupten, und zwar deshalb, weil sich die sozialstatistischen Daten tatsächlich als einigermaßen valide erwiesen, zugleich aber die Ergebnisse alle Vorzüge der Demoskopie bestätigten: Sie boten nämlich einen beeindruckenden Mehrwert an (scheinbar gesichertem) Wissen über die »schweigende Mehrheit« der DDR-Bevölkerung und zugleich eine kompakte Handlungsorientierung.

2. Umrisse des inhaltlichen Profils: Fragen und Befunde

Welche Themen und Inhalte bearbeitete Infratest in seinen Studien? Sie hatten erstens eine unmittelbar politikberatende Funktion als Feedbackinstrument zur Deutschlandpolitik. So kam Infratest von 1969 bis 1974 regelmäßig zu dem Befund, dass die große Mehrheit der DDR-Bewohner (rund 80 %) den Verhandlungskurs der Bundesregierung unterstützte und sich sogar dafür aussprach, dass die Bundesrepublik die DDR anerkennen solle, sofern dafür Gegenleistungen wie etwa bessere Westreisemöglichkeiten erreicht werden könnten.[10] Mit diesen Ergebnissen konnte sich die Regierung Brandt als Interessenwalter der DDR-Bevölkerung gegenüber der SED-Führung verstehen und zugleich im Recht sehen gegenüber der Bonner Opposition, die ja alles unternahm, um die Verhandlungen zu torpedieren. Solche aktuellen Fragen gab es auch später, von der Reak-

8 Infratest 1964 (wie Anm. 5), S. 7.

9 Infratest: Einstellungen und Verhaltensweisen der Bevölkerung in der DDR 1968–1989, unveröffentlichtes Material, Infratest Archiv Berlin (im Folgenden: Infratest DDR-Programm), hier 1970, S. 12.

10 Z. B. Infratest DDR-Programm 1969, S. 16.

tion auf die polnische Solidarność 1980/81 bis zu den Wimbledonsiegen von Boris Becker 1985/86.

Mittelfristig bedeutsamer war allerdings das zweite Feld: ein Langzeitprogramm zu politischen Haltungen und Akzeptanz des SED-Systems, Lebensverhältnissen und auch dem Medienverhalten der DDR-Einwohner. Dieses Programm war in den ersten Jahren erfüllt von der Sorge vor einer wachsenden Entfremdung insbesondere der DDR-Jugend. So hieß es 1968: »Längst nicht mehr wird der SED-Staat von der Mehrheit der ostdeutschen Bevölkerung als nur mühsam zu ertragende politische Gegebenheit angesehen. Man identifiziert sich zwar nicht mit dem Regime, man anerkennt aber die Leistungen des Staates in vielen Teilbereichen und würdigt diese auch.«[11]

Und ein Jahr später kulminierte dieser Eindruck in der folgenden Passage:

> Noch im letzten Untersuchungsjahr waren drei Viertel der Bevölkerung von einer – zumindest teilweisen – erfolgreichen kommunistischen Indoktrinierung der Jugendlichen überzeugt; jetzt sind es schon mehr als vier Fünftel. Und die Jugendlichen selbst sprechen sogar [tatsächlich] zu 43 % von einer kommunistisch orientierten Jugend! Nach wie vor stehen zwar noch längst nicht alle Jugendlichen aus innerer Überzeugung zu dem SED-Regime, doch gewinnt der Kommunismus immerhin langsam und stetig unter ihnen an Raum. Die Entwicklung scheint sich genau nach den Wünschen des Regimes zu vollziehen.[12]

Hier setzte allerdings nach den ersten Befragungswellen ein nachhaltiger Lerneffekt ein. Es zeigte sich nämlich sehr schnell, dass nach dem Eindruck der DDR-Besucher der überwiegende Teil der DDR-Einwohner, auch die jüngeren, zwar auf manches Systemangebot ansprach, aber gewiss nicht auf die Propaganda der SED. Und so kristallisierte sich für Infratest schnell heraus, dass für die breite Mehrheit der DDR-Bürger nicht die Fragen des Glaubens an die großen Ideologien oder der kämpferischen Propaganda entschieden, sondern ihre praktischen materiellen und immateriellen Lebenslagen. Und so entwickelte das Institut zum eigentlichen Rückgrat seiner Langzeitbefragungen ein Set von 21 Fragen zu Lebensverhältnissen und Einschätzung der persönlichen Situation im direkten Systemvergleich.

11 Infratest DDR-Programm 1968, S. 92.
12 Infratest DDR-Programm 1969, S. 54.

Was ist nach Ansicht von Person X eher bzw. besser gegeben in … (ausgewählte Werte)	**DDR**	**kein Unterschied**	**BRD**
Jugendförderung, Ausbildung	67	17	14
Hilfsbereitschaft	48	42	9
Medizinische Versorgung	35	28	35
Angenehmere Arbeitsbedingungen	28	27	44
Chancengleichheit	25	21	53
Wirtschaftliche und soziale Sicherheit	25	18	55
Gerechtere Einkommensverteilung	22	13	63
Angemessenheit der Preise	20	16	63
Gleiches Recht für alle	19	24	56
Altersversorgung	12	13	73
Gute Wohnbedingungen	12	19	67
Bessere Lebensbedingungen	8	14	78
Persönliche Freiheit (Wert für 1973)	5	8	86

Tab. 1: Infratest, Lebensbedingungen im Systemvergleich, 1976[13]

Und dabei zeigten sich sehr gemischte Botschaften: Die DDR-Bürger im Allgemeinen und die DDR-Jugend im Besonderen hielten demzufolge das Ausbildungssystem dort für erheblich besser als in der Bundesrepublik, maßen der DDR-Gesellschaft mehr Hilfsbereitschaft untereinander zu und hielten die medizinische Versorgung immerhin für gleichwertig. Zugleich aber schälte sich als Grundmuster heraus, dass die Bundesrepublik in fast allen für die DDR-Bürger zentralen Belangen als das weitaus attraktivere System galt, selbst auf Gebieten, auf denen die sozialistische Programmatik beanspruchte, vorne zu sein, wie etwa den Kategorien »Chancengleichheit«, »wirtschaftliche und soziale Sicherheit« oder »gerechtere Einkommensverteilung«.

Infratest ließ aufgrund dieser Befunde die binäre Logik von »Für« oder »Gegen« das System hinter sich und entwickelte 1973 eine multivariate Typologie von DDR-Einwohnern, in der acht verschiedene Fragen kombiniert waren:

- Identifikationsgrad mit dem politischen System,
- Einschätzung der Lebensverhältnisse in der DDR,
- Teilnahme an politischen Veranstaltungen,
- Allgemeines politisches Interesse,
- Interesse an politischen Fragen der Bundesrepublik,

13 Infratest DDR-Programm 1976, diverse Fragen.

- Gerechte Einkommensverteilung (Vergleich BRD/DDR),
- Gute Arbeitsbedingungen (Vergleich BRD/DDR),
- Bessere Lebensbedingungen in der Zukunft (Vergleich BRD/DDR).

Infratest ergänzte hiermit die klassischen Fragen nach der Haltung zum politischen System der DDR um zwei Dimensionen, zum einen zum Interesse und zur Partizipation an politischen Fragen, zum anderen nach der Einschätzung der materiellen und sozialen Lebensbedingungen.[14]

	'73	**'74**	**'75**	**'76**	**'77**	**'78**	**'79**	**'80**
Typ C	14	13	16	16	13	11	11	13
Typ E	19	16	4	4	4	3	1	1
Typ A	19	15	17	20	16	17	13	10
Typ D	29	30	31	27	30	37	25	29
Typ B	19	25	32	33	36	31	49	47

	'81	**'82**	**'83**	**'84**	**'85**	**'86**	**'87**	**'88**	**'89**
Typ C	9	12	9	13	15	15	11	15	8
Typ E	2	2	1	1	1	1	1	1	1
Typ A	10	9	10	10	9	9	8	5	5
Typ D	33	29	32	34	35	33	38	38	26
Typ B	46	48	48	42	40	41	42	41	60

Tab. 2: Typologie der DDR-Bevölkerung[15]

Typ C: Politisch stark interessiert, starke Identifikation mit DDR
Typ E: Geringes politisches Interesse, vergleichsweise starke Identifikation
Typ A: Geringes politisches Interesse, angepasst oder indifferent, von besseren Lebensbedingungen in der BRD überzeugt
Typ D: Mäßiges politisches Interesse, angepasst, Lebensbedingungen in der BRD werden i.d.R. besser bewertet
Typ B: Politisch stark interessiert, geringer Identifikationsgrad, ausgeprägte Orientierung an den Verhältnissen in der BRD

Daraus ergab sich eine Auffächerung in fünf Haltungstypen: Exponenten waren die Typen B und C, die beide ein hohes politisches Interesse hatten. Typ C waren die aktiven Systemträger, demgegenüber stand Typ B, der ebenfalls politisch interessiert war, aber eine deutlich pro-bundesrepublikanische Haltung zeigte.

14 Dazu Infratest: Typologie der DDR-Bewohner (Infratest DDR-Programm 1973, Bd. 2).
15 Zusammengestellt aus Infratest DDR-Programm 1973–1989.

Insbesondere in den ersten Jahren befanden sich dazwischen allerdings drei »mittlere« Haltungsgruppen von erheblicher Größe, darunter Typ D mit schwachem politischem Interesse bei eher prowestlicher Haltung, Typ E (der später fast ganz verschwand) mit ebenso schwachem politischem Interesse und eher neutralistischer oder DDR-positiver Haltung und schließlich der Typ A, der sich durch völliges politisches Desinteresse auszeichnete, darunter sehr viele Rentner und Hausfrauen. Für die Frühphase des Programms war gerade die Nachricht zentral, dass es diese drei »mittleren« Typen gab, also einen soziologisch genauer zu beschreibenden »Bauch« der Gesellschaft, der sich der Ost-West-Polarisierung nicht ohne Weiteres fügte, sondern zum einen ein hohes Maß an Politikdistanz aufwies (Stichwort Untertänigkeit), zum anderen seine Urteile über dieses oder jenes Systemfeature relativ unabhängig entschied, also aus Bonner Sicht durchaus ansprechbar war für das Konzept Fürsorgediktatur, wie es Honecker in den ersten Jahren seiner Amtszeit als Erster bzw. Generalsekretär ausbaute.

Neben der Fülle von Einzelbefunden war es ein hochaggregierter sozialwissenschaftlicher Indikator wie dieser, der Infratest zu jährlich erneuerten Generalaussagen über die Beschaffenheit der DDR-Gesellschaft und die Spannung von Unzufriedenheit in der Bevölkerung und Stabilität des SED-Regimes ermächtigte. Und wie zu erkennen ist, meinte Infratest schon in den ersten Jahren bis 1979, eine deutliche Zunahme aktiver pro-westlicher Orientierung zu erkennen, gefolgt von einer relativ stabilen Situation bis etwa 1988.

3. Rezeption

Für die Frage nach der Rezeption durch die politische Führung entscheidend waren die zwei- bis dreiseitigen Ergebniszusammenfassungen, die dann ihren Weg bis in höhere Gefilde des Bundeskanzleramtes fanden. Nach der explorativen Feedbackrolle in der Ära der Neuen Ostpolitik schloss sich ab 1975 eine gewisse Beruhigung an, weil Deutschlandpolitik unter Helmut Schmidt nicht mehr oberste Priorität genoss und die Befunde zwar für die westliche Seite durchaus positiv, aber wenig spektakulär waren und kaum Handlungsperspektiven eröffneten. Die SED-Diktatur wurde hier als zwar nicht mehrheitsfähig, aber stabil beschrieben. So hieß es zum Beispiel in der Zusammenfassung 1981:

> Die Unzufriedenheit der DDR-Bürger mit den politischen Verhältnissen in ihrem Land scheint nach den Beobachtungen der DDR-Besucher in 1981 nicht mehr in dem Ausmaß anzuwachsen, wie in den beiden vergangenen Jahren. Es deutet sich eine Stabilisierung an, allerdings auf dem Stand eines hohen Maßes an Unzufriedenheit. [...] Hinsichtlich der Einstellung der DDR-Bürger zu ihrem politischen System zeigt sich ein langsames, aber stetiges Anwachsen der Gruppe der ausdrücklichen Systemgegner; insbesondere gilt dies für die Angestellten in der DDR. Im-

mer noch sind aber die Angestellten dem System gegenüber überdurchschnittlich positiv eingestellt.[16]

Wenig Freude wird der Regierung Schmidt auch die Tatsache bereitet haben, dass die DDR-Bevölkerung sich ausgesprochen pazifistisch darstellte. So betrachtete sie den NATO-Doppelbeschluss zu zwei Dritteln nur als weitere Belastung für die ohnehin schwierigen Ost-West-Beziehungen.

1981	**Basis: 257**
Positiv	33
Negativ	64
Keine Angabe	3

Tab. 3: »Hat X den Doppelbeschluss grundsätzlich positiv oder negativ bewertet?«[17]

Nach dem Regierungswechsel 1983 kam es nicht zu einem Wechsel des Instituts, obwohl die CDU andere Meinungsforscher hatte, mit denen sie seit Langem zusammenarbeitete. Die neue Bundesregierung ergänzte vielmehr den Titel der Befragungsreihe um den programmatischen Zusatz »Deutschlandpolitik und innerdeutsche Situation« und initiierte eine neue Fragebatterie zum Nationalbewusstsein der DDR-Bevölkerung. Die Resonanz auf diese Initiative fiel zwiespältig aus. Es zeigte sich nämlich, dass das Nationalbewusstsein nicht gerade zu den Topthemen der Besuchsgespräche gehört hatte. Nur rund 15 Prozent der Befragten konnten dazu etwas berichten. Sofern die »Personen X« etwas dazu geäußert hatten, war der Wunsch nach einer Wiedervereinigung zwar durchaus breit präsent, allerdings im Kontext der Ost-West-Konfrontation mehrheitlich auf »neutraler« oder blockunabhängiger Basis. Dies galt insbesondere für junge DDR-Bürger.

1984	**Basis: 180**
würde X eher wünschen	87
würde X eher ablehnen	6
ist X gleichgültig	6
keine Angabe	1

Tab. 4: »Ist von X eine Wiedervereinigung gewünscht?«[18]

16 Infratest DDR-Programm 1981, S. 2.
17 Infratest DDR-Programm 1981, Bd. 1, Frage 34, S. 77.
18 Infratest DDR-Programm 1984, Bd. I/1, Frage 44, S. 59.

1984	DDR-Besucher	DDR-Bewohner	unter 30	30–49	50+
westlich wie Bundesrepublik	43	40	5	57	48
neutral wie Österreich	25	35	49	29	32
im vereinten Europa, unabhängig von UdSSR und USA	31	21	35	11	21
kommunistisch	0	3	11	1	0
Basis	k. A.	132	35	49	48

Tab. 5: Art der gewünschten Wiedervereinigung?[19]

Zu ergänzen ist hier die Rezeption durch die DDR-Seite. Wie man einigen Zeitungsmeldungen entnehmen kann, ist die DDR schnell auf die Infratest-Befragungen aufmerksam geworden und das Ministerium für Staatssicherheit hatte mit dem Ministerialbeamten Knut Gröndahl auch einen gut platzierten Informanten im Bundesministerium für innerdeutsche Beziehungen, der nicht nur zum Empfängerkreis der wenigen Berichtsexemplare gehörte, sondern circa 1988/89 auch mit Anne Köhler die Fragenkataloge entwickelte. Merkwürdigerweise konnte die Stasi-Unterlagen-Behörde bislang keine nennenswerte Überlieferung zum Befragungsprogramm, wie überhaupt zu Infratest, nachweisen. Gröndahls SIRA-Einträge enthalten nur einen einzigen Hinweis auf das Infratest-Programm aus dem Jahr 1982. Im Januar diesen Jahres lieferte er nach Ostberlin ein neun Seiten umfassendes Dokument, versehen mit der Inhaltsangabe: »Infratest-Untersuchung zu Verhaltensweisen der Bevölkerung der DDR und der DDR-Besucher aus der BRD«. Dieses Dokument wurde als »Geheime Verschlusssache« (also relativ hoch) klassifiziert, mit der Note 2 bewertet und auch an den KGB weitergereicht. In Hinblick auf die Rezeption, über die wir nichts wissen, ist es bemerkenswert, dass im Titel nur von »Verhaltensweisen«, nicht aber wie bei Infratest selbst von »Einstellungen« die Rede war. Und es lässt sich mutmaßen, dass das Verlangen der HVA nach diesen Berichten offenbar gering war, denn es folgte kein weiterer Bericht dieser Art, obwohl Gröndahl weiterhin in dichter Folge andere Spionageergebnisse lieferte.[20] Auch die überlieferten Unterlagen zur Programmleiterin Köhler enthalten nur marginale Hinweise auf ihre Tätigkeit für Infratest.[21]

19 Infratest DDR-Programm 1984, Bd. I/1, Frage 45 A, S. 60.

20 Der Bundesbeauftragte für die Stasi-Unterlagen, Zentralarchiv, MfS, HVA, SIRA, SE8200212, 6.1.1982, zu Reg.-Nr. IX/821/66. Ein weiterer Hinweis auf das Programm findet sich in einem Bericht zum geplanten DDR-Besuch von Helmut Schmidt. Diesen Hinweis verdanke ich Matthias Braun, BStU. Zu Gröndahl vgl. Klaus Marxen, Gerhard Werle (Hg.) Strafjustiz und DDR-Unrecht. Dokumentation, Bd. 4/1: Spionage. Unter Mitarbeit von Petra Schäfter und Ivo Thiemrodt. Berlin 2004, S. 45–47.

21 Auskunft von Dr. Anne Köhler, 19.4.2012.

4. Probleme der historiografischen Verwendung

Wie steht es nun um die Verwendungsmöglichkeiten für die heutige Historiografie? Es ist heute – als Folge des cultural turn und einer intensiven wissensgeschichtlichen Theoriebildung – umstritten, ob zeitgenössische sozialwissenschaftliche und demoskopische Studien überhaupt als Quellen im Sinne ihrer eigenen Intention geeignet sind, also ihre inhaltlichen Befunde in historiografische Narrative einfließen können oder lediglich Auskunft über die Werthorizonte und Konstruktionsprozesse der Auftraggeber und Forscher geben, über den zeitgenössischen Fortschrittsglauben an die Quantifizierbarkeit gesellschaftlicher Verhältnisse usw. – so jedenfalls die Thesen etwa von Benjamin Ziemann und Anja Kruke sowie kürzlich Rüdiger Graf und Kim Christian Priemel.[22] Und das Urteil über geheimdienstliche Stimmungsberichte lautet ganz ähnlich, wie etwa Stephen Kotkin und Peter Holquist für die Sowjetunion argumentiert haben.[23] Hinzu kommt die innerfachliche Kritik der Soziologen an der Meinungsforschung, etwa von Pierre Bourdieu, der darauf verweist, dass durch die Art der Fragestellung und Antwortmöglichkeiten, die Themensetzung usw. erst eine Meinung generiert werden würde, die zuvor gar nicht da war.[24] Und schließlich gibt es eine demoskopieimmanente Fachkritik an Stellvertreterbefragungen, die sich vor allem auf die Streuung durch Projektionen sowie die Probleme der Repräsentativität beziehen.[25]

Alle diese Kritiken sind berechtigt: Es ist notwendig, das demoskopische Programm insgesamt als Projekt historisch einzuordnen und zu analysieren, um es als Quelle besser zu verstehen. Dazu gehört, den Mythos der »Repräsentativität« und die Scheinpräzision der Quantifizierung zu dekonstruieren, wie auch genau zu schauen, was hier eigentlich abgebildet wird, nämlich die Schlussfolgerungen

22 Kruke: Demoskopie (Anm. 2); Ziemann: Sozialgeschichte (Anm. 2); Rüdiger Graf, Kim Christian Priemel: Zeitgeschichte in der Welt der Sozialwissenschaften. Legitimität und Originalität einer Disziplin. In: Vierteljahrshefte für Zeitgeschichte 59 (2011) 4, 1–30. Die Gegenposition bezogen Christopher Neumaier und Bernhard Dietz: Vom Nutzen der Sozialwissenschaften für die Zeitgeschichte. Werte und Wertewandel als Gegenstand historischer Forschung. In: Vierteljahrshefte für Zeitgeschichte 60/2 (2012), S. 293–304.

23 Peter Holquist: »Information is the Alpha and the Omega Of Our Work«. Bolshevik Surveillance in its Pan-European Context. In: Journal of Modern History 69 (1997), 415–450; Stephen Kotkin: »Popular Opinion in Stalin's Russia: Terror, Propaganda, and Dissent, 1934–1941« by Sarah Davies/Review. In: Europe-Asia Studies 50, no. 4 (1998): 739–742.

24 Pierre Bourdieu: Die öffentliche Meinung gibt es nicht. In: Ders.: Soziologische Fragen. Frankfurt/M. 1993, S. 212–223.

25 Thomas Herz: Einstellungen und Verhaltensweisen der DDR-Bevölkerung. Gutachten über Erhebungen des Infratest-Instituts; Zentralarchiv für empirische Sozialforschung, Universität zu Köln, 1974, unveröffentlichtes Material, Infratest Archiv, Berlin.

von Westdeutschen aus einer sehr speziellen kommunikativen Situation – dem privaten Austausch beim Besuch in der DDR.[26]

Dies alles in Rechnung stellend, wird klar, dass die Daten nicht zum »Nennwert« in der Historiografie verwendet werden können – genauso wenig, wie sich die Verwendung der MfS-Stimmungsberichte auf das Nacherzählen der »besten Stellen« beschränken kann. Beide Quellengattungen sind eingebunden in ihre Entstehungskontexte und geprägt durch narrative Formen der Legitimation der eigenen Aussagefähigkeit und der Vermittlung ihrer »Botschaften« an die Empfänger.

Trotzdem sind alle diese Quellenserien extrem wertvoll und zwar aus zwei Gründen:

Erstens bieten diese Serien eine konkurrenzlose makroanalytische Perspektive auf »nicht-öffentliche« gesamtgesellschaftliche Kräfteverhältnisse und ihre zeitgenössische Wahrnehmung. Sie sind deshalb geeignet, die mittlerweile relativ reichhaltigen mikrohistorischen Befunde zu Alltagsleben, der Bedeutung von eigensinnigen sozialen Praktiken usw. auf die gesamtgesellschaftliche Ebene zu heben. Als Langzeitserien bieten sie schon jede für sich genommen die Möglichkeit zu immanenten Trendaussagen und Binnendifferenzierungen, was auch die DDR-eigene Demoskopie interessant macht, deren Arbeitsbedingungen mit noch größeren Hypotheken belastet waren.[27]

Der eigentliche Weg zu einem in höherem Maße belastbaren Gesamtbild für das, was man die »nicht-öffentliche« Volksmeinung nennen kann, ergibt sich allerdings erst aus der komparativen Zusammenschau und Verklammerung der Befunde. So können etwa Haltungen und Verhaltensweisen, die sowohl von den DDR-Besuchern bei Infratest berichtet wurden als auch (wie auch immer verzerrt) in DDR-eigenen Meinungsumfragen erkennbar sind sowie ferner in den Stimmungsberichten der Geheimdienste auftauchen, doch mit einer erheblich höheren Wahrscheinlichkeit als relevant und valide betrachtet werden. Und tatsächlich finden sich eine Fülle von Trends und Schwerpunkten, die aus anderen Quellen bestenfalls zu erahnen sind bzw. unter dem Verdacht mikrohistorischer Zufälligkeiten stehen.[28]

Das gilt für zwei Grundtatbestände der ostdeutschen Volksmeinung, nämlich erstens, dass sie viel eigenständiger, pragmatischer und unabhängiger von

26 Vgl. Jutta Voigt: Westbesuch. Vom Leben in den Zeiten der Sehnsucht. Berlin 2009.

27 Vgl. hierzu Jens Gieseke: Opinion polling behind and across the Iron Curtain. How West and East German pollsters shaped knowledge regimes on communist societies. In: History of the Humanities and the Social Sciences 29 (2016) 4–5, S. 77–98.

28 Vgl. die exemplarische Studie zu Haltungen zu internationaler Rüstungs- und Sicherheitspolitik: Jens Gieseke: Who did East Germans trust? Popular Opinion on Threats of War, Confrontation and Détente in the GDR, 1968–89. In: Reinhild Kreis, Martin Klimke, Christian Ostermann (eds.): »Trust, but verify The Politics of Uncertainty and the Transformation of the Cold War Order, 1969–1991«. Redwood City 2016, S. 143–166.

den Deutungsangeboten der konkurrierenden »großen Ideologien« waren, als es die zeitgenössischen Beobachter erwartet hatten und zweitens, dass die Agenda von Prioritäten klar von materiellen Vorteilen und immateriellen Lebenschancen geprägt war.

Es ist bei einer solchen Zusammenschau schließlich auch möglich, die jeweiligen Schwächen der verschiedenen Serien auszugleichen. So kann man den Infratest-Daten zwar zugutehalten, dass sie konsistent die grundsätzliche Legitimitätslücke des DDR-Regimes zeigen, dass also die breite Mittelgruppe der DDR-Bevölkerung angepasst, aber im Ergebnis ihrer Abwägung eher prowestlich eingestellt war. Dies hat die Staatssicherheit in ihren Berichten, trotz aller dort dokumentierten kritischen Äußerungen aus der Bevölkerung, zumindest in den rhetorischen Gesamtschauen gerade umgekehrt dargestellt. Allerdings erkannte Infratest in den letzten Jahren nicht das vorrevolutionäre Brodeln. So hielt der Jahresbericht 1987 fest:

> Über die Hälfte der Bevölkerung zeigte sich gegenüber politischen Fragen weitgehend opportunistisch. Sie beurteilen zwar die Lebensbedingungen in der Bundesrepublik in der Regel als den eigenen weit überlegen, sehen darin aber keinen Grund, eine für die Besucher erkennbare Oppositionshaltung gegenüber dem eigenen System einzunehmen. Den politischen Verhältnissen in der DDR haben sie sich längst angepasst.[29]

Die Staatssicherheit hingegen registrierte ab 1985 mit möglicherweise unbewusster, aber feiner Sensorik die fortschreitende Eskalation, emotionale Aufladung und Politisierung in der ostdeutschen Bevölkerung.[30] Für diese Blindheit der westdeutschen Beobachter ist sicher der westdeutsche Diskurs über die DDR von Bedeutung, der sehr lange Stabilität und – zumindest relativen – Erfolg des DDR-Systems meinte erkennen zu können. Es lässt sich allerdings argumentieren, und das ist für die hier verfolgte Fragestellung relevanter, dass dies auch mit den unterschiedlichen Sphären zu tun hat, die sich in den jeweiligen Berichtsserien abbildeten:

29 Infratest DDR-Programm 1987, Bericht, S. 69.

30 Vgl. Jens Gieseke: »Seit langem angestaute Unzufriedenheit breitester Bevölkerungskreise« – Das Volk in den Stimmungsberichten des MfS. In: Klaus-Dietmar Henke (Hg.): Revolution und Vereinigung 1989/90. Als in Deutschland die Realität die Phantasie überholte. München 2009, S. 130–148.

Typ	**Beispiele**	**Bericht-erstattung**
Massenmedienöffentlichkeit	Zeitungsmeldungen	
Veranstaltungsöffentlichkeit	Lesungen, Wahlversammlungen	<= MfS
Encounteröffentlichkeit	Warteschlangen, Kantine, Gespräche mit Nachbarn und Kollegen	<= MfS
Privater Meinungsaustausch	(innerfamiliäres Gespräch, privater Besuch)	<= Infratest

Übersicht: »Öffentlichkeiten« im Staatssozialismus (nach Gerhards/Neidhardt)[31]

Während Infratest dezidiert aus dem privaten Gespräch Ost – West berichtete, wo Meckern und Systemdistanz immer, also auch vor 1985, eine starke Rolle spielten, konzentrierte sich die Berichterstattung der Staatssicherheit gerade nicht auf diese Ebene, sondern vorzugsweise auf halböffentliche Äußerungen im Kollegenkreis, unter Nachbarn usw. Deshalb war Infratest relativ »blind« für die Dynamik, die sich gerade in dieser halböffentlichen Sphäre im Laufe der 1980er-Jahre entspann, und die dann für die Herstellung der vorrevolutionären Situation, für die gegenseitige Vergewisserung über Stimmungslagen, Handlungsdrücke und zu erwartende staatliche Reaktionen gerade entscheidend war.

Es ist in diesem Zusammenhang schließlich aufschlussreich, dass im Laufe des Jahres 1989 die Trendaussagen aller hier betrachteten Serien in ihren Befunden aufeinander zuliefen und schließlich in die ersten klassischen Meinungsumfragen ab November 1989 und dann insbesondere im Vorfeld der Volkskammerwahl 1990 mündeten. Dies gilt sowohl für Infratest und MfS-Berichte, als auch für die DDR-eigene Demoskopie, wie sie in dieser Phase insbesondere durch das Zentralinstitut für Jugendforschung Leipzig repräsentiert ist.[32] Dies spricht dafür, dass die Existenzbedingungen von »Meinung« sich in der späten DDR grundlegend veränderten: die Trennung von Privatsphäre und Öffentlichkeit löste sich sukzessiv von unten auf, und damit näherten sich die jeweils vertretenen Ansichten an. Diese Artikulation war wiederum selbst Teil der finalen Krise des späten Staatssozialismus.

31 Vgl. Jürgen Gerhards, Friedhelm Neidhardt: Strukturen und Funktionen moderner Öffentlichkeit: Fragestellungen und Ansätze. In: Stefan Müller-Doohm, Klaus Neumann-Braun (Hg.): Öffentlichkeit, Kultur, Massenkommunikation. Oldenburg o. J., S. 31–90, hier 34 f.; online unter URL:<docserver.bis.uni-oldenburg.de/publikationen/bisverlag/mueoef91/kapii-1.pdf ->

32 Vgl. Peter Förster, Günter Roski: DDR zwischen Wende und Wahl. Meinungsforscher analysieren den Umbruch. Berlin 1990.

Exkurs

Rudolf Stöber

Spurenlese. Deutschlands öffentliche Stimmungen zwischen Kaiserzeit und Weimarer Republik

I. Einführende Bemerkungen

»Dem Volk auf die Spur« zu kommen ist ein wichtiges Anliegen. Neben der Geschichtswissenschaft und ihren diversen Teildisziplinen erklären sich auch verschiedene Sozialwissenschaften dafür zuständig: die Soziologie, die Kommunikationswissenschaft und die Sozialpsychologie. Alle Zugänge unterscheiden sich hinsichtlich der Quellen- und Materialbasis, der theoretischen Fundierung und der methodischen Herangehensweise. Dass dabei die Interpretationen divergieren, versteht sich.

Dieser Aufsatz behandelt aus kommunikationshistorischer Perspektive die Kaiserzeit und die Zeit der Weimarer Republik. Er liefert darüber hinaus einen Ausblick auf die NS-Zeit. Gegliedert ist er wie folgt: Zunächst werden die Quellen institutionengeschichtlich vorgestellt, denn ohne Kenntnis der Berichte, ihrer Verfasser und Entstehungszusammenhänge erscheint eine Auswertung wenig sinnvoll. Sodann werden einige Ergebnisse aggregiert, um anzudeuten, wo Vorzüge und Fallstricke quantitativer und qualitativer Quellenauswertungen liegen. Zuletzt werden diverse Lesarten der Quellen besprochen, da jede Perspektive andere Interpretationen erzeugt.

II. Berichte und Institutionen

Spätestens mit der Französischen (und Amerikanischen) Revolution war ein neuer Akteur auf der politischen Bühne erschienen: das Volk. Obwohl sich seine Ankunft schon in der Reformation (und früher) abzuzeichnen begann, war das »Volk« bis zur Einräumung politischer Partizipationsrechte eher abschätzig als »Pöbel« betrachtet, als Steuer- und Lastenträger ausgenutzt und als Untertan beherrscht worden. Im späten 18. und frühen 19. Jahrhundert verbreitete sich jedoch allmählich die Erkenntnis, dass das Volk, die Masse bzw. das Publikum eine sträflich unterschätzte Größe *sui generis* ist. Im gleichen Maß, wie diese Erkenntnis wuchs, veränderte sich auch das Erkenntnisinteresse. Mochte unmittelbar nach den Revolutionen noch Revolutionsprävention[1] das Primärziel gewesen sein, traten allmählich weitere Perspektiven hinzu. Neben einer eher passiven Frühwarnung vor Aufruhr und Umsturz trat der Wunsch nach aktiver Gegenarbeit und Beeinflussung des Volkes, der Masse bzw. der Öffentlichkeit. Es wird zu zeigen sein, dass Stimmungsbeeinflussung und -beobachtung zwei Seiten der gleichen Medaille waren – ohne hier eine Geschichte der Propaganda und Öffentlichkeitsarbeit neben die Geschichte der Stimmungsberichte stellen zu können.

Die frühesten Anfänge hatten allerdings mit Propaganda oder Revolutionsprävention noch nichts zu tun. In Preußen berichteten seit dem 18. Jahrhundert verschiedene Einrichtungen und Behörden dem König »immediat« über die wichtigsten Vorgänge des gerade abgelaufenen Berichtszeitraums in ihrer jeweiligen Behörde. Als Anfang dürfen die wöchentlichen Meldungen der königlichen Domänen an die zentrale Domänenverwaltung gelten. Die »Immediatberichte« oder »Immediatzeitungsberichte« reichen bis ins Jahr 1742 zurück. Sie waren *Immediat* – unmittelbar – an den König gerichtet; sie enthielten Zeitungen. Im ursprünglichen Sinn hieß das Wort so viel wie Nachricht oder Neuigkeit. Die Immediatzeitungsberichte wurden von den Präsidenten der Regierungsbezirke und den Oberpräsidenten der Provinzen verfasst, denen wiederum die lokale und regionale Verwaltung zuarbeitete: Die Bürgermeister, in Ausnahmefällen die Polizeipräsidenten und die Landräte hatten in regelmäßigen Abständen Berichte einzureichen, die dann auf Bezirks- und Provinzebene zusammengefasst wurden. Über ihren Quellenwert für die Reformzeit hat sich schon Koselleck geäußert.[2]

Im frühen 19. Jahrhundert bildete sich dann jene Form aus, die mit geringen Abwandlungen bis zum Ende des Ersten Weltkriegs bestehen sollte. Schon im Vormärz gab es den Berichtspunkt, »Öffentliche Stimmung und Einfluß der Gesetzgebung auf dieselbe«.[3] In den nächsten Jahrzehnten wandelten sich Berichtszeitraum und Abfolge der Rubriken; allerdings blieb es bei einer strengen formalen Gestaltung. Das macht diese Texte zu einer recht standardisierten Quelle – mit entsprechenden methodischen Konsequenzen. Die Unzufriedenheit der Verwaltung fasste 1867 eine Denkschrift zusammen: Mit der Abfassung sei große Arbeit verbunden, der Wert der Berichte sei gering, sie würden

1 Z. B. in den Metternichschen Geheimberichten der »Restaurationsphase« nach 1815 oder denen der politischen Polizei in der »Reaktionsphase« nach 1848. Vgl. Hans Adler (Hg.): Literarische Geheimberichte. Protokolle der Metternich-Agenten, 2 Bde. Köln 1977; Walter Schmidt (Bearb.): Die Polizeikonferenz deutscher Staaten 1851–1866. Präliminardokumente, Protokolle und Anlagen. Hg. v. Friedrich Beck. Weimar 1993.

2 Reinhart Koselleck: Preußen zwischen Reform und Revolution. Allgemeines Landrecht, Verwaltung und soziale Bewegung von 1791 bis 1848. 3. Aufl., München, Stuttgart 1981.

3 Schema zum Zeitungs-Bericht, Kopie vom 16.10.1835; Brandenburgisches Landeshauptarchiv (BLHA) Rep. 2A I P, Nr. 131, unfol.

nicht wahrgenommen und »in den seltensten Fällen Aufmerksamkeit erregen«. Außerdem bestünden sie nur aus einer Unmenge an Nachrichten, die ohne »ihren inneren Zusammenhang« aneinandergereiht seien. Allerdings sei es wichtig, der Majestät weiterhin Informationen zukommen zu lassen, »wie die öffentliche Meinung nicht in ephemerer Kritik, sondern in dem Bewusstsein der Bevölkerungsklassen wichtige Angelegenheiten des öffentlichen Lebens« auffasse: »Es ist daher nicht in Frage zu stellen, daß in den periodischen Zeitungsberichten eine Quelle nützlicher, schwer zu ersetzender Informationen für Eure Königliche Majestät und die Staatsregierung gewonnen werden kann, wenn für die Art der Berichterstattung die richtige Norm gefunden ist.« Deswegen solle fortan nicht mehr in genormten Rubriken geschrieben werden, sondern die Präsidenten hätten, bei eigener Auswahl des Stoffes, diesen »in möglichst conciser Darstellung« zu vermitteln. Vom Zustand »der Bevölkerung in materieller und geistiger Beziehung« und ihrer »öffentliche[n] Stimmung« solle Kenntnis gegeben werden.[4] Etliche Anregungen der Denkschrift nahm ein königlicher Erlass vom August auf: Der Berichtszeitraum wurde auf ein Quartal verlängert; von dem kritisierten Schema wollte Wilhelm I. jedoch nicht gänzlich lassen. Vier Rubriken dürften niemals fehlen: »Landeskultur, öffentliche Bauten, öffentliche Stimmung und Militärverhältnisse«.[5]

Damit gewannen die Berichte jenes politische Profil zurück, das sie im Vormärz und in der Revolutionszeit einmal besessen hatten, das aber in der Reaktionszeit weitgehend verloren gegangen war. Allerdings wuchs mit größerer Ausführlichkeit auch die Möglichkeit, die Berichte zum Vehikel eigener politischer Interessen zu machen. Trotzdem erwies sich die Entscheidung, die Form der Berichte weitgehend den Regierungspräsidenten anheimzustellen, als günstig. Im Lauf der Zeit unzufriedener geworden, beklagte die Verwaltung, Aufwand und Ertrag stünden in keinem vernünftigen Verhältnis. Bei einer Probezählung war im Regierungsbezirk Düsseldorf festgestellt worden, dass ein einzelner Quartalsbericht 3 200 Seiten Zuliefermaterial subalterner Behörden erfordert hatte. Daher schlugen die Regierungspräsidenten nun vor, nur noch jährlich zu berichten und die Einteilung in Rubriken aufzugeben. In der Immediatkommission zur Vorbereitung der Verwaltungsreform sprach sich die Mehrheit für eine Vereinfachung der Berichte, für die Aufgabe des Schemas und den Übergang zu Jahresberichten aus.[6] Wiederum wurden die Vorschläge nur verwässert umgesetzt. Ein Erlass vom 3. November 1913 bestimmte, dass jeweils halbjährlich im Mai und November der Verwaltungsbericht ohne Vorgabe von Rubriken verfasst werden

4 Preußischer Staatsminister des Innern [Eulenburg] an König, Bericht vom 9.8.1867; Geheimes Staatsarchiv Preußischer Kulturbesitz (GStA), I. HA Rep. 89, Geheimes Zivilkabinett, Nr. 15746, Bl. 46–48.

5 Preußischer König, Erlaß vom 26.8.1867; ebenda, Bl. 50.

6 Preußisches Innenministerium an Kaiser, Bericht vom 9.8.1913; ebenda, Bl. 53–56.

solle.[7] Das war wohl nicht zuletzt direkter Intervention des Kaisers geschuldet: »Seine Majestät haben ausdrücklich darauf hingewiesen, wie seine Majestät den Immediatverwaltungsberichten einen höheren Stellenwert beimessen, als dies vielfach angenommen worden ist.«[8]

Der erste und letzte hierauf fußende Bericht datiert vom Mai 1914. Der Kriegsausbruch setzte neue Prioritäten. Ende August 1914 schlug der preußische Innenminister vor, den nächsten Verwaltungsbericht auszulassen. Die Aktivitäten der Verwaltung in Zusammenhang mit der Mobilmachung hätten die Notwendigkeit der Immediatberichte in den Hintergrund gedrängt. Im Februar 1915 entlastete der preußische Innenminister die Verwaltung von allen »nicht unbedingt nötigen Arbeiten« und setzte die Berichte bis Kriegsende aus.[9] So konnte die Verwaltung sich der lästigen Berichtspflicht entledigen. Womit die Präsidenten und ihre subalternen Verwaltungen jedoch nicht gerechnet hatten, waren die Dauer des Krieges und der Wandel der Stimmung. Der Kaiser regte daher zum 1. Februar 1917 halbjährliche Berichte unter Beschränkung auf das Wichtigste an.[10] Die Ausführungsbestimmungen machten die Anspannung deutlich: Die Verbindung von materiellen Notlagen und stimmungsmäßigen Auswirkungen waren so drängend geworden, dass man die Berichte wieder aufnahm.

> Maßgebend für den Allerhöchsten Wunsch, die Verwaltungsberichte auch während der Kriegszeit wieder aufgenommen zu sehen, ist die Erwägung, daß die lange Dauer des Krieges, die Entfernung des Hoflagers von Berlin und die der Presse durch den Belagerungszustand auferlegte Zurückhaltung eine regelmäßige, unmittelbare Information über die Gestaltung der politischen und wirtschaftlichen Verhältnisse in den verschiedenen Landesteilen erwünscht erscheinen lassen. Diese Begründung des Allerhöchsten Wunsches gibt den Herren Regierungspräsidenten Anhalt für die Ausgestaltung der Immediat-Verwaltungsberichte während der Kriegszeit. Es ist danach selbstverständlich, daß Seine Majestät besonderen und maßgebenden Wert darauf legen, von den Regierungspräsidenten zu erfahren, wie die gewaltigen Zeitereignisse auf Leben und Stimmung in den Regierungsbezirken bisher gewirkt haben und wirken. Die ausführliche und dabei großzügige Darstellung der Bewegung der Volksstimmung, der sozialen und politischen Strömungen, wie sie sich unter dem Eindruck der wechselvollen Kriegsereignisse, der wachsenden Opfer, der steigenden

7 Wilhelm II., Erlaß vom 3.11.1913; ebenda, Bl. 60.

8 Preußisches Innenministerium und Preußisches Finanzministerium an Regierungspräsident Potsdam, 18.2.1914; BLHA Rep. 2A I P, Nr. 132, unfol.

9 Preußisches Innenministerium an Preußisches Geheimes Zivilkabinett, 31.8.1914; GStA, I. HA Rep. 89, GehZivKab, Nr. 15746, Bl. 61 f.

10 Preußisches Geheimes Zivilkabinett an Preußisches Innenministerium, 17.11.1916; ebenda, Bl. 63. Als das Kriegspresseamt im Frühjahr 1917 an die Landräte und Ortsbehörden mit der Bitte herantrat, Stimmungsberichte zu liefern, fühlte sich der Innenminister übergangen. Er plädierte für die Einbeziehung der Verwaltungsbehörden. Preußisches Innenministerium an Kriegspresseamt, 27.4.1917; GStA, I. HA Rep. 77 Tit 949, Nr. 20a, Bd. 1, Bl. 243 f.

> Kriegsschwierigkeiten vollzogen hat, wird an erster Stelle der Berichte zu stehen haben und ihren wesentlichen Bestandteil bilden. Hiermit in unmittelbarem Zusammenhange steht die Berichterstattung über die Entwicklung der Volksernährungsfragen in Stadt und Land. Von besonderem Wert für seine Majestät den Kaiser und König ist es, in diesem Zusammenhang ein klares Bild zu erhalten von der Mitwirkung der Behörden bei Bewältigung der Ernährungsschwierigkeiten. Auch den Einwirkungen der kriegswirtschaftlichen Verhältnisse auf die wichtigen Erwerbszweige wird in den Berichten Raum zu geben sein. Die Immediatberichte müssen in der ganzen Darstellung, in Behandlung vornehmlich der erwähnten politischen und wirtschaftlichen Wirkungen des Krieges der Größe und Stimmung der Zeit Rechnung tragen. Es ist dadurch geboten, daß die Verzeichnung aller minderwichtigen Tatsachen und Erscheinungen unterbleiben muß und nur Ereignisse Aufnahme finden, denen besonderes allgemeines Interesse, besondere und typische Bedeutung beizumessen ist. Dadurch wird sich eine Heranziehung der untergeordneten Behörden nahezu durchgehend erübrigen.[11]

Letzteres wurde von den Regierungspräsidenten nicht befolgt, vielmehr forderten sie ihre Landräte zu genauen Berichten auf.[12] Eine letzte Änderung verfügte, dass die östlichen Provinzen jeweils zum 1. Mai und November und die westlichen zum 1. Juli und Januar zu informieren hätten.[13] Erst während der Revolution, am 5. Dezember 1918, wurde die Berichterstattung endgültig eingestellt.[14]

Eine den Immediatzeitungsberichten ähnliche Quelle liegt in den »Wochenberichten« bzw. »Halb-Monatsberichten« der bayerischen Bezirksämter vor. Diese sind mit den preußischen Landratsämtern bzw. Stadtmagistraten vergleichbar. Ihre Berichte wurden, wie im preußischen Fall, von den Regierungspräsidenten für das Innen- bzw. Staatsministerium zusammengefasst. Da in Bayern die Provinzialeinteilung fehlte, gab es keine Berichte analog zu denen der Oberpräsidenten. Die hier ausgewerteten Berichte für den Bezirk Oberfranken mögen beispielhaft für die gesamte bayerische Berichtsorganisation zwischen Kaiserreich und Weimarer Republik stehen.[15] Sie bilden ein breites Spektrum ab, da der Bezirk konfessionell, ökonomisch und politisch heterogener als Königreich und Freistaat war.

11 Preußisches Innenministerium und Preußisches Finanzministerium an Regierungspräsident Potsdam, 9.12.1916; BLHA Rep. 2A I P, Nr. 132, unfol.

12 Regierungspräsident Potsdam an Landräte, 16.12.1916; ebenda.

13 PrGZKb an Preußisches Innenministerium, 8.6.1918; GStA, I. HA Rep. 89, GehZivkab, Nr. 15746, Bl. 665.

14 Preußisches Innenministerium an Regierungspräsident Potsdam, 5.12.1918; BLHA Rep. 2A I P, Nr. 132, unfol.

15 Günter Dippold: Die Regierung von Oberfranken. Eine kleine Behördengeschichte. In: Stefan Nöth, Klaus Rupprecht (Hg.): Die Präsidenten. 200 Jahre Regierung von Oberfranken in Bayreuth. Bamberg 2010, S. 117–121.

Die Bezirksregierung in Bayreuth kannte verschiedene Kammern; in der Kammer des Innern besaß ein Referat für die Aufsicht über die öffentliche Sicherheit und Ordnung – Anfang des 20. Jahrhunderts das Referat 12 – die Zuständigkeit für die Berichte. Ein Präsidialerlass von 1881 bestimmte, es solle über »I. Reisen von Mitgliedern der königlichen Familie […,] II. Polizeilich und wirtschaftlich belangreiche Vorkommnisse […,] III. Politisch bedeutsame Vorgänge, insbesondere der Presse, Vorfälle im Versammlungs- und Vereinswesen, IV. Konfessionelle Konflikte von größerer Tragweite« berichtet werden.[16]

Auch hinsichtlich der Erfordernisse und Probleme waren die Berichte den preußischen ähnlich. Das mag ein Reskript des Regierungspräsidenten, das kurz vor dem Ersten Weltkrieg erlassen wurde, verdeutlichen: Die Bezirksbehörden hätten zu ungleichmäßig berichtet, selbst unwichtige und regelmäßige, normale Vorkommnisse würden erwähnt. Dazu gehörten zum Beispiel die Durchreisen von Mitgliedern der Fürstenhäuser.[17] Bei Verbrechen würden selbst Diebstähle, »Kindsmorde [und andere Straftaten …,] die nicht gerade selten sind«, Heuschober- und Stallbrände etc. gemeldet. Das sei nicht hilfreich, vielmehr solle nur berichtet werden, was entweder »wegen der Fortdauer bzw. räumlichen Verbreitung oder der ziffernmäßigen Stärke ihres Auftretens Aufmerksamkeit« beanspruche, oder was »in vereinzelter Erscheinung an sich auffallend und beunruhigend« sei. Was schon durch die Presse bekannt geworden sei, müsse gleichfalls nicht berichtet werden, nur jene Berichte »in der Tagespresse [, die] unrichtig oder entstellt wiedergegeben oder über Gebühr aufgebauscht worden« seien, wären durch »eine der wirklichen Sachlage entsprechende Darstellung« zu korrigieren. Über unbedeutende, schlechtbesuchte politische Versammlungen mit unbekannten Rednern, die »einen schablonenhaften Verlauf« genommen haben, solle geschwiegen werden – es sei denn, wenn »sie sehr zahlreich besucht« waren, wenn sie hätten aufgelöst werden müssen oder wenn sie, »wie beispielsweise Parteitage, für weitere Kreise bestimmt« gewesen seien. »Überhaupt sollte die Tätigkeit der einzelnen politischen und wirtschaftlichen Parteien nach Art und Erfolg unter Weglassung aller Nebensächlichkeiten von Zeit zu Zeit mehr in großzügiger allgemeiner Weise besprochen werden.«[18] Nach Kriegsbeginn wurde ergänzend bestimmt, es solle besonderes Gewicht auf die Einbringung der Ernte und etwaige Klagen über Erntehelfermangel gelegt werden.[19] Der einzige wesentliche Unterschied zu den preußischen Pendants bestand darin, dass die oberfränkischen Berichte in der Revolutionszeit nicht eingestellt, sondern auf Re-

16 Präsidialerlass Bayreuth an Distriktverwaltungsbehörden, 9.8.1881; Staatsarchiv Bayreuth (StA BA) Präs. Reg. K 3, Nr. 831, Bd. XVII.

17 Obwohl sich das Reskript ausdrücklich auf jenes von 1881 bezog, waren die Berichte zu Durchreisen jetzt nicht mehr erwünscht.

18 Präsidialerlass Bayreuth an Distriktverwaltungsbehörden, 18.1.1914; StA BA Präs. Reg. K 3, Nr. 831, Bd. XVIII.

19 Präsidialerlass Bayreuth an Distriktverwaltungsbehörden, 12.8.1914; ebenda.

gierungsbezirksebene bis 1928 und auf Kreisebene bis 1931 fortgeführt wurden. 1921 wurde vom wöchentlichen auf den 14-tägigen Turnus umgestellt.[20]

Die Zeitungs- und Wochenberichte waren nicht die einzigen Quellen zur öffentlichen Stimmung im Ersten Weltkrieg. Berichte der stellvertretenden Generalkommandos ergänzten die Stimmungsberichte der Verwaltung. Die Kommandos, reichsweit existierten bei Kriegsausbruch 25, waren die Spitzenbehörden der militärischen Verwaltungsdistrikte und entsprachen damit den Generalkommandos der Friedenszeit. Im Unterschied zu ihren unmittelbaren Vorgängern waren sie seit 1916 dem preußischen Kriegsminister unterstellt; mit Verhängung des Kriegsrechts ging die vollziehende Gewalt von den Oberpräsidenten auf die Generäle über, die überdies Ruhe und Ordnung aufrechtzuerhalten hatten. Daher beobachteten die stellvertretenden Generalkommandos seit dem Frühjahr 1916 die »Stimmung« und notierten die Erkenntnisse ebenfalls in standardisierter Form. Der Adressatenkreis, ursprünglich klein gehalten, wuchs ständig. Auch der Umfang nahm bis 1917 deutlich zu. Erst im letzten Kriegsjahr nahm er wieder ab.[21]

Eine weitere Sonderform der Immediatzeitungsberichte stellten die Berichte des Berliner Polizeipräsidenten aus der Zeit des Ersten Weltkriegs dar: Obwohl vom Namen her der politischen Polizei zuzuordnen, variierten die zivilen Verwaltungsberichte, denn der Berliner Polizeipräsident war zugleich Regierungspräsident von Berlin. Zuträger für seine Berichte waren Polizeibeamte; doch bildeten nicht Spezialbeamte, sondern gewöhnliche Schutzleute die unterste Ebene der Berichterstatter.[22] In der Berliner politischen Polizei hatten vor dem Ersten Weltkrieg eine Abteilung zur Bekämpfung der Sozialdemokratie (seit 1878), eine »Zentralstelle zur Bekämpfung der anarchistischen Bewegung« (seit 1899) und eine »Staatspolizeistelle zur Abwehr von Landesverrat« (seit 1907) bestanden. Erst 1928 trat die politische Polizei als Abteilung IA wieder in das Licht der Öffentlichkeit; sie wurde im Nationalsozialismus eine der Keimzellen der Gestapo.[23]

20 Wochen- bzw. Halbmonatsberichte der Bezirksverwaltungsbehörden, 1913–1931; StA BA Präs. Reg. K 3, Nr. 1815–1887.

21 Militärgeschichtliches Forschungsamt (Hg.): Deutsche Militärgeschichte in sechs Bänden 1648–1939. München 1983, Bd. 3, Abschnitt V, S. 72 f., 158 f. u. 279; Wilhelm Deist (Bearb.): Militär und Innenpolitik im Ersten Weltkrieg (1914–1918), 2 Bde. Düsseldorf 1970, Bd. 1, S. 369 f.

22 Vgl. Ingo Materna, Hans-Joachim Schreckenbach (Bearb.): Berichte des Berliner Polizeipräsidenten zur Stimmung und Lage der Bevölkerung in Berlin 1914–1918. Weimar 1987.

23 Vgl. Christoph Graf: Politische Polizei zwischen Demokratie und Diktatur. Berlin 1983, S. 7 u. 22 f.; Ernst Ritter (Hg.): Reichskommissar für Überwachung der öffentlichen Ordnung und Nachrichtensammelstelle im Reichsministerium des Innern. Lageberichte (1920–1929) und Meldungen (1929–1933). Bestand R134 des Bundesarchivs Koblenz, 399 Mikrofiche und Registerband. München u. a. 1979, S. IX.

In den Wirren der unmittelbaren Nachkriegszeit bestanden zudem bis zu 60 verschiedene militärische Nachrichtenabteilungen, die sich – zum Teil eigenmächtig – auf die Beobachtung separatistischer und linksradikaler Bewegungen konzentrierten. Die »Deutsche Nachrichtenzentrale« fasste die einlaufenden Nachrichten zusammen. Daneben existierte seit Juli 1919 ein preußisches »Staatskommissariat für die Überwachung der öffentlichen Ordnung«. Die bisher geübte Praxis, preußische Beamte in Personalunion mit Reichsaufgaben und -posten zu betrauen, erschien bald nicht mehr hinreichend. Den Anstoß zur Gründung eines »Reichskommissariats für die Überwachung der öffentlichen Ordnung« gab der Kapp-Lüttwitz-Putsch vom März 1920, da sich sowohl die Reichs- als auch die preußische Regierung über die Gefahr eines Rechtsputsches nicht hinreichend informiert sah. Während das Reichskommissariat mit kleineren Ländern wie Bremen gut zusammenarbeitete, war das Verhältnis zur politischen Polizei Preußens und Bayerns von Anbeginn gespannt. Ohne die freiwillige Zuarbeit durch deren politische Polizei war das Reichskommissariat kaum arbeitsfähig. Nach und nach konsolidierte es sich jedoch und seit 1925 arbeitete auch Preußen mit. Allerdings klagten insbesondere die KPD, vereinzelt aber auch SPD-Stimmen, über politische Einseitigkeiten und unzuverlässige Nachrichten des Reichskommissariats. Zum 1. Juli 1929 wurde es – nahezu unbemerkt – aufgelöst.[24]

Die folgende Tabelle fasst die ausgewerteten Quellen zusammen. Dabei geben die »n« die Anzahl der ausgewerteten Berichte, die »N« den (mutmaßlichen) Gesamtumfang des jeweiligen Quellenbestandes an. Kursiv sind Berichte aus der NS-Zeit ausgezeichnet, da in diesem Beitrag die Darstellung (im Wesentlichen) mit dem Untergang der Weimarer Republik endet.

24 Vgl. Deutsche Nachrichtenkonferenz vom 28. bis 29.4.1930. In: Ritter: Reichskommissar (Anm. 23), S. 134, 195–199.

Nr.	**Name (Region)**	**Zeitraum**	**Charakter**	**n**	**N**	**Berichtsquellen**	*Periodizität*
1	Immediatzeitungsberichte (Preußen)	1866–1918	zivile Verwaltung	1 578	vermutlich 6 904	Landräte	vierteljährlich
2	Berliner Polizeipräsident (Berlin)	1914–1918	politische Polizei	104	104	Polizeiinformanten, Ortspolizisten	unregelmäßig
3	Generalkommando (Baden)	1916–1918	Militärverwaltung	26	26	Vertrauensleute	unregelmäßig
4	Regierungspräsident (Oberfranken)	1914–1928	zivile Verwaltung	507	vermutlich 4 056	Bezirksamtsleute	wöchentlich/ halbmonatlich
5	Bezirksämter (Oberfranken)	1914–1931	zivile Verwaltung	15 418	> 120 000	Vertrauensleute, Ortspolizisten	wöchentlich/ halbmonatlich
6	Reichskommissar (Deutschland)	1920–1928	politische Polizei	105	105	Polizeiagenten, Vertrauensleute	unregelmäßig
7	Gestapo (Deutschland)	1934–1936	politische Polizei	390	390	Polizeiagenten, Spitzel, Denunzianten, Vertrauensleute	monatlich
8	Sopade (Deutschland)	1934–1940	Parteiberichte	69	69	Vertrauensleute	monatlich
9	SD-Berichte (Deutschland)	1939–1945	Parteigeheimdienst	444	444	Polizeiagenten, Spitzel, Denunzianten, Vertrauensleute	unregelmäßig

Tab. 1: Ausgewertete Quellen

III. Einige Befunde

Die Ergebnisse brauchen nur kursorisch vorgestellt zu werden, da dies andernorts schon breiter geschehen ist bzw. im Rahmen eines DFG-Projekts zur »politischen Interessenkommunikation im Kaiserreich« noch erfolgen wird.[25] Zunächst müssen einige methodische Erläuterungen gegeben werden. Wie in der organisationshistorischen Übersicht angedeutet, sind die Texte vergleichsweise standardisiert. Viele, nicht alle, weisen wiederkehrend die gleichen Themen, Floskeln und Rubriken auf. Das macht sie einem Instrument zugänglich, das in der Geschichtswissenschaft selten, in der Kommunikationswissenschaft bis zum Überdruss eingesetzt wird: der Inhaltsanalyse. Weil die Texte aber eher formal einheitlich und inhaltlich doch vorsichtig zu lesen sind, hatte ich mich schon vor geraumer Zeit für eine Variante entschieden, die in der heutigen Methodendiskussion am ehesten als empiriegeleitete, induktiv vorgehende, qualitativ-quantitative Inhaltsanalyse zu bezeichnen wäre.

Inhaltsanalysen können manifeste Inhalte besser als latente erfassen. Um die Analyse auf das Offensichtliche zu reduzieren, wurden nur vergleichsweise einfach zu kodierende Aspekte erfasst. Im Wesentlichen waren das die thematische Zuordnung und die Tendenz der Stimmungsberichte. Bei der Tendenz wurden drei einfache Unterscheidungen in ordinaler Skalierung getroffen: Gute wurden von unentschiedener bzw. unentscheidbarer sowie von schlechter Stimmungsbeschreibung unterschieden. Gut wurde mit +1, schlecht mit -1, alles Übrige mit 0 kodiert. Je kürzer und prägnanter die Berichte, desto einfacher war die Zuordnung – je länger, desto komplizierter. Für die längeren wurden einzelne Themenabschnitte kodiert und dann je nach Gewicht einer Globalbewertung zugeordnet. Diese Kodierungen sind gewissermaßen Beobachtungen zweiter Ordnung, denn nicht nur ist die nachträgliche ordinale Zuordnung eine Interpretationsleistung, auch die Berichterstatter selbst hatten ihre jeweilige Informationsbasis schon interpretiert – und dabei je nach intellektuellem Vermögen, Karriereüberlegungen oder ideologischer Prädisposition mehr oder minder bewusst verzerrt.

Um Verzerrungen in der historischen Überlieferung und Fehler bei unserer Interpretation der historischen Quellen auszugleichen, wurden die stimmungs-

25 Stattdessen weise ich auf einen umfangreichen Aufsatz hin, der im Internet frei zugänglich ist: Rudolf Stöber: Public opinion in 19th and 20th century Germany. Empirical results and considerations of interpretation. In: SC|M. Studies in Communication | Media 2 (2012) 1, S. 1–65. http://www.scm.nomos.de/index.php?id=3108&L=1 (letzter Zugriff: 14.10.2016) Siehe auch Rudolf Stöber: Vom »Augusterlebnis« zur »Novemberrevolution«: Öffentlichkeit zwischen Kriegsbegeisterung (?) und Herbstdepression. In: Jahrbuch für Kommunikationsgeschichte 15 (2013), S. 89–122; Ders.: Die erfolgverführte Nation. Deutschlands öffentliche Stimmungen 1866 bis 1945. Stuttgart 1998. Zur Zielrichtung des Projekts: http://www.uni-bamberg.de/kowi/forschung/forschungsprojekte/dfg-projekt-politische-interessenkommunikation-1867-1914/ (letzter Zugriff: 14.10.2016).

bezogenen Variablen im ersten Schritt auf das jeweilige Berichtsjahr aggregiert und im zweiten Schritt normalisiert. Aggregiert heißt, es wurde der prozentuale Anteil der positiven, neutralen und negativen Stimmungskodierungen je Jahr erfasst. Die Normalisierung erfolgte sodann im sogenannten Median-Split-Verfahren über alle Jahre und Quellen hinweg: Die Jahresprozentwerte wurden anschließend erneut kategorisiert, sodass sie nur noch zwei Ausprägungen annehmen konnten. Alle Jahre, in denen der Anteil der jeweiligen Stimmungskodierung oberhalb des Median lag, wurden dabei der einen, alle anderen der zweiten Ausprägung zugeschlagen. Damit wird die Gesamtheit der Fälle oder Vergleiche in zwei annähernd gleichgroße Hälften geteilt: eine obere und eine untere. Die neutralen Kodierungen sind nur in die erste Aggregierung eingeflossen, in die zweite nur noch die positiven und negativen Kodierungen. Damit wurden jeweils Vierfeldermatrizen erzeugt: positive Kodierungen unterhalb und oberhalb des Medians, negative dito. Da die Stimmungskodierungen jeweils für sich genommen dichotomisiert wurden, sind Jahre vorstellbar, in denen zum Beispiel sowohl die positiven wie die negativen Kodierungen oberhalb des Medians liegen. Sofern sich in den folgenden Gegenüberstellungen bisweilen ein a *prima vista* widersprüchliches Bild ergibt, mindert das zwar den beobachteten statistischen Zusammenhang, ist aber keineswegs unlogisch.

Die Vorteile der Methode liegen auf der Hand. Die Bildung eines Medians ist robuster gegenüber verzerrenden Extremwerten als arithmetische Durchschnittsberechnungen. Darum wird zum Beispiel in Einkommensstatistiken lieber mit dem Median als mit dem arithmetischen Mittel operiert. Vor allem aber lassen sich mit dem Median-Split-Verfahren nicht nur die Ausreißer der ideologiekritisch nicht unproblematischen Quellen berücksichtigen, auch die eigene Interpretationsleistung wird noch einmal einer Gegenprüfung unterzogen. Allerdings gilt dies immer nur für die Dimension, die »normalisiert« werden soll – hier die Globalbewertung.

Die dichotome Gegenüberstellung wird in den folgenden Tabellen durch die Spaltenüberschriften angezeigt. In Spalte »unter Median« finden sich die Durchschnittswerte der Jahre unterhalb und inklusive des jeweiligen Medians, während die Spalte »über Median« die Werte der Jahre oberhalb des Medians mittelt. Sofern die beobachteten Werte dem vermuteten kausalen Zusammenhang entsprechen, sind die Zahlen in den Tabellen fett ausgezeichnet; widersprechen die Berechnungen der Hypothese, sind sie kursiviert. Allerdings wird immer nur eine Zelle je Zeile auf diese Weise ausgezeichnet. Dadurch ergeben sich anschauliche, kreuzweise gefettete Tabellen, allerdings nur sofern alle beobachteten Werte – sowohl bei den positiven wie negativen Vergleichen – dem vermuteten Zusammenhang entsprechen.

Die Gegenüberstellungen wurden mit verschiedenen externen Variablen abgeglichen: dem Bruttoinlandsprodukt, Veränderungen bei den Reallöhnen und bei der Arbeitslosigkeit. Zum Wirtschaftswachstum ein erstes Lesebeispiel: Die durchschnittliche Zunahme des Bruttoinlandsprodukts lag in den Jahren, die in den Stimmungsberichten überproportional positiv bewertet bzw. unterdurchschnittlich negativ bewertet worden waren, mehr als doppelt so hoch wie in den jeweils anderen: circa durchschnittliches 3,8 Prozent BIP-Wachstum zu circa 1,5 Prozent. Die Richtung eines Kausalzusammenhangs lässt sich aus der folgenden Tabelle zwar nicht mit letzter Sicherheit folgern, denn es gibt zwei mögliche Zusammenhänge: 1., wenn das Wirtschaftswachstum stieg, hob sich die Stimmung, fiel das Wachstum schwächer aus, sank sie. 2. mag auch das Umgekehrte gegolten haben: Bei besserer Stimmung wuchs die Wirtschaft stärker als bei schlechterer. Allerdings tendiere ich zu der ersten Interpretation.

	Unter Median	**Über Median**
Positiv-Kodierungen	1,51 %	**3,78** %
Negativ-Kodierungen	**3,83** %	1,53 %

Tab. 2: Mittelwert des BIP-Wachstums (in %) zu unter- und überdurchschnittlichen Kodierungen (deutschlandweit 1866–1938)[26]
n: 5 002

Einschränkend ist zu der Tabelle noch zu sagen: Für die Zeit des Ersten Weltkriegs und der Hyperinflation fehlen die externen Wirtschaftsdaten, daher ist die Zeitreihe unterbrochen. Mit »n« ist die Anzahl der Berichte benannt, die in die Tabellen (in erster und zweiter Aggregierung) eingeflossen sind.

Bei der Arbeitslosigkeit ist der wechselseitige Zusammenhang zunächst weniger eindeutig. Traten negative Stimmungskodierungen je Jahr überproportional häufig auf, lag die Arbeitslosigkeit – wie vermutet – deutlich höher als in den Jahren unter dem Median: um mehr als 2 Prozent. Allerdings lag auch in Jahren mit überproportional häufigen positiven Stimmungskodierungen die Arbeitslosigkeit leicht höher, jedoch nur um 0,5 Prozent.

	Unter Median	**Über Median**
Positiv-Kodierungen	4,31 %	*4,83* %
Negativ-Kodierungen	3,68 %	**5,89 %**

Tab. 3: Mittelwert der Arbeitslosenquote (in %) zu den unter- und überdurchschnittlichen Kodierungen (deutschlandweit 1887–1939)[27]
n: 3 983

26 Quellen: vgl. Tabelle (1) Nr. 1–8 [Nr. 5 Mai 1928–1931]; Walter Gustav Hoffmann: Das Wachstum der deutschen Wirtschaft seit der Mitte des 19. Jahrhunderts. Berlin, Heidelberg, New York 1965, S. 26, 451 f.

27 Quellen: vgl. Tabelle (1) Nr. 1, 4–9 [Nr. 5 Mai 1928–1931]; Jürgen Kuczynski: Geschichte des Alltags des deutschen Volkes, 5 Bde. Köln 1995, Bd. 5, S. 91. Wieder fehlen die Jahre von Erstem Weltkrieg und unmittelbarer Nachkriegszeit.

Wesentlich deutlicher fällt der Vergleich von Veränderungen der Arbeitslosigkeit aus: Bei Negativ-Kodierungen oberhalb des Medians nahm die Arbeitslosigkeit ebenso wie bei Positiv-Kodierungen der unteren Hälfte zu. Die Differenzen von 55 bis 62,5 Prozent fallen nicht zuletzt wegen der Weltwirtschaftskrise so deutlich aus. Unterproportional negative und überproportional positive Jahre hingegen waren durch einen leichten Rückgang der Arbeitslosigkeit gekennzeichnet. Der Kausalzusammenhang dürfte hier eindeutig sein: Arbeitslosigkeit beeinflusste die Stimmung.

Die enorme Diskrepanz zwischen den durchschnittlichen Steigerungen und den mittleren Rückgängen erklärt sich durch das Verfahren: Wenn zum Beispiel die Arbeitslosigkeit 1887 bei 1 Prozent, im Folgejahr bei 4,5 Prozent und im Jahr darauf wieder bei 1 Prozent lag, nahm die Arbeitslosigkeit von 1887 auf 1888 um 350 Prozent zu; der Rückgang auf den Ausgangswert im folgenden Jahr betrug hingegen nur um 77,7 Prozent. Denn die Basis für die Berechnung der relativen Zunahme war die 1-Prozent-Arbeitslosigkeit von 1877, die Basis der relativen Abnahme die 4,5 Prozent von 1888. Daher sind die Zunahmen grundsätzlich stärker als die Abnahmen.

	Unter Median	**Über Median**
Positiv-Kodierungen	54,68 %	**-0,89** %
Negativ-Kodierungen	**-1,42** %	63,49 %

Tab. 4: Mittelwert der Veränderung der Arbeitslosenquote (in %) zu den unter- und überdurchschnittlichen Kodierungen (deutschlandweit 1887–1939)[28]
n: 3 983

Betrachten wir zum Vergleich die deutschlandweit erhobenen Reallohnänderungen, fallen die kreuztabellierten Bezüge ähnlich deutlich aus. Bei den Positiv-Kodierungen oberhalb des Medians und unterproportionalen Negativ-Kodierungen wuchsen die Reallöhne stärker als in den anderen Jahren. Erneut fehlen die Jahre von 1914 bis 1924. Wieder dürfen wir die Stimmungsbewertungen abhängig von der externen Variablen sehen: Höhere Reallohnveränderungen wirkten sich positiv, niedrigere eher negativ auf die Stimmung aus.

28 Quellen: ebenda.

	Unter Median	Über Median
Postitv-Kodierungen	1,14 %	**2,07** %
Negativ-Kodierungen	**1,98** %	1,22 %

Tab. 5: Mittelwert der Reallohnveränderung (in % gegenüber dem Vorjahr) zu den unter- und überdurchschnittlichen Kodierungen (deutschlandweit 1871–1940)[29] n: 5 003

Doch können die öffentlichen Stimmungen auch als erklärende Variable dienen? Allgemein bekannt ist Bismarcks Politik der negativen Integration, die in der Dichotomie »Reichsfreunde versus Reichsfeinde« ihren Ausdruck fand. Zu den Reichsfeinden zählten neben den Sozialdemokraten insbesondere die partikularistischen Parteien der Elsass-Lothringer, der Polen, Dänen und Welfen. Daneben gehörten auch der politische Katholizismus und der Linksliberalismus – in nachbismarckschen Zeiten weniger – zu den Reichsfeinden. Summiert man die Ergebnisse und verfährt für die Weimarer Republik ähnlich – die Systemfeinde hießen jetzt aber Rechts- und Linksextremismus –, ergibt sich eine stark negative Korrelation zwischen der Stimmung in den letzten zwölf Monaten vor dem Wahltermin und dem Ergebnis dieser Parteien bei der Reichstagswahl: Je besser die öffentliche Stimmung war, desto schlechter schnitten die »reichsfeindlichen« bzw. »systemfeindlichen« Parteien ab und umgekehrt.

Trotz ordinaler Skalierung wurden für die folgende Abbildung Mittelwerte kalkuliert. Dabei wurden jeweils die letzten vier Quartale vor der Wahl in die Berechnung einbezogen. Die Mittelwertekalkulation ist insofern problematisch, als dass die negativen, neutralen oder positiven Stimmungskodierungen nicht gleichförmig-negative, neutrale und positive Stimmungen zusammenfassen. Näherungsweise und zu Veranschaulichungszwecken reicht das Verfahren aber hin. Mit den »n« ist wieder die Zahl der in die Abbildung eingeflossenen Analyseeinheit (Berichte) gemeint; dabei wurden jeweils nur solche Berichte in die Auswertung einbezogen, die sich auf die letzten (bis zu) zwölf Monate vor der Wahl bezogen. Das »r« verweist auf eine statistische Pseudo-Korrelation zwischen den Datenreihen, wie man sie erhielte, wenn die Daten jeweils als metrische Variable vorliegen würden. Wäre das der Fall, könnte man zudem die Erklärungswahrscheinlichkeit bestimmen: Sie läge dann bei 14 Prozent für das Kaiserreich und 37 Prozent für die Zeit der Weimarer Republik. Oder anders, mit sinkenden Stimmungswerten lassen sich bis zu 14 Prozent des Anstiegs der Stimmen für die »Reichsfeinde« des Kaiserreichs und bis zu 37 Prozent des Stim-

29 Quellen: vgl. Tabelle (1) Nr. 1–9 [Nr. 5 Mai 1928–1931]; Ashok V. Desai: Real wages in Germany. 1871–1913. Oxford 1968, S. 112, 117; Dietmar Petzina, Werner Abelshauser, Anselm Faust: Sozialgeschichtliches Arbeitsbuch III. Materialen zur Statistik des Deutschen Reiches 1914–1945. München 1978, S. 98 f.

menanstiegs für die »Systemfeinde« in der Republik erklären, mit steigenden Stimmungswerten in gleicher Größenordnung der jeweilige Ergebnisrückgang.

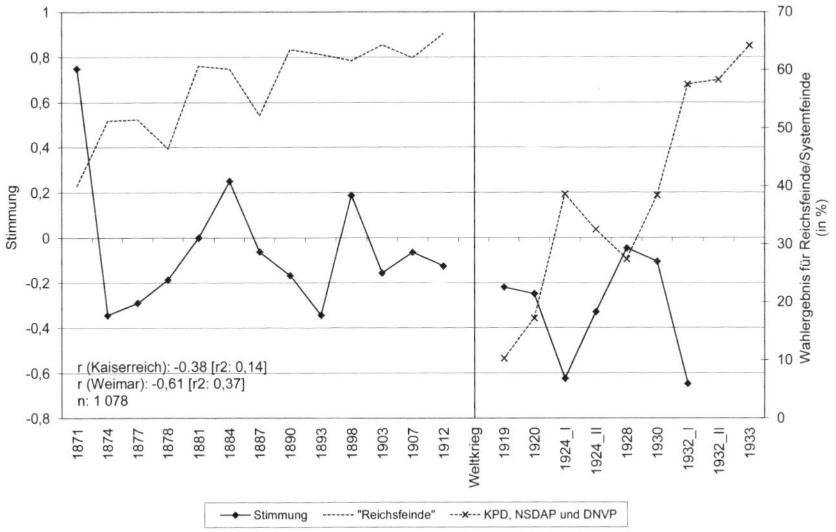

Abb. 1: Wahlergebnisse in Abhängigkeit von der Stimmung[30]

Wahlen in Abhängigkeit von der Stimmung, diese in Abhängigkeit von den allgemeinen wirtschaftlichen, politischen und gesellschaftlichen Entwicklungen: Da stellt sich die Frage nach dem Einfluss der Medien. Hierzu lassen die untersuchten Berichte keine direkten, wohl aber indirekte Aussagen zu. Da bislang keine Erhebung des Medientenors vorliegt, mit der die Berichte verglichen werden konnten, sind die Stimmungsberichte an anderer Stelle mit Presseanweisungen gegenübergestellt worden. Die Befunde sind widersprüchlich. Ein interner Vergleich mit bestimmten Themeneigenschaften bestätigt allerdings die in den Tabellen 2 bis 5 gegebenen Interpretationen und lässt zugleich auf den Rahmen des Medieneinflusses schließen. Dazu wurde – wie in Untersuchungen zum Agenda-Setting-Ansatz üblich – für die Berichte zwischen aufdringlichen und unaufdringlichen Themen unterschieden. Als »aufdringlich« gelten solche, welche die Menschen unmittelbar betreffen, zum Beispiel die eigene Wirtschaftslage. »Unaufdringlich« werden Themen genannt, die sich auf entferntes Geschehen, zum Beispiel in der Außenpolitik beziehen, die zwar von großer Be-

30 Die Zeitpunkte der X-Achse bezeichnen Wahljahr oder Wahltermin. Die ausgewerteten Berichte beziehen sich auf die letzten 12 Monate davor. Ausnahmen gelten für die Jahre 1924 und 1932, bei denen nur die 7 bzw. 3 Monate zwischen 1. und 2. Wahltermin berücksichtigt wurden. Quellen: vgl. Tabelle (1) Nr. 1, 4–6 [Nr. 5 Mai 1928–1931]; Gerhard A. Ritter: Wahlgeschichtliches Arbeitsbuch. Materialien zur Statistik des Kaiserreichs 1871–1918. München 1980, S. 38–42; Petzina u. a.: Sozialgeschichtliches Arbeitsbuch III (Anm. 29), S. 174.

deutung für den Staat sind, nicht aber unmittelbaren Einfluss auf den Alltag der Bevölkerung besitzen. Über alle Berichte ergab sich ein Wert für Pseudo-r von -0,37.[31] Dass die Stimmung umso besser war, je weniger aufdringlich die Themen waren, welche die Berichte bestimmten, lässt sich damit erklären, dass bei aufdringlichen Themen die Medienberichterstattung durch eigene Anschauungen der Bevölkerung wesentlich besser korrigiert werden konnte als bei unaufdringlichen. Oder anders: Das Einflusspotenzial der Propaganda, gleichförmig genehme Stimmungshaltungen zu erzeugen, war bei großen politischen Themen besser als in Zeiten, in denen die Wirtschaftskonjunktur im Vordergrund stand.

IV. Leser und Lesarten

Die Quellen, das sollte deutlich geworden sein, lassen eine Reihe von Deutungen zu. Das liegt hauptsächlich daran, dass sie mit verschiedenen Augen gelesen worden sind bzw. gelesen werden können. Zum Ersten zählte die politische und repräsentative Staatsspitze zur Leserschaft, zum Zweiten die politische Polizei und weitere Behörden, zum Dritten nachgeborene Historiker, Kommunikations- und Sozialwissenschaftler.

Der preußische König erhielt – über das Zivilkabinett – die Berichte verschiedener hierarchischer Ebenen. Für die Staatsspitze dienten die Immediatzeitungsberichte auch der Selbstbestätigung. So wurde bei der Überarbeitung der Bestimmungen angemahnt, man möge die Interessen der Staatsführung berücksichtigen. In einem Begleitschreiben zu den Zeitungsberichten wurde von den Regierungspräsidenten erwartet, einerseits umfassend zu berichten, andererseits sich auf das Wesentliche zu beschränken:

> Der Regierungs-Präsident ist der Mittelpunkt der Verwaltungstätigkeit der Regierung; ihm liegt es vorzugsweise ob, das Allgemeine derselben im Auge zu behalten; die politische Thätigkeit der seiner Leitung anvertrauten Verwaltungs-Organe findet in ihm ihren Schwerpunkt. Wie ihn daher seine amtliche Stellung in den Stand setzt, von allen wichtigen Begebenheiten und Verwaltungs-Angelegenheiten, von den Zuständen der Bevölkerung in materieller und geistiger Beziehung und von der öffentlichen Stimmung im Regierungsbezirke genaue Kenntniß zu haben, so darf von ihm angenommen werden, daß er einen richtigen Blick dafür hat, was aus diesen Gebieten für des Königs Majestät und die Staats-Minister zu erfahren von besonderem Interesse sein muß.[32]

31 Der konnte in diesem Fall zudem mit der häufigkeitsbasierten Maßzahl Cramer's V (= 0,28) verglichen werden. Der Unterschied kann zugleich zur Kalibrierung der arithmetischen Mittelmaß-Korrelationen (Pearsons'r) der ordinalskalierten Abbildung 1 dienen: Die dort angezeigten Werte dürften jeweils um maximal ein Viertel übertreiben.

32 Preußisches Innenministerium und Preußisches Finanzministerium an Regierungspräsident Potsdam, Begleitschreiben vom 26.10.1867 zum Erlass vom 26.8.1867; BLHA Rep. 2A I P,

Diese Erläuterung war ambivalent, denn einerseits konnte man sie als Aufforderung, sich auf Relevantes zu konzentrieren, wörtlich verstehen; andererseits schwang die Andeutung mit, vor allem solche Dinge zu berichten, die der König hören wollte. Das konnte dazu führen, eher das Positive als das Negative, eher das die Staatsspitze Bestätigende als das Kritisierende, eher verklausulierte Andeutungen denn offene Kritik zu formulieren. Die antizipierte Erwartungshaltung mochte manchen Berichterstattern den Stift geführt haben. Im gegenteiligen Fall, so lassen in Einzelfällen noch Belege aus der NS-Zeit erkennen, kam das nicht gut an. So kritisierte Hitler 1936 die Miesmacherei der Stimmungsberichte mit den Worten: »Die Stimmung im Volk ist nicht schlecht, sondern gut. Ich weiß das besser.«[33]

In den Berichten war den Majestäten besondere Aufmerksamkeit zu widmen. Über Kaiserbesuche oder durchreisende Fürsten wurde zumeist in dem Tenor berichtet, die Bevölkerung habe deutliche Zeichen ihrer Anhänglichkeit gegeben. Die Berichte bestätigten die Eindrücke, welche Ihre Hoheiten vom Aufmarsch der Schulklassen, Sänger- und Kriegervereine durch unmittelbare Anschauung gewonnen haben mochten.[34] Mit Ausdrücken wie »Kaiserwetter« sind Begleitmusik und Umstände dieser »Ereignisse« in die Umgangssprache eingegangen. So bestätigten sich positive Eindrücke wechselseitig und erklären noch die späte Kritik an Miesmacherei.

Man würde den Berichten aber nicht gerecht, wenn man sie nur als adressatenorientierte, byzantinische Selbstbestätigung des Systems läse. Dafür spricht schon ein formaler Aspekt: Der Kreis der Bezieher wurde wiederholt ausgedehnt; verschiedene Ministerien verlangten Mehrfachexemplare.[35] Die Bezieher wurden zudem latent divergenter: So waren ab 1875 die statistischen Auszüge auch dem Königlich Preußischen Statistischen Büro zuzusenden.[36] Weitere Ministerien – der Justiz- und Handelsminister, der Minister der Geistlichen,

Nr. 132, unfol. Vgl. durchaus ähnlich Präsidialerlass Bayreuth an Distriktverwaltungsbehörden vom 18.1.1914; StA BA Präs. Reg. K 3, Nr. 831, Bd. XVIII.

33 Zit. nach: David Bankier: Die öffentliche Meinung im Hitler-Staat. Die »Endlösung« und die Deutschen. Eine Berichtigung. Berlin 1994, S. 22.

34 Das gilt für Bayern ebenso wie für Preußen. So hielt ein Präsidialerlass zu den Wochenberichten der bayerischen Regierungspräsidenten fest, dass berichtet werden solle über »I. Reisen von Mitgliedern der königlichen Familie […,] II. Polizeilich und wirtschaftlich belangreiche Vorkommnisse […,] III. Politisch bedeutsame Vorgänge, insbesondere der Presse, Vorfälle im Versammlungs- und Vereinswesen. IV. Konfessionelle Konflikte von größerer Tragweite«. Unter III. sollten auch Presseneugründungen verzeichnet werden. Präsidialerlass Bayreuth an Distriktverwaltungsbehörden vom 9.8.1881; StA BA Präs. Reg. K 3, Nr. 831, Bd. XVII. Und pars pro toto über eine Durchreise: »Begeisterte Huldigung für den Regenten«. In: Wochenbericht Regierungspräsident Bayreuth vom 14.3.1910; ebenda.

35 Preußisches Innenministerium und Preußisches Finanzministerium an Regierungspräsident Potsdam, 30.11.1869; BLHA Rep. 2A I P, Nr. 132, unfol.

36 Preußisches Innenministerium an Regierungspräsident Potsdam, 27.4.1875; ebenda.

Unterrichts- und Medizinalangelegenheiten, der Minister für öffentliche Arbeiten – verlangten zusätzliche Exemplare.[37] Von der Staatsspitze abwärts lasen über Ministerpräsident, weitere Ministerien, Ober- und Mittelbehörden die Berichte. Die Immediatberichte erreichten die Kabinettsmitglieder und, wie diverse Auszüge zum Beispiel in den Akten der Bismarckschen Neuen Presseorganisation deutlich machen, auch den Reichskanzler. In der Wahlkrise von 1881, die diese Neuorganisation der Pressepolitik angeregt hatte, wurde der politische Charakter der Immediatzeitungsberichte erneut offensichtlich.

Es wäre zu einfach, grundsätzlich den Berichten der unteren Ebenen mehr Authentizität beizumessen als den Zusammenfassungen der vorgesetzten Behörden. Vereinzelt finden sich dafür zwar Belege, bisweilen aber auch für Gegenteiliges. So erwähnte der Potsdamer Regierungspräsident die Daily-Telegraph-Affäre mit keinem Wort; von den zuarbeitenden Landräten und Magistraten hatten immerhin drei von 17 die Affäre, teils verklausuliert, angesprochen.[38] Im Regierungsbezirk Oberfranken hingegen fassten die Präsidenten die Berichte eher zuspitzend zusammen.[39]

Gleichwohl wird man grundsätzlich nicht ausschließen können, dass die Berichterstatter vor allem die eigenen Meinungen und Einstellungen als allgemeine Stimmungslage ausgaben. Doch solange relativ frei gewählt werden konnte und die Presse ebenfalls weitgehend frei berichtete, lagen ergänzende Informationen über die tatsächlichen Verhältnisse vor. In Kaiserreich und Weimarer Republik konnten die Berichterstatter also nicht so ungeniert die eigene Anschauung als Realität ausgeben, wie in Zeiten, in denen dieses interpretatorische Korrektiv fehlte: zum Beispiel in Zeiten der NS- oder SED-Diktatur oder in der Militärdiktatur des Ersten Weltkriegs.

In gewissem Sinne waren die Immediatzeitungsberichte das, was in anderem Zusammenhang als »Herrenmedien« bezeichnet wurde: Informationen waren den Adressaten wichtiger als die Meinungen der Berichterstatter. Aus den Informationen wollten Exekutive und Oberbehörden eigene Schlussfolgerungen ziehen. Übersichten, insbesondere Statistiken wurden gewünscht, besonders informative Berichte als beispielgebend gelobt, gedrängte Berichte zur Wahlagitation

37 Preußisches Innenministerium und Preußisches Finanzministerium an Regierungspräsident Potsdam, 2.6.1881; ebenda. Preußisches Innenministerium an Regierungspräsident Potsdam, 21.10.1891; ebenda. Preußisches Innenministerium an Regierungspräsident Potsdam, 15.1.1894; ebenda. Weitere 15 Exemplare werden vom Innenministerium einen Monat später angefordert. Preußisches Innenministerium an Regierungspräsident Potsdam, 6.2.1894; ebenda. Preußisches Innenministerium an Regierungspräsident Potsdam, 29.8.1903; BLHA Rep. 2A I P, Nr. 132, unfol.

38 Zeitungsberichte 1908; BLHA Rep. 2 A I P, Nr. 737.

39 Wochen- bzw. Halbmonatsberichte der Bezirksverwaltungsbehörden, 1913–1931; StA BA Präs. Reg. K 3, Nr. 1815–1887.

gegnerischer Parteien verlangt.[40] Als Instrumente der Kritik und Meinungsbekundungen allerdings waren die Berichte von den Oberbehörden und Ministerien nicht geschätzt. So beklagten Innenminister Eulenburg und Finanzminister Camphausen 1877, dass die Berichte zunehmend dazu genutzt würden, statt sachlich zu berichten, Meinungen und Kritik am Regierungshandeln zu bekunden:

> Mit diesem Grundsatze steht es im Widerspruche, wenn einzelne Regierungs-Präsidenten, wie es in neuerer Zeit vorgekommen ist, die Immediatzeitungsberichte dazu benützen, um Verwaltungsmaßregeln der Central-Instanzen bzw. concrete Anordnungen der Staats-Minister einer Kritik zu unterziehen, welche sich in mißfälligen Urtheilen ergeht, oder einer Beschwerde gleichkommt. Dem Regierungs-Präsidenten bleibt es, falls gewisse Maßregeln der Centralbehörden nach seiner Überzeugung sich dem dienstlichen Interesse oder dem der Bezirks-Einsassen nachtheilig erweisen, unbenommen, seine Anschauung durch Vermittelung des Ober-Präsidenten den zuständigen Ressort-Ministern darzulegen. Mit der verfassungsmäßigen Stellung der Staatsminister läßt es sich dagegen nicht vereinigen, wenn ohne ihr Wissen oder ihre Zustimmung durch die nachgeordneten Behörden kritisierende Urtheile über Maßregeln der Staatsregierung seiner Majestät vorgetragen werden. Wir geben uns der Erwartung hin, daß vorstehende Andeutungen genügen werden, um die Herren Regierungs-Präsidenten zu veranlassen, sich bei der Erstattung der Immediatzeitungsberichte auf dasjenige Gebiet zu beschränken, welches nach allerhöchsten Intentionen derartigen Berichten zugewiesen ist.[41]

Damit war die Kritik nicht *per se* inopportun. Vielmehr störten sich beide Minister wohl vor allem daran, dass die Berichte dazu genutzt werden konnten, Kritik dem König unmittelbar (immediat) zur Kenntnis zu bringen. Denn dadurch verloren sie ihre Filterfunktion, die sie bei einem strikt hierarchischen Dienstweg besessen hätten.

Gleichwohl waren die Berichte ein Steuerungsmedium für das Behördenhandeln. Mit unzulänglichem Material war man daher unzufrieden. So beklagte der Potsdamer Regierungspräsident 1881, dass ihm »im Allgemeinen so wenig zulängliches Material für die einzelnen Abschnitte dieses Immediatvortrages überwiesen« werde, dass er »betreffs Zuführung werthhaltigen Stoffes die persönliche Mitwirkung [der Landräte] erbitte«. »Ich darf erwarten«, setzte er hinzu, »daß Euer [Anrede, etc. pp. …] sich in dem nächsten Berichte über das auffällige Er-

40 Preußisches Innenministerium an Regierungspräsident Potsdam, 27.8.1868; BLHA Rep. 2A I P, Nr. 132, unfol. Mit Hinweis auf: Regierungspräsident Düsseldorf, Immediatzeitungsbericht vom 11.4.1868; ebenda.

41 Preußisches Innenministerium und Preußisches Finanzministerium an Regierungspräsident Potsdam, 28.4.1877; BLHA Rep. 2A I P, Nr. 132, unfol. Vgl. Preußisches Innenministerium an Regierungspräsident Potsdam, 4.7.1878; BLHA Rep. 2A I P, Nr. 132, unfol.

gebnis der diesmaligen Reichstagswahlen näher aussprechen werden.«[42] Gerade offene Berichterstattung machte deutlich, wann, wo, welche Eingriffe nötig und Gegenmaßnahmen gegen ungünstige Entwicklungen zu ergreifen wären. Auch ließen sich aus ihnen vorbeugende Maßnahmen begründen, um mögliche Fehlentwicklungen schon im Vorfeld zu verhindern. Und insbesondere der politische Kern der Berichte, in denen die »öffentliche Stimmung« notiert wurde, ließ vielfältige Anschlusskommunikation erkennen, vor allem als reaktive und pro-aktive politische Kommunikation in Wahlkampfzeiten.

Dabei kommt allerdings ein Kurzschluss zwischen der Beobachtung der öffentlichen Stimmung und der Fabrikation öffentlicher Meinungen in den Blick, der sich zumindest für bestimmte Zeiten nachweisen lässt.

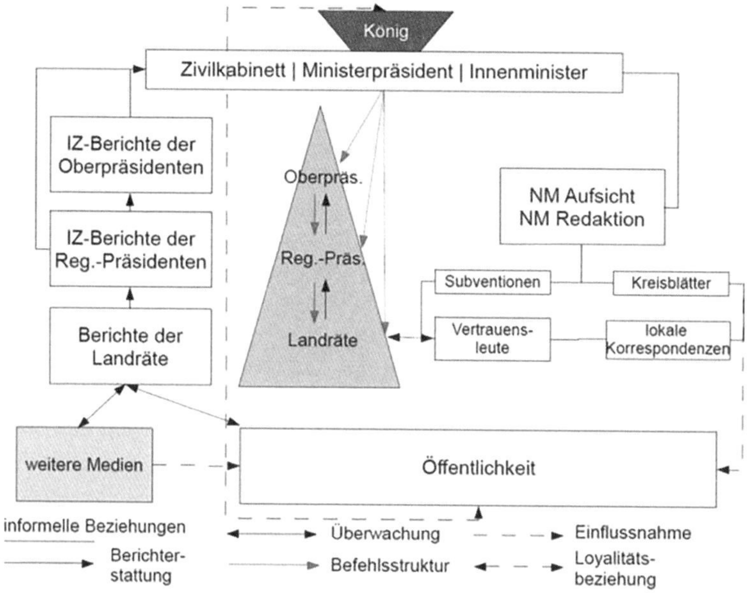

Abb. 2: Rückkopplungen zwischen öffentlicher und veröffentlichter Stimmung in der Kaiserzeit

Ein Beispiel liefert die Neue Presseorganisation mit ihrer Korrespondenz »Neueste Mittheilungen« (NM) nach dem Wahldebakel von 1881, bei dem die Nationalliberalen und die Deutsche Reichspartei, zwei der Parteien, auf die sich die Regierung Bismarck stützte, herbe Verluste erlitten hatten, ein anderes der Aufbau der Propaganda und Öffentlichkeitskontrolle im Ersten Weltkrieg.

42 Regierungspräsident Potsdam an Landräte, 20.11.1881; BLHA Rep. 2A I P, Nr. 132, unfol. Ähnliche Kritik über das »dürftige Material« in: Regierungspräsident Potsdam an Landräte, 23.12.1885. Ebenda.

Beide funktionierten erstaunlich ähnlich: Ein ganzes System von Medien wurde eingespannt, um die Öffentlichkeit zu bearbeiten; zugleich befanden sich sogenannte »Vertrauensleute« in der Schlüsselposition, sowohl über die Stimmung in ihren Bezirken berichten wie auch diese beeinflussen zu sollen.

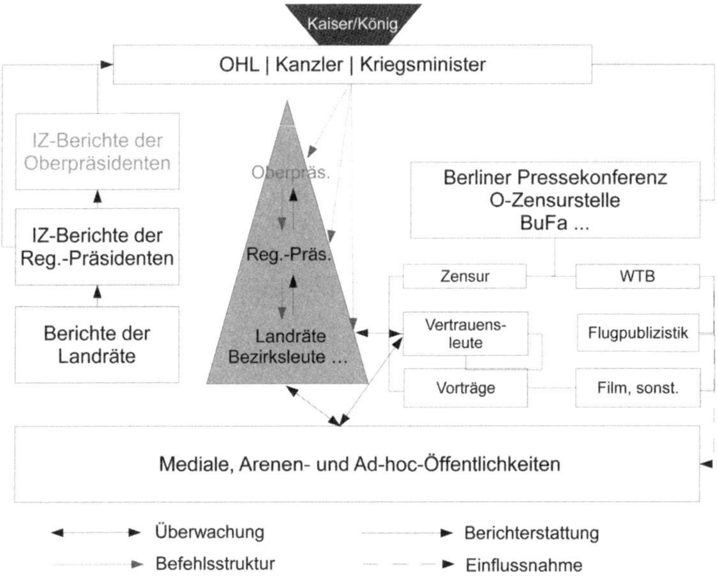

Abb. 3: Rückkopplungen zwischen öffentlicher und veröffentlichter Stimmung im Ersten Weltkrieg

Wie soll die dritte »Lesergruppe«, Historiker und historisch arbeitende Kommunikations- und Sozialwissenschaftler angesichts der Sachlage mit dem komplexen, aber materialreichen Quellenkonvolut umgehen? Vereinfacht: je nach den Umständen. Man sollte die Quellen vorsichtig lesen. Ein Generalverdacht hinsichtlich Zensur ist ebenso unangebracht, wie der von Selbstzensur naheliegend ist. Die verschiedenen Unterbrechungen, Einstellung der Berichterstattung, Maßregelungen einzelner Berichterstatter deuten an, dass im Vorfeld etwas nicht stimmte. Das konnte aber höchst Unterschiedliches bedeuten. So waren schon im preußischen Verfassungskonflikt Landräte gemaßregelt worden, weil sie zu schonungslos die Stimmungslage beschrieben hatten. Gleiches geschah, wie aus Konflikten um Gestapo-Berichte 1936, um die Landratsberichte aus Ebermannstadt oder um SD-Berichte 1943 bekannt ist, noch in der NS-Zeit.[43]

Nach erfolgten Maßregelungen sind die nachfolgenden Berichte wesentlich kritischer zu lesen: Panegyrik, Selbstzensur und Verschleierungstaktik nahmen

43 Vgl. Stöber: Erfolgverführte Nation (Anm. 25), S. 56–72.

zu; daher sollte man nach offensichtlichen Konflikten um die Berichterstattung die Berichte mit einem negativen Bias versehen. Im Umkehrschluss heißt das allerdings, dass vor dem Zeitpunkt des offenkundigen Konflikts die Berichte als durchaus verlässlich gelten dürfen. Jedenfalls ist eine positivistische Übernahme der gelieferten Informationen für manche Zeiten falsch, für andere hingegen akzeptabel. Die Quellen sind nicht zu jedem Zeitpunkt und Ort gleich zu interpretieren.

Darüber hinaus können aus der Semantik der Berichte Anzeichen für Selbstzensur oder Selbststilisierung abgeleitet werden: Je panegyrischer die Ansprache der Adressaten, je deutlicher das Eigenlob der Berichterstatter, desto vorsichtiger sollten die jeweiligen Berichte gelesen werden. Wenn der Regierungspräsident bestimmten Erscheinungen »vorgebeugt«, Verwaltungsentscheidungen »abgesichert« oder dies oder das »sichergestellt« hatte, werden seine Absichten greifbar. Wurden hingegen unliebsame Tatsachen verschwiegen, kann das nicht direkt gemessen werden; allenfalls sind diese durch den Kontext zu berücksichtigen. Überhaupt sollten Bewertungen vor allem dann übernommen werden, wenn sie in den Berichten mit Argumenten, Daten und anderen Belegen unterfüttert worden waren.

Ein einfacher, aber verlässlicher Indikator ist das Unliebsame: Berichterstattung, die negative Entwicklungen nicht aussparte, darf als authentischer gelten als solche, die sich ausschließlich auf das Genehme konzentriert. So problematisch für sich genommen die Gestapo-Berichte oder die Sopade-Berichte sein mögen,[44] in der Summe ergänzen sie sich: Wo die einen negativ klangen, lobten die anderen und *vice versa*. Die Kampagnenabhängigkeit jedoch, die Longerich für die Sopade-Berichte festgestellt hat, lässt sich auf die Berichte vor 1933 schlecht übertragen. Vielmehr ist grundsätzlich zu unterstellen, dass es sich bei den Berichten (auch) um Interessenkommunikate der Berichterstatter handelte; sei es, dass sie anwaltschaftlich die Interessen des jeweiligen Bezirks vertraten, sei es, dass sie im Eigeninteresse der Berichterstatter-Karriere formuliert waren.

Abschließende Bemerkungen

Erst unlängst ist mir ein Aspekt deutlich geworden, der tief im Innern der Quellen verborgene Paradoxa durchscheinen lässt: Insbesondere die Berichte aus der Kaiserzeit sind von einer tief verankerten materialistischen Weltsicht gekennzeichnet, sodass man meinen könnte, die Berichte stammten aus der Feder von

44 Zur Quellenkritik vgl. Peter Longerich: »Davon haben wir nichts gewusst!« Die Deutschen und die Judenverfolgung 1933–1945. Berlin 2006, S. 28–38.

Sozialisten.[45] Die Dominanz materieller Themen und Interessen ist so augenfällig, dass die Interpretation als Interessenkommunikate ebenso unzweifelhaft ist, wie sie den Boden der Interpretation wieder schwankend werden lässt. Denn wenn der Apparat in der Beobachtung der Stimmung des Volkes sich so stark der sozialdemokratischen Perspektive anverwandelt hatte, können Stimmungsbeobachtung, Sozialpolitik und propagandistische Politikdarstellung auch auf eine Rückkopplung von Stimmungsbeobachtung, Stimmungsmanipulation und Autosuggestion der Berichterstatter hindeuten. Damit erzeug(t)en die Berichte zwar eine Realität *sui generis*, aber selbst das historisch-quellenkritische Standardverfahren, welches die Situation, Motivlage und Interessen der Verfasser der Quellen zu berücksichtigen sucht, kann nicht ausschließen, dass das vermeintliche Universalinstrument der Historiker nur mit der *deformation professionelle* der damaligen Berichterstatter korrespondiert.

In der Kombination von quellenkritischen und statistischen Methoden wie dem hier eingesetzten Median-Split-Verfahren lassen sich zwar Unzulänglichkeiten der historischen Überlieferung und jene der eigenen Interpretation in Teilen ausgleichen, gleichwohl bleibt die vergangene Gegenwart partiell opak. Sich zum möglichst vorurteilsfreien, jedoch subjektiv verbleibenden »Interpretat eines Interpretats« zu bekennen, ist hier die einzig ehrliche Lösung.

45 Eine verräterische Fehlleistung fand sich in Akten zur Pressepolitik in Wahlkampfzeiten. In einem Erlass des Innenministers war von der »ruhigen Würdigung der sozialdemokratischen [!] Ziele der Reichsregierung« die Rede. Preußisches Innenministerium an Oberpräsident Potsdam, 8.10.1884; BLHA Rep. 2A I P, Nr. 872, Bl. 112. Das metallographisch vervielfältigte Circular wurde zwar umgehend korrigiert; es müsse »nicht heißen ›socialdemokratische Ziele der Reichsregierung‹[,] sondern: ›sozialreformatorische Ziele der Reichsregierung‹«. Preußisches Innenministerium an Regierungspräsident Potsdam, 18.10.1884; ebenda, Bl. 126. Das erste Reskript lässt aber zweierlei deutlich werden: Erstens, die große Bedeutung, die den materiellen Lebensumständen der Bevölkerung als Motiv für deren Stimmungslage unterstellt wurde; zweitens, das Gewicht, das der öffentlichen Darstellung der Sozialpolitik der Reichsregierung zugewiesen wurde.

Anhang

Abkürzungsverzeichnis

ABS	Archiv der Sicherheitsorgane der Tschechischen Republik
ABV	Abschnittsbevollmächtigter (der Volkspolizei)
AIO	Odbor analýzy, informací a plánování – tschech. (selbstständiges Referat für Analyse, Informationen und Planung im FMdI der ČSSR)
AIPN	Archiv des IPN
AKG	Auswertungs- und Kontrollgruppe
AMVR	Archiv des Innenministeriums in Sofia
ARD	Arbeitsgemeinschaft der öffentlich-rechtlichen Rundfunkanstalten der Bundesrepublik Deutschland
BArch	Bundesarchiv
BfV	Bundesamt für Verfassungsschutz
BGBl.	Bundesgesetzblatt
BIP	Bruttoinlandsprodukt
BL	Bezirksleitung
BLHA	Brandenburgisches Landeshauptarchiv
BMG	Bundesministerium für gesamtdeutsche Fragen
BND	Bundesnachrichtendienst
BStU	Bundesbeauftragter für die Unterlagen des Staatssicherheitsdienstes der ehemaligen DDR
BRD	Bundesrepublik Deutschland
BuFa	Bild- und Filmamt
BUNAST	Bundesnachrichtenstelle
BV	Bezirksverwaltung
Bww	Bahnbetriebswagenwerk
CBOS	Centrum Badania Opinii Społecznej – poln. (Zentrum zur Erforschung der Öffentlichen Meinung in Polen)
CDU	Christlich Demokratische Union
CIA	Central Intelligence Agency
CIOU	Centralno informacionno organisationno upravlenie – bulg. (Zentrale Informations- und Organisationsverwaltung Bulgariens)
ČK/Tscheka	Črezvyčajnaja komissija – russ. (Außerordentliche Kommission zur Bekämpfung von Konterrevolution, Sabotage und Amtsmissbrauch)
ČSSR	Československá Socialistická Republika (Tschechoslowakische Sozialistische Republik)
ČSR	Československá Republika (Tschechoslowakische Republik)
DBD	Demokratische Bauernpartei Deutschlands
DDR	Deutsche Demokratische Republik
DFG	Deutsche Forschungsgemeinschaft
e.G.	eingetragene Genossenschaft/Gesellschaft
EKO	Eisenhüttenkombinat Ost
FDGB	Freier Deutscher Gewerkschaftsbund
FDJ	Freie Deutsche Jugend

FDP	Freie Demokratische Partei
FIM	Führungs-IM
FMdI	Föderales Ministerium des Innern (ČSSR)
FSB	Federalnaja sluschba besopasnosti – russ. (Zentrales Archiv des Föderalen Sicherheitsdienstes der Russischen Föderation)
GAB	Guojia Anquanbu – chines. (Ministerium für Staatssicherheit)
GBl.	Gesetzblatt
GENEX	Versandhandelsfirma GmbH
GPU	Gossudarstwennoje Polititscheskoje Uprawlenije – russ. (Staatliche politische Verwaltung)
GSSD	Gruppe der sowjetischen Streitkräfte in Deutschland
GStA	Geheimes Staatsarchiv Preußischer Kulturbesitz
GUGB	Glavnoe Upravlenie Gosudarstvennoj Bezopasnosti – russ. (Hauptverwaltung für Staatssicherheit)
GZI	Główny Zarząd Informacji (Hauptverwaltung Information der Polnischen Armee)
HA	Hauptabteilung
HIM	Hauptamtlicher Inoffizieller Mitarbeiter
HV	Hauptverwaltung
InfO/INFO	Informacionnyj otdel – russ. (Struktureinheit der Geheimen operativen Verwaltung)/Informotdel (Abteilung für Information)
IM	Inoffizieller Mitarbeiter
IMK	Innenministerkonferenz
IPN	Instytut Pamięci Narodowej – poln. (Institut für Nationales Gedenken in Polen)
IZ	Immediatzeitungsberichte
K	Kommissariat
KD	Kreisdienststelle
Kfz	Kraftfahrzeug
KGB	Komitet Gossudarstwennoi Besopasnosti – russ. (Komitee für Staatssicherheit)
KgU	Kampfgruppe gegen Unmenschlichkeit
KoKo	Kommerzielle Koordinierung
KP	Kommunistische Partei
KPČ	Kommunistische Partei der Tschechoslowakei
KPD	Kommunistische Partei Deutschlands
KPdSU	Kommunistische Partei der Sowjetunion
KPR	Kommunistische Partei Russlands
KPTsch	Kommunistische Partei der Tschechoslowakei
KRO	Kontrrazvedyvatel'nyj otdel – russ. (Abteilung Abwehr/Gegenspionage)
KSZE	Konferenz über Sicherheit und Zusammenarbeit in Europa
KÜNAST	Küstennachrichtenstelle
KVP	Kasernierte Volkspolizei
LDPD	Liberal-Demokratische Partei Deutschlands
LPG	Landwirtschaftliche Produktionsgenossenschaft
MDN	Mark der Deutschen Notenbank
MfS	Ministerium für Staatssicherheit

MI	Military Intelligence
NATO	North Atlantic Treaty Organization
ND	Neues Deutschland
NDPD	Nationaldemokratische Partei Deutschlands
NGO	Non-governmental organization (Nichtregierungsorganisation)
NKVD	Narodnyi Komissariat Wnutrennych Del – russ. (Volkskommissariat für innere Angelegenheiten)
NM	»Neueste Mittheilungen«
NÖP	Neue Ökonomische Politik
NÖS	Neues Ökonomisches System
NS	Nationalsozialismus
NSDAP	Nationalsozialistische Deutsche Arbeiterpartei
NVA	Nationale Volksarmee
OBOP	Ośrodek Badania Opinii Publicznej – poln. (Zentrum für Meinungsforschung in Polen)
OGPU	Objedinjonnoje Gossudarstwennoje Polititscheskoje Uprawlenije – russ. (Vereinigte Staatliche politische Verwaltung)
OHL	Oberste Heeresleitung
OV	Operativer Vorgang
PEN	Poets – Essayists – Novellists (internationale Schriftstellervereinigung)
PK	Političeskij kontrol' – russ. (Politische Kontrolle)
PVAP	Polnische Vereinigte Arbeiterpartei
RAW	Reichsbahnausbesserungswerk
RIAS	Rundfunk im amerikanischen Sektor
RSFSR	Rossijskaja sovetskaja federativnaja sozialističeskaja respublika – russ. (Russische Sozialistische Föderative Sowjetrepublik)
RVK	Rat der Volkskommissare
SAPMO-BArch	Stiftung Archiv der Parteien und Massenorganisationen der DDR im Bundesarchiv
SB	Służba Bezpieczeństwa – poln. (polnischer Sicherheitsdienst)
SBZ	Sowjetische Besatzungszone
SBZD	Sowjetische Besatzungszone Deutschlands
SD	Sicherheitsdienst
SdM	Sekretariat des Ministers
SED	Sozialistische Einheitspartei Deutschlands
SIRA	System der Informationsrecherche der HV A
SNB	Sbor národní bezpečnosti – tschech. (Korps der nationalen Sicherheit der ČSSR)
SO	Sekretnyj otdel – russ. (geheime Abteilung)
SOU	Sekretno-operativnoe upravlenie – russ. (Geheime operative Verwaltung)
SPD	Sozialdemokratische Partei Deutschlands
SPK	Staatliche Plankommission
SPO	Sekretno-političeskij otdel – russ. (Geheime politische Abteilung)
SRP	Sozialistische Reichspartei
SSR	Slowakische Sozialistische Republik
StA BA	Staatsarchiv Bayreuth
StB	Státní bezpečnost – tschech. (tschechoslowakische Staatssicherheit)

TP	Tierproduktion
Tscheka	siehe ČK
TsDA	Archiv der kommunistischen Partei in Sofia
UdSSR	Union der Sozialistischen Sowjetrepubliken
UfJ	Untersuchungsausschuss freiheitlicher Juristen
US	United States
USA	United States of America
VČK	siehe ČK
VdgB	Vereinigung der gegenseitigen Bauernhilfe
VEAB	Volkseigene Erfassungs- und Aufkaufbetriebe
VEB	Volkseigener Betrieb
VEG	Volkseigenes Gut
VfZ	Vierteljahrshefte für Zeitgeschichte
VK	Volkskommissar
VPKA	Volkspolizeikreisamt
VR	Volksrepublik
VS	Verschlusssache
VWR	Volkswirtschaftsrat
WBK	Wohnungsbaukombinat
WSW	Wojskowa Służba Wewnętrzna – poln. (Militär-Innendienst in Polen)
ZAIG	Zentrale Auswertungs- und Informationsgruppe
ZEK	Zentralexekutivkomitee
ZI	Zpravodajské informace – tschech. (nachrichtendienstliche Information der ČSSR)
ZIG	Zentrale Informationsgruppe
ZK	Zentralkomitee
ZKK	Zentrale Kontrollkommission

Verzeichnis der Autorinnen und Autoren

Henrik Bispinck, Dr., Jg. 1973, Historiker, wissenschaftlicher Mitarbeiter in der Abteilung Bildung und Forschung des BStU

Martin K. Dimitrov, Prof. Dr., Jg. 1975, Politikwissenschaftler, Associate Professor of Political Science and Director of the Asian Studies Program at Tulane University, New Orleans, USA

Petr Dvořáček, Mgr., Jg. 1983, Archivar, Leiter des Archivs der Abgeordnetenkammer des Parlaments der Tschechischen Republik

Roger Engelmann, Dr., Jg. 1956, Historiker, wissenschaftlicher Mitarbeiter und Projektleiter in der Abteilung Bildung und Forschung des BStU

Bernd Florath, Dr., Jg. 1954, Historiker, wissenschaftlicher Mitarbeiter in der Abteilung Bildung und Forschung des BStU

Jens Gieseke, Dr., Jg. 1964, Historiker, wissenschaftlicher Mitarbeiter und Abteilungsleiter am Zentrum für Zeithistorische Forschung Potsdam

Wladislaw Hedeler, Dr., Jg. 1953, Historiker, Berlin

Ronny Heidenreich, M.A., Jg. 1980, Historiker, wissenschaftlicher Mitarbeiter der Unabhängigen Historikerkommission zur Erforschung der Geschichte des Bundesnachrichtendienstes 1945–1968

Łukasz Kamiński, Dr., Jg. 1973, Historiker, wissenschaftlicher Mitarbeiter an der Universität Wrocław, Polen

Daniela Münkel, Prof. Dr., Jg. 1962, Historikerin, wissenschaftliche Mitarbeiterin und Projektleiterin in der Abteilung Bildung und Forschung des BStU

Elke Stadelmann-Wenz, Dr., Jg. 1966, Historikerin, wissenschaftliche Mitarbeiterin in der Abteilung Bildung und Forschung des BStU

Rudolf Stöber, Prof. Dr., Jg. 1959, Historiker, Inhaber des Lehrstuhls für Kommunikationswissenschaft und Geschäftsführender Direktor des Instituts für Kommunikationswissenschaft an der Otto-Friedrich-Universität Bamberg

Tomáš Vilímek, Dr., Jg. 1976, Historiker, wissenschaftlicher Mitarbeiter am Institut für Zeitgeschichte der Tschechischen Akademie der Wissenschaften in Prag